Rupert Lay **Die Macht
der Unmoral**

Rupert Lay

Die Macht der Unmoral

Oder: Die Implosion des Westens

ECON Verlag
Düsseldorf · Wien · New York · Moskau

Inhaltsverzeichnis

Über die Macht der Unmoral

Daß die Unmoral nicht ohnmächtig ist, sondern viele Bereiche des personalen und sozialen Lebens beherrscht, ist unstreitig zutreffend. Uns interessiert hier nicht die personale Unmoral. Was Menschen Menschen Böses tun, ist oft nicht im Horizont personaler Schuld zu interpretieren. Schuldig zu sprechen sind oft die konkreten sozialen, ökonomischen, politischen, kulturellen Strukturen der sozialen Systeme, in denen wir leben. Persönliche Schuld stellt sich allenfalls dann ein, wenn Menschen in der Lage sind, solche Strukturen zu ändern – und zwar hin auf mehr Menschlichkeit –, und es nicht tun. Diese Chance haben nur wenige.

Dieses Buch handelt vor allem über die Gestalten, unter denen sich Unmoral im Horizont politischer Strukturen vorstellt. Besonders offensichtlich wird die strukturelle Unmoral politischer Systeme immer dann, wenn diese Systeme ihre Identität zu verlieren drohen oder sie gar schon verloren haben.

1. Die verlorene nationale Identität

Identität setzt immer ein Ab- und Ausgrenzen voraus. Das gilt für die Identität einer Person ebenso wie für die eines Sozialgebildes (etwa eines Staates, einer Partei, einer Kirche, eines Unternehmens). Zerbrechende Grenzen führen zum Identitätsverlust. Wenn eine Welt von zweien, einander eng in Feindschaft verbunden, zerbricht, fehlt der anderen die Möglichkeit, sich abzugrenzen – Identität zu finden, zu wissen, wer man sei. Feindschaft erlaubt die Bestimmung des Andersseins. Selbstdefinition ist ein Abgrenzen des Selbst gegen ein anderes. Wenn das Andere verlorengeht, geht damit auch das Eigene verloren. In meiner psychotherapeutischen Praxis erfahre ich immer wieder, daß ein Kollaps einer Feindschaft (sei es des Partners, sei es eines Nachbarn oder Vorgesetzten) sehr viel mehr als das Zerbrechen einer Freundschaft zu erheblichen Identitätskrisen führen kann. Ähnliches gilt auch für Völker. Verdeutlichen wir uns diese Erscheinung an drei Beispielen:

- 1789 zerbricht in Frankreich eine politische Welt, in der Adel und Geistlichkeit – in Abgrenzung gegen das »Volk« – das politische, ökonomische, soziale und kulturelle Geschehen bestimmen. Am 5. 5. 1789 treten in Paris die Generalstände (Adel, Geistlichkeit, Bürger) zusammen, um über die Finanzen des Landes zu beraten. Da sie sich nicht über Abstimmungsfragen einigen können, erklärt sich der »Dritte Stand« am 17. 6. 1789 zur Nationalversammlung. Am 4. und 5. 8. 1789 verzichten die Abgeordneten der beiden ersten Stände auf ihre Privilegien. Ab jetzt übt die Nationalversammlung »im Namen des Volkes« die Macht im Staate aus. Sie wird 1792 abgelöst vom Nationalkonvent. 1793 beginnt eine Zeit des Terrors, der sich vor allem gegen den Adel und die Geistlichkeit richtet. Das »Volk« sucht beide zu vernichten. Da es seinen Gegenpart zerstört, fehlt ihm plötzlich die soziale Abgrenzung. Es beginnt eine Zeit kultureller, politischer, ökonomischer und sozialer Desorientierung. Erst Napoleon setzt neue Grenzen – diesmal vor allem politische und militärische. Und diese Art der Grenzziehung blieb für in Europa fast zwei Jahrhunderte maßgeblich.
- 1945 zerbricht eine Welt, die geprägt ist von militärischer und politischer Ausgrenzung gegen den deutschen und japanischen Faschismus. Neue Grenzen müssen gezogen werden. Die westliche Welt definiert sich im politischen Entgegen zum Kommunismus und im militärischen zum langsam entstehenden Ostblock.
- 1990/91 verschwinden beide Feinde. Und wieder stellt sich das Phänomen verlorener Identität ein. Wieder beginnt eine Epoche politischer und militärischer Unmoral. Im Kollaps einer Welt gehen auch die kollektiven Werte, Interessen, Erwartungen, Bedürfnisse der anderen zugrunde, ohne daß neue in Sicht sind. Besonders trifft der Identitätsverlust die beiden »Frontstaaten« USA und Bundesrepublik Deutschland. Die Politiker beider Staaten scheinen wie gelähmt, unfähig, wichtige Beschlüsse zu fassen. Die USA suchen der Paralyse durch ein militärisches Weltpolizeiagieren (Bolivien, Panama, Irak) zu entkommen, um die verlorene nationale Identität wiederherzustellen. Das Ergebnis ist eher erbärmlich. Die Politiker der Bundesrepublik Deutsch-

land versuchen es erst gar nicht, der psychotischen Situation des Identitätsverlustes zu entkommen. Sie geben sich der Lähmung hin.

Welche Versuche unternahmen sie, eine neue nationale Identität zu finden?

- Da ist zunächst der problematische Versuch zu nennen, über die Identifikation des Staatsvolkes mit dem ethnischen Volk eigene nationale Identität zu sichern. An die Stelle des Staatsvolkes tritt das ethnische Volk. Insofern sie dieses Identifikat exportieren, begünstigen sie den Zerfall der ethnischen Vielvölkerstaaten. Zugleich wachsen Fremdenangst (Xenophobie) und Fremdenhaß.
- Wenig hilfreich ist auch der problematische Versuch, über den Glauben an die Überlegenheit der eigenen ökonomischen, politischen, sozialen und kulturellen Ordnung Identität zu sichern. Dieser Versuch führt zu Fundamentalismen[1] verschiedenster Art.

Sie können folgenden Bereichen zugeordnet werden:

- Der ideologische Fundamentalismus »weiß, was nützlich und unnütz« ist. Klassische ideologische Fundamentalismen sind Mar-

---

1 »Fundamentalismus« war zunächst eine religiöse Selbstbezeichnung evangelischer Christen in den USA, die der Überzeugung waren, die Bibel sei unfehlbar und irrtumslos. Heute bezeichnet »Fundamentalismus« zumeist den »Versuch rückwärts gerichteter Rebellion gegen soziale Entfremdung, ethnisch-kultureller Entwurzelung, weltanschauliche Heimatlosigkeit und gesellschaftlichen Wertezerfall ...« (Christian J. Jäggi in Christian J. Jäggi und David J. Krieger, Fundamentalismus, Zürich 1991.) »Fundamentalistische Bewegungen geben Antwort auf die Unsicherheiten moderner Zivilisationsdynamik, sie stellen dem modernen Wertepluralismus einen absoluten Geltungsanspruch gegenüber.« (Gottfried Küenzlen, Feste Burgen: Protestantischer Fundamentalismus und die säkulare Kultur der Moderne, in: Aus Politik und Zeitgeschichte B33/92.) Der islamische Fundamentalismus, der zur Zeit erhebliches Interesse beansprucht, nimmt den Koran und die Prophetentradition (hadith) als einzige Rechtsquelle an und lehnt die Rechtsanalogie (qiyas) und den Konsens (idjma') als Rechtsquellen ab. Manche versuchen, das politische, soziale, ökonomische und moralische Ideal der Gemeinde von Medina zu rekonstruieren.

xismus, Liberalismus, Kapitalismus, Konservativismus[1]. In beiden
Ländern, in der Bundesrepublik Deutschland wie in den USA,
kommt es zur Ausbildung konservativistischer fundamentalisti-
scher Ideologien.
– Der religiöse Fundamentalismus bestimmt vor allem in einigen
islamischen Ländern den Versuch, Identität zu begründen. Religiöse Fundamentalisten wissen, was wahr und falsch ist. Sie wähnen sich im alleinigen Besitz einer irrtums- und täuschungsfreien
Wahrheit. Sie versuchen, Politik, Wirtschaft und Kultur zu dominieren.
– Der moralische Fundamentalismus »weiß, was moralisch gut und
böse ist«. Er bestimmt, auf der Suche nach nationaler Identität,
vor allem die Politik der USA.

Solche Fundamentalismen bekämpfen ihnen entgegenstehende
Überzeugungen als feindlich. Fundamentalisten leben in einer Welt
voller Feinde. Allen Fundamentalismen sind Engführungen gemeinsam. Fundamentalisten sind nicht bereit, die eigene Position kritisch
zu bedenken. Sie suchen nicht die Bewährung, sondern die Bestäti-
gung ihres ideologischen Konstrukts. Fremde Positionen werden
entweder nicht diskutiert oder durch Denunziationen (wie etwa des
Islam) abgewiesen. Fundamentalismen modifizieren sich nicht, sondern immunisieren sich gegen widersprechende Erfahrungen.
● Eine andere vermeintliche Möglichkeit, verlorene Identität wie-
derzufinden, bietet der Rückzug aus demokratischen Institutionen. Wenn die Exekutive nicht daran gehindert wird, kann sie
identitätsstiftende Maßnahmen ergreifen (etwa Kriege führen).
Diese Methode hat den Nachteil, daß sich – mit einiger Verzöge-
rung – die meisten Menschen nicht mit solchen Maßnahmen iden-
tifizieren, da sie sich der dramaturgischen Forderung nach weiterer Steigerung entziehen. Staats- und Politikverdrossenheit sind
die Folge.
● Doch auch die Flucht in die Irrationalität stiftet nicht selten Pseu-
doidentität. Nach dem Zusammenbruch des Vernunftglaubens
begann der Glaube an die Widervernunft. Statt sich von der Herrschaft der Vernunft zu befreien und sie als Dienerin zu verstehen,

---

1 Zum Thema »Konservativismus« vgl. R. Lay, Philosophie für Manager, Düsseldorf 1988, 145–153.

die in vielen Situationen nützliche Dienste leistet, gewann und gewinnt auch bei Politikern immer noch die Esoterik neue Kunden. Bei nicht wenigen ersetzt der Bauch den Kopf. »Visionen« (etwa des Typs »blühender Landschaften«) treten an die Stelle realistischer politischer Konzepte.

Das Jahr 1992

Es gibt Jahre, in denen sich Welten verändern. Nichts mehr ist so wie zuvor. Der Feind und seine Wertordnungen verschwinden. Die eigenen Wertordnungen, die sich aus dem Entgegen definierten, zerbrechen. Hiervon zeugen die Ereignisse des Jahres 1992. Sie sind Vorboten einer Revolution, welche die von 1789 in den Schatten stellen wird. 1991 verschwand eine Idee, die des politischen und ökonomischen Kommunismus, und es verschwand ein Riesenreich: die UdSSR. Beide waren zu stabilisierenden Faktoren geworden. Sie stabilisierten die Ordnung des Ostens – aber auch die sich davon abgrenzende Ordnung des Westens. Und der Westen besaß kein »inneres Stützskelett«, das es ihm ermöglichte, Werte, die keine Gegenwerte waren, handlungsleitend zu entwickeln. Der Osten kollabierte in wenigen Monaten. Der Westen benötigt, da und solange die systemische Trägheit ihn an die Vergangenheit bindet, einige Jahre. Das Jahr 1992 wird im Westen zu einem Schwellenjahr, in dem zwar die Ordnungen der alten Welt zerbrachen, neue aber noch nicht erkennbar sind. Dieses Jahr wird in die Geschichte eingehen als ein Jahr politischer, ökonomischer, sozialer und kultureller Desorientierung. Zeiten der Desorientierung sind auch immer Zeiten struktureller Unmoral. Es weist kein Kompaß mehr den Weg. Neue Ziele und Werte sind noch nicht entworfen, zeichnen sich nicht einmal am Horizont des Hoffens und des Wahrnehmens ab.
Mit dem Zusammenbruch des Ostens zerbrach zunächst auch eine politische, ökonomische, soziale, kulturelle und moralische Wertewelt: die des »realen Sozialismus«, aber auch die der Gegenwelt. Da die »westliche Wertewelt« sehr viel erheblicher als allgemein bewußt sich als Kontrastprogramm zu der des als feindlich und gefährlich wahrgenommenen des Ostens definierte, bleibt sie von den Erschütterungen des Ostens nicht verschont. Die fehlende Definition erreicht alle Werte, die politischen wie die ökonomischen, die sozia-

len wie der kulturellen – vor allem aber auch die moralischen. Dieses Buch versucht die moralische Desorientierung des Westens nach dem Zusammenbruch der orientierenden Werte des Ostens aufzuweisen.

Am 19. 8. 1991 putschten in der UdSSR orthodoxe Kommunisten unter Führung des Vizepräsidenten der Union, Grennadij Janajewin, gegen die von Michail Gorbatschow begründete Ordnung. Der Putsch endete am 25. 12. 1991 mit dem vom Reformer Boris Jelzin erzwungenen Rücktritt Michail Gorbatschows. Er erreichte seinen Höhepunkt vier Tage vor Gorbatschows Rücktritt: In der Hauptstadt Kasachstans, Alma-Ata, gründen die Regierungschefs von elf ehemaligen Sowjetrepubliken die »Gemeinschaft Unabhängiger Staaten« (GUS) und erklären die Existenz der Sowjetunion für beendet.

Seitdem befindet sich der Westen unversehens und ohne vorherige Warnung in einer Midlife-, vielleicht gar einer Endlife-crisis. Das 20. Jahrhundert implodiert. Die vertrauten Umwelten brechen zusammen, die Grenzen zwischen Freund und Feind verschwimmen. Neue Chancen, mit denen niemand umzugehen weiß, werden, weil sie außerhalb der politischen Wahrnehmungsfähigkeit liegen, nicht erkannt und vertan. Das »Cognition Management« verführt Menschen, nicht nur im Erkennen, sondern auch im Erklären und Verstehen mit einem Minimum an Aufwand auszukommen. Jedes Loslassen von bisher gültigen Selbstverständlichkeiten widerspricht der Trägheit des kognitiven Systems und wird so lange wie möglich als überflüssiger Aufwand verweigert. Das gilt ganz besonders für Menschen, die sich in stabilen Sozialsystemen einnisteten, wie etwa die meisten Politiker. Sie werden blind und taub, wenn ihnen der Aufwand, zu sehen und zu hören, zu groß erscheint oder der Aufwand, das Gehörte und Gesehene zu verstehen oder zu erklären, zu aufwendigen Konsequenzen führt. Der Aufwand, der anfällt, wenn Vorurteile aufgegeben werden sollten, ist so erheblich, daß wir alle, besonders aber Politiker, lieber Vorurteile konservieren, vor allem, wenn sie auch die unserer privaten und öffentlichen Umgebung sind. Dieses Buch wird kollektive Vorurteile in Frage stellen und sich damit den Unwillen mancher Leser zuziehen.

Das gilt vor allem dann, wenn ein Leser dazu neigt, die fundamentalste aller Redlichkeit einfordernden Fragen, »Woher weißt du das?«, mit einem Hinweis auf die Frankfurter Allgemeine Zeitung (FAZ),

die Neue Zürcher Zeitung (NZZ) oder andere Prestigeblätter zu
beantworten. Es geht dabei um die schon in der Antike entwickelten
Grundsätze intellektueller und moralischer Redlichkeit. Einer dieser Grundsätze lautet, daß man sich nur dann eine moralisch verant-
wortete Meinung bilden könne, wenn

- entweder die Quelle an der beim Empfänger erzeugten Information nicht interessiert sei (dann darf das Prinzip »Niemand lügt
  ohne Grund« als geltend angenommen werden)
- oder zwei Quellen mit einander widersprechenden Interessen zu
  identischem informativen Ergebnis führen.[1]

Selbstredend gehört ebenfalls zur intellektuellen Redlichkeit das
praktisch gewordene Wissen, daß man historiographische Daten zu
sehr verschiedenen Geschichten zusammenführen kann.[2] Die Art, ja
der Text der Geschichte hängt vom bewußten oder unbewußten
Interesse des Erzählers ab. Das Interesse dieses Buches gilt den Veränderungen individueller und kollektiver Wertungen, aber auch den
Strukturen sozialer Systeme, wenn Welten zusammenbrechen. Deshalb spielen alle meine Geschichten im Jahre 1992 als dem Jahr, in
dem der Zusammenbruch

---

1 Der Verfasser übernimmt in diesem Buch nicht selten Informationen aus FAZ,
  NZZ und Spiegel, überprüfte sie jedoch stets, wenn auch nur der geringste Verdacht bestand, daß hier Interessen Fakten schufen oder interpretierten. Beispiele für »Fehlinformationen«, denen nicht selten die Massenmedien aufsa-
  ßen, sind Berichte über den zweiten Golfkrieg und den Bürgerkrieg in Bosnien. In beiden Fällen wurden interessierte Nachrichtengeber öfter nicht zureichend überprüft. In beiden Fällen erzeugte das Bemühen um zutreffende
  Nachrichten dem Autor einigen Aufwand. So bereiste er verschiedentlich die
  Golfstaaten und die Bürgerkriegsländer des zerfallenden Jugoslawien. Über
  die nicht seltenen Fehlinformationen etwa des Spiegels und anderer Zeitungen
  vgl. Gero Kalt (Hrsg.), Schlecht informiert, Frankfurt 1992.
2 Weitere Prinzipien moralischer und intellektueller Redlichkeit, die schon die
  Antike formulierte, sind etwa folgende:
  - Wer spricht, muß sagen können, worüber er spricht. Wer über Freiheit,
    Gerechtigkeit, Marxismus, Christentum ... redet, muß in der Lage sein,
    valide die Sachverhalte zu »definieren«, über die er redet.
  - Er darf niemals auch nur vermuten, geschweige denn behaupten, seine Mei-
    nung sei frei von Irrtum und Täuschung.
  - Er darf niemals einen Menschen moralisch verurteilen, da er seine (oft ihm
    selbst unbewußten) Motive nicht kennt.

- nicht nur soziales Bewußtsein (das sich in Wertordnungen, Selbstverständlichkeiten, Vorurteilen objektiviert) änderte,
- sondern auch die Muster des sozialen Seins (d. h. die Weisen, wie Menschen miteinander umgehen).

Nur eine Geschichte, in manchem der Vorläufer der anderen, spielt vorwiegend in 1991. Es ist die Geschichte des zweiten Golfkrieges, in dem ein etwas dicklicher General im Auftrag seines Präsidenten gegen den Präsidenten eines anderen Landes antrat, um einen der merkwürdigsten Kriege zu führen, die je Menschen gegen- und miteinander geführt haben.

In Situationen der kollektiven (und meist auch persönlichen) Desorientierung wächst die Sehnsucht nach klaren Verhältnissen. Für klare Verhältnisse ist man bereit, nahezu jeden Preis zu zahlen – selbst den fremden Lebens. Um Transparenz zu schaffen, werden Feinde produziert. Ein Beispiel für solche Feindprojektionen sind die Republikaner in den USA und in der Bundesrepublik. In den USA bezogen sie ihre gesamte Ideologie aus ihrem Antikommunismus (vermutlich in der Tradition McCarthys). Präsident George Bush und seine Republikaner hatten nur eine realistische Chance, wiedergewählt zu werden, wenn schnell ein Ersatzfeind gefunden wurde, den man hemmungslos verachten kann, den zu besiegen eine Heldentat ist, die ein Volk groß macht – vor allem in seinen moralischen Ansprüchen.

Doch nicht nur der Identitätsverlust führt zu fatalen Orientierungen, sondern auch die politischen und ökonomischen, die sozialen und kulturellen Verteilungskämpfe, die immer dann einsetzen, wenn ein politisches, ökonomisches, soziales, kulturelles Vakuum entsteht. Dieses gilt es zu füllen – und das mit nahezu allen Mitteln. Daß ein solcher Verteilungskampf sozialverträglich geführt werden kann, ist mehr als unwahrscheinlich, da bislang eingeforderte Sozialverträglichkeit an den Grenzen eines Sozialgebildes haltmachte. Nun gilt es, ein Verhältnis zu einer Sozialverträglichkeit zu entwickeln, die alle Menschen unseres Planeten berücksichtigt. Normen einer solch universellen Moral stehen jedoch nicht zur Verfügung. Und das macht den Verteilungskampf so unmenschlich.

Neue politische, soziale, kulturelle und ökonomische Gravitationszentren entstehen. Wie sie einmal aussehen werden, weiß noch niemand. Ein großer Krieg ist zum erstenmal in der Menschheitsgeschichte ausgeschlossen. Wie soll man mit dieser Chance umgehen, wenn das uralte »Si vis pacem, para bellum« (»Wenn du Frieden willst, bereite den Krieg vor«) ungültig wird? Wird die militärische Konfrontation abgelöst durch eine ökonomische, in der sich die drei Blöcke Ostasien, Nordamerika und Europa unversöhnlich gegenüberstehen? Neue nationale Egoismen tauchen auf, für deren Kontrolle keine Normen bereitstehen.

Wenn keine neuen, universell geltenden und akzeptierten moralischen Normen gefunden werden, werden die ökonomischen und politischen Turbulenzen in Afrika, Südamerika, Südasien, aber auch in den Ölstaaten zunehmen. Der Versuch US-Amerikas, eine neue Weltordnung zu schaffen, wird so lange scheitern, als uns nicht ein solcher Normenkatalog zur Verfügung steht. Wird es uns gelingen, den alten Satz von Friedenssicherung durch Rüstung zu ersetzen durch den neuen: »Si vis pacem, para pacem!« (»Wenn du den Frieden willst, bereite Frieden vor!«)?[1] Das weltweite friedliche Zusammenleben der Völker ist nicht schon mit Demokratie und Rechtsstaatlichkeit, mit Marktwirtschaft und Assoziationsfreiheit garantiert. Frieden bedeutet nicht das Fehlen militärischer Auseinandersetzung, sondern fordert auch den ökonomischen, den sozialen, politischen, kulturellen und ökologischen Frieden. Den gilt es vorzubereiten.

Ökonomische und politische Interessenkonflikte wird es immer geben – wie auch nationale und internationale Verteilungskonflikte. Können wir neben technischen auch moralische Regeln und Normen entwickeln, sie human zu bewältigen? Wie werden wir mit Diskriminierung von Rassen, von politischen Überzeugungen, von Religionen, von Geschlechtern, von Außenseitern – gleich, welcher Art –, seien es Staaten wie Libyen oder Irak, seien es Personen wie Strafgefangene oder Terroristen, fertig? Der bestehende Normenbestand versagt hier nicht selten. Dennoch gilt auch hier: »Wenn du den Frieden willst, bereite den Frieden vor!« Wie werden wir mit dem Anderssein anderer umgehen? Werden wir lernen, es zu akzeptieren oder gar zu tolerieren? Sollte uns vielleicht der Mut zuwachsen, es zu wollen (immer unter dem Vorbehalt, daß es nicht sozialschädigend ist)?

---

1 Vgl. dazu Dieter Senghass, In den Frieden ziehen, in FAZ vom 6. 6. 1992.

Frieden ist »ein gewaltfreier und auf die Verhütung von Gewaltanwendung gerichteter politischer Prozeß«[1]. Nun mag man Michel Foucault[2] folgen, wenn er vermutet, daß alle Institutionen (seien es Staaten oder Kirchen, Verbände oder Gewerkschaften, Nato oder EG, Parteien oder Regierungen, Industrieländer oder Drittweltländer) früher oder später, nachhaltiger oder weniger nachhaltig Gewalt anwenden. Sie versuchen, unter Androhung sozialer oder ökonomischer Strafen ihre durchaus keineswegs immer sozialverträglichen Interessen gegen die in ihnen lebenden Menschen durchzusetzen. Dann wäre der Traum von einer gewaltlosen Welt ausgeträumt. Es sei denn, wir werden einmal verbindliche und akzeptierte Normen einer Moral entwickeln, welche die Ausübung von Zwängen, gleich, welcher Art – außer zur Abwehr sozialunverträglichen Verhaltens –, sozial bestraft.

Der Frieden, auf den es hier ankommt, ist nicht der Frieden des »Gottesreiches«, sondern wie gesagt ein politischer Prozeß. Weil es ein Prozeß ist, der niemals ans Ende kommt, wird es zur vornehmsten Aufgabe der Politik, diesen Prozeß ein paar Schritte hin auf weniger Gewalt zu steuern. Man wird die Qualität von politischen Entscheidungen und politischem Handeln daran messen müssen, ob sie dazu führen, daß zwischen Menschen und Institutionen weniger Gewalt als zuvor im Spiele ist.

Da es uns in diesem Buch nicht um das Thema »persönlich-moralischer Schuld« geht, sondern ausschließlich um die Feststellung von sozialunverträglichem Verhalten, Handeln und/oder Entscheiden,

---

1 Ibd. Schon F. Wieser entwickelte in seinem Buch »Das Gesetz der Macht« (1926) ein »Gesetz der abnehmenden Gewalt«. Zwei einander widerstreitende Interessen bewegen die Menschheitsgeschichte: der Hang zur Gewalt und die Keime von Recht und Sittlichkeit (bzw. eine Friedensidee). Sie werden die Zukunft bestimmen.

2 Michel Foucault versteht Gewalt als strukturell sozialen Systemen innewohnendes Element. Sie ist also nicht zu bestimmen als die Bereitschaft und Fähigkeit einer Person, seinen Willen gegen fremden unter Verwendung von Zwängen durchzusetzen. Die Philosophie kennt vier Legitimationsgründe der Gewaltausübung. Sie wird legitimiert entweder durch göttlichen Willen (potestas divina), durch Naturrecht (potestas paternalis), durch Okkupation (potestas ursupata) oder durch Delegation (potestas delegata). Eine freiwillig gegebene Erlaubnis eines Menschen, über ihn Gewalt auszuüben, fällt nicht unter unser Verdikt der moralisch-verwerflichen Gewalttätigkeit.

verbieten wir uns jede moralische Wertung von Personen.[1] Moralisch gewertet werden sollen also nur Handlungen, Verhaltensweisen oder Entscheidungen, deren Folgen, seien sie für die Betroffenen vorhersehbar gewesen oder nicht, sozialschädlich oder doch zumindest sozialunverträglich waren oder sind. Moralische Urteile betreffen also niemals Personen (wie etwa George Bush oder Dr. Helmut Kohl), sondern allein ihre Aktivitäten (bzw. deren Unterlassen), insofern sie in dem erwähnten Sinne »objektiv unmoralisch« waren oder sind. Ihren Ursprung hat solche strukturelle Unmoral zumeist in den Strukturen sozialer Systeme. Objektiv-unmoralisch handeln und entscheiden sich also Menschen, wenn sie solche Systeme, die an sich handlungsunfähig sind, exekutieren. Zugleich beurteilen wir moralisch soziale Systeme, die strukturell so angelegt sind, daß sie Menschen dazu bringen, unmoralisch, d. h. auf das neue Weltgesamt bezogen, sich sozialschädlich oder doch sozialunverträglich zu verhalten, zu handeln und zu entscheiden.

Wenn wir im Verlauf unserer Überlegungen feststellen, daß sich ein Mensch sozialunverträglich (d. h. unmoralisch) verhält, kann das sehr verschiedene Gründe haben:

- Er agiert als Agent eines sozialen Systems. Ein solches System kann strukturell unmoralisch sein – wie etwa ein faschistischer Staat –, es kann aber auch, obschon in seinem Bestand strukturell moralisch legitimiert, funktional unmoralisch sein – wie etwa ein kriegführender Staat.
- Seine Unmoral gründet in einer moralisch unverschuldet fehlerhaften Güterabwägung. So kann eine Handlung oder Entscheidung überwiegend sozialverträglich sein, obschon auch sozialunverträgliche Externalitäten zu erwarten stehen. Im Verlauf stellt sich heraus, daß die negativen Externalitäten das angestrebte sozialverträgliche Ziel dominieren, ohne daß ein Mensch die realistische Chance hat, solche Externalitäten vorherzusehen oder gar zu vermeiden. Der exponentiell anwachsende Verbrauch von

---

1 Menschen moralisch zu verurteilen, ist Christen religiös verboten (Mt. 7., 1). Aber auch Nichtchristen sollten das Verbot beachten, denn wer moralisch andere verurteilt, setzt sich selbst in arroganter Selbstüberschätzung zum Richter über andere ein. Und solche Arroganz ist selten sozialverträglich.

Umwelt oder die ähnlich wachsende Überbevölkerung der Erde mögen Beispiele solcher Unmoral sein.

- Seine Unmoral gründet in der Anwendung von Prinzipien, die in einem Sozialgebilde als sozialverträglich akzeptiert werden, dennoch aber sozialunverträgliche Folgen haben. So kann das durch lange Jahrzehnte in der Politik der USA praktizierte Prinzip »Der Feind meines Feindes ist mein Freund« dazu führen, Saddam Hussein gegen den Iran aufzurüsten – ohne zu bedenken, daß sich dessen Feindschaft anders orientieren könnte. Hierbei handelt es sich um eine Unmoral aus purer Dummheit, ist doch das solchem Handeln und Entscheiden zugrunde liegende Prinzip fundamental schwachsinnig.

- Seine Unmoral gründet in mangelhafter Information. Da diese Form der Unmoral zumeist mit »gutem Willen« motiviert wird, seien hier einige Beispiele erwähnt, die deutlich machen, daß guter Wille keineswegs korreliert mit moralisch-verantwortet:
  - Die Hungerhilfe an den Sudan führte dazu, daß dieser seine eigenerzeugten landwirtschaftlichen Produkte verkaufte, um dafür Waffen einzuhandeln.
  - Gutgemeinte Tarifverhandlungen führten und führen nicht selten dazu, die deutsche Volkswirtschaft zu schwächen.
  - Manche politische oder ökonomische Fragen behandelnde Predigt, manches politische oder ökonomische Rundschreiben eines vielleicht theologisch geschulten, aber volkswirtschaftlich unwissenden Geistlichen führte dazu, seine Mitmenschen zu verwirren und in ihrer Urteilsfähigkeit zu beschränken.
  - Lebensmittelhilfen aus Erstweltländern ruinierten in manchen Drittweltländern die nationalen Landwirtschaften.

- Seine Unmoral gründet in Charakterfehlern (das sind strukturelle Fehlbildungen im psychischen und/oder sozialen Bereich, die ein Mensch mit eigenen Mitteln nicht beheben kann). Moralisch relevante Charakterfehler sind etwa der Zwang zu siegen, der Zwang zu herrschen, der Zwang, recht zu behalten, der Zwang, andere Menschen klein zu machen, der Zwang zu stehlen ... So mag das Moralversagen vieler Nationalsozialisten (etwa Adolf Hitlers) in solchen Zwängen gründen.

Einige der in diesem Buch erzählten Geschichten kamen in der Zeit zwischen ihrer Niederschrift und ihrer Drucklegung zu ihrem Ende, andere mußten fortgeschrieben werden. In diesem Fall wird dem jeweiligen Kapitel ein Anhang beigefügt, der durch einen Randstrich markiert ist.

1. Kapitel

Über die Unmoral und moralische Normen

In diesem ersten Kapitel seien einige Grundbegriffe abgeklärt, an die wir uns während der Darstellungen strukturell-unmoralischen politischen und ökonomischen Handelns und Entscheidens erinnern sollten.

1. Was bedeutet »Unmoral«?

Wenn wir von Unmoral sprechen, haben wir zunächst zu definieren, was »Moral« bedeutet.

Nach dem Selbstzeugnis des Cicero geht der Begriff »Moral« auf ihn selbst zurück. Er entwickelte auch als erster eine Moralphilosophie, die nichts gemein hat mit der aus theologischen Quellen erzeugten »Moraltheologie«. Er meint: »Weil dieser Teil der Philosophie sich auf die Sitten (mores) bezieht, welche die Griechen ›äthä‹ nennen, pflegen wir ihn als über die Sitten handelnd zu bezeichnen.«[1] Schon die römische Praxis unterschied zwischen sittenwidrigem und rechtswidrigem Verhalten. So gab es neben den normalen Gerichten zensorische Sittengerichte, die nach dem Kriterium der Billigkeit (aequitas) urteilten. Mit Adam Smith verliert die Rolle der Tradition und der allgemeinen Akzeptation einer moralischen Norm an Bedeutung. Er entwickelt ein neues Kriterium moralischen Handelns: Man solle seine eigenen Handlungen aus der Sicht eines verallgemeinerten Andern her betrachten und beurteilen.[2] Das Kriterium der Generalisierbarkeit der Maximen moralisch-verantworteten Handelns wurde durch Immanuel Kant zum kategorischen Imperativ weiterentwickelt: »Handle so, daß die Maxime deines Willens jederzeit zugleich als Prinzip einer allgemeinen Gesetzgebung gelten

---

1 M. Tullius Cicero, De fato, 1. Die Abhandlung wurde 44 v. Chr. verfaßt.
2 Adam Smith, Theory of moral sentiments, London 1759.

könne.«[1] Einen dritten Ansatz zur Begründung moralischer Normen verfolgt John Rawls: Im Prinzip könnten die Normen einer Moral entwickelt werden, indem sich freie (nicht fremdgesteuerte) Individuen zusammentun und, unter Berücksichtigung der Kenntnis der besonderen Chancen jedes einzelnen, beraten, welches die Regeln ihres Zusammenlebens sein sollen.[2]

Bedenkt man die Geschichte des Begriffs »Moral« und seinen heutigen Gebrauch, bietet sich folgende Definition an: »Moral« bezeichnet die mehr oder minder konsistente Menge von Normen, die von einer Gesellschaft als Sozialverträglichkeit von Verhalten, Handeln und Entscheiden sicherlich allgemein akzeptiert werden. Der Begriff »Moral« bezeichnet also zugleich einen vorgegebenen Sachverhalt, den man etwa mit den Mitteln der Soziographie erheben könnte, als auch eine Wertung, insofern vorausgesetzt wird, daß sozialverträgliches Verhalten, Handeln und Entscheiden »besser« ist als sozialunverträgliches. Moralische Normen können einem Menschen bewußt sein oder nicht. Sind sie oder werden sie ihm bei der Planung einer Handlung oder Entscheidung bewußt, ist es möglich, daß sie in die (moralische) Wertung der Entscheidung eingehen. Es kommt zur Ausbildung eines der Handlung oder Entscheidung vorausgehenden und diese moralisch wertenden Urteils. In diesem Fall sprechen wir von »moralischem Gewissensurteil«.

Mit dieser Definition von »Moral« können wir unschwer bestimmen, was »Unmoral« bezeichnet. Unmoral kann im privativem wie im konträren Gegensatz zu »Moral« stehen. Das Wort bedeutet also

- entweder (privativ) das Fehlen von Normen, welche die Sozialverträglichkeit von Handlungen, Entscheidungen und Verhalten sichern (Amoral),
- oder (konträr) das Handeln gegen Sozialverträglichkeit sichernde Normen (Antimoral).

Bei strukturellem oder funktionalem Moralversagen hat der Staat das Recht und (oft genug) auch die Pflicht, dieses Versagen durch Rechtsetzung, Rechtsprechung und Rechtsverwaltung zu kompen-

---

1 I. Kant, Kritik der praktischen Vernunft, § 7, in AA 5, 30.
2 Vgl. dazu John Rawls, The sense of justice, in Phil. Review 72 (1963), 281–305.

sieren, wenn anders schwerer Schaden vom Gemeinwohl[1] nicht
gewendet werden kann.[2]

2. Die Quellen moralischer Normen

Die erste Quelle moralischer Normen sind die Traditionen einer
Gesellschaft. Gesellschaften bilden Sozialverträglichkeit sichernde
Normenkataloge aus, die am Wohlergehen dieser Gesellschaft orien-
tiert sind. Diese Normen werden einem Menschen im Verlauf seiner
Sozialisation vermittelt. Geschieht die Vermittlung in der Kindheit,
wird ein moralisches (endogenes) Gewissen ausgebildet, das über

---

1 Eine positive Definition von »Gemeinwohl« ist in einer pluralistischen Gesellschaft nicht möglich, denn Christen verstehen das Wort anders als Liberale,
Sozialisten anders als Pragmatiker. Dagegen besteht weitgehender Konsens
über das, was dem Gemeinwohl schadet. So ist sicherlich gemeinwohlschäd-
lich, wenn ein Ausgleich widerstreitender Interessen nicht mehr ohne Anwendung von Gewalt möglich ist. Ebenfalls besteht weitgehender Konsens, daß
nahezu alle vom Strafrecht mit Strafe belegten Handlungen gemeinwohlschädigend sind. Im folgenden verstehe ich alle Handlungen und Entscheidungen
als das Gemeinwohl bedrohend, die strukturell oder funktional (also nicht nur
bloß zufällig und unvorhersehbar) das personale Leben der in der Gesellschaft
lebenden Menschen eher mindern oder beschränken als es mehren oder entfalten. Die Begründung dieser Bestimmung wird weiter unten gegeben.
2 Die strafrechtliche Reformdiskussion der endenden sechziger und frühen siebziger Jahre versuchte das Strafrecht durch die Unterscheidung »Moralwidrig-
keit versus Sozialschädlichkeit« aus der moralischen Sphäre zu befreien. Vor
allem das Sexualstrafrecht dürfe sich nur an der Sozialunverträglichkeit sexuel-
lem Verhaltens, nicht aber an irgendwelchen moralischen Normen orientieren.
Das war sicher damals ein gewaltiger Fortschritt. Nachdem diese Schlacht
geschlagen war, können sich Moral und Strafrecht wieder unbefangener begegnen. Meine These, nach der das Strafrecht nur die Funktion habe, bei strukturellem oder funktionalem Versagen von Personen gegen die Sozialverträglichkeit normativ und exekutiv tätig zu werden, scheint in der modernen Diskussion fruchtbar zu sein. Das Verhältnis von Moral zu Strafrecht ist also selbst ein
moralischer Diskurs, der mit den Argumenten einer rationalen Ethik ausgetragen werden soll. Das Strafrecht hat jedoch nicht den Zweck, den Täter bereuen
zu lassen oder zur Schuldeinsicht und -anerkennung zu bewegen, sondern –
vergleichbar der Moral – den Täter aus Angst vor Strafe zu sozialverträglichem
Verhalten zu veranlassen. Vgl. zum Thema: Gerd Roellecke (Hrsg.), Öffentliche Moral, Heidelberg 1991. Eine gute Zusammenfassung des Themas geben
auch Heike Jung u. a. (Hrsg.), Recht und Moral, Baden-Baden 1991.

die Beobachtung der Normen wacht. Werden sie verletzt, straft es mit religiösen Ängsten, Schuld- oder Schamgefühlen oder mit geminderter Selbstachtung. Wie sprechen hier – der endogenen Motive willen, sich normengerecht zu verhalten, und der endogenen Strafen wegen – von »endogener Moral«. Die Normen dieser Moral sind zum Teil in allen menschlichen Gesellschaften ähnlich (so etwa das Verbot, ohne schwerwiegenden Grund die Unwahrheit zu sagen oder einen anderen Menschen zu töten), zum anderen Teil aber gebunden an einen soziokulturellen Raum. Das gilt etwa für Verbote, »Fremde« zu bestehlen, Schmiergelder anzunehmen, Nazilieder zu singen, sich selbst zu rühmen ...

Die zweite Quelle der Moral machte John Locke[1] bewußt: Es sind Lob und Tadel, verbunden mit der Aufforderung, sich mental in ein Gegenseitigkeitsverhältnis zu begeben, um so die eigenen Handlungen aus der Sicht eines verallgemeinerten Andern zu betrachten und zu beurteilen. Das Postulat des Gegenseitigkeitsverhältnisses verhindert, daß ein Mensch vom Teilnehmer zum bloßen Beobachter im moralischen Werten verkommt.

In der Tradition Lockes bestimmte Niklas Luhmann[2] Moral als die Gesamtheit der Bedingungen, unter denen Personen Achtung zugeteilt oder entzogen wird. Auch er erlaubt nicht, die Rolle des Teilnehmenden mit der des bloß Beobachtenden zu vertauschen: »Die Gesamtheit der faktisch praktizierten Bedingungen wechselseitiger Achtung oder Mißachtung macht Moral einer Gesellschaft aus.« Andere Menschen moralisch zu verurteilen, ist jedoch nur aus der Beobachterposition möglich. Wenn ich mich selbst – wenn auch nur virtuell, d. h. als potentieller Mitspieler – in das Geschehen einbringe, muß ich mich selbst fragen, wie ich mich in solcher Situation (moralisch) zu verhalten hätte.

Diese Moral wollen wir exogen nennen, da ihre Normen und Regeln sozial vermittelt und im Übertretungsfall sozial bestraft, im Beachtensfall aber sozial belohnt werden. Diese Moral sollte allerdings die endogene nicht ersetzen, sondern komplementieren.

---

1 John Locke, An Essay concerning Human Understanding, hrsg. von P. H. Nidditsch, Oxford 1975, 353 ff.
2 Niklas Luhmann, Soziologie der Moral, in Niklas Luhmann und St. H. Pfürtner (Hrsg.), Theorietechnik und Moral, Frankfurt a. M. 1978, 8; Ders., Ethik als Reflexiontheorie der Moral, in: Ders., Gesellschaftsstruktur und Semantik III, Frankfurt a. M. 1989, 358–365.

Doch ist sie heute notwendig, weil
- sich die Bedingungen, die eine Handlung oder eine Entscheidung als sozialverträglich oder sozialschädlich qualifizieren, so schnell ändern, daß die endogene Moral mit ihren in Jahrhunderten entwickelten Geschichten der Gegenwart oft nicht gerecht wird,
- die endogene Moral keine Regeln für die sozialverträgliche Organisation des technischen und ökonomischen Fortschritts, das Verhalten von sozialen Systemen und des Umweltverbrauchs bzw. der Umweltbelastung bereitstellt.

Die exogene Moral belohnt und bestraft zum erstenmal sozialverträgliches oder sozialschädliches Verhalten sozialer Systeme, ist also nicht mehr bloß personenbezogen. Verhält sich eine Partei, eine Kirche, eine Gewerkschaft, ein Unternehmen nach den Normen der öffentlichen Moral sozialschädlich, wird es bestraft (durch Mitgliederschwund, durch Minderung des finanziellen Erfolges...).
Die dritte Quelle der Moral ist die Ethik. Sie hat u. a. die Funktion, das »höchste ethische Gut« festzustellen. Damit überwindet sie einen Mangel, den weder die endogene Moral (wegen ihrer Nachzeitigkeit) noch die exogene Moral (wegen ihres Bezuges auf ein bestimmtes soziales System) beheben können. Sie allein erlaubt es, den Moralbegriff auf die Menschheit hin zu universalisieren. Sozialverträglich und sozialschädlich beziehen sich also nicht mehr auf ein bestimmtes soziales System, zu dessen Nutzen oder Schaden moralische Normen aufgestellt wurden und werden, sondern übergreifend auf alle Interaktionen, die Menschen, gleich welcher soziokultureller Herkunft sowie soziale Systeme, gleich welcher Zielrichtung betreffen.
Nun sind in der Geschichte der Menschheit verschiedene »höchste ethische Güter« genannt worden:

- Aristoteles vermutete das höchste ethische Gut im harmonischen Leben in der Polis (= Eudaimonia).
- Der Sozialutilitarismus vermutete das höchste ethische Gut in der Mehrung des Nutzens der meisten unter besonderer Berücksichtigung der Mehrung des Nutzens der sozial Schwachen.
- Andere wieder vermuten das höchste ethische Gut in der Beachtung und Mehrung eigener und fremder Würde, die es verbietet,

sich und den anderen zum bloßen Mittel zur Erreichung irgendwelcher (ökonomischer, politischer, kultureller, militärischer, religiöser) Ziele zu machen.

- Ich gehe in diesem Buch davon aus, daß das höchste ethische Gut
  die Mehrung und Entfaltung personalen menschlichen Lebens in
  allen seinen Dimensionen (etwa den emotionalen, den sozialen,
  den musischen, den ethischen, den religiösen, den intellektuellen . . .) ist. Den moralischen Werturteilen dieses Buches liegt also
  die Annahme zugrunde, daß derjenige sich optimal sozialverträglich verhält, der in seinem Handeln und Entscheiden, soweit als
  möglich, versucht, eigenes und fremdes personales Leben aller
  Menschen, die unmittelbar oder mittelbar von seinen Handlungen oder Entscheidungen betroffen werden, eher zu mehren denn
  zu mindern.

Diese ethische Moral kann unter Umständen verlangen, gegen die
Normen der endogenen und/oder exogenen zu verstoßen. So kann
es etwa erforderlich sein, den Nutzen des eigenen Sozialgebildes
hintanzustellen (und damit dessen Strafen wie Entzug von Anerkennung, Dazugehören, Geborgenheit bis hin zum Ausschluß auf sich
zu nehmen), wenn dadurch, auf das Gesamt der Menschheit bezogen, personales Leben sich eher entfalten kann, als wenn ich mich in
meinem Handeln und Entscheiden ausschließlich auf den Raum der
die Normen der exogenen Moral Feststellenden und sie durch Lohn
und Strafe Sanktionierenden bezöge.
Nicht aber ist damit festgestellt, daß eine endogene Moral durch die
Entwicklung von exogener und/oder ethischer Moral funktionslos
geworden sei. Die endogene Moral orientiert oft über unbewußte
Mechanismen die Verhaltensroutine eines Menschen und ist somit
eine für Standardsituationen wichtige, Sozialverträglichkeit (vor
allem des Verhaltens) sichernde Instanz. Da die meisten Menschen,
die für die Tradition der endogenen Moral verantwortlich sind (wie
Eltern, Kindergärtnerinnen, Lehrer der frühen Schulkindzeit),
selbst die Nützlichkeit der überkommenen Normen der endogenen
Moral bezweifeln, unterbrechen sie den Normentransfer. Sie begünstigen damit das Aufkommen einer Pseudomoral, etwa des Emoti-
vismus, die alles moralisch erlaubt, was langfristig zur Optimierung
der Befriedigung eigener Bedürfnisse dient. Nur die Langfristigkeit
gebietet es, auf das soziale Umfeld Rücksicht zu nehmen. Die

Sozialverträglichkeit wird zur Bedingung, »moralische Ziele« zu erreichen, degradiert.

Da eine ethische Moral sich nicht in konkreten materialen Geboten oder Verboten realisiert, sondern in formalen, die vom ethisch-moralisch Handelnden und Entscheidenden

- eine eigenverantwortete Analyse der Situation und – oft genug – auch
- eine eigenverantwortete Güterabwägung verlangen, da Handlungen und Entscheidungen selten nur lebensmehrend oder lebensmindernd sind, sondern auch lebensmehrende Handlungen lebensmindernde Folgen haben können,

wird deutlich, daß für uns nur moralische Ansätze erheblich werden können, die zu formalen Normen führen oder formale Normen beinhalten. Materiale Normen (wie etwa die der Gesetze, der Zehn Gebote), die festlegen, welches Verhalten in einer bestimmten Situation unbedingt moralisch und welches widermoralisch ist, können zu sehr sozialunverträglichen Handlungen und Entscheidungen führen. So kann etwa das unbedingte Verbot, wissentlich und vorsätzlich die Unwahrheit zu sagen, dazu führen, daß ein wichtiges Gut (etwa der Schutz anvertrauter fremder Geheimnisse) verletzt wird.

3. Moralische Normen

Moralische Normen sollen die Sozialverträglichkeit menschlichen Verhaltens, Handelns und/oder Entscheidens sichern. Wie müssen diese Normen beschaffen sein, um optimal diesen Zweck zu erfüllen?

a) Materiale und formale Normen

Es gibt Normen, die bestimmte Handlungen oder Entscheidungen gebieten oder verbieten. Gesetzesnormen sind von dieser Art. Wir sprechen allgemein von materialen Normen, wenn sie dem Handelnden oder Entscheidenden die Entscheidung darüber abnehmen, ob sein Handeln oder Entscheiden sozialverträglich ist oder nicht. Sie sind weitgehend standardisiert und bergen in sich eine Fülle ver-

gangener Erfahrungen, die es erlauben, bestimmte Spielregeln für bestimmte Situationen festzulegen, weil erfahrungsgemäß die Beobachtung solcher Normen sozialverträglich ausgeht. So sind die meisten Normen der endogenen Moral material.
Eine Norm ist formal, wenn der Handelnde oder Entscheidende eigenverantwortlich (d. h. aufgrund einer verantworteten Güterabwägung und einer verantworteten Situationsanalyse) feststellen muß, ob in einer konkreten Situation

- ein Anwendungsfall für eine moralische Norm gegeben ist und
- wie diese Norm in diesem konkreten Fall optimal realisiert werden kann.

Formale Normen sind also keine Spielregeln, sondern beschreiben ein Prinzip, das es unter bestimmten Umständen auf eine bestimmte Weise zu realisieren gilt. So ist der obenerwähnte kategorische Imperativ Kants eine solche formale Norm. In einer konkreten Situation muß ich selbst festlegen, welche regelgeleitete Handlung oder welche regelgeleitete Entscheidung zu praktizieren ist, so daß sie in einer entsprechenden Situation einer Regel folgt, die zur Grundlage eines allgemeinverbindlichen Gesetzes werden könnte.
Wir legen unserer ethischen Moral einen anderen Imperativ zugrunde. Er lautet: »Handele und entscheide dich stets so, daß die Regeln, nach denen du handelst oder dich entscheidest, dir in der Mehrzahl ihrer Anwendungsfälle helfen, eigenes und fremdes personales Leben eher zu mehren denn zu mindern.« Wir nennen diesen Imperativ »Biophilieprinzip«. In einer konkreten Situation muß der Handelnde die Regeln seines Handelns überprüfen und der folgen, die am ehesten sein personales Leben in dieser konkreten Situation mehrt. In einer anderen Situation können dieselbe oder andere Regeln zu anderen Handlungen und Entscheidungen führen, wenn sie moralisch verantwortet sein wollen. Ein solches Gewissensurteil, das sich an ethisch-moralischen Normen orientiert, nennen wir sittlich.

b) Deontologische und teleologische Normen

Das Biophilieprinzip ist rein teleologisch, d. h. rein zielorientiert. Es gibt die Ziele von ethisch-moralisch verantwortetem Handeln und Entscheiden vor. Rein teleologische Prinzipien bergen die Gefahr in sich, daß sie zu Handlungen und Entscheidungen führen, »bei denen der Zweck (etwa die Mehrung von personalem Leben) jedes Mittel heiligt«. Es gilt also, die Mittel auszuschließen, die in Verfolgung der moralischen Ziele moralisch unverantwortbar sind. Diese Normen, welche die Randbedingungen feststellen, gelten grundsätzlich. Sie bestimmen ein Müssen (ein »deón«). Zudem werden sie als materiale Normen formuliert. Die Pflicht, sich an den ethisch-moralischen Normen des Zielprinzips zu orientieren, ist aufgehoben, wenn bei der Verfolgung des Ziels eine deontologische Norm verletzt würde. Beispiele solcher deontologischer Normen könnten etwa sein:

- »Du darfst niemals einen materiell und formell unschuldigen Menschen direkt töten.«
- »Du darfst niemals ein dir anvertrautes Geheimnis verletzen.«
- »Du darfst niemals einen Menschen zwingen, etwas zu tun, was gegen sein endogenes oder ethisches Gewissen verstößt.«

Seit Max Scheler und Max Weber[1] ist es üblich, ethische Vorgaben nach dem Kriterium Gesinnungsethik oder nicht zu prüfen. Ich möchte den hier vorgestellten ethischen Entwurf einer »Entscheidungsethik« zuordnen. Wenn jemand ernsthaft und nachdem er sich zur Sache soweit möglich und zumutbar Kenntnis verschafft hat, seine Handlungsabsicht am Biophiliepostulat (unter Berücksichtigung der deontologischen Randbedingungen) orientiert, handelt er sittlich. Die Forderung, daß er bereit sein muß, für die auch bei aller Sachkenntnis nicht vorherzusehenden Biophilie mindernden Folgen

---

1 Max Scheler stellt der Gesinnungsethik eine Erfolgsethik gegenüber und entscheidet sich für eine Gesinnungsethik, nach der das sittliche Handeln »aus der Gesinnung herausfließt« und »dabei auf die Verwirklichung eines bestimmten Wertes gerichtet ist« (Der Formalismus in der Ethik und die materiale Wertethik, 1913). Max Weber dagegen stellt der Gesinnungsethik eine Verantwortungsethik gegenüber. Er sieht das Wesen der Gesinnungsethik darin, daß »der Eigenwert des ethischen Handelns ... allein zu seiner Rechtfertigung genügen soll« (Der Sinn der Wertfreiheit der soziologischen und ökonomischen Wissenschaften, 1917, in: Gesammelte Aufsätze zur Wissenschaftslehre, 1932, 467, 476). Die Gesinnungsethik hat eine lange Geschichte. So erklärt schon Platon den Versuch einer guten Handlung für gut (Phaidros, 274). Auch nach Augustinus kommt es nicht darauf an, was ein Mensch tut, sondern in welcher Gesinnung er es tut.

seines Handelns und Entscheidens einzustehen, soll dabei in keiner
Weise gemindert werden.

4. Über strukturelle Unmoral

Über die moralische Qualität von Handlungen, von Verhalten und
von Entscheidungen (also deren sozial bezogenen Nutzen) kann
man ähnlich wertfrei urteilen wie über deren fachliche Qualität
(also deren funktionale Brauchbarkeit). Selbst das Fehlen einer
ethisch begründeten Moral, also das Fehlen von Sittlichkeit, kann
nicht unbedingt einem Menschen moralisch angelastet werden, da
kein einziges mir bekanntes soziales System ernsthaft darauf aus-
gelegt ist, die Entfaltung eines sittlichen Gewissens, dessen Urteile
durchaus im Widerspruch mit moraltheologischen Normen oder
Normen einer exogenen Moral stehen können, zu fördern.
Das allgemeine Fehlen einer sittlichen Moral und damit nahezu alle
strukturelle Unmoral gründen in der Tatsache, daß kein soziales
System an der Ausbildung von Normen interessiert ist, welche die
des Systems (und damit das System selbst) in Frage stellen können.
Sittlichkeit ist stets verbunden mit der Bereitschaft, primären Tugenden den Vorrang vor sekundären zu geben und somit gegen die
gesellschaftlich vorgegebenen Normen zu handeln. Zu diesen primären Tugenden gehören:

- die Zivilcourage,
- der Mut, gegen Normen der endogenen oder exogenen Moral zu
  handeln, wenn ein vernünftiger Normenbegründer (der stets
  Schaden vom universellen Gemeinwohl abwenden will) diese
  Normabweichung intendieren würde (Epikie), und
- die Bereitschaft, sich auf soziale Konflikte einzulassen, wenn
  soziale Systeme ein der personalen Sittlichkeit widersprechendes
  Handeln oder Entscheiden erwarten oder gar fordern (»kreativer
  Ungehorsam«).

Die strukturelle Unmoral ist also kaum vom Sockel der Normen
endogener oder exogener Moral auszumachen. Sie wird erst erkennbar, wenn Handlungen und Handlungsfolgen, wenn Entscheidungen und Entscheidungsfolgen von der Warte einer verantwortet
übernommenen ethischen Moral beobachtet werden können.

Im folgenden seien einige soziale Systeme vorgestellt, die in besonderer Weise zu struktureller Unmoral verleiten:

a) Die strukturelle Unmoral ideologischer Systeme

Ideologisch nennen wir ein soziales (politisches, ökonomisches, kulturelles, ekklesiales) System, das seine Werteinstellungen und Grundüberzeugungen als überzeitlich und übergesellschaftlich geltend behauptet.[1]

Diese strukturelle Vorgabe, nach der die Grundüberzeugungen und Werteinstellungen nicht mehr die konkreten interaktionellen Probleme, die interpersonal oder inter- oder intrasystemisch auftreten, biophil (weil realitätsfremd) regulieren, bringt die in ihnen eingebundenen Menschen dazu, sich sozialwidrig (gemessen an den Zuständen konkreter Gesellschaften) zu verhalten. Sie sind in mannigfacher Weise strukturell terroristisch.

Zunächst behaupten sie, im Besitz überzeitlicher Wahrheiten zu sein, denen sich alle Menschen, gleich welcher gesellschaftlichen Herkunft zu unterwerfen hätten. Dieser »Terrorismus der Wahrheit«, der vermeint, über irrtums- und täuschungsfreies Wissen zu verfügen, endet stets totalitaristisch. Totalitaristisch war der »praktische« Marxismus des Ostens. Totalitaristisch ist eine Position, die die »freiheitlich-demokratische Grundordnung« ihres Systems nicht zur offenen Kritik freigibt. Totalitaristisch sind aber auch jene Religionen, die sich allein im Besitz von Wahrheit wähnen. Der »Terrorismus der Wahrheit« nahm nicht jene simple Unterscheidung des Sokrates zur Kenntnis, nach der Gewißheit niemals Kriterium für Wahrheit sein könne, da Gewißheit immer in Täuschungen und Irrtümern gründen kann, Wahrheit jedoch nie.

Neben den »Terrorismus der Wahrheit« tritt in solchen Systemen der der Gutheit. Sie wissen, was gut und böse ist, und fordern, alle Menschen hätten sich diesem überlegenen Wissen zu beugen. Sie haben nicht zur Kenntnis genommen, daß das, was die Bibel »Erbsünde« nennt ebendieses vermeintliche Wissen um Gut und Böse ist, das sie gleichsam zu Gott macht. Die Verheißung des Bösen

---

1 Ideologien tun also so, als ob sie keine Geschichte hätten (vgl. K. Marx in MEW 3, 26 f.), obschon sie geschichtlich geworden sind. Ideologien verstehen sich nicht mehr »als Moment jener geschichtlichen Totalität«, in der sie entstanden sind (vgl. G. Lukácz, Geschichte und Klassenbewußtsein, 1923, 61).

schlechthin lautet: »Ihr werdet sein wie Gott und erkennt Gut und Böse« (Gen. 3, 5). Und seitdem ermorden, quälen, exkommunizieren... Menschen andere Menschen im Namen des Guten. Noch George Bush berief sich in seinem Krieg gegen Saddam Hussein auf Gott und behauptete zu wissen, was gut und böse sei.

Schließlich verfügen solche geschlossenen Gesellschaften, die unfähig geworden sind, über neue Erfahrungen und neue Erkenntnis bestehendes Wissen zu modifizieren, auch über Erklärungen (Theorien, Modelle, Metaphern, Geschichten), die sie in einem fatalen »Erklärungsrealismus« für die allein gültigen (vielleicht gar wahren) halten. Dieser Terrorismus der Erklärungen ziert nicht nur viele Wissenschaftlergesellschaften (angefangen von Physikern bis zu Theologen), sondern auch nicht selten das Allgemeine Bewußtsein in solchen geschlossenen Gesellschaften. Es ist der Überzeugung, Erklärungen über erkannte Sachverhalte seien ebenso realitätsabbildend wie die Erkenntnis der Sachverhalte.

In welchen Typen sozialer Systeme begegnen wir besonders häufig einer strukturellen Unmoral, die Menschen in diesen Systemen – denen wir uneingeschränkt guten Willen unterstellen dürfen – immer wieder veranlaßt, sozialunverträglich zu handeln und/oder zu entscheiden? Wir wollen uns, um den Begriff der »strukturellen Unmoral« zu verdeutlichen, einer besonderen Weise des Unmoralischen zuwenden, nämlich des Versagens vor dem Anspruch der Gerechtigkeit. Dabei gehen wir davon aus, daß das Versagen gegenüber dem Anspruch der Verteilungsgerechtigkeit sozialschädlich ist.

»Verteilungsgerechtigkeit« oder auch »austeilende Gerechtigkeit« meint (im Gegensatz zur ausgleichenden Gerechtigkeit)[1] eine Ge-

---

1 Die Unterscheidung von austeilender (iustitia distributiva, die es mit Zuteilungen von Gaben und Lasten in einer Gesellschaft zu tun hat) und ausgleichender Gerechtigkeit (iustitia commutativa, die es mit dem Austausch von Gütern und Verträgen zu tun hat) stammt von Aristoteles (Nic. Eth. V und Eth. Eud. IV). Die klassische – noch heute valide – Definition von Gerechtigkeit gab um 150 n. Chr. Ulpian: »iustitia est constans et perpetua voluntas ius suum uniquique tribuendum« (»Gerechtigkeit ist der dauernde Wille, einem jedem sein Recht zukommen zu lassen«). Ulpian kannte schon drei Quellen, aus denen Menschen Rechte zuteil werden können: Gesetze, Verträge und die Tatsache, daß sie römischer Bürger sind (die letzteren Rechte würden wir heute unter »Menschenrechte« subsumieren).

rechtigkeit, die zwischen nicht gleichrangigen Subjekten (Personen oder sozialen Systemen) spielt und die übergeordneten Subjekte zu Leistungen gegenüber den untergeordneten verpflichten – und umgekehrt. Verteilungsgerechtigkeit hat nun nichts mit Verteilungsgleichheit zu tun, wie einige Sozialisten (etwa Pierre Joseph Proudhon oder der junge Karl Marx) meinten, sondern sie regelt die Verteilung von Gütern und Lasten innerhalb eines sozialen Systems.[1]

b) Die Problematik des »ungerechten Staates«

Der Staat hat die wesentliche Funktion, schweren Schaden vom Gemeinwohl abzuwenden. An zweiter Stelle übernimmt er – subsidiär – die Funktion, schweren Schaden von einzelnen Subjekten (Personen oder sozialen Systemen) abzuwenden. In beiden Fällen kann es nötig werden, daß er nach den Postulaten der Verteilungsgerechtigkeit tätig werden muß. Beide Dienstleistungen des Staates müssen finanziert werden. Nach den Regeln der ausgleichenden Gerechtigkeit hat jeder, der staatliche Dienste in Anspruch nimmt, für den gleichen Dienst ein gleiches Entgelt zu entrichten. Dieser Idee wurde der antike Staat mit seiner für alle Bürger gleich hohen Kopfsteuer gerecht, mit welcher der Staat seine primären Funktionen finanziert. Zu den primären Staatsfunktionen zählen:

- die Sicherung des inneren und äußeren Friedens,
- die Sicherung des Rechts und
- die Sicherung ökonomischer, sozialer und kultureller Freiheit.

Ein Versagen vor dem Anspruch dieser Funktionen fügt dem Gemeinwohl schweren Schaden zu.

Im Laufe der Jahrhunderte setzte sich jedoch die Überzeugung durch, daß diese Basisdienstleistungen des Staates gerechter verteilt werden, wenn die reicheren Bürger mehr Steuern zahlen als die ärmeren. Damit war die (nicht ganz unproblematische) Idee der »sozialen Gerechtigkeit« geboren. Dem reicheren Bürger entstehen Opportunitätskosten (= entgehende Deckungsbeiträge einer nicht gewählten Entscheidungsmöglichkeit). Er muß Kosten übernehmen, denen keine Leistungen gegenüberstehen.

---

1 Vgl. dazu H. Coing, Grundzüge der Rechtsphilosophie, 1969, 211–215.

Die Finanzierung staatlicher Aufgaben geschieht in einem »Sozialstaat« nicht nach dem Maß der Inanspruchnahme staatlicher Leistungen, sondern vor allem über einkommens- und/oder vermögensabhängige Steuern.[1] Insoweit ist nach der »Steuergerechtigkeit« zu fragen. »Steuergerechtigkeit« bezeichnet eine Verteilung der Abgabenlast auf die Gesamtheit der Steuerpflichtigen, die den historisch gewordenen Gerechtigkeitsvorstellungen entspricht.[2] Und dieser Vorstellung entspricht durchaus eine stärkere steuerliche Belastung der reicheren oder einkommensstärkeren Mitbürger.

Doch enthält der Begriff der »sozialen Gerechtigkeit« auch eine Verpflichtung des Staates, möglichst sparsam zu haushalten. Daß etwa die Bundesrepublik Deutschland dieser Verpflichtung nicht gerecht wird, zeigt schon die deutlich und langfristig über dem Durchschnitt der OECD-Länder liegende Staatsquote. Die Bundesrepublik kommt ihren Bürgern viel zu teuer zu stehen. Die von ihr nach Gerechtigkeitsprinzipien angebotenen Dienstleistungen stehen in keinem sinnvollen Verhältnis zu den Kosten. Die Kostenstellen des Staates scheinen der merkwürdigen Ansicht zu sein, die durch Steuern erhobenen Beträge seien Eigentum des Staates und nicht des Staatsvolkes. Da sie jedoch Eigentum des Staatsvolkes sind, hat der Staat seine Ausgaben vor dem Staatsvolk nicht nur einwandfrei

---

1 So bestimmt die AO in § 3 Steuern als »Geldleistungen, die nicht eine Gegenleistung für eine besondere Leistung darstellen und von einem öffentlichrechtlichen Gemeinwesen zur Erzielung von Einkünften allen auferlegt werden, bei denen der Tatbestand zutrifft, an den das Gesetz die Leistungspflicht knüpft; die Erzielung von Einnahmen kann Nebenzweck sein«.

2 Das schließt nicht aus, daß einige Personen oder Gruppen von Personen sich ungerecht besteuert fühlen. Diskussionen zum Thema »Steuergerechtigkeit« tauchen immer dann auf, wenn sich eine Gruppe im Kampf um die Verteilung der knappen Ressource Geld vom Gesetzgeber benachteiligt fühlt. So fühlen sich die Gewerkschaften im Namen ihrer Mitglieder benachteiligt, wenn die Unternehmenssteuern abgebaut und zugleich Sozialabgaben erhöht werden. So fühlen sich »Besserverdienende« benachteiligt, wenn sie eine Zusatzsteuer (etwa in Form einer nur sie betreffenden Solidarabgabe) erbringen müssen. So fühlen sich Selbständige benachteiligt, wenn ihnen eine Solidarabgabe zugunsten einer Sozialversicherung, von der sie keine Zahlungen zu erwarten haben, angelastet wird. Dennoch kann man in solchen Belastungen oder Entlastungen keinen Verstoß gegen die Steuergerechtigkeit sehen, wenn nur der Gleichheitsgrundsatz und das Prinzip von der Verhältnismäßigkeit zureichend beachtet wurden.

offenzulegen, sondern auch sparsam zu wirtschaften.[1] Daß er das nicht tut, demonstriert das Subventionsunwesen.

Viele Milliarden DM werden als Dauersubventionen an ökonomische, kulturelle, politische, soziale, militärische Systeme gezahlt, obschon nur Subventionen zur Umstellung, zur Schrumpfung oder zur Liquidation mit den Prinzipien der Verteilungsgerechtigkeit vereinbar wären. Diese Prinzipien sollten sich am Biophiliepostulat orientieren. Diesem Postulat folgend, sind nur (bei Bedürftigkeit) personenbezogene Subventionen unmittelbar gerechtfertigt. Subventionen sozialer Systeme sind nur mittelbar insoweit und nur in solcher Höhe gerechtfertigt, als dadurch die staatlichen Gesamtausgaben (etwa die Zusatzzahlungen an Bedürftige) gemindert werden. Der Staat ist keine gesellschaftliche Veranstaltung zur Mehrung sozialer Gerechtigkeit, sondern er soll, orientiert an den Prinzipien sozialer Gerechtigkeit, seine politischen Aufgaben erfüllen. Der Staat hat auch nicht das geringste Recht, sich unaufgefordert in ökonomische, kulturelle oder soziale Prozesse einzumischen, es sei denn, diese Einmischung wäre nötig, um schweren Schaden vom Gemeinwohl zu wenden. Ob in politikfernen Situationen dem Gemeinwohl schwerer Schaden droht, hat nicht der Staat zu befinden, sondern die politikferne Gesellschaft. Sie hat zudem aufzuweisen, daß der schwere Schaden nicht anders als durch staatliche Intervention behoben werden kann. Zudem hat sie eine Planung vorzulegen, die überzeugende Konzepte vorstellt, was sie selbst tun kann, um den (drohenden) Gemeinwohlschaden zu begrenzen, vor allem aber, ihn zu befristen.

Es gibt einige Bereiche, in denen – heute unbestritten – ohne dauerndes staatliches Eingreifen dem Gemeinwohl schwerer Schaden droht: Es sind das die Produktion und/oder der Verbrauch meritorischer oder verwerflicher Güter. »Meritorisch« nennt man ein Gut, das, zu Marktpreisen angeboten, so wenig nachgefragt würde, daß die mangelnde Nachfrage dem Gemeinwohl schweren Schaden

---

1 Theoretisch hat der Bundesrechnungshof, eine gegenüber der Bundesregierung unabhängige Bundesbehörde zur Kontrolle über das gesamte Finanzgebaren und die Haushaltsführung des Bundes einschließlich seiner Sondervermögen und seiner Wirtschaftsunternehmen, gemäß Art. 114 GG die Aufgabe, die Interessen des Staatsvolkes gegenüber dem Staat zu vertreten. Offensichtlich sieht er meist nur die Splitter und nicht die Balken.

38

zuzufügen droht. Meritorische Güter sind etwa manche Teile des Bildungs- und Gesundheitswesens (z. B. das Unterhalten von Schulen, das Betreiben eines Nahverkehrsnetzes, die Schutzimpfungen für Babys, eine intakte Umwelt...). In diesen Fällen ist der Staat moralisch verpflichtet, die Produktion und/oder den Verbrauch eines gutes zu subventionieren.[1]

Handelt es sich jedoch um verwerfliche Güter, um Güter also, die, zu Marktpreisen angeboten, so stark nachgefragt werden, daß dem Gemeinwohl schweren Schaden zugefügt wird oder zugefügt werden könnte, ist der Staat verpflichtet, den Verbrauch solcher Güter so zu verteuern, daß der Verbrauch deutlich sinkt, unter Umständen gar ganz unmöglich wird. Verwerfliche Güter sind etwa Tabakwaren, »scharfe« Alkoholika, nicht durch die Berufsausübung erzwungene (etwa der Ärzte oder der Taxifahrer) Autofahrten, Stickstoffüberdüngung von Böden, der übermäßige oder unnötige Verbrauch von Pestiziden, der unnötige Verbrauch von Elektrizität, Heizöl, Erdgas, Trinkwasser... Vor allem die Minderung der Umweltqualität ist heute als verwerfliches Gut allgemein akzeptiert.

---

1 In der Volkswirtschaftslehre wird diese Problematik zumeist unter der »Theorie der Kollektivgüter« abgehandelt. Solche Kollektivgüter sind öffentliche Konsumgüter, die sich dadurch definieren, daß einmal bereitgestellte Mengen von mehreren Konsumenten gemeinsam in Anspruch genommen werden können. Es gibt eine Menge solcher privat oder staatlich erzeugter Kollektivgüter: der Küsten-, Umwelt- und Naturschutz, Filme, Konzerte, Theateraufführungen, Rundfunksendungen, Straßen und öffentliche Verkehrsmittel, Brücken, Kanäle, Sportstätten, Freizeit- und Erholungseinrichtungen, Schutz vor ansteckenden Krankheiten, Bildungsveranstaltungen... Nun hat der Staat keineswegs das Recht oder gar die Pflicht, sie alle zu subventionieren. Nur, wenn anders schwerer Schaden vom Gemeinwohl nicht abgewendet werden kann, besteht eine befristete oder unbefristete Pflicht des Staates, die Herstellung oder den Verbrauch dieser Güter zu subventionieren. Nicht alle öffentlichen Güter sind also schon, weil öffentlich, meritorisch. Manche Autoren (wie etwa Volker Arnold, Theorie der Kollektivgüter, München 1992) verpflichten hier den Staat zur Mehrung des Gemeinwohls (etwa der Optimierung der »sozialen Wohlfahrtsfunktion«). Auch die oft damit verbundene Verpflichtung des Staates, möglichst paretooptimale Zustände herzustellen, ist hier zu nennen. Das Pareto-Optimum ist genau dann erreicht, wenn es weder durch eine Umorganisation der Produktion noch durch eine veränderte Umverteilung der erzeugten Gütermengen möglich ist, den Nutzen irgendeines Konsumenten zu mehren, ohne den eines anderen zu mindern. Auf die Unmöglichkeit, den Nutzensbegriff in diesem Kontext sauber zu definieren, habe ich anderswo schon verwiesen (vgl. R. Lay, Die Macht der Moral, Düsseldorf 1990, 263).

Saubere Umwelt ist heute kein »öffentliches Gut«[1] mehr, von dessen Konsum niemand ausgeschlossen werden kann und für dessen Inanspruchnahme keine Rivalität besteht. Da eine intakte Umwelt Eigentum des Staatsvolkes ist, kann die Eigentumsrechte niemand anderes vertreten als der Staat. Dazu ist es nötig, einst öffentliche Güter in Wirtschaftsgüter zu wandeln, die privat nur gegen entsprechende Bezahlung angeeignet werden können. Der Preis ist so hoch anzusetzen, daß der »Verbrauch von Umwelt« (ein verwerfliches Gut) deutlich zurückgeht. Nur der Elementarverbrauch von privaten Haushalten (etwa Luft zum Atmen, zum Trinken geeignetes Wasser, das Heizen der Wohnung auf ein medizinisches Optimum) bleibt öffentliches Gut. Jede gewerbliche Nutzung von Umwelt und jede private Nutzung, die über die Befriedigung von Grundbedürfnissen hinausgeht, macht die Umwelt zu einem Wirtschaftsgut, dessen Verbrauch bezahlt werden muß.[2]

Ein Staat, der den Konsum meritorischer Güter nicht fördert oder den verwerflicher Güter nicht beschränkt, ist strukturell (wenn eine solche Förderung und/oder ein solches Verbot etwa der Staatsverfassung widersprechen würde) oder funktional (wenn er die Förderung und/oder das Verbot, obgleich es die institutionalisierte Werteordnung des Staates zuließe, etwa aufgrund von Brancheninteressen oder Interessen irgendwelcher Verbände wie Gewerkschaften, Kirchen, des ADAC, Ärztekammern unterließe) ungerecht.

c) Die Problematik eines ungerechten Bildungssystems

Ein Bildungssystem ist strukturell verteilungsungerecht, wenn es aufgrund seiner Strukturen nicht jene Bildung vermittelt, die zur optimalen Entfaltung der von ihm Gebildeten oder Ausgebildeten nötig ist. Zumindest das öffentliche Bildungssystem der Bundesrepublik ist in diesem Sinne ungerecht. Die Stimmigkeit dieser These ist vergleichsweise leicht zu belegen. So werden etwa Schülern im Rahmen der von den Lehrplänen verordneten Ausbildung für eine biophile Persönlichkeitsentfaltung unverzichtbare Inhalte nicht ver-

---

1 Zur Theorie und Problematik der öffentlichen Güter vgl. Werner W. Pommerehne, Präferenzen für öffentliche Güter, Tübingen 1987.
2 Wie das im einzelnen geschehen könnte, habe ich ausgeführt in R. Lay, Die Macht der Moral, Düsseldorf 1990, 139–154.

mittelt, wennschon die Schule oft genug der einzige Platz ist, diese
zu vermitteln. Hier sind etwa zu nennen:

- Die emotionale und soziale Bildung. Sie bleibt weitgehend dem
  Kindergarten und den Elternhäusern überlassen, obschon diese
  im Verlauf der Regelbildung eines Menschen weitgehend versagen. Nahezu alle Menschen, die eine Schule oder Hochschule verlassen, sind fragmentierte Persönlichkeiten. »Fragmentiert« nenne ich eine Persönlichkeit dann, wenn Emotionalität, Sozialität
  und Rationalität nicht dialektisch aufeinander bezogen sind und
  keine dialektische Einheit bilden.[1] Die Bildung einer integrierten
  Persönlichkeit ist offensichtlich ein meritorisches Gut. Das
  »Zeugnis der Reife« sollte bestätigen, daß es einem Menschen
  gelungen ist, im Rahmen des ihm nach Begabung und Alter Möglichen zu einer integrierten Persönlichkeit zu reifen. Zumeist wird
  der rationalen Bildung ein übergroßer Wert beigemessen, so daß
  sich Rationalität aus dem Verbund mit Sozialität und Emotionalität löst. Ferner wird in der Regel einseitig die Leistungsorientierung kultiviert, während die Erlebnisorientierung zu kurz kommt.
  Nicht wenige Menschen sind heute nahezu unfähig, Erleben
  (etwa des Naturschönen) zu kultivieren.
- Es werden keine Techniken des Diskurses[2] vermittelt, die es erlauben, bei einander widersprechenden Meinungen durch gemeinsamen Erkenntnisfortschritt Konsens zu erzielen. Dieser Kon-

---

1 Mehrere Elemente bilden genau dann eine dialektische Einheit, wenn sie drei
  Bedingungen erfüllen:
  - Sie sind voneinander unterschieden.
  - Sie können nicht ohneeinander sein.
  - Eine Veränderung eines Elements zieht die der anderen nach.
  So führt eine Veränderung strukturelle Veränderung der Intellektualität zu
  einer ebensolchen von Emotionalität und Sozialität. Eine Bildung, die diesem
  Sachverhalt nicht gerecht wird, wird dem zu bildenden Menschen nicht
  gerecht.
2 Es gibt sogar einige Philosophen (wie Jürgen Habermas und K.-O. Apel), wel-
  che den Diskurs als die wichtigste kommunikative Leistung verstehen und ganze Diskursethiken entwerfen. Diskursethiken bestimmen das höchste ethische
  Gut als die Fähigkeit und Bereitschaft, mit anderen in Diskurs zu treten. Eine
  Diskursgemeinschaft ist stets offen (für neue Teilnehmer) und akzeptiert nur
  die Herrschaft des besseren Arguments. Daß diese Form des Diskurses nichts
  mit der von mir vertretenen zu tun hat, ist offensichtlich, denn in der von den

sens kommt in der Regel über eine Mehrzielentscheidung zustande. Statt dessen werden den zu Bildenden bestenfalls Techniken vermittelt, wie sie ihre Meinung gegen fremde durchsetzen können. Dahinter steht letztlich die fatale marxistische Überzeugung, daß, da unbestritten oft auf der Ebene der Vernunft kein Konsens zu erreichen ist, durch die Anwendung irgendeiner Form von Gewalt (meist psychischer oder sozialer) Kompromisse geschlossen werden müssen. Ein Kompromiß unterscheidet sich von einer Mehrzielentscheidung wesentlich darin, daß im Kompromiß kämpfende Partner zu einem Konsens finden, zu dem jeder Abstriche an seinen ursprünglichen Vorstellungen machen muß, während in einer Mehrzielentscheidung alle Beteiligten versuchen, eine Lösung zu finden, die den widerstreitenden Zielen optimal gerecht wird. Es kommt darauf an, zu lernen, daß es (außerhalb von Kampfspielen) meist moralisch negativ zu werten ist, wenn Menschen versuchen, gegen Menschen recht zu behalten. Es kommt darauf an, zu begreifen, daß alle Beteiligten gegen eine sich sperrende optimale Lösung einer Aufgabe oder eines Problems kämpfen. Lösen sie die Aufgabe zusammen optimal, haben alle gewonnen. Lösen sie sie suboptimal, haben alle verloren. Ein Mensch ist erst team- oder partnerschaftsfähig, wenn er diesen Sachverhalt nicht nur psychisch internalisiert, sondern auch Methoden beherrscht, wie solche gemeinsamen Problemlösungen gefunden werden können. Diese aber werden ihm nirgendwo vermittelt. Und so entlassen Schulen wie Hochschulen Menschen, die weder team- noch partnerschaftsfähig sind.

- Es werden keine Techniken vermittelt, sinnvoll mit Ängsten und aggressiven Emotionen umzugehen. So verlassen die meisten Menschen ihre Ausbildungsstätten mit einer Palette sie ängstigender Situationen. Hierher gehören etwa Redeangst, Examensangst, Fremdenangst (Xenophobie). Alle diese Ängste kann man verlernen, wenn man ihre Gründe kennt und sich immer wieder

---

meisten Diskursphilosophen vertretenen Konzeption des Diskurses tritt Herrschaft auf, wenn auch »nur« die des überzeugenderen Arguments. In der Praxis hängt jedoch die Überzeugungskraft eines Arguments maßgeblich von dem ab, der es vorträgt. Das hat also nichts mit Konsensfindung über gemeinsamen Erkenntnisfortschritt zu tun. Daß die Diskursphilosophen hier zu kurz greifen, hängt mit der trivialen Tatsache zusammen, daß sie keine Diskurstechniken beherrschen.

der angstmachenden Situation aussetzt – und erfährt, daß sie unbegründet sind. Warum müssen Examina stets in angstvermittelnde Szenarien eingebunden werden? Viele dieser Ängste bilden eine dialektische Einheit mit aggressiven Emotionen, seien sie sozial oder nichtsozial (wie etwa Resignation oder Niedergeschlagenheit) dargestellt. Und dieser Regelkreis von Angst und Aggressivität beherrscht heute weitgehend die politische, soziale und ökonomische Szene. Wenn etwa ein Topmanager von seinen Mitarbeitern Kampfgeist fordert, dann – meist unbewußt –, um seine eigenen Ängste zu beschwichtigen. Auch der »Fremdenhaß« ist nichts anderes als eine Folge unbewältigter Fremdenangst.

d) Die Problematik »ungerechter Interessenverbände«

In einer pluralistischen Gesellschaft haben alle Menschen das Recht, sich in ihren politischen, sozialen, kulturellen, ökonomischen Interessen von Verbänden vertreten zu lassen. Nicht selten treffen Verbände aufeinander, die divergierende Interessen vertreten. Ein klassisches Beispiel bilden Gewerkschaften und Arbeitgeberverbände. Da ihre führenden Mitglieder niemals die Regeln des Diskurses lernten, vermuten sie, daß nur kämpfend und in Kompromissen formulierte Einigung möglich ist. Wenn sie schon (wenigstens in dieser Sache ganz den Gedankengängen von Karl Marx verpflichtet, der nur den Kampf als Strategie erkannte) widerstreitende Interessen gegeneinander durchsetzen wollen, sollten sie sich wenigstens einer gewissen Basismoral befleißigen. Arbeitskämpfe dürfen also niemals so geführt werden, daß Nichtkombattanten durch diesen Kampf in ihren Rechten und Möglichkeiten beeinflußt werden. Ein solcher Arbeitskampf ist unmoralisch. Für Arbeitskämpfe im Bereich des öffentlichen Dienstes wird dieses Thema noch auszuführen sein.

Dagegen müssen Demonstrationen, die nicht den Straftatbestand der Nötigung erfüllen, auch dann erlaubt sein, wenn Rechte und Möglichkeiten Dritter begrenzt werden. Das Demonstrationsrecht ist das Recht einer Minderheit – weil nicht oder nicht zureichend in der Sache, der die Demonstration gilt, parlamentarisch vertreten –, auf sich und ihre Meinung aufmerksam zu machen. Wenn hierbei die Verhältnismäßigkeit gewahrt bleibt, müssen auch Nichtdemonstranten Beschränkungen akzeptieren, weil gerade sie die Ansprechpartner der Demonstranten sind. Sie sollen durch die Demonstration dazu gebracht werden, auch andere Gesichtspunkte kennenzulernen, die sich anders als durch eine Demonstration keinen adäquaten Ausdruck verleihen können. Nun versuchen manche Gewerkschaftler, Streiks zu vertreten, die auch die allgemeine Öffentlichkeit berühren, indem sie ihre Streiks als eine Art Demonstration rechtfertigen. Das aber sind sie nicht. Streik ist eine Kampfmaßnahme, Demonstration ist eine Maßnahme, sich Gehör und Beachtung zu verschaffen. Und das ist etwas ganz anderes.

e) Die Problematik »ungerechter Unternehmen«

Daß auch Wirtschaftsunternehmen sich den Regeln der Verteilungsgerechtigkeit entziehen können, dürfte kaum bestritten werden. Deshalb seien hier nur einige wenige Aspekte vorgestellt, in denen Wirtschaftsunternehmen gegen die Verteilungsgerechtigkeit verstoßen können:

- Der klassische Fall mangelnder Verteilungsgerechtigkeit ist ein »ungerechter Lohn«. Ein gerechter Lohn wird nicht nur bemessen nach den Regeln der Vertragsgerechtigkeit, sondern auch nach denen der Verteilungsgerechtigkeit. Verteilungsgerecht ist jedoch nur ein Lohn, der, wenn der vom Unternehmenserfolg unabhängige Vertragslohn gezahlt wurde, einen Zusatzlohn anrechnet, der vom Unternehmenserfolg abhängt, zumindest dann, wenn dieser Unternehmenserfolg ursächlich durch die Arbeit der im Unternehmen Tätigen erwirtschaftet wurde. Ich habe verschiedentlich vorgeschlagen,[1] den Gesamtzusatzlohn, den ein Unternehmen nach den Gerechtigkeitsregeln zu zahlen hat, wie folgt zu ermitteln: Aus dem erwirtschafteten disponiblen Kapital sind zunächst die betriebsnotwendigen oder vom Gesetzgeber geforderten Rückstellungen und Kapital- und Gewinnrücklagen zu bedienen. Ferner hat das betriebsnotwendige Kapital ein Anrecht auf gerechte – und zwar über die Vertrags- wie über die Verteilungsgerechtigkeit zu rechtfertigende – Verzinsung. Diese Verzinsung sollte das Doppelte des derzeitigen Kapitalmarktzinses (zur Zeit also etwa 15 Prozent) nicht überschreiten, doch auch – wenn nach der Geschäftslage möglich – nicht wesentlich unterschreiten. Die-

---

1 So zuletzt in R. Lay, Die Kultur des Unternehmens, Düsseldorf 1992, 74.

se Verdoppelung ist gerechtfertigt, da der Eigner des betriebsnotwendigen Kapitals wesentliche Anteile des unternehmerischen Risikos übernimmt – bis hin zum unwiederbringlichen Verlust seiner Einlage. Der diese Positionen überschreitende Betrag ist den im Unternehmen Tätigen nach einem verteilungsgerechten Schlüssel als Zusatzlohn auszuzahlen. Verteilungsgerecht wäre ein Schlüssel, der etwa folgende Positionen berücksichtigt: Dauer der Betriebszugehörigkeit, realisierte fachliche und soziale Begabungen, die nicht durch den Vertragslohn abgedeckt werden, Zugehörigkeit zu einer Abteilung, die in besonderer Weise zum Unternehmenserfolg beigetragen hat.

- Gegen die Verteilungsgerechtigkeit verstoßen auch alle im Unternehmen Tätigen, die dem Unternehmen zu Lasten der Allgemeinheit, ihrer Kunden oder Wettbewerber ungerechte Vorteile verschaffen. Hier wären zu nennen:
  - ein kostenloser Verbrauch an Umwelt, der über dem Durchschnitt der Unternehmen liegt, die ähnliche Produkte fertigen,
  - ein Verstoß gegen verbotene Kartellabsprachen, wenn dadurch ein Wettbewerber benachteiligt würde,
  - eine Beeinflussung des Staates, um ihm ungerechtfertigte Subventionen, Einfuhrbeschränkungen oder -verteuerungen oder andere wettbewerbsverzerrende Leistungen abzuverlangen (ungerechtfertigt wäre etwa eine Subvention, die nicht dem Unternehmenserhalt dient, sondern der unternehmensinternen Forschung, wenngleich das Unternehmen – bei gerechter Bedienung des betriebsnotwendigen Kapitals – diese selbst zahlen könnte),
  - der nichterlaubte Export von Kriegsgerät oder Müll.

5. Über die strukturelle Unmoral in der Politik

Dieser Form der Unmoral will dieses Buch in besonderer Weise nachgehen. Sie schadet in besonderer Weise dem Gemeinwohl und ist deshalb in besonderer Weise verwerflich. Doch begegnet man der strukturellen Unmoral der Politik (und damit auch der Politiker) alltäglich, so daß es nicht ganz einfach ist, aus einem Feld struktureller Unmoral einige Beispiele herauszufinden, die das ganze Ausmaß dieser Problematik deutlich werden lassen.

Nun mag man einwenden, daß die Unmoral in der Politik zu allen Zeiten ihre wichtigste Domäne fand. Das ist sicherlich richtig. Und so galt es – neben dem aktuellen Bezug –, typische Beispiele politischer Unmoral zu finden, deren wesentlicher Aspekt in einem stets mehr oder minder zufälligen Ereignis sichtbar wird. Sicher wären unschwer auch andere Beispiele und Belege für die strukturelle Unmoral in der Politik zu finden, doch diese Aufgabe soll dem Leser vorbehalten bleiben. Vor allem wird er sich, um strukturelle Unmoral zu erkennen, von dem Gerede der Massenmedien emanzipieren müssen. Die ausgewählten Beispiele widersprechen in ihrer Qualifizierung als »unmoralisch« nicht selten deshalb notwendig der durch die Massenmedien gestützten oder gar erzeugten »öffentlichen Meinung«. Diese zwingt die Politik oft gerade erst zu unmoralischen Entscheidungen. Die Massenmedien sind, wenn sie überhaupt gegen sich moralische Normen gelten lassen, verpflichtet, strukturelle Unmoral aufzuweisen (und nicht sich auf die Darstellung persönlichen Versagens zu kaprizieren). Es gilt aber auch, sich von der merkwürdigen Überzeugung loszusagen, daß Politiker »bessere Menschen« seien oder über besonderes Wissen verfügten. Beides ist falsch: Auch Politiker suchen vor allem ihr Eigenwohl zu mehren und sind dem Gemeinwohl nur dann verpflichtet, wenn es zufällig mit dem eigenen zusammentrifft. Sie verfügen auch nicht über besonderes Wissen, sondern sind, wie in einer Demokratie letztlich unvermeidlich, meist intellektueller Durchschnitt.
Ich möchte mich in diesem Zusammenhang dem bewegenden Appell Hans Magnus Enzensbergers anschließen. Er schreibt: »Ein Blick auf den Werdegang des Bonner…Personals zeigt, daß der Berufspolitiker in aller Regel ein Mensch ohne Beruf ist. Schon in der Adoleszenz verbringt er seine Tage in einer Schülerorganisation oder einem Hochschulbund. Nur wer sein Studium vernachlässigt, also möglichst wenig lernt, bringt es zum Sprecher, zum Delegierten, zum Vorsitzenden… Auf der anderen Seite handelt es sich um eine spezifische Form der Arbeitslosigkeit. Blockabsprachen, Geschäftsordnungsdebatten, Hinterzimmerintrigen hinterlassen eine eigentümliche Erfahrungsleere. Wer endlich einen Listenplatz errungen hat…wird sich in aller Regel mit einem Realitätsdefizit abgefunden haben, das es dann gegen alle Anfechtungen zu verteidigen gilt.«[1] Enzensberger stellt fest, daß man

---

1 Hans Magnus Enzensberger, Erbarmen mit den Politikern, in FAZ vom 5.9.1992.

sich – anders als in ökonomischen Führungspositionen – in politischen offenbar ohne jede Sach- und Weltkenntnis, ohne Wahrnehmungs- und Entscheidungsfähigkeit behaupten könne. Der Eintritt in die Politik sei der Abschied vom Leben. Politiker zeigen – seiner Meinung nach – folgende Deformationen:

- Da es eine ihrer Hauptaufgaben ist, an Sitzungen teilzunehmen, setzen sie sich einer unerhörten Langeweile des Immergleichen aus. Die Folge ist zunehmende Verblödung.
- Die verbleibende Zeit sollten sie damit beschäftigt sein, eine schier unendliche Flut von Unterlagen, Akten, Rundschreiben … zu lesen. Wer mit der Prosa solcher Schriften vertraut ist, wird sich nicht wundern, daß ein Politiker bestenfalls die Zeit und Intelligenz aufbringt, täglich die »Bild Zeitung« zu studieren.
- Sorgfältig wird ein Politiker von allem abgeschirmt, was seine Wahnwelt destabilisieren könnte. Weil er niemals etwas äußern darf, was er selbst denkt, kommt ihm das Denken abhanden. Das benötigt er auch nicht mehr. Sprache, die Denken voraussetzt, wird ersetzt durch Rede.
- Er muß ständig Selbstwerbung betreiben, und das in einer so erniedrigenden Weise, die jede Putzfrau verweigern würde. So verliert er alle Selbstachtung. Er ersetzt sie durch Formen von infantilen Größenphantasien.
- Er ist von allen gesellschaftlichen Prozessen isoliert. So ist er der letzte, der kapiert (wenn er intellektuell dazu überhaupt noch in der Lage ist), was in der Gesellschaft vor sich geht.

Wegen all dieser Defekte verdienen Spitzenpolitiker ein Erbarmen, das man allen Randgruppen zuteil werden lassen sollte: den Alkoholikern, den Skinheads, den Terroristen, den Strafgefangenen.
Wir wollen nun versuchen, folgende Aussage Adolf Hampels zu überprüfen: »Die derzeitige politische Führungsschicht Europas ist für einen Verfall der öffentlichen Moral mitverantwortlich. Mit vielen Symptomen kündigt sich ein politisch-gesellschaftliches Erdbeben an.«[1]

---

1 Adolf Hampel, Zerfall der politischen Moral Europas, in NZZ vom 29. 7. 1992, 33.

In besonderer Weise fordert die Moral der führenden Politiker der beiden ehemaligen »Frontstaaten«, der Bundesrepublik Deutschland und der USA, unser kritisches Interesse ein. Doch über allen moralischen Bedenken sollte man nicht ein tiefes Mitleid verbergen, das Männer wie Dr. Helmut Kohl und George Bush in vorzüglicher Weise verdienen. Beginnen wir mit dem Aufweis von Symptomen struktureller Unmoral in den USA.

1. Teil

Beispiele struktureller Unmoral in der Politik der USA

»Ich bin ein Kämpfer.
Wir werden ein wirkliches Schlachtfest
in diesem Herbst haben.«
George Bush am 18. 8. 1992 in Houston

Die USA sind nebst der Bundesrepublik (über die der 3. Teil dieses Buches handeln wird) das Land, das am dramatischsten den Identitätsverlust nach dem weltweiten Zusammenbruch »kommunistischer Regime« erlebt. Es fühlt sich als Sieger des »kalten Krieges«, der seit 1946 die Welt beunruhigte und bedrohte. Dieser »Sieg« ist der größte der USA und zugleich ihr gefährlichster. Sie sind dabei, ihn zu verlieren.

2. Kapitel

Die Unmoral der Regierenden und ihr Traum von der Weltherrschaft

Daß die Ausübung von Herrschaft Menschen charakterlich korrumpiert, ist seit langem bekannt. Je uneingeschränkter sie Macht ausüben können, um so korrupter werden sie. Diese Korruption wurde einmal unter dem Namen »Cäsarenwahn« abgehandelt und am Beispiel römischer Kaiser gedeutet. Doch ist die Realitätsablösung, die mit der Korruption des Charakters verbunden ist, nicht auf das Römische Reich beschränkt. Wir begegnen ihr – in verschiedenen Facetten gebrochen – in nahezu allen Staaten der Welt (auch in der Bundesrepublik Deutschland, in Frankreich oder Großbritannien, im Irak wie in Israel). Besonders ausgeprägt scheint aber der durch Machtausübung besorgte Realitätsverlust die in den USA Herrschenden einzuholen. Ich will jedenfalls am Beispiel der USA erläutern, wie Macht Menschen korrumpieren kann, so daß sie sich sozialunverträglich verhalten.

Die USA mit ihrer Präsidialdemokratie und ihrer politischen Dominanz eignen sich in besonderer Weise, unser Problem vorzustellen. Dabei ist zu berücksichtigen, daß manche durch Macht in die Realitätsablösung Geführte ganze Völker mit sich in ihren Wahn lenken können (wie Adolf Hitler einst die Deutschen). Das kritische Denken wird immer ausgeschaltet, wenn statt der Vernunft Nationalismus regiert. Einige US-Präsidenten machten sich diesen Nationalismus ihrer Mitbürger zunutze. Sie führten sie dahin, wohin sie sie haben wollten – vor allem in Kriege.

Wir wollen uns zu folgenden Themen einige Gedanken machen:

1. die USA und die Todesstrafe als struktureller Ausdruck der US-Kultur,
2. die USA und ihre »Kommunisten«,
3. die USA und ihre Kriege als struktureller Ausdruck der US-Politik,

4. die USA und ihre Rassendiskriminierung als struktureller Ausdruck der US-Sozialität.

Ross Perot, der sich am 20. 2. 1992 bereit erklärte, als Unabhängiger um die Präsidentschaft in den USA zu kandidieren, seine Kandidatur aber im Juli 1992 wieder zurückzog, später dann doch wieder antrat, stellte in seinen Wahlkampfreden immer wieder fest: »Wir sind heute die am höchsten verschuldete Nation in der Geschichte der Menschheit; vor zehn Jahren waren wir noch die größte Gläubigernation. Keine andere Nation in der industrialisierten Welt neigt so zur Gewalttätigkeit, wird so von Kriminalität geplagt wie wir. Wir sind die größten Konsumenten von illegalen Drogen: 5 Prozent der Weltbevölkerung verbrauchen 50 Prozent der weltweiten jährlichen Kokainernte. Von den zehn größten Banken der Welt gehören heute neun den Japanern. Die zehnte ist amerikanisch, aber wenn man deren Kreditgeschäfte mit der Dritten Welt von der Bilanzsumme abzieht, wäre sie pleite.«[1] Die Staatsverschuldung der USA erreichte 1992 vier Billionen US-Dollar.
Schon stehen die Abgeordneten des US-Kongresses in der Hitliste der schmierigsten Arten, seinen Lebensunterhalt zu verdienen, an siebter Stelle. In den Augen ihrer Mitbürger rangieren vor ihnen nur Drogenhändler, Mafiabosse, TV-Prediger, Prostituierte, Hausierer und Lokalpolitiker.

1. Die USA und die Todesstrafe

Ich kann mir kaum vorstellen, daß ein kultivierter Mensch heute noch für die Todesstrafe sein kann. Sie ist ein Relikt aus den Zeiten der Ketzer- und Hexenverfolgungen. Doch in den USA hat niemand

---

1 Zitiert nach: Der Spiegel 46 (1992), 27, 164. Ähnlich argumentierte der US-Senator Warren Rudman: »Wie werden sich diejenigen unter uns, welche die vergangene Dekade erlebt haben und zum Ende des Jahrtausends noch leben werden, wohl fühlen, wenn dann die Staatsverschuldung – wie in der Dritten Welt – den Umfang des Bruttosozialprodukts angenommen hat? Wenn die Haushaltsdefizite auf 800 Milliarden bis eine Billion Dollar angestiegen sind? Wenn ausländische Regierungen die Bedingungen diktieren, zu denen sie uns Geld leihen, damit wir die Verschwendungsorgien der Vergangenheit bezahlen können?« (Der Spiegel 46 [1992], 13, 156.)

auch nur die geringsten Chancen, Präsident zu werden, wenn er sich nicht sehr eindeutig für das Weiterbestehen der Todesstrafe ausspricht. Und das, obschon in den USA in diesem Jahrhundert 139 Unschuldige in zum Teil haarsträubend fahrlässig geführten Verfahren (etwa das des jungen Bergarbeiters Roger Coleman, des James Adams, des Willie Jasper Darden) zum Tode verurteilt und 23 davon hingerichtet wurden.

Allein von 1976 bis 1992 wurden 75 Menschen zum Tode verurteilt, die zur Tatzeit minderjährig waren – vier davon wurden schon hingerichtet. Acht der in diesen Jahren Hingerichteten waren auch nach den strengen Maßstäben amerikanischer Gerichte geistig gestört. 60 Prozent der Hingerichteten waren Schwarze, obschon sie nur 12 Prozent der US-Bevölkerung ausmachen. In den letzten fünfzig Jahren wurde kein einziger Weißer wegen des Mordes an einem Schwarzen hingerichtet. 2 500 Menschen warten in den Todeszellen der US-Gefängnisse auf ihren Tod oder ihre Begnadigung – ein psychischer Terror, wie er abscheulicher nicht erdacht werden kann. Statistiken des FBI zeigen, daß die Mordrate in den Staaten, in denen hingerichtet wird, genau doppelt so hoch ist wie in jenen, in denen nicht hingerichtet wird. Das »Abschreckungsargument« ist also offensichtlich falsch. Es bleibt nur noch das der Rache oder der »legalen Mordlust«.

Dennoch erkannte – nach einem zehnjährigen Vollstreckungsmoratorium – 1976 der Supreme Court (Oberste Gerichtshof) in Washington Hinrichtungen als verfassungskonform (36 der 50 Staaten der USA führten seitdem wieder die Hinrichtung ein; Kansas lehnte sie wegen zu hoher Kosten ab). Er beschneidet seit 1991 rigoros die Rechtsmittel der zum Tode Verurteilten, obschon die US-Verfassung »ungewöhnliche und grausame Strafen« verbietet. Die USA werden in ihrer Hinrichtungspraxis ausschließlich noch von einigen wenigen Drittweltstaaten (wie etwa China, Irak, Iran) übertroffen. Die Gewaltkultur der USA betrifft keineswegs nur ihre Mörder, sondern ebenso ihre Richter. Die Todesstrafe und ihre Vollstreckung gehören offensichtlich zum institutionalisierten Konfliktlösungsinstrumentarium allzu vieler US-Amerikaner.

2. Die USA und ihre »Kommunisten«

Identität fordert immer auch Abgrenzung. Und so schufen sich die
USA einen Feind, gegen den sie sich abgrenzen konnten: den Kom-
munismus und die Kommunisten. Und das kam so:
Im April 1945 wurde die UNO gegründet, als Verbund von Staaten,
die gegen die Achsenmächte (Deutschland und Japan) Krieg führten.
Sie taten das nun im Namen der UNO – die sich selbst als Gemeinschaft freier Völker verstand, vereint im Kampf gegen den Faschismus. Doch kaum war der institutionalisierte politische Faschismus in
Deutschland und Japan vernichtet, begann für die UNO, mangelnder
Feinde wegen, eine Identitätskrise, die sie an den Rand der Bedeu-
tungslosigkeit führte. Sie lähmte alle Aktivitäten. Da die »freie Völkergemeinschaft« nicht mehr funktionierte, fanden die USA einen
neuen Feind: die UdSSR und den Kommunismus. Von da an blockierten die ideologischen, politischen und ökonomischen Spannungen
zwischen den USA und der UdSSR die UNO. Die Idee, die UNO
sei ein Verband freier Völker, kam den USA erst, als sie einen neuen
Feind entdeckte, den legitimen Präsidenten des Irak: Saddam Hussein. Der Zerfall der Sowjetunion und die scheinbare Delegitimation
des Kommunismus erlaubten dem UN-Sicherheitsrat (wenn auch
nicht den anderen Organen der UNO, welche die USA zu entmachten
versuchten), der nun hilflos in die Hände der USA fiel, wie auch den
USA, eine neue Identität zu finden.
Doch bis dahin war es ein langer Weg: Der militärische und politische Schutz wurde anderen Institutionen anvertraut. So gründeten
die USA 1949 die Nato und die UdSSR den »Warschauer Pakt«. Beide Blöcke schufen sich identitätstiftende Feinde.
Unter Präsident D. D. Eisenhower begann der kommunistische
Feind, die USA nicht nur von außen her zu bedrohen, sondern auch
aus dem Innen. Kommunisten, das sind jene Feinde der USA, die
Tag und Nacht auf deren Untergang hinarbeiten. Sie gibt es nicht nur
im Ostblock, sondern auch im eigenen Land. So wurden 1954 die
Kommunistengesetze erlassen, und die identitätstiftende »rote Psy-
chose« durch den ehemaligen Senator für Wisconsin, J. R. McCarthy, brach aus.
McCarthy war Vorsitzender des Senatsausschusses zur Untersuchung »unamerikanischer Umtriebe«. Er begann in ganz offensichtlich paranoider Realitätsablösung die Suche nach angeblichen Kom-

munisten in Verwaltung und öffentlichem Leben der USA. Seine Aktionen wurden zu einer antikommunistischen und antisemitischen, von nationalistischen und faschistischen Vorurteilen geführten Verfolgungsjagd gegen alles, was möglicherweise »Kommunist« sein könnte (»McCarthyism«). Der Wahn klang erst ab, als McCarthy auf jüdischen Druck als Vorsitzender des genannten Senatsausschusses abgelöst und vom Senat gerügt worden war.[1]

Dieses Faktum der Rüge zeigt eine wichtige Ambivalenz, der wir immer wieder in der US-amerikanischen Geschichte begegnen. Die Brandung der Unmoral bricht sich gelegentlich an den Klippen puritanischer Moral. Diese Moral jedoch hat da ihre Grenzen, wo es ums Geld geht. Sie führt nicht zur Einsicht, daß man den angerichteten Schaden wiedergutmachen müsse.

Doch war McCarthy keineswegs der einzige »Law-and-order-Mann«, der in den USA erheblichen Einfluß ausübte. Auch J. Edgar Hoover, der beinahe fünfzig Jahre dem FBI vorstand, gehörte dazu.[2] So versorgte er Politiker, die seinen Vorstellungen entsprachen (McCarthy und Richard Nixon), mit abträglichen Informationen über ihre politischen Gegner, die er sich durch ein weitverzweigtes System illegaler Telefonkontrollen besorgte. Martin Luther King wurde bis hin in seine Hotelbetten belauscht. Hoover übersandte ihm die Protokolle und forderte King auf, Selbstmord zu begehen. John F. Kennedy verdächtigte er geheimdienstlicher Tätigkeit. Wer sich abfällig über ihn äußerte, geriet auf eine »no-contact-list«. Präsident Nixon versuchte ihn zweimal abzusetzen, aber die Konfrontation mit den Geheimdossiers Hoovers nahmen ihm den nötigen Mut.

Interessant zu beobachten ist auch die Inkonsequenz der USA bei ihrer wahnhaft verstellten Kommunistenhatz. Im August 1982 unterzeichneten die USA und die Volksrepublik China ein Abkommen, in dem sich die USA zu einer schrittweisen Reduzierung der Waffenlieferung an Taiwan verpflichteten. Es ging den USA darum, sich erhebliche Anteile an dem Riesenmarkt China zu sichern. Um Geschäfte zu machen, vergaßen die USA allemal ihren Kommuni-

---

1 Vgl. S. Mandelbaum, Social setting of intolerance, Glenview (Ill.) 1964.
2 Vgl. dazu Curt Gentry, J. Edgar Hoover, The Man and his Secrets, New York (W. W. Norton) 1991.

stenhaß. Um dieser Geschäfte willen hielt George Herbert Walker Bush der Volksrepublik China auch nach der Liquidierung der »Demokratiebewegung« auf dem »Platz des Himmlischen Friedens« (1989) die Treue. Erst seine Wahlkampfnöte zwangen ihn im September 1992 (zehn Jahre nach Abschluß des Abkommens), dem Verkauf von 150 F-16-Kampfmaschinen an die Republik China (Taiwan) zuzustimmen, obschon Taiwan mit US-Hilfe einen eigenen Kampfjet entwickelt. Bush wollte bei den Wahlen 1992 texanische Stimmen erhalten, wird doch die F-16 bei General Dynamics in Fort Worth (Texas) gefertigt. Ohne dieses Präsidentengeschenk hätte das Unternehmen mehr als ein Viertel seiner Mitarbeiter entlassen müssen. Dieses Wahlgeschenk verschlechterte das seit Vietnam erheblich angeschlagene Image der USA im Fernen Osten. Die USA erwiesen sich als unzuverlässiger Partner. Zudem schwächte es die Position der reformwilligen Politiker in der Volksrepublik entscheidend. Und all das nahm George Bush in Kauf, nur um die Wahlen von 1992 zu gewinnen. Vertragstreue ist eine Sache des Charakters.

3. Die USA und ihre Kriege

Schauen wir uns ein wenig um in der Geschichte der Kriege der USA. Sie dienten vor allem der Erweiterung des politischen und ökonomischen Einflusses, besonders aber der nationalen Identitätstiftung.

a) Der Spanisch-Amerikanische Krieg und die Folgen

1895 erhoben sich die Kubaner gegen den spanischen Kolonialherrn. Im gleichen Jahr wurde der »De-Lôme-Brief« veröffentlicht, in dem die spanische Regierung den US-Präsidenten William McKinley (Republikaner) heftig kritisierte. Beides zusammen war der willkommene Anlaß für einen Krieg gegen Spanien. Es galt jedoch, einen völkerrechtlich akzeptablen Kriegsgrund zu konstruieren. Das war kinderleicht: Am 15. 2. 1898 versenkte sich das US-amerikanische Kriegsschiff »Maine« im Hafen von Havanna selbst. Behauptet wurde, es sei von spanischen Truppen versenkt worden. Zudem mußte noch ein moralisches Kriegsziel ausfindig gemacht werden: Was lag da näher, als die Befreiung Kubas aus der spanischen Kolonialherrschaft als Kriegsziel auszugeben. Dieser merkwürdige Wille, jeden Krieg sowohl völkerrechtlich als auch moralisch zu rechtfertigen, ist den USA bis heute eigen. Wie die Rechtfertigungsgründe erzeugt werden, ist moralisch irrelevant.

Der Krieg gegen Spanien war bald gewonnen. Die veraltete spanische Flotte wurde in zwei Seeschlachten von Admiral G. Dewey in der Bucht von Manila und vor Santiago de Cuba vernichtend geschlagen. Im Pariser Frieden vom 10. 12. 1898 sicherten die USA Kuba die Unabhängigkeit zu. Kurz zuvor annektierten sie die spanischen Gebiete Puerto Rico, die Philippinen und Guam. Und weil sie schon einmal dabei waren, okkupierten sie gleich zwei wichtige nichtspanische Territorien mit: Hawaii (Sandwich-Inseln) und Wake Island. Der Überfall auf Hawaii war mit den typischen Methoden der US-Logik leicht zu rechtfertigen. Schon 1893 beseitigten US-amerikanische Zuckerpflanzer die Monarchie Hawaiis unter Königin Liluokalani.[1] 1902 räumten die USA Kuba, um den Schein zu vermitteln, die »Befreiung Kubas« sei moralisches Kriegsziel gewesen. Es entstand die Republik Kuba. Doch zuvor (1901) sicherten sich die USA durch das »Platt Amendment« Protektoratsrechte und Marinebasen auf der Insel. Aufgrund dieser Interventionsrechte griffen sie 1906 und 1913 militärisch in Kuba ein. Kuba geriet in der Folgezeit wirtschaftlich völlig unter die Kontrolle der USA, die dafür sorgten, daß Kuba ökonomisch auf eine Duokultur, Zuckerrohr und Tabak, reduziert wurde. Das war leicht zu bewerkstelligen: Die bebaubaren Flächen waren weitgehend in Besitz von US-amerikanischen Unternehmen. So begann die von Präsident Theodore Roosevelt (1901–1909) deklarierte Politik des institutionalisierten Größenwahns und die nicht selten als verbrecherisch verstandenen militärischen Interventionen in aller Welt. Die Idee des Schiedsrichters und des »Weltpolizisten« USA wurde in der Rooseveltschen Auslegung zur Monroe-Doktrin geboren. Es erfolgten unerbetene Interventionen zunächst in Ländern Spanisch-Amerikas: in der Dominikanischen Republik (1905, 1916), in Kuba (1906, 1912), in Mexiko (1914), in Haiti (1915).

Doch zurück zu Kuba: Gegen die inzwischen von den USA unterstützte Diktatur wagt am 26. 7. 1953 eine kleine Gruppe linksorientierter Studenten unter dem Rechtsanwalt Fidel Castro einen Aufstandsversuch, der jedoch scheitert. Nun bereiten die Aufständi-

---

1 A. Keller, The Spanish-American war, New York 1969.

schen von Mexiko her eine Invasion Kubas vor. Diesmal erfolgreich: Am 1. 1. 1959 ziehen die Revolutionäre in Havanna ein und übernehmen die Herrschaft über die Insel. Da sich Castro bald zu einem von christlichen Gedanken befruchteten Sozialismus bekennt (was seit McCarthy dasselbe war wie ein Bekenntnis zum Kommunismus oder zur UdSSR), gibt es bald Krach mit den USA. Sie sinnen auf die Rückeroberung »ihrer« Insel, die sie als nationales Eigentum betrachten. Die »Central Intelligence Agency« (CIA) plant und unterstützt daher im April 1962 eine Landung von Exilkubanern in der Schweinebucht auf Kuba. Das wurde ein prächtiger Reinfall. Die Welt lacht über den CIA und die USA. Jetzt erst lehnt sich Castro an den Ostblock an, wahrt jedoch ein hohes Maß an Selbständigkeit gegenüber der UdSSR. Jenen US-Amerikanern, die sich der McCarthy-Ära schämten, wurde plötzlich wieder klar: Alle Feinde US-Amerikas sind Kommunisten.

Ein Beispiel dieser Art kontraproduktiven Denkens, das nicht selten eine sich selbst erfüllende Prophezeiung zeugt, bieten die Sandinisten in Nicaragua. 1893 übernahm José Santos Zelaya die Regierungsgeschäfte in Nicaragua. Er erschloß das Land wirtschaftlich (Eisenbahnen, Kaffeeanbau) und schloß Frieden mit den Misquito-Indianern, die sich 1838 gegen die junge Republik erhoben hatten. Vor allem aber konnte er die USA nicht leiden. So wurde er denn 1909 mit Hilfe US-amerikanischer Marinetruppen gestürzt. Diese zogen sich vorübergehend zurück, überfielen aber 1912 erneut das Land. Sie blieben mit einer kurzen Unterbrechung (1925–1927) bis 1933. Als eine Art von US-Statthalter hinterließen sie den Befehlshaber der von ihnen aufgestellten Nationalgarde, Anastasio Somoza García. Er war bei den Präsidentschaftswahlen 1936 einziger Kandidat. Mit kurzer Unterbrechung (1946–1950) blieb er Präsident, bis der diktatorische Tyrann 1956 endlich ermordet wurde. Ihm folgte sein Sohn Louis A. Somoza Debayle im Amt. Die Wahlen von 1967 gingen zwar zu seinen Gunsten aus, waren aber von zahlreichen politisch motivierten Morden begleitet. Als sein Mandat 1972 auslief, setzte er die Verfassung außer Kraft – und blieb so de facto Präsident des Landes.

Aber die Nicaraguaner wollen nicht länger am Bändel der USA geführt werden. So tobt 1977/78 ein blutiger Bürgerkrieg. Im August 1978 besetzt ein Kommando der Befreiungsfront das Parlament und erzwingt die Freilassung politischer Gefangener. Doch der Auf-

ruhr der Bevölkerung wird von der Nationalgarde blutig niederge-
schlagen. 1979 flackert der Bürgerkrieg erneut auf. Erst als Somoza
am 17. 7. 1979 seinen Rücktritt erklärt und sich ins Ausland absetzt,
ist Frieden im Land. Die Frente Sandinista de Liberatión National
(FSLN) übernehmen 1980 die Regierungsgewalt. Die Sandinisten
beginnen erfolgreich, das Land aufzubauen. Die herrschende ökonomische Ideologie ist ein christlicher und marxistisch orientierter
Sozialismus. Die Politik richtet sich vor allem gegen den ökonomischen und politischen Einfluß der USA im Land. Für die Mächtigen
in den USA ist klar: Hier handelt es sich um Kommunisten, die mit
allen Mitteln, etwa der völkerrechtswidrigen Verminung der Häfen,
der ebenso völkerrechtswidrigen Bewaffnung und Bezahlung von
Rebellen (den »Contras«), niedergeworfen werden müssen. Unter
dem 4. 11. 1984 lassen die Sandinisten eine verfassunggebende Versammlung unter internationaler Kontrolle frei wählen. Sie erhalten
66,8 Prozent der abgegebenen Stimmen. Natürlich behauptet die
US-Presse, die Wahlen seien nicht frei gewesen. Selbst als demokratische Wahlen vom 25. 2. 1990 die Sandinisten in die parlamentarische Opposition schicken, waren die US-Mächtigen nicht zu überzeugen, daß die FSLN eine demokratisch orientierte und nicht eine
kommunistisch-diktatorische Partei sei. Der demokratisch gewählten Präsidentin des Landes, Violetta Barios de Chamorro, verweigern sie die Unterstützung, da sie die Sandinisten in Militär und Polizei nicht beseitige. –Wer gegen die USA und ihren militärischen und
wirtschaftlichen Imperialismus Front macht, muß ein Kommunist
sein.

b) Der Erste Weltkrieg

Um den USA einen völkerrechtlich brauchbaren Weg zu erschließen,
in den Krieg gegen Deutschland einzutreten, wird im Mai 1915 der
britische Passagierdampfer »Lusitania« mit 28 (von 1 200 Passagie-
ren) US-Amerikanern und einer großen Menge Munition für die britische Armee an Bord nach Plymouth geschickt. Den Briten ist
durchaus bekannt, daß vor dem Hafen stets deutsche U-Boote kreu-
zen. Diese versenken, wie erwartet und erhofft, am 7. 5. 1915 die
»Lusitania«. Das Schiff zu versenken, war nach dem damals geltenden Kriegsrecht erlaubt, da der deutschen Heeresleitung bekannt
war, daß das Schiff Waffen mitführte.
Alles spricht dafür, daß der »Lusitania«-Zwischenfall von den Alli-

ierten bewußt und gewollt herbeigeführt wurde, um die USA zum Kriegseintritt zu bewegen. Obwohl alle das zweifelhafte Manöver durchschauen, drohen die USA in einer Protestnote Präsident Wilsons, Deutschland den Krieg zu erklären. Deutschland kehrte, so eingeschüchtert, in den britischen Gewässern zunächst zum eingeschränkten U-Boot-Krieg nach der Kreuzerkriegsordnung zurück. Nachdem der Kriegseintritt völkerrechtlich legitimiert war, galt es, eine moralische Rechtfertigung zu schaffen. Das war leicht.
Durch eine von der US-Regierung manipulierte Informationspolitik (so wurde verschwiegen, daß die »Lusitania« Konterbande mit sich führte) wird in den USA eine Stimmung erzeugt, die das Volk beim kleinsten Anlaß den Kriegseintritt fordern läßt. Dieser Anlaß ist bald gegeben: Als am 1. 2. 1917 Deutschland wieder zum uneingeschränkten U-Boot-Krieg gegen auch Waffen transportierende Fracht- und Passagierschiffe der Feindstaaten zurückkehrt, erklären am 6. 4. 1917 die USA Deutschland den Krieg.[1]

c) Der Zweite Weltkrieg

1941 ist es wieder soweit. Die Hitler-Armeen besetzen weite Gebiete Europas. Der Hitler-Faschismus wird zum Feind erklärt. Um aber in den Krieg gegen Hitler eintreten zu können, gilt es, einen der eigenen Bevölkerung verständlichen Kriegsgrund zu liefern. 1941 besetzen die USA völkerrechtswidrig Grönland (9. 4.) und Island (7. 7.). Aber das Reich reagiert nicht. So muß schweres Geschütz aufgefahren werden: Am 11. 9. 1941 erteilt Präsident Franklin Delano Roosevelt seiner Marine den Befehl, auf in Sicht kommende deutsche U-Boote in Seegebieten, die »zur Verteidigung wichtig sind«, zu schießen. Doch noch immer läßt sich die deutsche Führung nicht provozieren. Also muß der Umweg über Japan gewählt werden.

---

1 Es soll nicht geleugnet werden, daß auch das Telegramm des Staatssekretärs im deutschen AA Arthur Zimmermann (»Zimmermann-Note«) vom 19. 1. 1917 einen gewissen Kriegsgrund hergegeben haben mag. Diese Note an den deutschen Botschafter in Washington zur Weitergabe an den deutschen Gesandten in Mexiko schlug Mexiko für den Fall des Kriegseintritts der USA ein Bündnis mit Deutschland vor, in dem diesem Land u.a. deutsche Unterstützung für die Rückgewinnung von New Mexico, Texas und Arizona zugesagt wurde. Die Note wurde vom britischen Geheimdienst entschlüsselt und der US-Regierung zugespielt. Diese veröffentlichte sie am 1. 3. 1917.

Am 7. 12. greift die japanische Luftwaffe die amerikanische Pazifik-
flotte im Hafen von Pearl Habor an. Der US-amerikanische Geheimdienst scheint über diese japanische Aktion rechtzeitig unterrichtet
gewesen zu sein. Der Überfall (dessen Dimension vermutlich nicht
vorhergesehen wurde) wird zum willkommenen Anlaß, endlich auch
offiziell in den Krieg einzutreten. Am Folgetag erklärt der Kongreß
der USA Japan den Krieg. Dieser Erklärung folgen – wegen entsprechender Bündnisverpflichtungen – am 11. 12. 1941 die gegen die
USA gerichteten Kriegserklärungen Deutschlands und Italiens.
Es kommt zu einem Krieg, dessen Ablauf nur durch Haß erklärt werden kann. Die USA beginnen – das ist ein kriegsgeschichtliches
Novum – massenhaft und gezielt Nichtkombattanten zu töten, d. h.,
sie zu ermorden. So greifen am 14. 2. 1944 312 B-17-Bomber der
1. Luftdivision der 8. US-amerikanischen Luftflotte zwischen 12.17
und 12.30 Uhr in Dresden Ziele an, die unstreitig ziviler Natur sind.
In Dresden starben im Bombenhagel mehr als 100 000 Zivilisten. Ich
selbst beobachtete US-amerikanische Jagdbomber auf der erfolgreichen Jagd nach Schulkindern. Mit zunächst für einen Einsatz in
Deutschland vorgesehenen Atombomben vernichten die USA am
6. 8. 1945 Hiroshima und drei Tage später Nagasaki.

d) Der Vietnamkrieg

Seit dem 16. 6. 1954 regiert der Katholik Ngo-Dinh-Diem das ost-
asiatische Land. Am 21. 7. 1954 wird in Genf das Waffenstillstandsabkommen zwischen Vietnam und Frankreich unterzeichnet. Vietnam
wird durch eine Demarkationslinie längs des 17. Breitengrades militärisch (nicht politisch) geteilt. Am 22. 5. 1956 sollen im ganzen Land
Wahlen stattfinden, die zur Bildung einer gesamtvietnamesischen
Regierung führen. Als sich der Wahltermin nähert, lehnt Diem, von
den US-Amerikanern genötigt, die Teilnahme Südvietnams an den
Wahlen ab. Die USA befürchten, das wiedervereinigte Vietnam würde sich seinem Einfluß entziehen.
Die Nordvietnamesen sind mit dieser Vertragsverletzung keineswegs
einverstanden und dringen in den Süden ein. Sie wollen notfalls mit
militärischer Gewalt die vereinbarte Wiedervereinigung durchsetzen, da sie friedlich nicht mehr zu erreichen war.
Als die militärische Lage in Südvietnam kritisch wird, läßt die CIA
(zumindest mit Wissen des US-Präsidenten John F. Kennedy) Diem
am 2. 11. 1963 kurzerhand ermorden. Jetzt übernehmen die USA

zunächst verdeckt (über sogenannte »Militärberater«) die Kriegfüh-
rung in Südvietnam.
Um aber eine völkerrechtliche Legitimation zu haben, konstruieren
die USA den »Tonking-Zwischenfall«. Am 30. 6. 1964 sollen angeblich nordvietnamesische Torpedoboote den US-Zerstörer »Maddox«
beschossen haben. Die moralische Legitimation für die Intervention
ist selbstverständlich der Kampf gegen den Kommunismus. Nachdem die doppelte Legitimation geschaffen ist, beginnt die offene
militärische Intervention in Vietnam.
Doch das Kriegsglück ist den sieggewohnten US-Truppen nicht hold.
1969 beginnen sie, sich langsam aus Vietnam zurückzuziehen. Am
28. 1. 1974 vereinbaren die Kriegsgegner einen Waffenstillstand.
Damit ist das Vietnam-Abenteuer der USA beendet. Die geschlage-
nen US-Truppen verlassen beschämt das Land. Am 2. 7. 1976 werden
Nord- und Südvietnam unter dem Namen »Sozialistische Republik
Vietnam« wiedervereinigt.

e) Die Affären um die »Pentagon Papers« und um Watergate

Die sich abzeichnende Niederlage in Vietnam führt zu einem Verlust
an nationaler Identität in den USA. Das kommt zu erheblichen Formen zivilen moralischen Versagens. Das beginnt 1971 mit der Veröf-
fentlichung der »Pentagon Papers«. Die Veröffentlichung der gehei-
men Akten des Verteidigungsministeriums offenbart, daß dieses
Ministerium jahrelang die Öffentlichkeit arglistig über militärische
Angelegenheiten täuschte. Der Schock geht tief. Die meisten US-
Amerikaner sind in ihrem Vertrauen auf die moralische Integrität der
US-Führung erschüttert.
Und dann kommt die Watergate-Affäre. Präsident Nixon nahestehende Verbrecher brechen im Sommer 1972 in das demokratische
Wahlkampfhauptquartier in den Watergate-Apartments ein. Die
Sache fliegt auf. Der US-Präsident versucht sich lange Zeit mit
Lügen aus der Affäre herauszuhalten. Aber der US-Kongreß spielt
nicht mit. (Wieder siegt die puritanische Moral.) Er bereitet auf-
grund der Ermittlungsresultate eines Senatsausschusses seit Ende
1973 ein Absetzungsverfahren (Impeachment) gegen den Präsidenten vor. Dieser tritt am 9. 8. 1974 zurück, als sicher war, daß eine
überwältigende Mehrheit von Senat und Repräsentantenhaus die
Amtsenthebung durchsetzen würde. Sein Nachfolger Gerald R.
Ford stellt Nixon von jeder Strafverfolgung frei, während vier der

Komplizen des Skandals angeklagt und verurteilt werden. Die Wahl des redlichen Erdnußpflanzers Jimmy E. Carter zum Präsidenten der USA im November 1976 wird allgemein als Erlösung empfunden.

f) Der Krieg gegen die Republik Panama

Er sei hier stellvertretend für alle völkerrechtswidrigen Militäraktionen der USA in Mittelamerika behandelt. Im »Hay-Pauncefote-Abkommen« mit Großbritannien sichern sich die USA 1901 die Kontrollrechte über einen mittelamerikanischen Kanal. Als Kolumbien die Verpachtung der benötigten Kanalzone verweigert, proklamiert die Provinz Panama mit US-amerikanischer Unterstützung ihre Unabhängigkeit und willigt in den Kanalbau ein. Zugleich wird die Kanalzone mit politischem Sonderstatus aus der Republik Panama »auf unbegrenzte Zeit« ausgegliedert. Der für den US-Handel und die US-Marine wichtige Kanal wird gebaut und 1914 in Betrieb genommen.

Doch wie wird man mit der scheinbar autonomen Republik Panama fertig? Die Antwort ist einfach: Man behandelt sie als Kolonie. Während des Zweiten Weltkrieges errichten die USA 134 Militärstützpunkte in Panama. Das gekränkte Land reagiert erbost. Seit den endenden fünfziger Jahren beansprucht es für 1999 die volle Souveränität über die Kanalzone.

Da muß etwas geschehen. Am 19. 12. 1989 überfallen 226 000 US-Soldaten, auf Geheiß ihres Präsidenten, die Republik Panama. Angeblich sollen sie den General Manuel Antonio Noriega, den mächtigen Mann in der Republik, verhaften. Sie verdächtigen ihn des Drogenhandels[1] und der Geldwäscherei. Damit ist der Überfall moralisch gerechtfertigt. Um die völkerrechtliche Rechtfertigung ihrer Terroraktionen kümmern sich die USA in Zukunft immer weniger.

Noriega arbeitete in früheren Jahren mit der CIA zusammen. 1967 begegnete er mehrmals in der Botschaft Panamas in Washington dem damaligen Direktor der CIA, George Bush. Und wie das Schicksal

---

1 Im in der Heimat schon längst verlorenen Kampf gegen den Kokainhandel versuchten die USA wenigstens im Ausland erfolgreich zu sein. So fielen US-Truppen in Bolivien und Peru ein, um den zivilen US-Drogenfahndern zu helfen. Der Erfolg war gleich Null.

so spielt: Der Chef der anrüchigen und um Mordpläne selten verlegenen CIA wurde 1989 Präsident der USA. Dem Präsidenten geht der ehemalige Kollege offensichtlich auf die Nerven: Persönlich (nicht etwa ein US-Gericht oder die US-Staatsanwaltschaft) verdächtigt er ihn des Rauschgifthandels und beschließt nach alter CIA-Manier einen Menschenraub.

US-Bomber zerstören die Armenviertel von Panama und bringen mehr als 500 Panameños um. Nach einigem Gesuche und der Verletzung diplomatischer Gepflogenheiten (Noriega hielt sich in der Botschaft des Vatikans auf) ging ihnen die Kriegsbeute am 3. 1. 1990 ins Netz. Die Menschenräuber verschleppten ihn in die USA und verurteilten ihn am 10. 7. 1992 in Miami wegen Drogenvergehens. Der Richter setzte am 11. 7. 1992 das Strafmaß fest: vierzig Jahre Haft.[1]

Unter dem 14. 5. 1990 veröffentlicht die regierungsunabhängige »Nationale Kommission für Menschenrechte« der USA die Ergebnisse zahlreicher Zeugenbefragungen über die Ereignisse, die mit der Okkupation der Republik Panama zusammenhängen: Die US-Truppen begingen gräßliche Menschenrechtsverletzungen. Die Kommission geht von 2 000 Ermordeten aus (die US-Administration sprach von 202 getöteten Zivilisten und 314 gefallenen panamesischen Soldaten).

Am 20. 12.1989 setzen die USA in Panama-Stadt eine ihnen genehme Regierung unter Guillermo Endara Galimani ein, der alles zu verfolgen und zu verhaften hat, was den US-Amerikanern unsympathisch oder gar gefährlich zu sein scheint.

Am Jahrestag des Überfalls protestieren über 5 000 Menschen in Panama-Stadt und fordern den sofortigen Abzug der US-Truppen.

----

1 Das »Wall Street Journal« und die »New York Times« berichteten unter dem 12. 4. 1992, daß die Verurteilung überhaupt erst möglich war, nachdem die Staatsanwaltschaft illegal Telefongespräche des Angeklagten mit seinen Verteidigern mitschnitt. Ferner sei es nötig gewesen, 21 verurteilte Drogenhändler und Geldwäscher als Zeugen aufzurufen, denen allen für ihre teils völlig widersprüchlichen Aussagen Strafminderung und anderes versprochen wurde. Der demokratische Abgeordnete und Vorsitzende eines juristischen Ausschusses des US-Kongresses, Charles E. Schumer, forderte das Justizministerium auf, dem Kongreß eine vollständige Liste der Belastungszeugen vorzulegen: Fünfzehn der Zeugen seien für ihre Aussagen Strafen nachgelassen worden. Die Untaten der so Begünstigten waren oft ärger als die Noriegas. Anderen soll man erlaubt haben, Drogengelder in Millionenhöhe zu behalten, wieder andere seien mit großen Geldbeträgen geschmiert worden.

Noriega sei doch verhaftet und damit das US-Kriegsziel erreicht. Sie verkennen offensichtlich, daß nicht Noriega das Kriegsziel war, sondern die sichere Herrschaft über den Panamakanal. Als am 11. 6. 1992 Präsident Bush, realitätsabgelöst vermutend, man werde ihn als Befreier begrüßen, im Zentrum von Panama-Stadt zur Bevölkerung sprechen will, kommt es zu heftigen Ausschreitungen. Die Polizei setzt Tränengas ein. Ein weinender George Bush verläßt, ehe er auch nur ein Wort sprechen konnte, zusammen mit dem panamaischen Präsidenten Guillermo Endara die Tribüne.

Natürlich nimmt der Drogenhandel via Panama auch nach dem militärischen Überfall nicht im geringsten ab. Im Gegenteil: Er nimmt seitdem dramatisch zu! Einer der Gründe mag sein, daß Noriega den Drogenhandel zu unterbinden versuchte. Die Prozeßverteidiger Noriegas riefen Beamte der US-Drogenabwehr in den Zeugenstand. Die meisten bestätigten, daß Noriega konstruktiv mit ihnen zusammengearbeitet habe. Damit jedoch verliert der Überfall seine verlogene Legitimation.

Noriega kam einst durch die Gunst der USA in Panama an die Macht. Den US-Präsidenten gefiel es während langer Jahrzehnte, in den lateinamerikanischen »Präsidentenpalästen lieber willfährige Gangster sitzen zu sehen als störrische Sozialisten« (Uwe Knüpfer). Als aber George Bush nationale Interessen in der Panamakanal-Region gefährdet sah, überkamen George Bush, wie Noriega nicht ganz unglaubwürdig versichert, Gefühle der Rache.

Dem Überfall auf die Republik Panama liegt ähnlich wie dem auf die konstitutionelle Monarchie im Commonwealth Grenada ein militärisches Konzept zugrunde, das jeder Moral hohnspricht. Aber wie mag es aussehen? In den ersten Märztagen des Jahres 1992 publizierte die »New York Times« eine vom US-Wehrressort auf 46 Seiten erarbeitete Studie, nach der auf die weltweite Präsenz der US-Armeen keineswegs verzichtet werden dürfe. Es gelte vor allem, ein europäisches Sicherheitssystem zu verhindern, das die Nato in Europa überflüssig machen könne. Das Ziel US-amerikanischer Politik müsse es bleiben, Deutschland und Japan »in ein von Amerika geführtes System kollektiver Sicherheit« fest einzubinden. Es dürfe in Deutschland und/oder Japan den USA kein neuer Rivale entstehen. Die USA sollen, wenn es um nationale Interessen gehe, selbständig – und nicht etwa behindert durch die UNO oder die KSZE – über Krieg und Frieden entscheiden. Die USA müßten »eine neue

Ordnung schützen, welche die Interessen der fortgeschrittenen
Industrienationen so weit berücksichtigt, daß diese es nicht wagen,
unseren Führungsanspruch anzuzweifeln«. George Bush, auf dieses
Papier angesprochen, reagierte so: »Leute, die unseren weltweiten
Führungsanspruch anzweifeln, verstehen nicht, wie sehr die Welt auf
unsere Führung wartet.«
Ob die USA diesem Anspruch gerecht werden können, wird sich
bald zeigen. Gelingt es ihnen, die Länder der GUS bis etwa 2005 in
demokratische Republiken mit einer funktionierenden Wirtschaft zu
wandeln, besteht ihr Führungsanspruch zu Recht. Wenn nicht,
erweisen sie sich als Papiertiger, der zwar einem richtigen Tiger das
Geheul abgelauscht hat, aber zu schwach ist, ein ihm würdiges Ziel
zu erreichen.

4. Die USA und ihre Rassendiskriminierung

In den USA lebt die in der Südafrikanischen Republik so heftig verurteilte Apartheid als »Segregation« (als säuberliche Trennung weißer und schwarzer US-Bürger) fort. Die Bürgerrechtsbewegung und
-gesetzgebung der frühen sechziger Jahre hinterließ ihre Spuren,
ohne jedoch allgemeines Bewußtsein zu ändern: Auf der einen Seite
leben die Sklavenhalter, auf der anderen die Sklaven.[1] Die Trümmer
von South Central Los Angeles waren die Folge des einem Nicht-
US-Amerikaner unverständlichen Freispruchs prügelnder Polizisten, die einen ihrer Gegner (Gegner, weil er schwarz war) mit 56
Schlägen in 81 Sekunden fast umgebracht hätten. Das freisprechen-
de Urteil, das die Jury in Simi Valley im Rodnes-King-Prozeß im
Juli 1992 fällte, war offener Rassismus. Simi Valley ist ein Ort, in dem
kaum Schwarze wohnen, wohl aber zahlreiche weiße Polizisten.
Unverschämt gab die Bush-Regierung (vertreten durch Marlin Fitz-
water, Sprecher des Weißen Hauses) den sozialen Programmen der
sechziger und siebziger Jahre unter demokratischen Präsidenten die
Schuld an den Unruhen. Die republikanischen Präsidenten (R. Reagan und G. Bush) hätten diese »dummen Wohltaten« um des Wehr-

---

1 Andrew Hacker, Two Nations, New York (Charles Scibner's Sons) 1992.

etats willen drastisch beschneiden müssen. So etwa die Wohnungs-
bauhilfen um 82 Prozent und die Gelder für Umschulung und
Berufsvorbereitung um 63 Prozent. Wäre die »soziale Sentimentali-
tät« der Demokraten nicht gewesen, wäre es überflüssig, einen
gesunden Zustand wiederherzustellen. Hätte man den nicht wiederherstellen müssen, wäre es auch nicht zur Rebellion gekommen. Das
ist die Argumentation republikanischer Unmoral.

Das Verhältnis von Weißen und Schwarzen (in Prozent) in US-amerikanischen Haftanstalten mag ebenfalls etwas über den Trend aussagen (etwa 12 Prozent der US-Bürger sind schwarz):

	1930	1950	1970	1986
Weiße	67,7	69,1	60,5	39,6
Schwarze	22,4	29,7	35,8	45,3

Obschon die Armut in den USA schnell anwächst, sind besonders
davon die US-Schwarzen betroffen.[1] Das Durchschnittseinkommen
einer weißen US-Familie betrug 1991 36 915 US-Dollar. Das einer
schwarzen Familie nur 58 Prozent davon. Die Realeinkommen der
weißen Familien verbesserten sich in den letzten zwanzig Jahren um
8,7 Prozent, die der schwarzen nur um 1,2 Prozent. Bei gleicher Ausbildung beträgt das Einkommen eines Schwarzen nur 76 Prozent seines weißen Kollegen. 1989 lebten in den USA 12,8 Prozent der US-
Amerikaner unter der Armutsgrenze von 12 674 Dollar/Jahr. Die
meisten davon waren Schwarze.

John Kenneth Galbraith sieht durchaus die Möglichkeit einer Revol-
te der US-Unterschicht. Die wachsenden Slums werden zunehmend
von nackter Gewalt beherrscht. Die Etablierten flüchten in eine
Lagermentalität und unterhalten private Polizeisysteme. Sie wählen
bevorzugt republikanisch. Und republikanisch ist der Grundsatz,

---

1 So stieg die Zahl der offiziell als arm ausgewiesenen US-Amerikaner in 1991
  um 2,1 Millionen auf 35,7 Millionen an. Das waren 14,2 Prozent der US-Bevölkerung. Als arm galten Einzelpersonen, deren jährliches Einkommen unter
  6 932 US-Dollar liegt. Der Medianwert der realen Haushaltseinkommen lag
  bei 30 126 US-Dollar und damit noch deutlich unter dem des Krisenjahres 1979
  (30 297 US-Dollar).

daß Arme an ihrer Armut selbst schuldig seien – und daß es nicht Sache des Staates sei, ihnen zu helfen.[1] So ist denn auch verständlich, daß George Bush 1992 mit einem Wahlprogramm antrat, das über Familienmoral, Abtreibung, Schulgesetze handelt, nicht aber über Lösungen, wie man der Wirtschaftsmisere beikommen könne.

---

1 »In einem stimmt die Mehrheit der Zufriedenen überein: Es ist besser, der Staat bleibt untätig, als daß er zu Maßnahmen greift, welche die wirtschaftliche und soziale Lage der Gesellschaft zwar langfristig bessern könnte, die dem eigenen kurzfristigen Interesse aber zuwiderlaufen. An dieser Haltung ändert sich selbst dann nichts, wenn die absehbaren Folgen des Nichtstuns bedrohlich, vielleicht verheerend für die Gesellschaft sind.« John K. Galbraith, Herrschaft der Zufriedenen, in Der Spiegel 46 (1992), 36, 140.

3. Kapitel

Der zweite Golfkrieg als Demonstration politischer Unmoral

Nun sind Kriege ein besonders qualifiziertes Thema, strukturelle Unmoral politischen Handelns und Entscheidens vorzustellen. Der zweite Golfkrieg zeigt sehr typisch die Verschränkungen politischen und moralischen Versagens auf.

1. Die Vorgeschichte

Wie alle Kriege hat auch der zweite Golfkrieg eine für das weitere politische und militärische Geschehen charakteristische Vorgeschichte. Schon in den siebziger Jahren entwickelten die USA Pläne für eine gewaltsame Aneignung der Ölfelder Saudi-Arabiens, wie zwei Studien aus dem Jahre 1975 in der Henry Kissinger nahestehenden Zeitschrift »Commentary« belegen. Die Sowjetunion machte aber solche Pläne zunichte. Doch als sie sich aufzulösen begann, sah die Sache anders aus. Man könne sich gleich des Öls der ganzen Golfregion bemächtigen, wenn es nur gelänge, den Irak in einen Krieg zu verwickeln. Seit diesem Augenblick hatte ein Krieg des Irak gegen Kuwait höchste politische Priorität.

Zunächst galt es, Saddam Hussein eine Falle zu stellen. Am 25. 7. 1990 versichert die Botschafterin der USA in Bagdad April Glaspie, auf Anweisung des State Department Saddam Hussein, der über seine Pläne um Kuwait mit ihr spricht: »Wir (d. h. die USA) haben keine Meinung zu innerarabischen Konflikten wie Ihrem Grenzstreit mit Kuwait.«[1] Die Falle ist gestellt, und die Maus geht hinein: Am Folgetag beginnt Saddam Hussein, 30 000 seiner Soldaten an der Grenze zum Kuwait zu stationieren.

---

1 Dieses Gespräch wurde von US-Seite verschiedentlich bestritten. Es ist jedoch inhaltlich gut dokumentiert. Vgl. dazu: Pierre Salinger und Eric Laurent, Die Krise am Golf – Ein Geheimdossier, München (Hauser) 1991.

Die US-Administration gibt nun vor, sie könne mit einem gewaltigen Aufmarsch technisch bestgerüsteter Truppen Saddam Hussein dazu bewegen, das von ihm besetzte Kuwait zu räumen. Mit dem Aufmarsch ist das eigentliche Kriegsziel schon erreicht: die dauernde Stationierung US-amerikanischer Truppen am Golf und damit die Herrschaft über das Golföl. Aber es kommt noch besser: Saddam Hussein läßt sich nicht abschrecken – aus Gründen, die wir nicht kennen. Das gibt den US-Truppen die Chance, ihr seit Vietnam lädiertes Selbstbewußtsein wiederherzustellen und dem blassen, der Schwäche verdächtigten US-Präsidenten, politisches Profil zu gewinnen. Aus diesen Gründen wird der ökonomisch, politisch, sozial und kulturell absurde Krieg vom Arabischen Golf unvermeidbar.

2. Der Krieg

Da der Ablauf dieses Kriegs möglicherweise nicht untypisch ist für weitere Kriege, die Drittweltstaaten gegen Erstweltstaaten führen werden, sei hier sein Ablauf in groben Zügen vorgestellt:

- Am 2. 8. 1990 besetzen irakische Truppen völkerrechtswidrig (im Sinne des europäischen Völkerrechts) das Emirat Kuwait, nachdem alle anderen Versuche Iraks, einen Zugang zum Golf zu erhalten, gescheitert waren. Hierher gehören sowohl die 1967 und 1973 dem Kuwait gemachten Verhandlungsangebote mit dem Ziel, die Basra vorgelagerten Inseln Bubijan und Werba zu pachten, als auch der gegen den Iran geführte Angriffskrieg, in dem u. a. die USA, Frankreich und die Bundesrepublik den Irak durch Waffenlieferungen und erhebliche Finanzspritzen unterstützten.
- Am 8. 8. 1990 beginnt George Bush, ohne irgendwelche Legitimation (etwa aufgrund vertraglicher Verpflichtungen), auf Drängen des Pentagons, das sowohl die Vietnam-Schlappe vergessen machen als auch seine militärische Oberhoheit nach dem Verschwinden der bisherigen Ordnungsmacht im nördlichen Nahen Osten (der Sowjetunion) sichern will, und zionistischer Organisationen, die jede militärische Bedrohung des Staates Israel durch einen arabischen Feind endgültig unmöglich machen wollen, US-Truppen in die Golfregion zu werfen. Als Grund nennt er nicht die

»Befreiung« Kuwaits, sondern den Schutz Saudi-Arabiens vor irakischen Angriffen. Es beginnt die Operation »Wüstenschild«.[1]

- Am 3. 8. 1990 erklärt der UN-Sicherheitsrat in der Resolution 662
  die Annexion Kuwaits für völkerrechtlich nichtig und fordert den
  »sofortigen und bedingungslosen Rückzug« der irakischen Soldaten. Am 12. 8. 1990 bietet Hussein eine friedliche Beilegung des
  Konflikts an, wenn alle Resolutionen des Weltsicherheitsrats zum
  Nahen Osten (vor allem der Rückzug Israels aus von ihm völkerrechtswidrig besetzten Gebieten und den Rückzug Syriens aus dem
  völkerrechtswidrig besetzten Libanon) durchgesetzt würden. Die
  USA schlagen das Friedensangebot aus. Spätestens von diesem
  Zeitpunkt an ist ihr Aufmarsch gegen den Irak moralisch ebenso
  problematisch wie schon zuvor rechtlich, ökonomisch und politisch.
- Am 6. 8. 1990 verbringen irakische Einheiten im Land verstreut
  lebende Deutsche, Briten, Franzosen und Amerikaner nach Bag-
  dad. Der Weltsicherheitsrat beschließt in der Resolution 661 ein
  Wirtschafts-, Finanz- und Militärembargo gegen den Irak. Der ira-
  kische Ölexport kommt zum Erliegen.
- Am 8. 8. 1990 annektiert der Irak Kuwait. George Bush gibt die
  Operation »Wüstenschild« bekannt, um in Kuwait die alten politi-
  schen Bedingungen und die »Sicherheit und die Stabilität am
  Golf« wiederherzustellen.
- Am 9. 8. 1990 erklärt der Weltsicherheitsrat in einer Resolution
  die Annexion Kuwaits für ungültig.
- Am 12. 8. 1990 bietet Saddam Hussein erneut Verhandlungen an,
  wenn zugleich auch die übrigen Nahostprobleme bereinigt und die
  US-Truppen durch arabische Soldaten ersetzt würden.
- Am 18. 8. 1990 fordert der Weltsicherheitsrat in der Resolution
  664 den Irak auf, alle Ausländer ausreisen zu lassen.
- Am 28. 8. 1990 kommt Hussein dieser Resolution bedingungslos
  nach und gestattet allen Ausländern die ungehinderte Ausreise
  aus dem Irak. Zurückgehalten werden nur etwa 3 000 Personen
  aus Ländern, die sich offen zu kriegerischen Maßnahmen gegen

---

1 In nicht wenigen seiner Reden artikulierte einst Ronald Reagan die paranoide
  Vorstellung, er würde die Truppen der Guten in Erfüllung der Weissagung aus
  der Apokalypse (16, 16) bei Harmagedon in die Endschlacht gegen die Bösen
  führen. Diesen Einfall scheint George Bush von seinem Vorgänger übernommen zu haben.

70

den Irak bekennen. Sie werden jedoch nicht – wie es das Völkerrecht für Kriegszeiten vorsieht – interniert, sondern behalten eine relativ große Bewegungsfreiheit. Erst am 6. 12. 1990 verfügt Saddam Hussein die Freilassung auch dieser Personen.

- Am 22. 11. 1990 läßt Bush die Maske fallen und macht sich den Kriegsgrund zionistischer Kreise in Israel und den USA zu eigen: Nicht die »Befreiung« Kuwaits nennt er als erstes Kriegsziel, sondern den militärischen Sieg über Hussein. Ihn gelte es, wegen seines Militärarsenals, in seine Schranken zu verweisen. Am 29. 11. 1990 kommt der Weltsicherheitsrat diesem Begehren in der Resolution 678 nach und ermächtigt die Staaten, die sich mit dem einst tyrannisch sein Land regierenden und bei dem irakischen Einmarsch geflohenen kuwaitischen Emir Dschabir al Ahmad al Schabir As Sabah[1] assoziierten, für den Fall, daß sich der Irak bis zum 15. 1. 1991 nicht aus Kuwait zurückziehe, »alle erforderlichen Mittel einzusetzen«. Der Aufmarsch der USA wird damit legalisiert, wennschon nicht der Krieg.[2] Was ursprünglich als Druckmittel und Abschreckung gegen Saddam Hussein oder als Druckmittel gegen das Volk der Iraki gedacht war, es zu motivieren, seinen legitimen Präsidenten zu stürzen, gerät spätestens von diesem Augenblick an unter die Logik des Krieges. Das Volk Kuwaits wurde nicht gefragt, ob es eine kriegerische Befreiung von irakischer Herrschaft, die vielen tausend Kuwaiti das Leben kosten würde, dieser Herrschaft vorziehen würde. Ich bin sicher, daß eine solche Abstimmung unter UN-Aufsicht, die allein dem »Selbstbestimmungsrecht der Völker« gerecht geworden wäre, zugunsten der »Okkupatoren« und gegen die Wiederherstellung der Macht der Sabah-Clique ausgefallen wäre. Dann aber ist der Versuch einer kriegerischen »Befreiung« ein Kriegsverbrechen.
- Am 15. 1. 1991 erhält George Bush erhabenen Besuch: Alan Greenspan (Vorsitzender der amerikanischen Bundesbank), Nick Brady (Finanzminister) und Robert Clarke (Vorsitzender der Bankenaufsichtsbehörde) »unterrichten« ihren Präsidenten, daß

---

1 Der Scheich setzte 1976 die Verfassung seines Landes außer Kraft, verbot alle Parteien und Gewerkschaften und regiert seitdem sein Land als blutiger Diktator, der nicht wenige seiner politischen Gegner kurzerhand umbringen ließ. George Bush fand einen würdigen Partner.
2 Die meisten Staatsrechtler sind der Meinung, daß die UNO-Charta unter »alle erforderlichen Mittel« alle Mittel, außer dem des Krieges, verstehe.

ein kurzer, erfolgreicher Krieg den Boden für eine rasche und nachdrückliche Erholung der kränkelnden US-Wirtschaft bereiten könne.[1]

- Am Abend des 16. 1. 1991 gibt George Bush, sichtbar auf allen Fernsehschirmen der Welt, den Ausbruch des Krieges bekannt: »Gott segne die Streitkräfte der Koalition. Gott segne die Vereinigten Staaten!«

- Am 17. 1. 1991 beginnen die »dem mit dem Emir von Kuwait assoziierten Mächte« mit einem massiven Luftangriff auf irakisches Gebiet: die Operation »Wüstensturm«. In zwanzig Stunden fliegen 750 Kampfmaschinen 1 300 Einsätze. Die US-Regierung verfügt eine totale Nachrichtensperre über den Krieg. Auskunftsberechtigt sei nur die Truppe selbst. Und die gibt laute Siegesmeldungen von sich, obschon sie im wesentlichen nur Panzer- und Raketenattrappen zerstört, was die US-Helden erst bemerken, als sie am nächsten Tag an den gleichen Orten wieder dieselben, vermeintlich zerstörten »Waffensysteme« aufgestellt finden.

- Am 25. 1. 1991 werfen die USA – wahrheitswidrig – dem Irak vor, er führe vorsätzlich eine Ölpest am Golf herbei. Die gesichteten Öllachen wurden, wie ich mich selbst überzeugen konnte, durch Öl erzeugt, das aus zwei von US-Truppen zerstörten Tankern ausströmte.

- Am 13. 2. 1991 sterben Hunderte von Zivilisten bei einem Angriff auf einen zivilen Bunker in Bagdad. Wahrheitswidrig behaupten die USA, es habe sich um ein militärisches Ziel gehandelt.

- Am 15. 2. 1991 erklärt sich der Irak unter Berufung auf die Resolution 660 bereit, sich aus Kuwait zurückzuziehen, wenn innerhalb eines Monats alle fremden Truppen das Gebiet räumen und die UN-Resolutionen gegen Israel realisiert würden.

- Am 24. 2. 1991 beginnen die mit dem Emir von Kuwait assoziierten Mächte einen Landkrieg gegen den Irak. Zwei Tage später gibt Saddam Hussein bekannt, seine Truppen würden sich aus Kuwait zurückziehen. Am folgenden Tag gibt George Bush für den nächsten Tag das vorläufige Ende der Kampfhandlungen bekannt.

- Am 2. 3. 1991 verabschiedet der UN-Sicherheitsrat seine Resolution 686, in der dem Irak die Rahmenbedingungen für einen »dauerhaften Waffenstillstand« diktiert werden. Eine Resolution vom

---

1 FAZ vom 18. 1. 1991.

3. 4. 1991 führt diese Bedingungen detailliert aus. Die irakische Nationalversammlung nimmt unter dem 6. 4. 1991 die Bedingungen an. Unter anderem ratifiziert sie die B-Waffen-Konvention.[1] Am 12. 4. 1991 tritt der Waffenstillstand formell in Kraft. In der Folgezeit beschließt der Weltsicherheitsrat einseitig eine Menge von Resolutionen, die alle das Ziel haben, über die Waffenstillstandsbedingungen hinaus den Irak zu destabilisieren.

Der Irak verfügt über Waffensysteme, die zum guten Teil aus Nato-Ländern stammen. Sie wurden dem Irak geliefert, nicht nur als er als Feind »unseres Feindes« Iran, wegen seines militärischen Überfalls auf dieses Land, »unser Freund« war, sondern auch noch als die Waffen schwiegen. So lieferten US-Firmen vom Oktober 1987 an mit Zustimmung des US-Wirtschaftsministeriums in mehr als zwanzig Fällen für 700 000 000 US-Dollar nicht nur die Ausrüstung zur Herstellung bakterieller Waffen, sondern auch die lebensgefährdenden Bakterien.[2] Dazu gehörten etwa:

- die Erreger des Milzbrandes (Anthrax), deren Inhalation schon am zweiten oder dritten Krankheitstag bei über 90 Prozent der Befallenen zu einer tödlichen Lungeninfektion führt, und
- die Erreger der Hasenpest (Tularämie), deren Aufnahme durch den menschlichen Organismus zwar, wenn rechtzeitig behandelt, nicht zum Tode, wohl aber zum wochenlangen Siechtum führt. Geschieht das nicht, sterben 40 bis 60 Prozent der Infizierten.

Beide Erreger sind zum Kampfeinsatz besonders geeignet, da die von ihnen ausgelösten Erkrankungen kurze Inkubationszeiten (ein bis zehn bzw. ein bis fünf Tage) haben und kaum von Mensch zu Mensch übertragen werden. Die Hoffnung der US-Administration,

---

1 Dieses »Übereinkommen über das Verbot der Entwicklung und Lagerung bakteriologischer und toxischer Waffen sowie der Vernichtung solcher Waffen« nennt weder die Arten der Krankheitserreger, deren Entwicklung und Lagerung verboten ist, noch definiert sie, was unter »biologischen Kampfstoffen und Toxinen« zu verstehen ist. Versuchen, diesem Übel abzuhelfen, stellten sich die USA entgegen mit dem dürftigen Argument, eine solche Liste könne von Staaten, die sich biologische Waffensysteme zulegen möchten, als »Einkaufszettel« verstanden werden.
2 FAZ vom 8. 12. 1990, 1.

daß möglichst viele Iraner oder Syrer diesen B-Waffen zum Opfer
fielen, wandelte sich nun zum Schrecken, die Waffen könnten sich
gegen die eigenen Soldaten richten. So mußte mit dem Landangriff
gegen den Irak so lange gewartet werden, bis alle US-Soldaten gegen
Milzbrand geimpft worden waren. Dieser Impfschutz erwies sich als
zweischneidiges Schwert. Zum einen dürften an den Folgen der
Impfung mehr US-Soldaten gestorben als im Golfkrieg gefallen
sein, zum anderen scheint der Impfstoff bei nicht wenigen Soldaten
zu genetischen Schäden geführt zu haben, da die am Golfkrieg beteiligten Soldaten überdurchschnittlich viel genetisch kranke Kinder
zeugten.

Es mutet recht heuchlerisch an, wenn die USA die Bestrafung von
deutschen Waffenherstellern fordern, die den Irak – ohne staatliche
Genehmigung – mit entsprechender Ausrüstung zur Herstellung von
chemischen Waffen in verbrecherischer Weise unterstützten, selbst
aber die Genehmigung erteilten zum Export von wenigstens ebenso
unmenschlichen Waffen.

Doch hören wir einige Stimmen zu diesem absurden Krieg:

- Die beiden Nobelpreisträger für Wirtschaftswissenschaften Milton Friedman und James Tobin nahmen schon in einer Stellungnahme vom 8. 1. 1991 ihrem Präsidenten jede wirtschaftliche Legitimation für einen Golfkrieg. Die irakische Besetzung Kuwaits
  könne schlimmstenfalls das US-Sozialprodukt um 1 Prozent belasten. Im Golf gehe es weder um Öl noch um amerikanische
  Arbeitsplätze, noch um die Erhaltung des amerikanischen
  Lebensstandards, weder handele es sich um einen direkten oder
  indirekten Angriff auf die USA, noch gäbe es irgendwelche ver-
  traglichen Verpflichtungen, die ein Eingreifen legitimieren könnten. Es handele sich vielmehr »um eine nackte Aggression der
  USA«.[1]
- Der Sicherheitsberater Präsident Carters, Zbigniew Brzezinski,
  erklärte wenige Tage nach Kriegsausbruch: »Ein Krieg hätte verhindert werden können, wenn der Sicherheitsrat einen größeren
  Verhandlungsspielraum gelassen hätte, statt einer Serie relativ
  eng gefaßter Beschlüsse zu verabschieden. Es hätte auch anders

---

1 FAZ vom 10. 1. 1991.

ausgehen können, wenn sich die amerikanische Politik um eine diplomatische Lösung bemüht hätte und weniger bestrebt gewesen wäre, einen Kompromiß zu verhindern.«

- Papst Johannes Paul II. stellt am 12. 1. 1991 vor dem diplomatischen Korps fest: Es gibt keinen »Zweifel daran, daß der Übergang zu einer wenn auch nur begrenzten militärischen Aktion besonders mörderische Operationen zur Konsequenz haben muß, abgesehen von den ökologischen, politischen, wirtschaftlichen und strategischen Folgen, deren Tragweite wir jetzt noch gar nicht absehen können!« In einem Brief an George Bush warnte er am Vorabend des Krieges, es sei unwahrscheinlich, »daß der Krieg eine geeignete Lösung der internationalen Probleme darstellt, und daß die Folgen des Kriegs, auch wenn mit ihm momentan eine ungerechte Situation gelöst würde, mit aller Wahrscheinlichkeit verheerend und tragisch sein werden. Wir können nicht übersehen, daß der Gebrauch von Waffen, insbesondere der hochentwickelten von heute, außer Leiden und Zerstörung auch neue und vielleicht größere Ungerechtigkeiten mit sich bringen wird.« Am Tag des Kriegsausbruchs verurteilte er jeden Krieg als unmoralisch.

- Im Deutschen Bundestag findet sich nur eine »Fraktion«, die offen den Krieg verurteilt: die der PDS. Ihr Vorsitzender Dr. Gregor Gysi stellt unter dem 17. 1. 1991 fest, daß es nur verbrecherische Kriege gäbe. Die Bundesregierung habe »die Politik der Drohung, der Eskalation und des Kriegsbeginns« unterstützt.

3. Die Unmoral des Krieges

Verfolgen wir das Geschehen, das die abgrundtiefe US-Unmoral in diesem Kriege demonstriert. Die für die moralische Bewertung dieses Feldzuges entscheidende Frage lautet: Wer ist im Recht?

- George Bush, der Saddam Hussein in genialer Demagogie einen zweiten Hitler nennt, oder
- König Hussein von Jordanien, der in Saddam Hussein einen sicher nicht sonderlich tugendhaften Präsidenten sieht, der nichts anderes will, als seinem Land einen sicheren Zugang zum Golf zu

verschaffen, um nicht länger sein Öl durch in potentiellem Feind-
gebiet verlegte Pipelines zu leiten?

Da ich der Wahrhaftigkeit George Bushs nicht sonderlich traue, neh-
me ich an, daß König Hussein von Jordanien, den ich persönlich als
ehrenhaften Menschen kennengelernt habe, recht hat. Offenbar
verfolgt dieser US-Präsident, der sich durch die Gefilde der Politik
stottert und stolpert, der mit seinen rhetorischen Stilblüten gebilde-
te US-Amerikaner belustigt und entsetzt, die Absicht, den Krieg
persönlich zu nutzen. Es zeugt von der politischen Unmoral vieler
Menschen des 20. Jahrhunderts, nicht nur der US-Amerikaner, daß
sie ihre Politiker, die Kriege führen, besonders schätzen.
Wie ist ein »moderner Krieg« moralisch zu werten?
An erster Stelle müssen die beteiligten Völker, nachdem sie realistisch
über den Verlauf und die Folgen eines Krieges aufgeklärt wurden,
einem Krieg zustimmen. (Wie schon gesagt, fehlt dem Golfkrieg diese Legitimation.) Zudem können hier zweifelsfrei nicht nur die teleo-
logischen Maximen einer ethisch-moralisch verantworteten Zielfunktion (und sei es auch die »Vertreibung« eines Aggressors aus
einem Drittland; die Sicherung der Erdölversorgung; die Behauptung militanter Zionisten, Israel sei nicht anders zu retten; es gelte,
eine neue friedliche Weltordnung zu etablieren) eingesetzt werden,
sondern auch die deontologischen Randbedingungen. Diese fordern
aber im Horizont der europäischen Tradition, unter keinen Umständen direkt (d. h. gewollt oder doch billigend zugelassen) einen material und formal unschuldigen Menschen zu töten. Nun könnte man
allenfalls gegen Kombattanten die Fiktion aufbauen, sich ihrer zu
erwehren, sei ein Fall politischer, ökonomischer und kollektiver Notwehr, indem man sie für material (wenn auch nicht formal), weil
lebensbedrohend, für »schuldig« erklärt. Keinesfalls gilt das aber für
Nichtkombattanten, etwa für die Zivilbevölkerung eines Landes.[1]

---

1 Die von den (meist) katholischen Vertretern der Naturrechtslehre (etwa Augustinus und Thomas von Aquin) entwickelte Theorie vom »gerechten Krieg«
  nennt einen Krieg dann gerecht, wenn er folgende Bedingungen erfüllt:
  - Er wird von einer »rechtmäßigen Obrigkeit« erklärt und geführt.
  - Er wird aus einem gerechten Grund geführt. Ein solcher Grund ist etwa gege-
    ben, wenn sich ein Staat gegen schweres Unrecht von seiten fremder Staaten
    verteidigt, vorausgesetzt, es wurden zuvor alle friedlichen Einigungsmöglich-
    keiten ausgeschöpft.

Nun nimmt die Relation der Kriegstoten zwischen Militär und Zivilbevölkerung in den letzten Jahrzehnten drastisch zu. Nach Darstellung der NZZ vom 10. 1. 1991 gelten folgende »Quoten«:

- Erster Weltkrieg   (1914–1918) 20 : 1   (10 000 000 :   500 000),
- Zweiter Weltkrieg (1939–1945) 1 : 1   (26 000 000 : 24 000 000),
- Koreakrieg   (1950–1953) 1 : 5   (100 000 :   500 000),
- Vietnamkrieg   (1961–1970) 1 : 13 (150 000 : 2 000 000).

Diese Zahlen machen deutlich, daß »moderne Kriege« stets, was
auch immer ihr Ziel sein mag, moralisch verwerflich sind. Da aber
der Krieg der USA gegen den Irak nicht einmal als Abwehr einer
Notwehrsituation gerechtfertigt werden kann, ist er moralisch
extrem verwerflich und entbehrt jeder möglichen moralischen
Rechtfertigung.
Gegen die hier vorgestellte Ansicht wird gelegentlich so argumentiert:

① Man darf, um einen größeren Schaden zu verhindern, einen kleineren Schaden herbeiführen (als geltend unterstelltes Prinzip).
   Nun aber verhindert der Golfkrieg einen größeren Schaden (als
   stimmig unterstelltes Faktum).
   Gegen dieses Argument ist anzuführen, daß das genannte Prinzip
   nicht stimmt. Es ist eine Variante des moralisch mehr als anrüchigen Prinzips: »Der (gute) Zweck heiligt das (schlechte) Mittel.«
   Keineswegs folgt aus der Vermeidung eines größeren Schadens
   eines Dritten das Recht, diesen mit einem kleineren Schaden
   abzuwenden. So habe ich keineswegs das Recht, um das Leben

---

- Er muß ein gerechtes Ziel verfolgen. Ein gerechtes Ziel ist etwa die Herstellung eines gerechten Friedens unter der Voraussetzung, daß der Krieg mit
  maßvollen Mitteln geführt wird, ohne Rachsucht, Grausamkeit, ohne ver-
  meidbare Härte.
- Er wird ausschließlich gegen Kombattanten geführt.
  Ganz offensichtlich erfüllte der Golfkrieg – wie übrigens alle mit »modernen
  Waffen« geführte Kriege – zumindest die zweite und die vierte Bedingung
  nicht. Es zeugt von moralischer Verwilderung, diesen Krieg als »gerechten« zu
  bezeichnen, wie es vor allem italienische Theologen (Rocco Buttiglone, der
  sich später korrigierte, da die zweite Bedingung nicht erfüllt gewesen sei, Bar-
  tolomeo Sorge SJ, Angelo Macchi SJ) unternahmen.

von zehn unschuldigen Menschen zu retten, einen einzigen formal
und material unschuldigen Menschen direkt zu töten. Das wäre
juristisch wie moralisch Totschlag. Totschlag nach Paragraph
212 StGB, mit wenigstens fünf Jahren Freiheitsstrafe bedacht,
wäre dann zwar juristisch verboten, moralisch aber erlaubt. Menschen würden zu Henkern.
Aber auch das als geltend unterstellte Faktum kann nicht bewiesen
werden. Ein größerer Schaden könnte eventuell abgewandt werden,

- wenn die (politisch geschickte, moralisch aber bei dem vorliegenden Material verwerfliche) Behauptung George Bushs,
  Hussein sei ein zweiter Hitler, entscheidbar wäre
- oder wenn entscheidbar bewiesen werden könnte, daß der
  Besitz von A-Waffen in den Händen des Irak ein größeres Übel
  wäre als in den Händen Israels, Pakistans, der Südafrikanischen Republik,
- oder wenn entscheidbar wäre, was »größerer Schaden« bedeutet.

② Der Gegner Husseins sind nicht die USA, sondern die freie Staatengemeinschaft. Diese aber wird durch die Aktivitäten Husseins
bedroht.
Dieses Argument ist juristisch wie faktisch falsch. Juristisch ist
der Kriegsgegner Husseins der Emir von Kuwait und die ihm
assoziierten (nicht etwa »verbündeten«) Mächte (vgl. UN-Re-
solution 678). Es handelt sich also nicht um einen »UN-Krieg«
wie etwa der Koreakrieg, der nach dem 27. 6. 1950 von UN-
Truppen unter amerikanischem Befehl geführt wurde. Faktisch
ist es falsch, da Hussein keineswegs die freie Staatengemeinschaft bedroht, sondern allenfalls die Regierungen von feu-
dalistisch beherrschten Ländern – und aggressive Aktivitäten
Israels.
Wie aber ist das Vorgehen Saddam Husseins im zweiten
Golfkrieg aus moslemischer Sicht moralisch zu beurteilen?
Sein Handeln ist vor dem Hintergrund der Normen der
Scharía zu interpretieren. Zwar handelt es sich hierbei um
Normen einer geschlossenen, weil dogmatischen Moral, doch
ist seit der allgemeinen Orientierung vieler Länder, in denen
de facto oder gar de iure der Islam Staatsreligion ist, die

78

Chance, eine undogmatisch offene Moral zu entwickeln, gering.[1]

Nach den Regeln der Scharía gibt es keinen Unterschied zwischen politischen und religiösen Grenzen. Es gibt also keine politische Aufgliederung einer religiösen territorialen Einheit. Saddam Hussein konnte also in der Besetzung Kuwaits keine »Einverleibung« einer fremden Nation sehen. Für diese Interpretation spricht auch, daß in der islamischen Welt hochangesehene Theologen im Jemen am 30. 1. 1991 zum Dschihad (d. h. zum Heiligen Krieg) gegen die USA und ihre Verbündeten aufriefen, denen sie vorwarfen, »einen brutalen christlich-zionistischen Angriff« gegen den Irak entfesselt zu haben. Der Weltsicherheitsrat habe sich gegen seine eigenen Regeln zum Instrument der USA gemacht, die nach der Niederwerfung des Irak eine »Weltfriedensordnung unter ihrer Führung anstrebten«. Der Konflikt sei rein innerarabisch – Christen und Zionisten hätten darin nichts zu suchen.

Zum zweiten fordert die Scharía, moslemisches Gebiet gegen jeden nichtmoslemischen Angreifer zu verteidigen. Dieses Gebot zwang Saddam Hussein, zumindest einen Scheinkrieg[2] (eine arabische »Phantasia«) gegen die vorwiegend nichtmoslemischen Truppen zu führen. In diesem »Scheinkrieg« setzte er keine tatsächlich gefährlichen (wie chemische oder biologische) Waffen ein, obschon er darüber verfügte. Zudem brachte er unter dem 27. 1. 1991 seine neuesten Kriegsflugzeuge in den Iran in Sicherheit. Ferner setzte er kaum seine Elitetruppen (die Nationalgarde) ein. So war es denn möglich, daß er den nach Kriegsende von den USA angezettelten Aufstand der Kurden im Norden und den einiger Schiiten im Südosten des Landes in zwei Tagen niederwerfen konnte. Der große Sieger, General H. Norman Schwarz-

---

1 Dogmatisch oder geschlossen nennen wir eine Moral, wenn sie ihre Normen nicht an der Sozialverträglichkeit orientiert, sondern an irgendwelchen dogmatischen Vorgaben (etwa von »Gott gegebenen Geboten«).

2 Erstaunt fragt sich Thomas Ross (»Begrabene Hoffnungen«, in FAZ, 12. 4. 1991): »Warum hat Saddam seine Kampfhubschrauber gegen die übermächtigen Amerikaner und ihre Verbündeten geschont, warum haben seine Truppen im Krieg so wenig geschossen und dank dessen so wenig Munition verbraucht, warum sind die modernsten Kampfbomber nach Iran geflüchtet? Alles Fragen, die bis heute ohne Antwort sind...« Sind sie es wirklich?

kopf, verkündete unter dem 27.2.1991 in Riad wahrheitswidrig, 29 irakische Divisionen seien kampfunfähig gemacht worden, 3008 irakische Kampfpanzer und 2140 Geschütze seien zerstört worden, 100000 irakische Soldaten seien gefallen (dabei waren es nicht einmal 10000). Für diesen Sieg in einem arabischen Scheinkampf ließ er sich in vielen Städten der USA gebührend feiern.

4. Einige Folgen des Krieges

Die moralische Qualität von Kriegen wird auch durch die von ihnen ausgelösten vorhersehbaren Folgen bestimmt. Bedenken wir also die moralische Qualität einiger solcher vorhersehbarer Kriegsfolgen:

a) Die erste Kriegsfolge betrifft Israel

George Bush versprach seinen arabischen Alliierten, daß er nach Kriegsende Israel zwingen werde, die es betreffenden UN-Resolutionen zu beachten und alle im Sechstagekrieg eroberten Gebiete wieder zu räumen. So besteht Syrien darauf, daß Israel ihm vollständig die Golanhöhen zurückerstattet. George Habasch, der in Damaskus residierende Chef der »Volksfront zur Befreiung Palästinas«, kommentierte das US-Bemühen, seinen Verpflichtungen nachzukommen, im Juni 1992 so: »Zu meinem Leidwesen beherrschen heute die Vereinigten Staaten völlig die Welt. Im Unterschied zu Japan mit seinem technologischen Vorsprung und zu Deutschland, dessen Geschichte auch auf eine große Zukunft schließen läßt, hat Amerika die Kontrolle über die strategische Wunderwaffe: das Erdöl. Und die wird es nicht aus der Hand geben.« Stolz verkündete James Addison Baker III., seinerzeit US-Außenminister, er habe Syrien zu den israelischen Bedingungen an den Verhandlungstisch gebracht.

b) Die zweite Kriegsfolge betrifft die Familie der Sabah

Sie übernahm nach Kriegsende wieder die Macht in Kuwait. George Bush war offensichtlich der mehr als merkwürdigen Meinung, er habe ein demokratisches Land befreit – oder doch ein Land zur Demokratie befreit. So forderte er am 4.4.1992 den tyrannisch regierenden Scheich Dschabir al Ahmad Al Sabah auf, freie Wahlen in Kuwait zuzulassen. Auch die kuwaitische Opposition fordert,

zumindest die parlamentarische Ordnung gemäß der Verfassung von
1962[1] wiederherzustellen. Nicht etwa die Soldaten Kuwaits oder die
den Sabahs nahestehenden Mitglieder der kuwaitischen Oberschicht, sondern die vom Emir verfolgten Oppositionellen organi-
sierten den Widerstand gegen den Irak während der siebenmonati-
gen Besetzung. Die Sabahs ließen es sich im Exil gutgehen.
Statt demokratische Reformen durchzuführen, fand es der Scheich
unterhaltsamer, Palästinenser zu jagen. So wurden seit der »Befreiung« am 26. 2. 2 000 Palästinenser mit der Begründung, sie hätten
mit den Irakis kollaboriert, festgenommen und zum großen Teil ein-
fachhin umgebracht. Noch leben von den einst 400 000 Palästinensern knapp 170 000 in Kuwait. Britische Zeitungen sprachen von
»königlichen Rowdys« aus der Familie Sabah, die sich zusammengeschlossen hätten, um ihnen mißfallende Palästinenser zu terrorisie-
ren.[2]

c) Die dritte Kriegsfolge demonstriert die »Unabhängigkeit« der Bundesrepublik

Der Krieg legte offen, wie souverän die Bundesrepublik wirklich ist.
Die USA ließen sich ihren Krieg recht gut von Deutschland honorie-
ren. Am 9. 2. 1991 sagte der US-amerikanische Botschafter in Bonn,
Walters, man könne zum gegenwärtigen Zeitpunkt noch nicht mit
»Endsummen« kalkulieren. Es sei nicht auszuschließen, daß über
die bislang von der Bundesrepublik gezahlten 15 Milliarden DM hinaus Mittel erforderlich seien. Auf Regierungsebene habe es zwischen Bonn und Washington nie Verstimmungen gegeben. Wenn die
Vereinigten Staaten einen Wunsch geäußert hätten, sei er »sofort
erfüllt worden«.
Dazu gehört auch der Wunsch der USA, deutsche Unternehmen,
die vor der Verhängung des Embargos in den Irak Waren geliefert
haben, zu bestrafen. Obschon die US-Firmen auch nach Beendigung des ersten Golfkrieges, den der Irak 1980 bis 1988 gegen den

---

1 Diese Verfassung entsprach keineswegs westlichem Verständnis von Demokratie. Wahlberechtigt waren nur kuwaitische männliche und des Schreibens
mächtige Vollbürger über 21 Jahren. Nicht einmal 7,5 Prozent der Wohnbevölkerung Kuwaits waren wahlberechtigt.
2 Reinhold Brender, Grenzen für die Herrschaft der Familie Al Sabah, in FAZ
vom 5. 4. 1992.

Iran führte, völlig hemmungslos Waffen aller Art an den Irak lieferten, warfen sie Deutschland vor, nicht verhindert zu haben, daß deutsche Unternehmen dasselbe taten. Sofort standen die deutschen Behörden stramm. Sie ermittelten gegen deutsche Unternehmen und Personen, die angeblich gegen das Kriegswaffenkontrollgesetz verstoßen haben sollen. Unter den gelieferten Waren befanden sich zahlreiche Produkte, die sich der Irak auch in jedem anderen Land völlig legal hätte besorgen können. Über hundert deutsche Unternehmen wurden dennoch von den USA beschuldigt, an der irakischen Aufrüstung beteiligt gewesen zu sein. Und gehorsam ermitteln deutsche Staatsanwälte gegen diese Unternehmen.

d) Eine vierte Kriegsfolge betrifft die Kurden
Nachdem der Aufstand der irakischen Kurden fehlgeschlagen war, nahm sich auf Geheiß George Bushs der UN-Sicherheitsrat der Sache an. In seiner Resolution 688 billigte er den Kurden nördlich des 36. Breitenkreises auf irakischem Territorium ein autonomes Gebiet zu, in dem sie vor den Abwehrmaßnahmen irakischer Truppen geschützt seien. Der Irak verhängte konsequent über dieses Gebiet ein umfassendes Embargo. Es kann seitdem nur von der Türkei aus versorgt werden. Am 4. 10. 1992 beschlossen die 105 Abgeordneten des Parlaments von »Kurdistan« unter ihren Führern Talbani und Barzani in Erbil einstimmig, einen kurdischen Teilstaat in einem föderativen Irak auszurufen. Er umfaßt die von der kurdischen Peshmerga (»Freiheitskämpfer«) kontrollierten Provinzen Suleimaniyah, Erbil und Dohuk. Die erdölreiche Provinz Kirkuk soll später angegliedert werden. Ferner sprach es sich dafür aus, die Kämpfer der türkischen Kurdischen Arbeiterpartei (PKK), die ebenfalls ein autonomes Kurdistan fordert, aus dem Kurdistan zu vertreiben. Die PKK war vor den Verfolgungen im eigenen Land in den Nordirak ausgewichen. Die Türken begannen, PKK-Stellungen im Nordirak mit Luft- und Bodenangriffen heimzusuchen. Dabei wurden jedoch auch gezielt irakische Kurden getötet. Die Türkei glaubte sich gegen die Entstehung eines unabhängigen Kurdistans im Norden Iraks wehren zu müssen. Dieser Staat würde sich sehr bald andere hauptsächlich von Kurden bewohnte Gebiete einzuverleiben versuchen. Die Sorge ist verständlich, wohnen doch 50 Prozent aller Kurden im Osten der Türkei, 25 Prozent im Iran und nur 20 Prozent im Irak. Die

Methoden, sich ihrer zu erwehren, sind jedoch zutiefst moralisch verwerflich.

Und so kommentiert denn der Spiegel: »Der Golfkrieg ist eine Lachnummer, so idiotisch wirken die Feinde des Irak. Kuweits neureiche Herrscher sind erbärmliche Jammerlappen, stets auf der Flucht vor dem eigenen Volk; in Saudi-Arabien tätschelt der lüsterne König mit Vorliebe aufgedonnerte US-Soldatinnen... Und erst die Amerikaner – die reinsten Witzfiguren, allesamt große Jungs in Pfadfinderhosen und mit Cowboyhut.«[1]

Da wir uns auch in den beiden folgenden Kapiteln im Nahen Osten aufhalten, seien hier einige Anmerkungen zum Thema »Islam« erlaubt, ohne welche die Geschehnisse, die 1992 den Nahen Osten beunruhigten, einem Europäer kaum verständlich sind.

5. Über den »Islam« und die Scharía

Die europäische Wertewelt und damit auch die europäischen Moralvorstellungen unterscheiden sich von denen des Islam in wesentlichen Punkten. Dazu treten die von westlichen »Fachleuten« geschürten Vorurteile gegen den Islam, die dessen Wertewelt verzerren.[2] Für einen gläubigen Moslem ist die Beachtung der Gebote und Verbote der Scharía wesentlicher Bestandteil seiner Religiosität. Sie ist das einzige Gesetzbuch des Islam. Der einzige Gesetzgeber ist Allah. Menschen können keine neuen Gesetze erlassen, sondern nur das göttliche anwenden oder nicht. Wenn islamische Staaten die Menschen- und Völkerrechtskonventionen der UNO anerkennen, lesen sie sie mit anderen Augen und mit anderem Verständnis als Europäer. Sollen solche Konventionen weltweit gelten, müssen sie inkulturiert werden, hat jeder Kulturkreis das Recht, sie mit seinen Erfahrungen zu verbinden. Die »Allgemeine islamische Menschenrechtserklärung des Islamrates

---

1 Starke Worte machen nicht satt, in Der Spiegel 46 (1992), 35, 148.

2 Ein Beispiel für ein solches Vorurteil verdichtet sich in der Behauptung, Frauen seien im Islam nicht zum ewigen Leben bestimmt. Der Koran sagt dagegen: »Wer aber Gutes tut, Mann oder Frau, und gläubig ist, der wird ins Paradies kommen« (4, 125).

für Europa« (Paris 1981) und die »Islamische Menschenrechtserklärung der Islamischen Konferenz« (1990) lesen die in den internationalen Menschenrechtserklärungen vorgestellten Rechte als in der Scharía enthalten.[1]

Folgen wir der wichtigsten Quelle der Scharía: dem Quran. (Wir folgen hier zumeist in Übereinstimmung von Max Henning.) Das Vertrauen auf die unbedingte Hilfe Allahs ist eine wichtige Grundüberzeugung des Islam: »Erinnere dich, wie die Ungläubigen Ränke gegen dich schmiedeten, um dich zu fangen oder dich zu töten. Sie hatten sich wider dich verschworen; aber Allah hatte sich wider sie verschworen, und Allahs Anschläge sich die besten« (8, 31). Es gab zur Zeit Muhammads keine Staaten (und also auch keine Staatsgrenzen, die man verletzen konnte) in unserem Verständnis des Begriffes »Staat«, weder im Nahen Osten noch in Europa. An die Stelle dessen, was wir heute »Staatsvolk« nennen, trat das Gottesvolk, die Umma. Der Islam betrifft eine religiöse wie politische Gemeinschaft zugleich. Religion und Politik sind nicht zu trennen. Die Gemeinschaft steht unter der Scharía, die zugleich religiöses wie politisches Recht[2] ist. »Ihr (Muslime) seid die beste Gemeinschaft, die je unter Menschen entstand« (3, 111). »Sie (die Schriftbesitzer, Juden wie Christen) werden euch nur wenig schaden können; und wenn sie gegen euch kämpfen, werden sie vor euch fliehen, da sie ohne (göttliche) Hilfe sind« (3, 112). »Der Islam herrscht und wird nicht beherrscht.« Dieser Satz ist jedoch mißverständlich, wenn man das »Islam« unübersetzt läßt. »Islam« heißt »Hingabe an Gott«. Und so ist der Satz von der Herrschaft des Islam zu lesen: »Die Hingabe an Gott herrscht und wird nicht beherrscht.« Das hat nichts mit Gewalttat zu tun, wie manche merkwürdig unwissende, vor allem während des zweiten Golfkrieges von den Massenmedien zu Fachleuten ernannte Ignoranten meinten. Zwar ist die Welt in zwei Lager

---

1 Manche Europäer vermuten fälschlich, daß diese islamischen Erklärungen die internationalen Menschenrechtserklärungen unter den Vorbehalt der Scharía stellen oder die Scharía neu auslegen würden. So auch Martin Forstner, Zur Diskussion über die Menschenrechte in den arabischen Staaten, in L. Bertsch (Hrsg.), Christen und Muslime in der Verantwortung für eine Werte- und Friedensordnung, Frankfurt (Stiftung Hochschule St. Georgen) 1992, 97 f.

2 Die Einheit von Moral und Recht, von moralischen und rechtlichen Normen kennt auch das Judentum. Die Heilige Schrift der Juden behandelt im Teil des »Gesetzes« die moralischen Normen (etwa die Zehn Gebote).

gespalten: das Gebiet des Islam (der Gotteshingabe: dar el-Islam) und das Gebiet des Krieges (dar al-harb), in dem keine Gotteshingabe herrscht. Zur Verteidigung des dar el-Islam ist der Einsatz auf dem Wege Gottes (jihad) gefordert. Er kann die Form des militärischen Krieges annehmen, kennt aber auch die Form der Solidarität mit den Armen und Entrechteten (mustad afin). So unterstützt Ghaddafi finanziell nicht nur Muslime auf den Philippinen, in Eritrea und der Sahara, sondern auch verfolgte Christen in Südafrika oder in Nicaragua. Besitzern der Schrift (akl al-kitab) wird der Schutz von Leben, Eigentum, Kult- und Glaubensfreiheit, Verwaltungsfreiheit, eigene religiöse Gesetze zugesichert.

Der Islam dürfte damit (neben dem Hinduismus und Buddhismus) die toleranteste aller großen Religionen sein. »Mit den Schriftbesitzern streitet nur auf anständige Weise, nur die Frevler unter ihnen seien ausgenommen, und sagt: Wir glauben an das, was uns, und an das, was euch geoffenbart worden ist. Allah, unser Gott, und euer Gott ist nur einer, und wir sind ihm ganz ergeben« (29, 47). Allerdings solle ein Muslim sich nicht Christen oder Juden zu Freunden machen, denn sie seien sich selbst Freunde genug (5, 52). Kampf ist nur geboten gegen die Ungläubigen (auch unter den Schriftbesitzern; 9,29). Ein Religionskrieg aber wird ausdrücklich ausgeschlossen (47, 21). Der in diesem Zusammenhang oft zitierte Vers »Bekämpft sie, bis alle Versuchung aufhört und die Religion Allahs (die der Gotteshingabe) allgemein verbreitet ist« (8, 40) bezieht sich offenbar zunächst nicht auf ein kriegerisches Kämpfen. Wenn möglich, sollte auf Kampf überhaupt verzichtet werden: »Die Wiedervergeltung für Übles sei aber nur ein diesem gleichkommendes Übel. Wer aber vergibt und sich aussöhnt, dessen Lohn ist bei Allah« (42, 41).

In Entsprechung zu der christlichen Lehre vom Martyrium schreibt der Quran: »Und wenn auch für die Religion Allahs getötet wird, so ist die Gnade und Barmherzigkeit Allahs besser als alle Schätze, die ihr hier sammelt, denn wenn ihr sterbt oder getötet werdet, so werdet ihr zu Allah versammelt« (3, 158 f.).

Der merkwürdige Krieg, den Saddam Hussein gegen die von der US-Propaganda erfundene sogenannte »freie Völkergemeinschaft« führte, war ihm vom Quran aufgezwungen: »Ihr Gläubigen, wenn ihr auf einen Haufen Ungläubiger trefft, bleibt standhaft und denkt an Allah, damit ihr erfolgreich seid ... haltet vielmehr standhaft aus

in Geduld, denn Allah ist mit den Standhaften« (8, 47 f.). Er folgte
dem Gebot des Quran, indem er seinen Scheinkrieg, »die Mutter
aller Schlachten«, inszenierte. Wer auch nur ein wenig mit arabischer Mentalität vertraut ist, hätte diesen Zusammenhang unschwer
durchschauen können.

4. Kapitel

Wie man mit seinen politischen Gegnern umgeht: Das Beispiel Saddam Hussein

Daß Haß blind machen kann, ist allgemein bekannt. Blindsein meint hier eine realitätsabgelöste schizoid-verstellte Wahrnehmung von Personen. Der US-Präsident George Bush liefert gleich zwei Beispiele solchen Hasses, der dazu führt, die Welt anders zu sehen, als sie nun einmal ist. Zunächst sei von dem Haß, den George Bush gegen Saddam Hussein entwickelte, berichtet.[1] Und das aus zwei Gründen: Zum einen ist der im vorigen Kapitel vorgestellte Golfkrieg nur aus diesem Haß heraus zu verstehen. Zum anderen gelang es dem US-Präsidenten, seine paranoide Version der Dinge den Massenmedien und damit auch der »öffentlichen Meinung des Westens« nicht nur als glaubwürdig, sondern als wahr zu vermitteln. Und das zeigt die Verführbarkeit dieser Meinung. Wiederum geht es hier nicht um persönliche Schuld, sondern um persönliches Schicksal, das von den politischen und publizistischen Strukturen gestaltet wurde und wird. Das Verhältnis George Bushs zu Saddam Hussein ist ein Lehrstück über Haß und über Unmoral.

Den US-Präsidenten überkam der Haß gegen den von seinem Volk als sozialer Wohltäter gefeierten Präsidenten des Irak recht plötzlich. Wir erinnern uns noch der Lieferung von B-Waffen an den Irak. Zudem erinnerte der demokratische Abgeordnete des US-Kongresses Henry Gonzales am 8. 7. 1992 die Weltöffentlichkeit an US-amerikanische Kredithilfen wenige Tage vor dem Ausbruch des zweiten Golfkrieges. Dabei war es ein offenes Geheimnis, das die CIA dem Sicherheitsberater des Weißen Hauses vor der letzten Kreditvergabe

---

1 Der Autor gesteht sich auch an dieser Stelle das Recht des Irrtums zu. Das Verhältnis von George Bush zu Saddam Hussein bricht sich in sehr verschiedenen Aspekten. So gibt es Hinweise, daß zwischen dem Weißen Haus und Saddam Hussein eigenartige Absprachen bestanden. Dafür spricht etwa, daß die US-Botschaft in Kuwait City während der Besetzung Kuwaits und des nachfolgenden Golfkrieges kaum beschädigt wurde.

verriet, daß der Irak mit diesen Geldern moderne Waffensysteme
kaufte (unter anderem auch die erwähnten biologischen Waffen in
den USA).[1]
Der Augenblick, an dem George Bush Saddam Hussein zu hassen
begann, ist nicht genau auszumachen. Vermutlich lag er kurz vor
dem Ausbruch des Krieges. Seitdem ist die Vernichtung Saddam
Husseins ein zentrales und offen erklärtes Anliegen des US-
Präsidenten. Da es sich während des Golfkrieges nicht realisieren ließ, mußte die Zeit danach herhalten, dieses Ziel zu erreichen.

Der erste Versuch

Es müßte doch möglich sein, einen Menschen dazu zu bringen, Saddam Hussein zu ermorden. Das Opfer setzt sich – im Gegensatz zu
seinem Rivalen – nahezu täglich ungeschützt der Öffentlichkeit aus.
So versprach der US-Präsident dem Mörder ein Kopfgeld von 15
Millionen US-Dollar. Da sich aber darauf immer noch nichts tat,
erhöhte die US-Regierung am 31. 5. 1992 das Kopfgeld auf 40 Millionen. Jeder solle es erhalten, der den legitimen Präsidenten eines völkerrechtlich anerkannten Staates töte.[2] So erklärte denn auch Saddam Hussein am 26. 7. 1992 konsequent, die »Mutter aller Schlachten« sei noch nicht vorüber.
Wenn sich schon kein Mörder fand, so besteht doch noch immer die
Chance, in einem neuen Krieg den Gehaßten zu töten. Und also
richtete sich das Interesse George Bushs auf die Provokation eines
neuen Krieges. Und das ging so:

---

1 Die Kredite wurden über die in Atlanta residierende Banca Nazionale del
  Lavoro abgewickelt. Inzwischen wurde die Bankniederlassung geschlossen.
  Henry Gonzales scheint über Informationen zu verfügen, die auf Beziehungen
  zwischen dem Weißen Haus und der Staatsanwaltschaft, die die Untersuchungen gegen die Bankfiliale leitet, hinweisen.
2 Präsident Bush und seine Genossen (darunter Verteidigungsminister Richard
  Cheney, CIA-Direktor Gates, Generalstabschef Powell, der Sicherheitsberater Brent Scowcroft) fanden natürlich ein Schamblatt, das ihre Mordgelüste
  bedecken sollte. Sie sind der Meinung, wie der Verteidigungsminister am
  26. 7. 1992 in einem Fernsehauftritt ausdrücklich feststellte, daß Saddam Hussein als irakischer Oberkommandierender im Fall einer Militäraktion ein legiti-
  mes Angriffsziel sei.

Der zweite Versuch

Zwar verpflichten die Resolutionen (vor allem die Resolution 687) des UN-Sicherheitsrats den Irak, UNO-Inspektoren ungehinderten Zugang zu allen Installationen und Programmen für Massenvernichtungswaffen zu verschaffen und diese zu vernichten, doch ist keineswegs vorgesehen, daß die Inspektionen bzw. die Inspektoren durch die Auswahl ihrer Objekte den Irak demütigen dürfen. Die im Juli 1992 tätige UN-Sonderkommission unter ihrem Chef Rolf Ekeus versuchte, ein Regierungsgebäude des Irak, das Landwirtschaftsministerium, zu durchsuchen. Steht doch zu erwarten, daß sich hier am ehesten die Spuren nach den von den USA gelieferten bakteriologischen Waffen finden lassen. Der Irak verweigerte sich zunächst, diese Demütigung hinzunehmen. Nun drohte George Bush im Juli 1992 mit einer erneuten militärischen Intervention. Zu seiner Enttäuschung gab der Irak am 26. 7. 1992 nach und gestattete die Inspektion.

Der dritte Versuch

George Bush stellte unter dem 27. 7. 1992 fest, Irak habe immer noch nicht alle Resolutionen des UN-Sicherheitsrats erfüllt – und das sei ein Kriegsgrund. Was waren die Vorwürfe des US-Präsidenten?

○ Der Irak beteilige sich nicht an den Verhandlungen zur Festlegung des Grenzverlaufs zwischen Irak und Kuwait. Seit wann ist es gefordert, daß sich ein Land aktiv an Verhandlungen beteiligt, die es zwingen sollen, einer ungerecht-infamen Regelung zuzustimmen. Der UN-Sicherheitsrat setzte in seiner Resolution 687 1991 eine Expertenkommission ein, welche die Grenzen zwischen Kuwait und dem Irak festlegen solle. Diese »Experten« zogen eine Grenzlinie, die nicht nur den weitaus größeren Teil des Ölfeldes von Rumaila, sondern auch einen Teil der einzigen dem Irak nach der Blockade von Basra verbliebenen Hafenstadt Umm Qasr Kuwait zusprach. Dieses Territorium wurde niemals von Kuwait beansprucht und gehörte seit Jahrzehnten unstreitig dem Irak. Die neue Grenze solle – so wollte es George Bush – vom UN-Sicherheitsrat und der »Internationalen Staatengemeinschaft« – gemeint sind mit diesem Begriff in nicht überbietbarer Arroganz die Staaten, die am zweiten Golfkrieg teilnahmen – garantiert werden. Nun aber ist der freie Zugang zum Golf das wesentliche Anliegen des Irak seit seinem Bestehen. George Bush wollte mit dieser Maßnahme den Irak demütigen und zu einer kriegerischen Intervention zwingen, wenn er etwa nicht die Kuwait zugesprochenen Gebiete räume. Doch Saddam Hussein ignorierte den Expertenspruch und verweigerte die Verhandlungen.

- Der Irak weigere sich, über die während der Invasion Kuwaits verschleppten Kuwaitis und das konfiszierte kuwaitische Eigentum Auskunft zu geben. Über den Verbleib der verschleppten Kuwaitis könnte er allerdings unschwer Nachricht geben, da diese zum guten Teil durch den Einsatz US-amerikanischer Phosphorbomben verbrannten, wie ein dem Autor vorliegendes Foto vom 14. 8. 1991 belegt.
- Der Irak weigere sich, die Vereinbarungen zu erneuern, welche die uneingeschränkte Bewegungsfreiheit und Sicherheit der UN-Inspektoren und der UN-Hilfswerke im Irak gewährleisten. Seit wann ist es gefordert, abgelaufene Vereinbarungen zu erneuern?
- Der Irak weigere sich, die von dem UN-Sicherheitsrat unter strenger UN-Aufsicht erlaubte Erdölförderung aufzunehmen, um aus dem Erlös des Öls (1,6 Milliarden US-Dollar) humanitäre Leistungen an die Kurden zu bezahlen und Wiedergutmachungszahlungen zu tätigen. Seit wann ist es verboten, von einer Erlaubnis keinen Gebrauch zu machen? Um dennoch an irakisches Geld zu kommen, beschlagnahmte der UN-Sicherheitsrat am 2. 10. 1992 irakische Auslandsguthaben.

Der vierte Versuch

Wenn schon das Embargo nicht den Irak ökonomisch in die Knie zwingt und im Strudel des ökonomischen Kollapses nicht Saddam Hussein mit sich zieht, muß man halt nachhelfen. So ließ George Bush in großer Menge mit Hubschraubern Falschgeld in irakischer Währung an verschiedenen Stellen des Irak abwerfen, um die irakische Ökonomie massiv zu schädigen. Der irakische Dinar verlor rapide an Wert. Als am 6. 5. 1992 der Vertreter Iraks bei der UNO, Al-Anbari, dagegen protestierte, verhallten seine Worte ungehört.

Der fünfte Versuch

Am 15. 9. 1992 berichtete die »New York Times«, daß George Bush, um seine Wiederwahl zu sichern, »am Montag (dem 17. 8. 1992) eine

90

Konfrontation mit dem Irak über die Rechte provozierte, Bagdads am schärfsten bewachte Ministerien (vor allem das ›Ministerium für Militärtechnik‹) zu überprüfen«. Von der vom 8. bis 18. 8. 1992 im Irak tätigen 22köpfigen UN-Sonderkommission unter dem russischen Diplomaten Nikita Smidowitsch verlangte er, das besagte Ministerium zu inspizieren. Wenn der Irak dieser Inspektion nicht sogleich zustimme, seien unverzüglich neun Ziele im Irak durch US-Bomber zu vernichten. Smidowitsch inspizierte mit seinem Team kein einziges irakisches Ministerium. Was wäre geschehen, wenn die Kommission unter der Führung eines Franzosen, eines Briten oder gar eines US-Amerikaners gestanden hätte? Natürlich leugnete der ertappte Bush. Wer hätte anderes erwartet? Zugleich aber unterstellte der Präsident der »New York Times« den »Mißbrauch von Sicherheitsinformationen«.

Der sechste Versuch

Da durch die vorzeitige Veröffentlichung dieses bösartigen Plans seine Absicht, einen neuen Krieg gegen den Irak zu führen, vereitelt wurde, ersann George Bush etwas Neues. Seit vielen Jahren versucht der Irak, die Sümpfe im Mündungsgebiet von Euphrat und Tigris durch die Anlage eines »dritten Flusses« trockenzulegen. Zum einen, um sich landwirtschaftliche Flächen nutzbar zu machen und die Malaria zu bekämpfen, zum anderen, um den Terroristen, die sich seit Jahrzehnten in dem Wohngebiet der »Marsch-Araber« versteckten, ihre Schlupfwinkel zu nehmen. Schon während der Kolonialzeit bombardierten die Briten (1930 bis 1937) die Rebellen im Südirak, um die von ihnen eingesetzte Monarchie zu stützen. George Bush sah das anders. Er rekapitulierte seine Geschichtskenntnisse über den Irak, und die reichen bis zum Überfall auf Kuwait zurück. Er erinnerte sich, vor achtzehn Monaten die Süd-Schiiten zum sinnlosen Aufstand ermuntert zu haben. Das bringt Verantwortung mit sich. Unter dem 20. 8. 1992 einigte er sich mit Briten und Franzosen, zum »Schutz der Schiiten im Südirak« eine Schutzzone zu errichten, die alle irakischen Gebiete südlich des 32. Breitenkreises umfassen sollte. Daß Saddam Hussein keineswegs alle Schiiten verfolgt (sind doch die Mehrzahl der Irakis Schiiten), sondern ausschließlich jene, die sich, von George Bush dazu aufgefordert, gegen den Irak erhoben, wird tunlichst verschwiegen. Das Gebiet, in das sich die von George Bush zum Bürgerkrieg gegen

Saddam Hussein aufgerufenen Schiiten zurückgezogen haben, umfaßt nur das vergleichsweise kleine Dreieck Basra–Nasiriya–Amara, die Sümpfe des Schatt el-Arab. Das Schutzgebiet, in das keine irakischen Flieger eindringen dürfen, umfaßt auch die Grenze zu Kuwait und nahezu die gesamte Grenze des Irak gegen Saudi-Arabien.

Dennoch möchte Bush das Ganze als »humanitäre Sorge um die schiitische Bevölkerung« im Sinne der vom UN-Sicherheitsrat unter dem 7. 4. 1991 verabschiedeten Resolution 688 verstanden wissen, die dem Irak Repressionen gegen die eigene Zivilbevölkerung verbietet. Nachdem man ihm aber mit einiger Mühe die Unhaltbarkeit dieser Position verdeutlichte, beruft er sich auf die UN-Konvention gegen Völkermord,[1] um sein Vorgehen zu rechtfertigen. Diese Form der Heuchelei ist schwerlich zu überbieten, denn im Irak wurde und wird niemand verfolgt, weil er der Bevölkerungsmehrheit der Schiiten angehört. Das Ziel der irakischen Angriffe sind ausschließlich schiitische Rebellen. Bewaffnete Rebellen zu bekämpfen, ist gutes Recht des Irak, selbst dann, wenn sie von George Bush zur Rebellion aufgefordert wurden.

Ganz sicher kommt es George Bush kaum auf das Leben einiger schiitischer Rebellen an, sondern darauf, Saddam Hussein, der jetzt nur noch über einen schmalen Streifen des Irak (zwischen dem 36. und dem 32. Breitengrad) ohne allzu großen Souveränitätsverlust herrscht, endlich zu beseitigen. Die Vorstellung, daß Saddam Hussein ihn politisch überleben könne, mußte für einen Mann mit solchen Komplexen, wie sie George Bush hat, grauenvoll sein. Bushs Plan könnte sehr wohl aufgehen, wenn es mit Hilfe der USA und des Iran möglich wäre, im Schiitengebiet eine schiitische Gegenregierung zu schaffen. Den Plan, einen Kurdenstaat im Norden zu etablieren, mußte Bush wegen türkischer Proteste aufgeben. Daß inzwischen sehr viel mehr Kurden von der Türkei aus umgebracht wurden als vom Irak,[2] läßt den US-Präsidenten völlig kalt. Es

---

1 Diese Konvention bestimmt in Art. 12: »Eine vertragschließende Partei kann jederzeit durch Mitteilung an den Generalsekretär der Vereinten Nationen die Anwendung dieser Konvention auf alle oder eines der Gebiete erwirken, für deren auswärtige Angelegenheiten diese vertragschließende Partei verantwortlich ist.«

2 Unter den zahllosen Angriffen gegen die irakischen Kurden sei hier nur einer als Beispiel erwähnt. Am 29. 8. 1992 berichtet das türkische Massenblatt

kommt nicht auf ermordete Kurden an, sondern auf den Mörder. Ist er ein Freund der USA, trifft ihn kein Tadel, ist er aber ein Feind, wird er brutal gestraft.

Formal ließ Bush den Vorschlag, ein Schutzgebiet für die Schiiten im Irak einzurichten, vom britischen Premier John Major einbringen. Als jedoch britische und US-amerikanische Blätter von einem »Wahlkampfgeschenk« an George Bush sprachen, ja sogar die in Teheran in englischer Sprache erscheinende Zeitung »Kayhan International« die Pläne einer Schutzzone für Schiiten »ein amerikanisches Wahlkampfmanöver« nannte, da die 200 000 in den Sümpfen lebenden schiitischen Rebellen und ihre Gastgeber schon seit siebzehn Monaten und nicht erst seit gestern von den Truppen des Irak angegriffen würden, zog Bush sich aus der Vereinbarung zurück, um nicht noch einmal wahltaktischer Manöver zu Lasten des Irak beschuldigt zu werden. Er ließ am 22. 8. 1992 einen Sprecher des Weißen Hauses Bedenken äußern wegen der rechtlichen Grundlage einer solchen Maßnahme. Zudem könne Saddam Hussein kaum ein Völkermord an den Schiiten vorgeworfen werden. Nun stand John Major im Regen. So macht man sich Freunde.

Doch Saddam Hussein zeigte sich in dieser Sache empfindlich. Am 21. 8. 1992 leitete er eine Sitzung des Revolutionskommandorates und der Führung der Baath-Partei. Der Regierungssprecher des Irak verkündete nach der Sitzung, daß der Irak eine solche Dreiteilung nicht zulassen würde. Der irakische Justizminister, Shabib al-Malki, stellte fest, daß es bei der Einrichtung einer solchen »Schutzzone« um nackte Aggression gehe, denn die Resolution 688 des UN-Sicherheitsrats beziehe sich ausschließlich auf die Kurden. Der Plan Bushs stieß auf generellen muslimischen Widerstand:

- Radio Damaskus (Syrien) nannte Bushs Vorgehen »eine beispiellose Arroganz der militärischen Macht. Hier werden internationale Rechte anderer Staaten sowie deren Souveränität wie ein Stück Dreck beiseite geschoben.«

»Sabah«, daß Kampfflugzeuge des Typs F-16 von ihrer Basis in Diyarbakir Kurdenstellungen auf der irakischen Seite der Berge Dschudi und Gabar bombardierten. Am gleichen Tage berichtet die »Türkiye«, daß 5 000 türkische Fallschirmjäger über irakischem Gebiet abgesprungen seien, um den Feind zu vernichten.

- Das Parlament Jordaniens protestierte: Es handele sich um eine US-Aggression mit dem Ziel, den Irak zu zerstückeln.
- Der Führer der irakischen Schiiten, Ayatollah Bagher al-Hakim, protestierte: Das Volk der Iraki wolle seine nationale Einheit bewahren.

Am gleichen Tage (21. 8.) bot die irakische Regierung den führenden Politikern der im UN-Sicherheitsrat vertretenen Nationen an, das südirakische Sumpfgebiet zu visitieren. Hier könnten sie unschwer feststellen, daß nicht Schiiten verfolgt, sondern einzig allein bewaffnete Rebellen zurückgewiesen würden. Aber von diesem Angebot machte unter US-Druck niemand Gebrauch.
Seine Sensibilität sollte nach George Bushs Willen Saddam Hussein zum Verhängnis werden. George Bush erkannte die Chance eines dritten Golfkrieges, der ihm die Wiederwahl im November 1992 hätte sichern können. Am 26. 8. 1992 beschloß er (ohne auch nur die UNO oder den UN-Sicherheitsrat in dieser Sache zu bemühen), für den Folgetag die Schutzzone für die Schiiten einzurichten, die etwa ein Drittel des irakischen Territoriums umfaßt (und etwa dreimal so groß ist wie die Kurdenzone). In diesem Gebiet dürfen sich ab 16.15 Uhr MEZ des 27. 8. 1992 weder irakische Flugzeuge noch Hubschrauber aufhalten, ohne von den US-Militärmaschinen oder denen der mit den USA in dieser Sache Verbündeten (Briten und Franzosen) abgeschossen zu werden. Bush begründete diese Aktion, die er »Operation Wacht im Süden« nannte, er verfüge über »weitere Beweise für die Brutalität Saddam Husseins«. Hussein verstoße gegen den im Waffenstillstandsabkommen vereinbarten Verzicht, nationale oder religiöse Minderheiten zu unterdrücken. Bush hat offenbar von Geographie soviel Ahnung wie ein Durchschnittsamerikaner: nämlich keine. Sonst müßte er wissen, daß die Schiiten im Irak weder eine nationale noch eine religiöse Minderheit bilden. Bushs eigene »Mitarbeiter haben den Verdacht genährt, er suche verzweifelt nach einer neuen Konfrontation mit Saddam, um als Held in die Wahlschlacht ziehen zu können«.[1]
Groß war das Entsetzen in Washington, als sich Saddam Hussein wieder einmal nicht provozieren ließ und sich an das Überflugverbot

---

1 Uwe Knüpfer, Kopf um Kopf, in Mannheimer Morgen vom 28. 8. 1992, 2.

hielt. Nun war guter Rat billig. Die »Washington Post« vom 29. 8. 1992 berichtet, daß nach Auskunft von US-Regierungsbeamten das Überflugverbot nur ein erster Schritt sei.

Geplant ist offensichtlich, wenn schon der von Bush heiß ersehnte dritte Golfkrieg – diesmal wohl ohne arabische Beteiligung – nicht zustande kommen sollte, der Zerfall des Irak in drei Gouvernements, wie sie im Osmanischen Reich bestanden: Basra (für die Schiiten), Bagdad (für die Sunniten) und Mosul (für die Kurden). Auch das würde das politische Ende Saddam Husseins bedeuten.

Am 3. 11. 1992 wählten die US-Bürger einen neuen Präsidenten. Bill Clinton erhielt 370 der 538 Elektorenstimmen, George Bush weniger als ein Drittel (31,2 Prozent). Wird der neue Präsident die »US-Staatsfeinde« Saddam Hussein und al-Ghadafi ebenfalls zu ermorden versuchen? Auch an der Antwort auf diese Frage entscheidet sich das Urteil über die strukturelle Unmoral der USA. Aber noch regierte Bush.

Der siebte und letzte Versuch

Den siebten und letzten Versuch, Saddam Hussein zu beseitigen, unternahm George Bush, wenige Tage ehe er am 20. 1. 1993 das Amt des Präsidenten der USA an Bill Clinton abgeben mußte. Es ging um:

- den Abtransport von Gerät aus jenem Gebiet, das ohne Zustimmung des Irak im November 1992 Kuwait zugesprochen worden war; die UN-Beobachtertruppe im Grenzgebiet erlaubte den Irakis, bis zum 15. 1. 1993 aus diesem Gebiet ihr nichtmilitärisches Eigentum zu entfernen; da die Irakis darin eine ungerechtfertigte Willkür sahen, entfernten sie auch militärisches Material;
- die im Süden des Irak – vorgeblich, um die »schiitische Minderheit« im Land zu stützen – ohne Zustimmung, ja ohne Billigung des UN-Sicherheitsrats eingerichtete Flugverbotszone südlich des 32. Breitenkreises. Die Berufung der USA auf die Resolution 688 des UN-Sicherheitsrats ist bloße Augenwischerei und soll den flagranten Bruch des Völkerrechts maskieren.

Aktueller Streitfall war die Sicherheit der UN-Inspektionsflüge über irakischem Territorium. Da die USA irakisches Territorium aus der Luft bedrohten, brachten die Irakis ihre Abwehranlagen in Gefechtsbereitschaft und erlaubten den UN-Inspektoren zunächst nur die Einreise mit irakischen Maschinen, dann über das neutrale Jordanien, endlich über die Flugverbotszone, wenn sich nicht gleichzeitig US-Kampfflugzeuge in dieser Zone aufhielten. Damit war George Bush immer noch nicht zufrieden. Er wollte einen neuen Waffengang. Und der sah so aus:

13. 1. 1993: 112 US-amerikanische, britische und französische Flieger greifen irakische Raketenbatterien und die dazugehörigen Radarsysteme im Süden des Landes an. Offiziell wird behauptet, die »Alliierten des zweiten Golfkrieges« (das ist der Emir von Kuwait und die ihm assoziierten Mächte) hätten die Racheaktion begonnen. Tatsächlich nahmen jedoch keine arabischen Einheiten an den Überfällen teil. Vernichtet werden sollten die Stellungen bei Tallil, Samawah, Najaf und Amarah sowie zwei mobile Stellungen bei Basra und Tallil, die keineswegs alle südlich des 32. Breitenkreises liegen. Der Rieseneinsatz führte zur Vernichtung einer einzigen der sechs irakischen Stellungen.

17. 1. 1993: Eine US-amerikanische F-16-Maschine zerstört morgens im Norden Iraks, jedoch südlich des »Sperrgebiets«, mit einer Amraam-Rakete einen irakischen Jäger. Abends vernichten vierzig unbemannte Düsenmaschinen des Typs »Tomahawk« den Fabrikkomplex Al Rabiyah in Zaafariniyah, wenige Kilometer südöstlich von Bagdad. Hier werden Werkzeugmaschinen hergestellt. Washington lügt dreist und spricht wahrheitswidrig von einer Nuklearanlage. Beschädigt wird auch das Hotel Rashid im Zentrum der Stadt, in dem zahlreiche Journalisten aus aller Welt wohnen.

18. 1. 1993: 75 alliierte Kampfflugzeuge versuchen, die Panne zu beheben und das Luftabwehrsystem des Irak bei Samawah zu vernichten. Gleichzeitig bombardieren US-Flugzeuge irakische Flugabwehrraketenstellungen im Norden des Landes.

19. 1. 1993 (der letzte Tag der Präsidentschaft George Bushs): US-amerikanische und britische Kampfflugzeuge greifen irakische Flugabwehrstationen nördlich von Mossul an. Mit Splitterbomben versuchen US-amerikanische F-16-Bomber, die Stellungen zu vernichten. Am Abend des gleichen Tages verlangen die Russen eine Sitzung des UN-Sicherheitsrates über die

ungenehmigten Aktivitäten des US-Präsidenten. Rußland sieht das Prinzip der Verhältnismäßigkeit mißachtet.

Der Erfolg der Initiative des großen Bush: Die arabischen Staaten – mit Ausnahme Kuwaits – finden ihre alte, gegen den US-Imperialismus gerichtete Einheit wieder – vor allem da sie sehen, daß die USA nichts tun, um die von der UNO anerkannten islamischen Interessen im Streit mit Israel und in Bosnien-Herzegowina zu schützen. Saddam Hussein überlebte George Bush im Präsidentenamt. Wird sich Bill Clinton seines schändlichen Erbes bemächtigen und Saddam Hussein zu ermorden versuchen?

5. Kapitel

Der unmoralische Präsident und sein Feind: Muammar al-Ghadafi

Den Haß auf Ghadafi erbte George Bush von Ronald Reagan. Der konstruierte sich einen Intimfeind, den er mit allen Mitteln zu vernichten suchte. Es war der am 1. 3. 1979 schon vom Präsidentenamt seines Landes zurückgetretene Oberst Muammar al-Ghadafi, nun als »Führer der Großen Revolution vom 1. September« de facto in der Funktion eines Staatsoberhauptes der »Sozialistischen Libysch-arabischen Volksdschamahirja«. Ihn zu ermorden war ein Herzensanliegen der US-Präsidenten Ronald Reagan und George Bush. Am 15. 4. 1986 gab Reagan seiner Marine den Befehl, durch Luftangriffe auf Bengasi und Tripolis Ghadafi zu ermorden. Der Versuch mißlang, aber dreißig unschuldige Menschen wurden getötet. Seitdem versucht die CIA, das Mißglückte nachzuholen.

Nachdem George Bush seinen Lieblingsfeind, Saddam Hussein el-Takriti, seit 1979 Präsident der Republik Irak, im zweiten Golfkrieg scheinbar gedemütigt hatte, kam ihm wieder der Libyer als hassenswerter Feind in den Sinn. Da war doch 1988 über Lockerbie, einem kleinen Ort in Schottland, eine Pan-Am-Maschine explodiert. Dabei kamen 270 Menschen ums Leben. Bis zum zweiten Golfkrieg behaupteten die USA unnachgiebig, die Attentäter seien Mitglieder der in Damaskus ansässigen und von den Syrern gestützten Palästinenser-Organisation »Ahmed Jibrils«. Da Syrien auf seiten der USA kämpfte, mußten sich die Attentäter anderswo aufhalten. Und was lag da näher, als sie in Libyen zu suchen.

Durch gezielte Fehlinformationen, denen die deutschen Massenmedien voll aufgesessen sind, gelang es den US-Präsidenten, Ghadafi als Terroristen darzustellen. Offenbar war kein deutscher Journalist in den letzten Jahrzehnten für einige Zeit in Libyen. Sonst hätte er unschwer – wie der Autor mit seinen bescheidenen arabischen Sprachkenntnissen – feststellen können, daß Ghadafi in Libyen (und das trotz der herben Kritik der Zeitung »Al-Jamahirija« vom 11. 6. 1992[1]) nicht nur hoch angesehen ist, sondern auch Erhebliches geleistet hat:

- Es gelang ihm, Hunger und Analphabetentum zu beheben.
- Er verbesserte die Infrastruktur des Landes.
- Er schuf für seine Landsleute ein System sozialer Sicherheit.

Und das ohne alle Hilfe des sogenannten »Westens«. Damit stellt er natürlich eine Gefahr dar, denn der »Westen« verfügt über genaues Wissen, wie sich etwa mit Hilfe der Bretton-Woods-Institute ein Drittweltland zu entwickeln habe. In Libyen verlief aber alles anders.

So kam es, wie es kommen mußte: Der UN-Sicherheitsrat verabschiedete unter dem Druck des US-Präsidenten am 21. 1. 1992 eine Resolution (731), die Libyen aufforderte, unverzüglich dem Ansinnen Frankreichs, Großbritanniens und der USA nachzukommen, die Lockerbie-Attentäter, Abdelbasit Ali Megrahi und Lamin Khalifa Fhima, auszuliefern.[2] Oberst Ghadafi weigerte sich mit dem Hinweis, daß erstens die beiden vermeintlichen Attentäter nicht hinreichend der ihnen vorgeworfenen Tat verdächtig seien und zudem (wie die Verfassungen nahezu aller Staaten) die Verfassung Libyens es verbiete, eigene Staatsangehörige an fremde Staaten auszuliefern. Er sei allenfalls bereit, seine beiden Landsleute an die Arabische Liga zu überstellen, damit sie den Rechts-

---

1 Es heißt da u. a.: »Wenn du das Heil bei deinen Arabern suchen willst, so tue das allein. Keiner von uns folgt dir. Wir kennen unsere wahren Interessen.« Am folgenden Tag wandte sich auch die offizielle libysche Nachrichtenagentur »Jana« an Ghadafi: »Erlaube uns, deine Überzeugungen abzulehnen, und halte ruhig an deinem Arabertum und dem Islam fest, wir aber wollen uns nicht mehr täuschen lassen und das Volk betrügen.«

2 Die Resolution 748 des Weltsicherheitsrats verlangt zudem von Libyen die Auslieferung vier weiterer seiner Staatsbürger, die des Anschlages auf eine französische UTA-Maschine, die im September 1989 über dem Niger abgestürzt war, verdächtig seien. Mit diesen Resolutionen betrat der Sicherheitsrat unter dem Druck der USA völkerrechtliches Neuland. Bislang respektierte er die Souveränität der Staaten und zwang sie nicht, gegen ihre Verfassungen ihre Bürger an Dritte auszuliefern. Nun forderte die Resolution 731, daß Libyen »als Beitrag zur Eliminierung des internationalen Terrorismus unmittelbar und effektiv den Gesuchen (der USA, Großbritanniens und Frankreichs auf Auslieferung) entspricht«.

fall prüfe. Wenn Herr Bush auch damit nicht zufrieden sein sollte, sei er bereit, sie in Erwartung einer Entscheidung des (UN-Organs) Internationalen Gerichtshofs in Den Haag der Obrigkeit eines neutralen Drittlandes zu überstellen.[1] Auf dieses faire Angebot hin reagierte George Bush auf eine für ihn typische Weise energisch. Er setzte im UN-Sicherheitsrat eine weitere Resolution (748) durch, die Libyen unter Androhung eines Luftverkehrs- und Rüstungsembargos zwingen wollte, seine Verfassung zu brechen und die beiden Verdächtigten bis zum 15. 4. 1992, dem sechsten Jahrestag des US-Luftüberfalls auf Tripolis und Bengasi, auszuliefern und sich vom Terrorismus nicht nur zu distanzieren, sondern die Distanzierung durch konkrete Handlungen zu beweisen. (Welche Handlungen das sein sollten, wußte der Sicherheitsrat auch nicht zu sagen.) Da Ghadafi bei seinen Bedingungen blieb, trat am 15. 7. 1992 das Embargo Libyens in Kraft. Es hatte zur Folge, daß die nach dem zweiten Golfkrieg zerstrittene Arabische Liga sich einstimmig mit Libyen solidarisierte. Sie bedauerte die Resolutionen 731 und 748 und warnte vor »gefährlichen Konsequenzen«. Um den Vorwurf der Begünstigung von Terroristen zu entkräften, lud (nach Angaben des Vertreters Libyens bei der Arabischen Liga in Kairo, Ali al-Treiki) am 30. 7. die libysche Führung ein UNO-Inspektorenteam ein, sich davon zu überzeugen, daß es in Libyen kein Ausbildungslager für Terroristen gebe.

Wie richtig das Verhalten al-Ghadafis war und wie moralisch verwerflich der unter US-Fuchtel stehende UN-Sicherheitsrat handelte, mag der Entscheid der Frankfurter Staatsanwalt-

---

1 Als Ghadafi sich am 27. 3. 1992 an den Internationalen Gerichtshof in Den Haag (eine nach Art. 7 der UN-Charta der Vollversammlung dem Sicherheitsrat und dem Generalsekretär gleichgeordnete UN-Instanz) wandte, um die Androhung von Sanktionen abzuwehren, erklärten die USA, der Gerichtshof könne sich nicht in die inneren Angelegenheiten der USA einmischen. Was eine »innere Angelegenheit« der USA sei, hätten diese selbst zu bestimmen. Das gälte auch für den Fall Ghadafi (wie es schon für den Fall der vom Gerichtshof verurteilten Verminung der Häfen Nicaraguas gewesen sei). Kann man eigentlich diese Verbindung von Arroganz, Dummheit und Unmoral noch überbieten? Kann irgend etwas deutlicher machen, daß die USA den Sicherheitsrat der UNO ausschließlich als ihr Organ, als »innere Angelegenheit« der USA betrachten? Das entlarvende Gezeter war übrigens umsonst. Der Internationale Gerichtshof wies am 14. 4. 1992 aus Formgründen die Klage Libyens ab.

schaft[1] vom 19. 7. 1992 zeigen. Sie ermittelte dreieinhalb Jahre in den USA, Schottland und Deutschland und suchte vergebens nach irgendwelchen Spuren, die auf die Beschuldigten weisen könnten. Der leitende Staatsanwalt, Volker Rath, stellte fest, daß gegen die des Lockerbie-Attentats verdächtigten Libyer kein zureichender Tatverdacht bestehe. Deshalb werde das Verfahren eingestellt. Es »gibt keine ausreichende Beweislage, um Anklage zu erheben«. Die angeblichen Erkenntnisse des britischen und US-amerikanischen Geheimdienstes seien nach seinen Ermittlungen bloße Vermutungen. Ein halbwegs moralisch-orientierter Mensch hätte jetzt den UN-Sicherheitsrat das Embargo aufheben lassen. Nicht aber George Bush.

Am 12. 8. 1992 ließ er das über Libyen verhängte Embargo durch den UN-Sicherheitsrat verlängern. Am 17. 8. 1992 erklärte die Regierung Libyens, der Boykott habe dem Land bisher 4,6 Milliarden US-Dollar gekostet. 3 445 Schwerkranke konnten nicht zur Behandlung ins Ausland geflogen werden. 150 davon seien inzwischen verstorben.

---

1 Die Frankfurter Staatsanwaltschaft war insoweit für das Untersuchungsverfahren zuständig, als der Sprengstoff, der zur Explosion des Flugzeugs führte, nach Erkenntnissen der amerikanischen Ermittlungsbehörden über Malta auf den Frankfurter Flughafen gebracht und von dort an Bord der Unglücksmaschine geschmuggelt worden war.

6. Kapitel

Der unmoralische Landraub des Staates Israel – und dessen ebenso unmoralische Unterstützung durch die USA

Der Staat Israel war schon immer ein Stachel im Fleisch seiner Nachbarn. Um das Verhalten Israels und seiner Politiker heute zu verstehen, wird man einen Blick in die Geschichte werfen müssen.

1. Die Vorgeschichte

Wer Geschichten bemüht, muß auch Geschichten gegen sich gelten lassen:

Schon der erste Staat Israel kam durch nackten Terror zustande. Seine Gründungsgeschichte ist hier insoweit interessant, als sich auch der zweite Staat Israel mit einem Wort zu legitimieren versucht, das angeblich Jahwe um 1230 v. Chr. zu Josua sprach: »Mach dich auf den Weg, und zieh über den Jordan hier mit dem ganzen Volk in das Land, das ich ihnen, den Israeliten, geben werde. Jeden Ort, den euer Fuß betreten hat, gebe ich euch, wie ich es dem Moses versprochen habe« (Jos. 1, 2 f.).

Der als »Landnahme« bezeichnete Landraub begann mit der Eroberung der beiden Amoriterreiche Jericho und Ai. Über Jericho berichtet die Heilige Schrift der Juden: »Mit scharfem Schwert weihten sie alles, was in der Stadt war, dem Untergang: Männer und Frauen, Kinder und Greise, Rinder, Schafe und Esel« (Jos. 6, 21). Und über das Königreich Ai heißt es: »Es gab an jenem Tag der Einnahme von Ai insgesamt 12 000 Gefallene, Männer und Frauen, alle Bewohner von Ai« (Jos. 8, 25). Dann kam die Reihe an die Königreiche der Hethiter, der Amoriter, der Kanaaniter, der Perisiter, der Hiwiter und der Jebusiter. Den Amoritern, die gegen Israel auszogen, brachten die Israeliten eine »endgültig schwere Niederlage bei, die sie völlig vernichtete« (Jos. 10, 20). Und immer wieder heißt es: »Er weihte alles, was in der Stadt (Makkeda) lebte, dem Untergang;

niemand ließ er entkommen« (Jos. 10, 28). »Josua erschlug alles, was (in Libna) lebte, mit scharfem Schwert, niemand ließ er entkommen« (Jos. 10, 30). »Er erschlug alles, was in Lachisch lebte, mit scharfem Schwert, wie er es mit Libna gemacht hatte« (Jos. 10, 32). Und so ging die Geschichte der Völkermorde weiter und weiter. Immer wieder der gleiche Refrain: »Nichts Lebendiges blieb übrig. Die Menschen erschlugen sie alle mit scharfem Schwert und rotteten sie völlig aus. Niemand ließen sie am Leben« (Jos. 11, 14). Nach der »Landnahme« ging es an die Verteilung des Ost- und Westjordanlandes.

Ein Land, das wie Israel nur durch nackte Gewalttat und zahllosen Völkermord entstand, wurde zum Zeichen immerwährender Kriege und abgrundtiefen Hasses. Nur in den Zeiten, in denen sowohl Assur als auch Ägypten schwach waren, kam es zu kurzen Blütezeiten (wie etwa unter dem König Salomon von 961 bis 931 v. Chr.).

2. Über die Organtheorie

Um jüdisches Denken wenigstens entfernt zu verstehen, ist es notwendig zu wissen, daß es aus seiner religiösen Tradition politisch und sozial an eine »Organtheorie«[1] gebunden ist, nach welcher

---

1 Übrigens war auch das Christentum einer Organtheorie verbunden. So schreibt Paulus: »Wir sind Glieder seines (d. h. Christi) Leibes« (Eph. 5, 30) und »Wie der Leib eine Einheit ist, doch viele Glieder hat, alle Glieder des Leibes aber, obgleich es viele sind, einen einzigen Leib bilden: so ist es auch mit Christus. In dem einen Geist wurden wir durch die Taufe alle zu einem einzigen Leib« (1 Kor. 12, 12 f.). Und Papst Pius XI. schreibt 1931 in seiner Enzyklika »Quadragesimo anno«: »Nur der Bestand eines wirklichen Sozialorganismus ... nur die gegenseitige Befruchtung und Ergänzung der verschiedenen, in ihrem Wohl und Wehe aufeinander angewiesenen Erwerbszweige, nicht zuletzt das Zusammenwirken, der innige Bund von Intelligenz, Kapital und Arbeit gewährleisten der menschlichen Schaffenskraft ihre Fruchtbarkeit« (69). Er sieht diesen Sozialorganismus optimal verwirklicht in einer ständischen Ordnung. Diesen Ständen gehört »man nicht nach der Zugehörigkeit zur einen oder anderen Arbeitsmarktpartei, sondern nach der verschiedenen gesellschaftlichen Funktion des einzelnen« an (83). Diese Theorie machte sich praktisch im katholischen Faschismus etwa des Engelbert Dollfuß, der 1933 Österreich unter dem Anspruch der Papstenzyklika zu einem faschistischen Staat wandelte.
Ähnliches gilt für das faschistische Kroatien (1941 – 1946).

der einzelne nur ein Organ des Ganzen (des Volkes Israel) ist. Es haftet das Ganze für die Handlungen der einzelnen.

So ist es auch erklärlich, daß dieser Ideologie verpflichtete Juden dem deutschen Volk die Schuld für den »Holocaust« zusprechen und nicht nur den Mördern und deren Gehilfen. Diese Form von Haftung oder Schuldzuweisung ist dem europäischen Denken fremd. Moralisch wie juristisch schuldig werden kann nur eine Person. Haften für die Untaten anderer können nur jene, die sich in eine Haftungseinheit mit den Tätern begeben haben. Das aber trifft für die Deutschen heute nicht zu. Sie begaben sich als Volk nie in eine Haftungseinheit mit den Nazis. Wenn das deutsche Volk dennoch mit Schuldvorwürfen und Haftungsansprüchen konfrontiert wird, führt das zu Ablehnung oder zu einer Form der Xenophobie (der Angst vor dem Fremdsein des anderen), die beide das Hassen als möglichen Ausweg kennen (vgl. 21. Kapitel).

3. Die Geschichte des zweiten Israel

Die Geschichte des zweiten jüdischen Staates ist kaum weniger abenteuerlich, wenn man bedenkt, daß sie unter den politischen Bedingungen des 20. Jahrhunderts stattfand. Großbritannien, seit 1920 Mandatar des Völkerbunds über Palästina, begann, durch jüdische Siedlungsmethoden provoziert, 1939 eine antizionistische Politik, die etwa den Landkauf durch einwandernde Juden weitgehend untersagte. 1947 legte Großbritannien die Palästinafrage der UNO zur Entscheidung vor. Sie empfahl unter dem 29. 11. 1947 die Zweiteilung des Landes in einen israelischen und eine palästinensischen Staat. Am 15. 5. 1948 erlosch das britische Mandat. Am gleichen Tag rief der »Nationalrat der Juden in Palästina« den unabhängigen Staat Israel aus, der 77 Prozent Palästinas umfaßte. Der Rest, vor allem Westjordanien, wurde am 15. 5. 1950 Jordanien angegliedert. Nun folgte eine Reihe von Kriegen zwischen Israel und seinen arabischen Nachbarstaaten, die eines gemeinsam hatten: Es ging um die zweite Auflage der »Landnahme«.

Das soll nicht heißen, daß nicht auch in anderen Kulturkreisen das Bild vom Leib und den Gliedern eine Rolle spielt. Doch wurde es nicht real, sondern als Metapher verstanden (vgl. etwa Titus Livius, Ab urbe condita, 2, 32).

- Der erste Krieg begann am 15. 5. 1948. Der Gazastreifen blieb unter ägyptischer Kontrolle, Jordanien wurde ein Gebietsteil westlich des Jordan zugesprochen, Jerusalem blieb geteilt. Dennoch war er außerordentlich erfolgreich: 852 000 Palästinenser wurden in einer großangelegten ethnischen Säuberung aus ihrer Heimat vertrieben. Im Land blieben nur 156 000. Aber 320 000 leben seitdem in 28 Flüchtlingslagern im Gazastreifen und im Transjordanland, zunächst in Zelten, dann in armseligen von der UNO-Tochter UNRWA gestifteten Notunterkünften. Seit 1978 betrachten die Israelis diese UN-Organisation als eine Art von Souverän, der für die Heimatlosen zu sorgen habe. Das »Palästinenserproblem« ward geboren. Schon während der Kampfhandlungen kam es zu einer Masseneinwanderung von Juden. Der UN-Sicherheitsrat verabschiedete im Dezember 1948 die Resolution 194. Sie legte Einzelheiten zur Lösung der Palästinenserfrage fest: Die Grenzgebiete sollten entmilitarisiert werden. Die Flüchtlinge sollten zurückkehren, Jerusalem sollte internationalisiert werden. Israel jedoch kümmerte sich nicht um die Resolution. Der Krieg endete formal am 15. 1. 1949.
- Der zweite Krieg begann zugleich mit der französisch-britischen Intervention zur Sicherung des Suezkanals in Ägypten am 29. 10. 1956. Die Truppen Israels besetzten den Gazastreifen und den Sinai. Von dort zogen sie sich unter dem Druck der UNO im Dezember 1956 und im März 1957 wieder zurück. UNO-Truppen wurden im Gazastreifen und bei Scharm Asch Schaich stationiert.
- Der dritte Krieg (der berühmte »Sechstagekrieg«) begann am 5. 6. 1967 mit einem Angriff Israels auf Ägypten. Nach entscheidenden Niederlagen Ägyptens, Jordaniens und Syriens besetzten israelische Truppen die Golanhöhen, Ostjerusalem, den Gazastreifen, die noch nicht angegliederten Teile des Westjordanlandes und wieder einmal die Sinaihalbinsel. Der UN-Sicherheitsrat verabschiedete im November die Resolution 242. Sie fordert als Bedingung für den Frieden im Nahen Osten den Rückzug israelischer Truppen aus allen besetzten Gebieten, die Anerkennung der Souveränität und territorialen Integrität aller Staaten der Region und deren Recht auf gesicherte Grenzen. Ägypten und Jordanien erkennen die Resolution an. Israel weigert sich.
- Der vierte Krieg (der »Jom-Kippur-Krieg«) begann am 6. 10. 1973. Diesmal waren Ägypten und Syrien die Angreifer. Sie wollten die

Resolution 242 durchsetzen, da die UNO keinerlei Anstalten machte, ihre Resolution durchzusetzen. So nahmen sich die betroffenen arabischen Staaten selbst der Sache an. Sie wurden von den israelischen Truppen besiegt, die weiter in Syrien und tief nach Ägypten vordrangen. Doch die UNO machte diesem Spuk ein schnelles Ende. Sie zwang Israel, mit Ägypten zu verhandeln. Der Sinai mußte geräumt werden. Wiederum forderte der UN-Sicherheitsrat in der Resolution 338 die Räumung der im dritten Krieg besetzten Gebiete. Und niemand tat auch nur das geringste, die beiden Resolutionen durchzusetzen.

Die folgende Geschichte ist die der Verhöhnung des Völkerrechts und der UNO durch Israel. Immer wieder wurde die UNO tätig. Von 1973 bis 1979 forderte sie alljährlich die Erfüllung der Resolution 242 des UN-Sicherheitsrats ein.

- Im November 1974 wurde die Vollversammlung der UNO aktiv. In der Resolution 3236 bekräftigte sie das unveräußerliche Recht des palästinensischen Volkes auf Selbstbestimmung, Unabhängigkeit und nationale Souveränität. Bis 1989 wurde die Resolution alljährlich erneuert. Israel kümmerte sich nicht darum.
- Nachdem Israel im März 1978 den Libanon überfallen hatte, verabschiedete der UN-Sicherheitsrat die Resolution 425, in der er Israel aufforderte, die Souveränität des Libanon zu akzeptieren und sich aus dem Südlibanon zurückzuziehen. Israel kümmerte sich nicht um die Resolution.
- Als im Juni 1980 Israel völkerrechtswidrig Jerusalem offiziell zu seiner Hauptstadt machte, folgte die UN-Sicherheitsresolution 476, die diesen Akt verurteilt. Auch die UN-Vollversammlung lehnt in der Resolution 35/69 diesen Akt Israels ab. Israel kümmert sich nicht auch nur im geringsten um beide Resolutionen.
- 1982 verlangt die UNO in den Resolutionen 508/509 einen Waffenstillstand an der libanesischen Grenze und einen bedingungslosen Rückzug der Truppen Israels aus dem Libanon. Israel kümmert sich nicht um diese Resolution. 1989 bezeichnet die UN-Vollversammlung noch einmal das Vorgehen Israels in dieser Sache als illegal.
- In der Resolution 43/176 vom Dezember 1988 fordert die UN-

Vollversammlung, eine internationale Friedenskonferenz unter
der Leitung der UNO und unter Beteiligung der PLO einzuberu-
fen. Israel kümmert sich nicht um diese Resolution.
- Die Resolution 607/608 vom 6. 1. 1988 verbietet den Israelis die
  Deportation palästinensischer Zivilisten. Israel kümmert sich
  nicht um die Resolution.
- Die Resolution 45/73 der UN-Vollversammlung vom Dezember
  1990 verbietet Israel die Ansiedlung von Juden an anderen Orten
  als in ihren ehemaligen Siedlungsgebieten. Ferner habe es Versuche, Flüchtlinge innerhalb der besetzten Gebiete neu anzusiedeln, zu unterlassen. Auch dürfe es die baufälligen Unterkünfte
  der Flüchtlinge nicht abreißen. Israel kümmerte sich nicht im
  geringsten um diese Resolution. Es begann im Frühjahr 1992 wieder mit der Neuansiedlung der Flüchtlinge.

Wie souverän Israel das internationale Völkerrecht mißachtet,
wurde am 17. 12. 1992 deutlich: Israel reagierte auf die Ermor-
dung eines Grenzpolizisten durch Palästinenser (nachdem israelische Soldaten zuvor einige Dutzend steinewerfende palästi-
nensische Kinder und Jugendliche einfach erschossen hatten)
mit der »Abschiebung« von 415 eilig zusammengelesenen vermeintlichen Anhängern der fundamentalistisch-islamischen
Hamas-Bewegung in die südliche Bekaa-Ebene, einem Nie-
mandsland zwischen Israel und dem Libanon. Unter den Abgeschobenen befanden sich auch UN-Mitarbeiter und offensichtlich »Unschuldige«. Diesen Menschen versagte das unmenschliche Regime in Jerusalem jede Hilfe. Selbst dem IKRK verweigerte das Israel-Kabinett am Heiligen Abend – völkerrechtswidrig – jeden Zutritt. Bei Frost und Schnee mußten die
Abgeschobenen ohne Nahrungsmittel und Medikamente in
Zelten ausharren.
Umgehend forderte der UN-Sicherheitsrat in seiner Resolution 799 Israel auf, die Deportation rückgängig zu machen. Doch
niemand in Israel kümmerte sich darum. Warum unterstützen
die USA dieses jedes fremde Recht verachtende Land moralisch wie finanziell? Warum beschließt der UN-Sicherheitsrat
nicht, daß seine Resolutionen durch ein Embargo – und, wenn
dieses unterlaufen würde, »mit sonstigen Maßnahmen« –

durchgesetzt werden sollen? Die Folge der internationalen Duldung wird sein, daß sich die Intifada weiter verschärft und die Verhandlungen um die Rückgabe der besetzten Gebiete von palästinensischer Seite abgebrochen werden. War das der Zweck der verbrecherischen Übung?

4. Israel und der zweite Golfkrieg

Um die notwendige politische und wünschenswerte militärische Unterstützung arabischer Staaten zu erhalten, versprach ihnen George Bush, nach Ende des Krieges die UN-Sicherheitsratsresolutionen 242 und 338 durchzusetzen. Obschon ansonsten die USA durchaus keine kriegerischen Aktionen scheuen, um Resolutionen des UN-Sicherheitsrats durchzusetzen, begann der damalige US-Außenminister Jim Baker 1991 und 1992 eine rege Reisetätigkeit, um die verfeindeten Mächte an einen Tisch zu bringen. Aber Yitzhak Schamir weigerte sich, die Formel »Land gegen Frieden« zu akzeptieren. Eine Rückgabe der annektierten Gebiete käme nicht in Frage, selbst wenn die arabischen Staaten, wie in der Resolution 242 gefordert, das Recht Israels anerkennen würden, innerhalb sicherer und anerkannter Grenzen frei von Bedrohung durch Gewalt zu leben.
Nach den Juniwahlen des Jahres 1992 wird der »ehemalige Terroristenführer Yitzhak Schamir« (Uri Avery), Symbol des israelischen Starrsinns und Anführer des rechtskonservativen Likud, abgelöst durch Yitzhak Rabin von der Arbeiterpartei. Rabin war der Sieger des Sechstagekrieges von 1967. Er ist ein »Sabre« (im Land Geborener) und war schon einmal (von Juni 1974 bis zu den Wahlen 1977) Ministerpräsident. Er ist ein einsamer, streßsensibler, introvertierter Mensch, der in Washington unter Richard Nixon und Henry Kissinger als Botschafter Israels sein politisches Handwerk lernte. Aber selbst Rabin bot George Bush nur minimale Chancen, seine den Arabern gegebenen Versprechen einzulösen.
Nach Rabins Wahl in 1992 brach in manchen der 141 unter der fünfzehnjährigen Likud-Herrschaft illegal errichteten jüdischen Siedlungen Unruhe aus. Rabin erklärte, als erstes würde er den Siedlern alle Steuervergünstigungen streichen. Ferner kündigte er an, er werde mit den Palästinensern ein Autonomieabkommen für die besetzten Gebiete aushandeln. Er sei bereit, die Formel »Land gegen Frie-

den« gelten zu lassen. Diese ist für die Juden, die an das Heilige Land des Josua und der Richter denken, Gottesfrevel und Kapitulation vor dem ewigen Feind: dem Nachbarn.

Der Anführer der radikalen Siedlungsbewegung meinte nach der Wahl Rabins: »Wir haben vier Jahre Intifada (sie brach im Dezember 1987 aus) überstanden, wir werden auch vier Jahre unter einer Regierung Rabin überstehen.«

5. Über Antisemitismus

Die »Konferenz über Antisemitismus in Europa«, die unter Leitung der Technischen Universität Berlin, dem »Institute of Jewish Affairs« in London und dem »Vidal Sassoon Center for the Study of Antisemitism« in Jerusalem im September 1992 in Berlin tagte, konnte die Gründe für den europäischen Antisemitismus nicht finden. Sie sind jedoch offensichtlich: Die aggressive Furcht vor dem Anderssein schürt immer wieder antisemitische und antizionistische Intoleranz. Und Israel tut nichts, um seiner Mitwelt sein Anderssein akzeptabler zu machen. Denn Israel ist ein Staat,

- der nur fordert und nicht zu geben bereit ist,
- der sich völkerrechtswidrig große Gebiete aneignet und dazu noch stets behauptet, im Recht zu sein,
- der sich auf nichts anderes stützt als auf seine Waffen und seine Geschichten.

Israel prostituiert so massiv sein Anderssein und evoziert aggressive Angst. Es wird kaum Sympathien für sich haben.

Der »Spiegel« berichtete im Januar 1992 von einer Umfrage, die parallel in Deutschland wie in Israel stattfand. 32 Prozent der Deutschen waren der Ansicht, die Juden hätten teilweise selbst schuld, wenn sie gehaßt und verfolgt werden. In der BRD-Ost bezeichnen sich 16 Prozent der Befragten als Antisemiten, in der BRD-West nur 4 Prozent. 42 Prozent der Befragten meinten, das Naziregime habe gute wie schlechte Seiten gehabt. Und die Israelis fanden die Deutschen weniger sympathisch als ihre »nationalen Todfeinde«, die Palästinenser.

Warum mögen so viele Deutsche Juden nicht leiden? Neben den

genannten weltweit geltenden Gründen haben die Deutschen einen weiteren: Der Staat Israel versuchte und versucht – vor dem Hintergrund einer Organtheorie verständlich, für das europäische Denken jedoch völlig unverständlich –, Schuldgefühle nicht nur wachzuhalten, sondern auch zu Geld zu machen. Von 1952 bis 1990 zahlte die Bundesrepublik 85,4 Milliarden DM an Israel. Nun benötigte Israel neues Geld, um die aus der GUS zuwandernden Juden anzusiedeln. Zunächst wandte es sich an den Präsidenten der USA, George Bush. Der war aber nur bereit, 10 Milliarden US-Dollar »Kreditbürgschaften« als getarntes Geldgeschenk zu zahlen, wenn Israel seine Siedlungspolitik in den besetzten Gebieten drastisch ändere. Dazu aber war Israel unter Shamir keineswegs bereit. David Levi, der damalige Außenminister Israels, forderte nun von der Bundesrepublik (März 1991) Geld. Er dachte an eine Summe von 10 Milliarden DM. Kanzler Kohl weigerte sich mit dem Hinweis, Deutschland könne kein Geld für Siedlungen in den von Israel besetzten Gebieten bereitstellen. Zudem würden die Forderungen die finanziellen Möglichkeiten Deutschlands übersteigen. Die »Jerusalem Post« kommentierte daraufhin: »Reparationen für geraubtes, konfisziertes und zerstörtes jüdisches Eigentum an irgendwelche Bedingungen zu knüpfen heißt, das moralische Empfinden jeden anständigen Mitglieds der menschlichen Rasse zu beleidigen.«
Ein Jahr später mahnte Levi die Milliarden noch einmal ein, wohl vermutend, daß die Deutschen, lange genug unter Druck gesetzt, voller Schuldbewußtsein und um ihr öffentliches Image besorgt, endlich zahlen würden. In einem Schreiben vom 13. 4. 1992 vertröstete der Kanzler den Fordernden noch einmal, vermutlich um dem US-Präsidenten nicht in den Rücken zu fallen. Da kam den Israelis eine gute Idee. Die DDR habe sich geweigert, ihren Anteil am »Wiedergutmachungsanspruch« (für den natürlich der Staat Israel – im Gegensatz zu geschädigten Einzelpersonen – niemals auch einen wie immer gearteten moralischen oder juristischen Titel verfügt) zu übernehmen. Bonn solle nun das ostdeutsche Drittel – jene ominösen 10 Milliarden DM – nachbezahlen. Rudolf Augstein meinte dazu: »Würden 10 Milliarden Dollar die letzte israelische Forderung sein, könnte man sich damit abfinden. Aber man wird dort weiter fordern und weiter bekommen. Wie will man in Bonn heimliche Rüstungslieferungen an die Araber wirksam unterbin-

den, wenn man zugleich Israel Rüstungsgüter ganz offiziell und ohne Bezahlung zur Verfügung stellt? Wie einem neu-alten Antisemitismus entgegentreten, wenn man ihm gleichzeitig Nahrung gibt?«[1]

---

1 Rudolf Augstein, Geld nur für den Frieden, in Der Spiegel 46 (1992), 18, 29.

2. Teil

Internationale Konferenzen und deren strukturelle Unmoral

Der zweite Teil dieses Buches will der strukturellen Unmoral nachgehen, wie sie sich auf internationalen Konferenzen manifestiert. Internationale Konferenzen machen strukturelle Unmoral besonders deutlich, weil ihre Teilnehmer versuchen, nationale Interessen gegen andere nationale oder internationale durchzusetzen. Sie verhalten sich durchaus rational, haben sie doch dafür zu sorgen, daß sie und ihre Beschlüsse von ihren Völkern, nicht aber von irgendwelchen übernationalen politischen Gebilden akzeptiert werden. Deren Akzeptation schlägt sich nicht in politischer Anerkennung und in Wählerstimmen nieder.

7. Kapitel

Der Umweltgipfel von Rio

Ehe wir uns über die Ergebnisse des Umweltgipfels von Rio de Janeiro einige Gedanken machen, ist es nötig, den Zustand, in dem sich heute die Umwelt des Menschen befindet, zu bedenken.

1. Über den Zustand der Umwelt

Jahrhunderttausendelang lebten wir Menschen in Einheit mit der Natur. Die Belastungen, die vom Menschen ausgingen, konnte sie verarbeiten, sieht man einmal von lokalen ökologischen Katastrophen ab, wie beispielsweise die Verkarstung der dalmatinischen Küste durch den Raubbau an Wäldern, um die venezianische Flotte zu bauen, oder an die Verkarstung des Libanon durch das Abholzen der einst gerühmten Zedernwälder des Landes. Irgendwann in den fünfziger Jahren dieses Jahrhunderts begann eine neue Zeit: Das Gleichgewicht zwischen Natur und Menschen kippte um. Menschen blieben nicht mehr Teil der Natur, sondern wurden zu ihrem Feind.

- Während der letzten dreißig bis fünfzig Jahre[1] nahm die Wassertemperatur der tropischen Ozeane um ein halbes Grad, die Wasserverdunstung um 16 Prozent zu.
- Die im Wasserdampf (dem stärksten klimaverändernden Gas) enthaltene Wärme heizt zusätzlich zu anderen Faktoren die Atmosphäre auf. Die in den letzten hundert Jahren wärmsten Jahre waren (in der Reihenfolge der Abweichungen vom Durchschnitt) 1990, 1991, 1988, 1983, 1987, 1989, 1944.

---

1 Vgl. dazu: Enquetekommission »Schutz der Erdatmosphäre« des Deutschen Bundestages, Klimaveränderung gefährdet globale Entwicklung, Karlsruhe (C. F. Müller) 1992.

- Das Gefälle des Luftdrucks zwischen dem Äquator und den polaren Breiten nahm zu. Die durchschnittliche Windgeschwindigkeit am Boden stieg in den Tropen um 20 Prozent, in mittleren Breiten um 9 Prozent.
- Das Kohlendioxyd nahm in der mittleren Troposphäre seit dem vorindustriellen Zeitalter um 27 Prozent (von 280 ppm auf 355 ppm) zu.
- Die Wälder verkrafteten nicht mehr das Schwefeldioxyd und das Ozon in der Luft.
- Durch den Klimawechsel erzeugte Hochfluten gefährden niedrig gelegene Länder wie Bangladesch.
- Die Zahl der Hurrikane nimmt dramatisch zu.

Die Menschen sind dabei, einer Krebsgeschwulst ähnlich, ihre eigenen Lebensgrundlagen zu vernichten. Früher oder später werden wir Menschen unseren schnell steigenden Energieverbrauch (neben Sonnen-, Wasser- und Windenergie) im wesentlichen aus Wasserstoff, den wir in dünnbesiedelten, aber sonnenscheinreichen Regionen der Erde (etwa in der Sahara) aus Wasser elektrolytisch mit Hilfe der Sonnenenergie gewonnen haben, decken, oder wir werden zugrunde gehen. Die Entwicklung der Kernkraft ist keine brauchbare Alternative zur Verbrennung fossiler Brennstoffe, denn die enormen Folgekosten (etwa für den Abbruch veralteter oder ausgedienter KKWe oder eine endgültige Entsorgung) sind kaum bezahlbar – ganz abgesehen von der nicht auszuschließenden Umweltkatastrophe, die durch einen GAU heraufbeschworen würde.

Daran gilt es etwas zu ändern. Und so kam es im Juni 1992 zu der größten Konferenz aller Zeiten, der zweiten UN-Umweltkonferenz (die erste fand 1972 in Stockholm statt). Der Generalsekretär beider Konferenzen war der Kanadier Maurice Strong. Schon die Konferenz von Stockholm war voller Aktionspläne, handelte von Luftverschmutzung und Klimaveränderung, vom Schutz bedrohter Arten und der Erhaltung der Wälder. Beide Konferenzen hatten eines gemeinsam: Es kam nichts dabei heraus.[1] Gut vier Wochen lang feilten in Rio 143 Delegationen aus allen Kontinenten, vertreten

---

1 Das ist nicht ganz richtig. Die Stockholmer Konferenz hatte zur Folge, daß ihr Eröffnungstag, der 5. 6., zum »Tag der Umwelt« proklamiert wurde. Zudem wurde die UNEP, die Umweltorganisation der UNO, mit dem Sitz in Nairobi

durch Sonderbotschafter, Wirtschaftsexperten und UN-Diplomaten, an konsensfähigen Vertragstexten zum Thema »langfristig tragbare Entwicklung«.

Zuvor fanden sich die Vertreter der 24 OECD-Länder in Paris zusammen, um Druck auf die »Umweltschlampe« USA auszuüben. Nahezu gleichzeitig trafen sich Minister und Ministerialbeamte aus 54 Entwicklungsländern (der G-77-Staaten) in Kuala Lumpur, um die Energieverschwendung der Industriestaaten unter die Lupe zu nehmen. Die widerstreitenden Interessen, die auch die Abläufe in Rio bestimmten, waren somit bereits formuliert: Die OECD-Staaten wollten allen Nationen – unabhängig vom Stand ihrer Entwicklung – die gleichen Pflichten zum Schutz der gefährdeten Umweltgüter (Atmosphäre, Artenreichtum, Ozean und Trinkwasser) auferlegen. Die Entwicklungsländer machten dagegen ihr »Recht auf Entwicklung« geltend, das durch kein Ökodiktat beschränkt werden dürfe. Der Norden trage allein die Verantwortung für das Weltklima und seine Regulierung. Mit knapp einem Viertel der Erdbevölkerung verbrauche er 75 Prozent der Energie, 85 Prozent des kommerziell genutzten Holzes und produziere 72 Prozent des Stahls. Die US-Amerikaner Donella und Dennis Meadows, die einst die aufrüttelnde Studie des »Club of Rome« über die Grenzen des Wachstums vorgelegt hatten, behaupteten in entlarvender Offenheit: »Die Welt ist genug entwickelt!« Dagegen stellte der indische Umweltexperte Anil Agawal die These: »Die Entwicklungsländer werden noch viel mehr ökologischen Freiraum beanspruchen müssen!«[1] Dabei darf aber nicht übersehen werden, daß in vielen Drittweltländern die Boden- und Trinkwasserqualität durch eigenverursachte Umweltbelastung dramatisch absinkt. In zahlreichen Sitzungen versuchte man weltweit die beiden Positionen einander anzunähern.

---

gegründet. Diese nahm Anfang 1973 ihre – recht umstrittene – Arbeit auf. Ebenfalls machte sie das Artenschutzübereinkommen von Washington, das den internationalen Handel mit gefährdeten Arten freilebender Tiere und Pflanzen regelt, unterschriftsreif. 1977 scheiterte am Widerstand der Bundesrepublik und Großbritanniens eine in Stockholm vereinbarte Konvention zur Beschränkung der FCKW. Beide Staaten verhinderten auch, daß in die »Genfer Luftreinhalte-Konvention« (1979) präzise Forderungen eingingen. Die Deutschen entdeckten erst ihren Sinn für Umwelt, als zu Beginn der achtziger Jahre das Sterben des deutschen Waldes begann.

1 Festival der Heuchelei, in Der Spiegel 46 (1992), 21, 225.

Diese »2. Konferenz der Vereinten Nationen über Umwelt und Entwicklung« (UNCED) vom 3. bis 14. 6. 1992 in Rio de Janeiro war die bislang größte Konferenz der Welt. An ihr nahmen 115 Staats- und Regierungschefs sowie 15 000 Delegierte (Regierungsbeamte, Diplomaten und Umweltfachleute) teil. Drei Verträge (Klimaschutz, Artenvielfalt und Wälder) sollten in Rio unterschriftsreif sein. Ferner sollte, um den Interessen der Entwicklungsländer gerecht zu werden, die »Agenda 21«, ein Weltentwicklungsprogramm (das die Fragen des Handels mit Drittweltländern ebenso zu regeln versucht wie die der Trinkwasserqualität), sowie eine »Erd-Charta« (vergleichbar der UNO-Menschenrechtsdeklaration) verabschiedet werden. Das Projekt UNCED (Erhalt der Ökosysteme und zugleich wirtschaftliche Entwicklung) war aber von vornherein zum Scheitern verurteilt, weil seine Realisierung in den meisten Staaten der Erde zu strukturellen politischen und ökonomischen Veränderungen geführt hätte. Und diesen Aufwand ist niemand bereit zu erbringen. Das Wirtschaftsgut »Umwelt« gehört zwar allen Menschen, aber die Staatsvölker versuchen es sich möglichst preiswert anzueignen. Ähnlich wie nationalökonomische Appelle kaum betriebswirtschaftliche Entscheidungen beeinflussen, so auch weltökonomische nicht nationalökonomische. Wenn die UNCED-Anliegen hätten realisiert werden sollen, hätte etwa folgendes geschehen müssen:[1]

- Der Kanzler der Bundesrepublik, Dr. Helmut Kohl, bietet in Rio im EG-Auftrag die Öffnung der Märkte für Fertigprodukte aus den Entwicklungsländern an – und opfert in der EG Millionen von Arbeitsplätzen.
- Der Ministerpräsident der VR China, Li Peng, verspricht, in seinem Land keine Autofabriken bauen zu lassen – und verzichtet für seine 1,1 Milliarden Landsleute auf das wichtigste Wohlstandssymbol.
- Der Präsident der USA, George Bush, verkündet ein drakonisches Energiesparprogramm für Nordamerika – und macht sich in seinem Land außerordentlich unbeliebt.
- Der Präsident Rußlands, Boris Jelzin, gibt bekannt, seine Öl und

---

1 Ibd., 228.

Kohle verschlingende Großindustrie stillzulegen – und treibt
damit sein Land beschleunigt in den ökonomischen Ruin.
- Der Ministerpräsident Indiens, Narasimha Rao, verkündet, sein
  Land werde auf die kostspieligen Rüstungsprogramme verzichten
  und alle verfügbaren Staatsgelder für die Ausbildung und das
  Gesundheitswesen zur Verfügung stellen, um so mitzuhelfen, das
  Bevölkerungswachstum zu bremsen.
- Der Regierungschef Brasiliens, Fernando Collor de Mello, sagt
  zu, jede großflächige Abholzung der Amazonaswälder unter Stra-
  fe und die Erforschung des Artenreichtums dieser Wälder unter
  UNO-Aufsicht zu stellen.
- Der Premier Japans, Toshiki Kaifu, verspricht, die Banken seines
  Landes werden sich maßgeblich mit verlorenen Krediten an der
  Entschuldung der Drittweltländer beteiligen.

Doch solche Visionen über Wege in eine bessere Welt werden sich
wohl niemals erfüllen!
Ein Beispiel für die Unerfüllbarkeit solcher Träume gaben die USA[1]
unter ihrem Präsidenten George Bush, der sich vor seiner Wahl 1988

---

1 Es sei hier gegen die übliche US-Schelte betont, daß die USA auf einigen
  Gebieten des Umweltschutzes Bahnbrechendes geleistet haben. So geben sie
  jährlich 120 Milliarden US-Dollar (das sind 2 Prozent des BIP) für den Umweltschutz aus. Die »Clean Air Act« von 1990 schreibt u. a. vor, daß die Energieer-
  zeuger ihre Schwefeldioxyd-Emissionen (die hauptsächlich für den »sauren
  Regen« verantwortlich sind) bis 2000 auf 8,9 Millionen t/a begrenzen müssen,
  das sind 10 Millionen t/a weniger als 1985. Dieses Ziel wird angegangen durch
  den Verkauf von »Credits«. Hat ein Unternehmen weniger Schwefeldioxyd
  emittiert, als ihm zugestanden wurde, kann es seine »Credits« verkaufen. Eine
  Tonne Minderung bringt etwa 300 US-Dollar. Überschreitet ein Stromerzeuger
  seine »Credits«, muß er pro Tonne emittierten Schwefeldioxyds 2 000 US-Dollar Buße an den Staat zahlen. Nationalökonomisch ist das kein sehr sinnvoller
  Schritt, denn einem Aufwand von bis zu 13 Milliarden US-Dollar steht nur ein
  geschätzter wirtschaftlicher Ertrag von 250 Millionen US-Dollar gegenüber. Es
  stehen in den USA Umweltschützer gegen Ökonomen. Diese werden dafür
  sorgen, daß der »Clean Air Act«, welcher der US-Wirtschaft jährlich Kosten
  von 30 bis 40 Milliarden US-Dollar aufzwingt, bald in den Schubladen schädli-
  cher Gesetze verschwindet. Die US-Ökonomen argumentieren zum Teil
  zutreffend, die Erhaltung der Umwelt sei kein technisches, sondern ein wirt-
  schaftliches Problem. Es müßten also wirtschaftliche Anreize geboten werden,
  die Umwelt weniger zu belasten und zu verbrauchen. Aber welche volkswirtschaftlich und branchenspezifisch kostenneutrale Anreize kommen da in
  Frage?

seinen Wählern als »Umweltpräsident« andiente. Er drohte, die Agenda 21 zu Fall zu bringen, weil in diesem Dokument u. a. die Verantwortung für einen Großteil der Umweltverschmutzung den Industriestaaten zugeschrieben wird. Den Drittweltstaaten dagegen wird großzügig das Recht auf Entwicklung zugesprochen.

Der Ölmillionär aus Texas versprach vor seiner Abreise nach Rio seinen Landsleuten, »keine Umweltinitiativen zu unterstützen, die amerikanische Arbeitsplätze bedrohen könnten«.[1] Billiges Öl, so tönte er während des Golfkrieges, sei die Rettung der Zivilisation. Er folgte darin der kruden Logik seines Vorgängers Ronald Reagan, der den Laubwald als besonderen Umweltverschmutzer ausgemacht hatte.

Der UN-Gipfel zu Rio hätte eine Lösung für folgendes, durch zwei Funktionen zu beschreibende Problem finden sollen:

- Der Umweltschaden ist eine Funktion des Verbrauchs von Gütern – gleich, welcher Art – der einkommens- und kulturabhängigen Konsumstile, der Denk- und Verhaltensweisen sowie des Stands der technischen Entwicklung.
- Der Güterverbrauch ist eine Funktion der Anzahl der Menschen.

Es wäre nötig gewesen, um zu einem sinnvollen Resultat zu kommen, beide Punkte zu behandeln. Der zweite aber blieb auf starken Druck des Vatikans – stillschweigend von der US-Regierung akzeptiert – ausgespart. Und so blieb denn das Ganze ein Torso. Schauen wir uns den einmal genauer an.

2. Die Deklaration von Rio

Die Erklärung von Rio de Janeiro nennt als ersten Grundsatz: »Menschen stehen im Zentrum des Interesses für eine nachhaltige Entwicklung (sustainable development). Sie haben das Recht auf ein gesundes und produktives Leben im Einklang mit der Natur.« Was aber die Konferenz aus diesem Recht gemacht hat, spottet jeder Beschreibung. Das »produktive Leben im Einklang mit der Natur«

---

1 Schritt zur Öko-Wende, in Der Spiegel 46 (1992), 25, 150.

entzieht sich rapide der Realität. Zwar standen Menschen in Rio im Zentrum des Interesses, doch blieb dieses Interesse ohne zureichende Folgen. Die daran anschließenden 26 Grundsätze sind ausschließlich belehrender Art oder verkünden unverbindliche Soll-Vorstellungen.

»Nachhaltige Entwicklung« bezeichnet eine »Entwicklung ohne Wachstum« (Weltbankökonom Hermann Daly). Wirtschaftswachstum macht Menschen ärmer, wenn es über der für die Biosphäre optimalen Rate liegt. Auf die Dauer muß also Wirtschaftswachstum so angelegt sein, daß die Nutzung natürlicher Ressourcen auf die Rate ihrer Regenerationsfähigkeit oder – bei nicht erneuerbaren Materialien – auf die Zuwachsrate erneuerbarer Substitute beschränkt werde. Im Vergleich zum erwirtschafteten Kapital ist das »natürliche Kapital« der limitierende Produktionsfaktor.

3. Die Agenda 21

Der Agenda 21 – eine nahezu 800seitiges Dokument – geht es vor allem um (1) die Förderung einer nachhaltigen Entwicklung durch nationale und internationale Maßnahmen und (2) die Integration von Umwelterwägungen in den entwicklungspolitischen Entscheidungsprozessen. Als Einflußfaktoren auf die nachhaltige Entwicklung werden erwähnt: natürliche Ressourcen, Produktionsstile und -techniken, Konsum, Umweltbelastung, institutionelle Rahmenbedingungen (wie Wertsysteme, Bevölkerung, Ordnungspolitik, Stand der Technik und des Wissens).

Die Agenda 21 nennt folgende Maßnahmen, diese beiden Ziele zu erreichen:

- Erschließen von finanziellen Ressourcen,
- wissenschaftliche Zusammenarbeit und Technologietransfer,
- angemessene nationale und internationale Wirtschaftspolitik,
- Aufbau und Ausbau nationaler Kapazitäten,
- Integration des Umwelt- und Entwicklungsdenkens,
- Verbesserung des gesellschaftlichen Dialogs,
- Übersetzung der Agenda in internationales und nationales Recht.

Die Agenda hat jedoch kaum Chancen, nachhaltig etwas zu bewirken, weil:

- für ihre Verwirklichung kein Zeitrahmen vorgegeben wurde,
- keine für ihre Verwirklichung zureichenden Finanzmittel bereitgestellt wurden und
- das Spannungsverhältnis zwischen Finanzhilfen und nationaler Souveränität nicht gelöst wurde.

Umwelt ist Eigentum der Menschheit. Die Menschheit aber wird in dieser Sache allenfalls durch die UNO vertreten. Diese hätte also international verbindliche, sanktionsbewehrte Normen zu erlassen, die sie gegen Staaten als die Vertreter des Staatsvolkes, den nationalen Eigner des Wirtschaftsgutes »Umwelt«, aber auch in gravierenden Fällen gegen einzelne Wirtschaftssubjekte durchzusetzen hätte. Die Strafbewehrung sollte nicht nur zivilrechtlicher Art sein, sondern auch strafrechtlicher.

4. Die Konvention »Biologische Vielfalt«

Diese Konvention dient dem Schutz von Tier- und Pflanzenarten sowie ihrer bedrohten Lebensräume. Von den auf der Erde lebenden rund zehn Millionen Arten (davon 50 bis 90 Prozent in den Tropenwäldern) sind erst etwa 1,5 Millionen bekannt. Die Konvention muß, um Rechtskraft zu erlangen, von dreißig Staaten unterzeichnet werden.
George Bush verweigerte seine Unterschrift unter diese Konvention, da die Entwicklungsländer, in denen die artenreichsten Gebiete liegen, finanzielle Unterstützung zum Erhalt der wertvollen Biotope und – das ist das Entscheidende – einen gebührenfreien Zugang zu Patenten und biotechnischen Erzeugnissen forderten, die aus den in ihren Ländern lebenden Organismen erzeugt werden. Zumindest aber wollten sie die aus ihren Ländern stammenden Gene, insoweit sie in gentechnische Verfahren eingebracht werden, bezahlt bekommen.
Wir Menschen mindern seit Jahrtausenden die biologische Vielfalt, indem wir zahlreiche Arten (von den Säugern allein etwa das Quagga, den Falklandwolf, das Mammut, das Wollnashorn . . .) ausrotte-

ten. Von ehedem 30 000 Reissorten haben in Indien kaum 100 die
»Grüne Revolution« überlebt. Das Artenreservoir ist aber durch die
Vernichtung tropischer Wälder, die Luftschadstoffe, den Treibhaus-
seffekt, das Ozonloch, das Einschleppen von Fremdarten in die
Region und durch die Störung intakter Biotope in Gefahr. Diese
Wälder beherbergen einen weitgehend unerforschten Genpool, der
für die Gentechnik und die Pharmazie von erheblicher Bedeutung
sein könnte.

Aber die tropischen Gene, bislang ein freies Gut, das sich jedermann
unentgeltlich aneignen konnte, sollte durch die Konvention zu
einem Wirtschaftsgut gemacht werden. Und hier liegt George Bushs
Problem: Die Drittweltländer fordern Geld für die Verwendung der
in ihren Ländern vorkommenden Gene. So befürchtete die US-Gen-
industrie finanzielle Einbußen, wenn diese Konvention internationales Recht würde.

Aber es geht auch anders! Als Beispiel sei Costa Rica angeführt.
Allein in diesem kleinen Land (kaum größer als Niedersachsen)
leben wenigstens 500 000 Arten von Lebewesen. Costa Rica verkaufte diesen genetischen Reichtum 1992 an das US-Pharmaunter-
nehmen Merck. Es zahlte dem costaricanischen »Institut für biologische Vielfalt« (Inbio) 1 000 000 US-Dollar. Zudem wurde dem Institut eine Gewinnbeteiligung zugesagt. Merck darf dafür diese phar-
makologische Goldgrube nach pharmazeutischen Wirkstoffen
durchforsten. Auf bis zu 30 Milliarden DM wird schon heute der Jah-
resumsatz von Medikamenten tropischen Ursprungs[1] geschätzt. So
wird die pharmazeutische Industrie zum Schutzherrn der Vielfalt tropischer Arten.

Die Länder der Dritten Welt fordern völlig zu Recht von den pharmazeutischen Unternehmen oder von Unternehmen, die gentechnisch mit tropischen Genen[2] arbeiten, Bezahlung. Tropische Gene
sind ein natürliches Vorkommen, das dem von Erdöl, Kohle oder
Eisenerz durchaus vergleichbar ist. Und kein Mensch denkt daran,

---

1 Vincristin (ein erfolgreiches Medikament gegen Kinder-Leukämie und in Verbindung mit anderen Zytostatica ein wirksames Mittel bei zahlreichen anderen
  onkologischen Befunden) wird aus einem madagassischen Immergrün gewonnen. Reserpin (ein blutdrucksenkendes Medikament) wird aus einem indischen Rauwolfia-Gewächs gewonnen.
2 So übertrug etwa die Bayer AG ein Gen von Erdnüssen auf Tabak, der so in die
  Lage kam, das den Pilzbefall verhindernde Gift Resveranol selbst herzustellen.

etwa Erdöl als freies Gut zu betrachten, das er sich unentgeltlich aneignen kann. Es ist offenbar ein Wirtschaftsgut. Die Drittweltländer fürchten nun zu Recht, daß man sich ihre Naturschätze unentgeltlich aneignet. Der US-Weizen hätte ohne die Gene des in Kirgisien wachsenden Kubanka-Weizens vermutlich den Ersten Weltkrieg kaum überlebt. Und kein Mensch denkt daran, Kirgisien dafür Geld zu zahlen. Tomaten könnten ohne Genhilfe aus Peru und Ecuador vermutlich nicht mehr angebaut werden. Niemand denkt daran, diese Länder zu bezahlen. Die Monokultur mit nur einer Rasse ist immer gefährdet. Oft kann man die Gefahr nur bannen, wenn man in der ursprünglichen Heimat der Pflanze, den entsprechenden »Zentren der Diversität«, nach neuen Genen sucht. Sie liegen beim Weizen in Kleinasien, bei Kartoffeln in Peru, bei Mais in Mexiko, bei Kaffee in Äthiopien, bei Hirse in der Sahelzone.

5. Die Klimakonvention

Die Klimakonvention formuliert ein ehrgeiziges Ziel: Die Vertragsstaaten kommen überein, die Konzentration der Treibhausgase in der Atmosphäre auf einem Niveau zu halten, das eine gefährliche anthropogene Störung des Klimasystems verhindert. Das soll in einer Frist geschehen, die es den Ökosystemen erlaubt, sich an die veränderten klimatischen Verhältnisse anzupassen. Um dieses Ziel zu erreichen, sind radikale und aus heutiger Sicht abstrakt-utopische Maßnahmen nötig, die allerdings in der Konvention nicht erwähnt werden, weil sie sonst kein Industriestaat unterzeichnet hätte. So müßte die Abgabe von Kohlendioxyd in die Atmosphäre um mehr als 70 Prozent, die von Lachgas um 80 Prozent, die von FCKW um 90 Prozent und die von Methan um 20 Prozent verringert werden. Bei FCKW ist das Ziel durch ein Abkommen zum Schutz der Ozonschicht festgelegt. Schon nimmt die Konzentration dieser Stoffe in der Erdatmosphäre weniger schnell zu (wenn auch keineswegs schon ab – die Ozonlöcher werden also weiter wachsen!). Auch die Minderung der Methanemission dürfte unproblematisch sein, wenn es gelingt, die »fossilen Zusatzquellen« (entweichendes Erdgas bei Bohrungen und aus Kohlebergwerken, Lecks in den Erdgasleitungen) auszuschalten. Für die Erzeugung von Lachgas dürfte vor allem die Landwirtschaft mit ihrer Stickstoffdüngung verantwortlich sein.

Strittig ist vor allem die Produktion des Kohlendioxyds, des bedeutendsten Klimagases.

Experten (Intergovernmental Panel on Climate Change) schätzen, daß sich die Temperatur der Erdatmosphäre in Bodennähe um durchschnittlich 2 bis 2,5 Grad Celsius während der kommenden dreißig Jahre erhöhen wird. Das hätte u. a. zur Folge:

- Klima- und Vegetationszonen verschieben sich in höhere geographische Breiten.
- Anstieg des Meeresspiegels um 30 bis 100 Zentimeter mit der Folge, daß küstennahe Gebiete überschwemmt würden und 250 bis 450 Millionen Menschen ihren Lebensraum verlören.
- Großräumiges klimabedingtes Waldsterben in den mittleren und höheren geographischen Breiten.
- Beeinträchtigung der Wasserressourcen vieler Gebiete durch Veränderung der »gewohnten« Niederschlagsmengen.
- Verschlechterung der Ernährungssituation in weiten Gebieten durch Dürren, Überschwemmungen, Mißernten und Schäden an Kulturpflanzen.

In der Klimakonvention verpflichten sich alle Unterzeichnerstaaten, Programme und Maßnahmen zur Reduzierung der Treibhausgase aufzustellen, anzuwenden und darüber Rechenschaft abzugeben. Schwierigkeiten machten die USA. Sie sind mit einem Viertel der weltweit erzeugten Kohlendioxydemissionen der größte Umweltverschmutzer der Welt.[1] Jeder US-Amerikaner erzeugte 1990 durchschnittlich, allein durch seinen Energieverbrauch, 22 Tonnen Kohlendioxyd (ein durchschnittlicher Erdenbürger dagegen nur 4,2 Tonnen). Würden die 1,1 Milliarden Chinesen ihnen darin folgen, würde die Menschheit wohl kaum mehr länger als sechzig Jahre auf dieser Erde existieren. Dabei könnten vier Millionen Windturbinen heute unschwer den Energiebedarf der USA decken.

George Bush verweigerte auch die Unterschrift unter eine zusätzliche, von Österreich und der Schweiz entworfene Deklaration zum

---

1 Die Bewohner der USA erzeugen durchschnittlich das 8,8fache an Treibhausgasen (Kohlendioxyd, Methan, FCKW, Stickoxyde) als der Durchschnitt der Weltbevölkerung. Ihnen folgen Kanada (mit dem 7,8fachen), die ehemalige SU (mit dem 5,8fachen) und Deutschland (mit dem 5,3fachen).

Klimavertrag, welche sich das Ziel setzt, die Emission von Treibhausgasen, vor allem von Kohlendioxyd (immerhin jetzt schon jährlich 20 Milliarden Tonnen) und Methan, bis zum Jahr 2000 auf dem Niveau von 1990 zu stabilisieren. Kaum war die Deklaration formuliert, protestierten die US-Botschafter in Wien und Bern ebenso heftig wie unhöflich-ruppig. In paranoider Realitätsablösung behaupteten sie, die Deklaration ziele darauf ab, die USA zu isolieren und bloßzustellen. Die Niederländer und Isländer, die sich der Initiative anschließen wollten, wurden von den USA abgemahnt. Die EG, die einen ähnlichen Vorstoß zur Begrenzung der Emission von Treibhausgasen plante, zog sich, durch die US-amerikanischen Interventionen eingeschüchtert, zurück.

Das darf aber die EG nicht zur Resignation zwingen. Um schweren Schaden vom Gemeinwohl zu wenden, müssen die EG-Länder dafür sorgen, daß der Energieverbrauch so verteuert wird, daß Energiesparen zu einem ertragreichen Volkssport heranreift. Das gilt sowohl für den Energieverbrauch des Staates, der privaten Haushalte als auch der Unternehmen. Um dem internationalen Wettbewerb standzuhalten, sind Importe aus Ländern ohne eine ähnliche Energiesteuer mit einer entsprechenden Energieabgabe zu belasten und Exporte aus dem EG-Raum in Länder ohne ähnliche Energieverbrauchssteuer mit einer entsprechenden Steuervergünstigung zu subventionieren.

Ferner ist daran zu denken, daß die überdurchschnittlich viel Klimagase in die Atmosphäre emittierenden Länder, entsprechend ihrer nationalen Emissionen, Gelder in Höhe von jährlich etwa 500 Milliarden US-Dollar in die Kasse einer »Weltumweltbank«[1] einzahlen,

---

1 Es ist statt dessen geplant, die Kosten für die Realisierung der Agenda 21 den nationalen Entwicklungshilfen zu überlassen. Selbst wenn es gelänge, eine Absichtserklärung durchzusetzen, welche die einzelnen Länder verpflichtet, Entwicklungshilfe in 0,7 Prozent ihres BSP zu leisten, wäre damit nicht viel getan. Der bisherige Zustand würde kaum geändert. Der sieht so aus: Einige Länder (wie etwa die USA) zahlen gar keine Entwicklungshilfe, andere binden sie an Kaufverpflichtungen, die nahezu ausschließlich ihren eigenen Ökonomien nutzen (wie etwa Frankreich). Somit ist nach bestehender Regelung die Agenda 21 nicht finanzierbar und kaum das Papier wert, auf dem sie steht. Die Konventionen sollen dagegen aus der GEF finanziert werden. Die Kapitalausstattung dieser Institution von einer Milliarde Sonderziehungsrechten (das sind etwa 2,25 Milliarden DM) reicht keineswegs aus, diese Aufgabe zu erfüllen. Es ist sehr viel erfolgversprechender, einen »Topf« (etwa eine UN-Umwelt-

die sowohl die Kosten, die aus der Realisierung der Agenda 21, als
auch die, die aus der Durchsetzung der einzelnen Konventionen entstehen, übernimmt. Der Betrag muß so erheblich sein, daß die
nationalen Gesetzgebungen gezwungen werden, die Schadstoff-
emissionen drastisch zu senken. Eine vollständige oder partielle
Zahlungsverweigerung müßte Sanktionen zur Folge haben. Hier
wäre an das Ruhen der Mitgliedschaft in der UNO einschließlich
ihrer Organe, vor allem des UN-Sicherheitsrats, zu denken. Sollte
auch das nicht helfen, kämen ein weltweiter Boykott der in diesem
Lande erzeugten Güter oder Embargomaßnahmen in Frage.
Doch dieser Traum von einer umweltverträglichen Entwicklungshilfe dürfte niemals Wirklichkeit werden. So verdoppelte in den Jahren
zwischen 1988 und 1990 Indien mit Hilfe von US-Firmen seine
FCKW-Produktion. So wuchs in Malaysia in den achtziger Jahren
der Energieverbrauch um 130 Prozent (viel stärker als das Bevölkerungswachstum). So rollten in Thailand 1992 dreimal soviel Lkws
und Pkws über die Straßen als 1980 (mehr als zwei Millionen).
Auch wären die Schulden der Drittweltländer aus einem solchen
Fonds zu mindern. In den Jahren von 1981 bis 1990 flossen 175 Milli-

---

bank) zu öffnen, in den nach verpflichtenden Regeln eingezahlt und nach
gerechten Regeln (vor allem nach Bedürftigkeit und dem Maß der Erreichung
der Konventionen) ausgezahlt wird.
Die »Weltumweltbank« unter dem Dach der UNO könnte auch den Streit
beenden, wer über die Verteilung der Gelder befindet. Die G-77-Gruppe forderte die Errichtung eines »Grünen Fonds«, in dessen Entscheidungsgremien
sie die Mehrheit hätten. Die OECD-Länder dachten an die von ihnen und den
USA beherrschte Weltbank. Die Aufsichtsorgane einer »Umweltbank« wären
paritätisch mit von der UN-Vollversammlung zu wählenden Vertretern der
OECD- und den G-77-Ländern zu besetzen. Vorsitzender wäre der UN-Gene-
ralsekretär. Da es unwahrscheinlich ist, daß die UN-Hauptversammlung einen
Vertreter der USA ins Aufsichtsgremium entsendet, könnte der Übermacht
diese Landes ein Riegel vorgeschoben werden. Zwar verfügt man heute schon
über die von der Weltbank 1990 geschaffene multilaterale Institution »Global
Environment Facility« (GEF), doch hat sich diese als wenig erfolgreich erwiesen. Das gleiche gilt für die gemeinsam von Weltbank mit dem »Entwicklungs-
programm« (UNDP) und dem »Umweltprogramm« (UNEP) der UNO im Juni
1991 geschaffenen Institution. Die GEF erprobt neue Verfahren und Techniken, um Umweltprobleme zu lösen; ihr besonderes Interesse gilt der Ver-
schmutzung internationaler Gewässer sowie der Zerstörung der biologischen
Vielfalt und der Ausdünnung der Ozonschicht. Sie ist aber kein bankähnliches
Institut.

126

arden US-Dollar aus den Entwicklungsländern in die Industrienationen (Schuldendienst, Gewinntransfer ausländischer Unternehmen, Kapitalflucht), während diese den Entwicklungsländern gerade 55 Milliarden US-Dollar an Entwicklungshilfe zahlten. Um den
Schuldendienst zu finanzieren, mußte etwa:

- Costa Rica große Urwaldgebiete in Weideflächen wandeln, um
  den US-Markt mit Rindern zu versorgen,
- die Elfenbeinküste und Ghana ihre Tropenwälder nahezu vollständig roden,
- Brasilien in den agrarindustriellen Anbau von Sojabohnen einstei-
  gen und somit Kleinbauern in die Slums der Städte und ins Ama-
  zonasgebiet vertreiben,
- der Senegal den Erdnußanbau forcieren und so den Boden ruinie-
  ren.

Da reichen die zusätzlich von den entwickelten Ländern jährlich aufzubringenden 125 Milliarden US-Dollar, von der die »Agenda 21«
ausgeht, nicht aus (so hoch sind etwa die jährlichen Transferzahlungen von der BRD-West in die BRD-Ost).

6. Die Regenwaldkonvention

Die geplante »Konvention über Schutz, Bewirtschaftung und Erweiterung der Wälder« kam in Rio erst gar nicht zustande. Sie sollte den
tropischen Regenwald in Brasilien, im Kongo und anderen Ländern
Westafrikas, auf den Philippinen und auf den Inseln Indonesiens
schützen, da ihr Bestand für das Weltklima und die Erhaltung biolo-
gischer Arten von großer Bedeutung ist. Nach einer Studie des
»Instituts für Weltwirtschaft« (Kiel) vom 23. 4. 1992 hat die Rodung
in diesen Gebieten in den letzten Jahren um jährlich 1 Prozent der
Fläche deutlich zugenommen. Seit den fünfziger Jahren ist mehr als
die Hälfte der damaligen Bestände der Brandrodung und dem Holzeinschlag zum Opfer gefallen. Greenpeace vermutet, daß in gut
zehn Jahren die tropischen Regenwälder als selbstreproduktionsfä-
hige Ökosysteme nicht mehr existieren.
Die Regenwaldkonvention sah nun ein Verbot von Importen für
Tropenholz, die das Maß überschreitet, die der Wald regenerieren

kann, vor. So lauten auch die Richtlinien der »Internationalen Tropenholzgesellschaft« (ITTO), der alle tropenholzexportierenden Länder angehören. Aber kaum jemand beachtet sie. Die Bundesrepublik importierte 1991 nach Angaben des Statistischen Bundesamtes etwa 0,6 Millionen Tonnen Tropenhölzer im Wert von 689 Millionen DM, ohne auf die Einhaltung der ITTO-Richtlinien durch die Lieferanten zu achten.[1]

Hier hätte die UNCED Profil beweisen können, denn die Erhaltung des tropischen Regenwaldes ist eine Aufgabe, welche die Industrieländer und die Regenwaldländer nur in enger Kooperation lösen können. Hier wäre es angemessen, die Leistungen aus der Agenda 21 an Tropenwaldländer abhängig zu machen vom Verzicht auf den Holzexport und die Rodung, welche die regenerative Kraft des Waldes überschreitet. Aber nichts davon geschah.

7. Das Problem des Bevölkerungswachstums

Ein weiteres wichtiges Problem der Umweltbelastung blieb in Rio ausgeklammert: das der rapide (idealtypisch nach einer Exponentialfunktion) wachsenden Erdbevölkerung. Sie vermehrte sich seit dem ersten Umweltgipfel (1972) um rund 56 Prozent. Selbst bei gleichbleibender Bevölkerung steigen Ressourcenverbrauch und Abfallausstoß an. Um wieviel mehr erst bei exponentell wachsender Bevölkerung! Diese an Zahl und Ansprüchen wachsende Bevölkerung wird verhindern, daß es, sieht man einmal von der Nichtfinanzierbarkeit der Beschlüsse von Rio ab, zu einer erheblichen Umweltentlastung kommt.

Wenn – wie vorgesehen – der dritte Umweltgipfel 2012 in Dhaka, der Hauptstadt Bangladeschs (wenn diese Stadt dann überhaupt noch existiert), stattfindet, werden die Vertreter von dann mehr als acht Milliarden Menschen härter als noch 1992 für Umverteilung kämpfen.

---

1 Dabei ist jedoch zu beachten, daß durch Brandrodung größere Flächen an Regenwald vernichtet werden als durch Holzeinschlag. Die Brandrodung ist eine unmittelbare Folge von Massenarmut in Drittweltländern. Die aber ist kaum zu beheben.

8. Das Problem der »Umweltflüchtlinge«

Auch das Problem der Umweltflüchtlinge wurde in Rio sorgsam ausgespart. »Umweltflüchtlinge« sind in der Bestimmung des »United Nations Population Fund« Menschen, »die bislang in kritischen Zonen lebten, deren Bewohner sich dort schon seit Jahren nicht mehr ausreichend ernähren konnten, weil in ihren Siedlungsgebieten der Boden weitgehend ausgelaugt, versteppt, versalzen, erodiert ist oder weil zu viele Menschen auf zuwenig landwirtschaftlich nutzbare Fläche angewiesen sind«. Es handelt sich dabei hauptsächlich um die Bewohner von klimatisch schwierigen Hochlandregionen sowie von Trockengebieten (wie den Nordosten Brasiliens, die Sahelzone oder des Trockengürtels zwischen Namibia und Moçambique, des indischen Dekhan). Die UN-Organisation für Ernährung und Landwirtschaft (FAO) schätzte ihre Zahl Anfang 1992 auf 1,165 Milliarden Menschen. Angeblich büßte Asien schon Mitte der achtziger Jahre 44 Prozent der Anbauflächen und mehr als 10 Prozent seines Anbaupotentials ein.

Afrika hatte unter Ernteeinbußen von über 10 Prozent zu leiden, weil 40 Prozent der Äcker überbenutzt wurden. Wenn Böden nur mehr die Hälfte ihres vorhergehenden Produktionspotentials hergeben, nennt man sie »schwer geschädigt« (severe degradation). In Afrika waren Mitte der achtziger Jahre 17 Prozent der Ackerflächen, in Asien 16 Prozent und in Lateinamerika 10 Prozent schwer geschädigt. Der wachsende Bedarf wird die bisher ungeschädigten Flächen schnell zu geschädigten wandeln.

Am Horizont zeichnet sich aber noch eine weitere Gruppe von Menschen ab, die einmal zu den Umweltflüchtlingen zählen werden: Menschen, die aus den durch den Klimawechsel zunehmenden Überschwemmungsgebieten (wie etwa aus Bangladesch oder aus dem Nildelta) kommen. Umweltflüchtlinge sind nach internationalem Recht (etwa der Genfer Flüchtlingskonvention) keine Flüchtlinge. Sie müssen aber, wenn sie überleben wollen, ihre Heimat verlassen. Sie sind in größerer Not als jene »Armutsflüchtlinge«, die ihre Heimat verlassen, um in ein Gebiet mit größerem Wohlstand zu emigrieren.

Welche Maßnahmen werden die Länder ergreifen, um die drohende Welle von Umweltflüchtlingen zu brechen? Ihnen kann kaum im eigenen Land geholfen werden (wie die meisten »Armutsflüchtlingen«). In Rio klammerte man das Thema wohlweislich aus, weil niemand eine Antwort wußte. Und so machen wir halt so weiter, als wenn nichts wäre.

9. Wie soll es weitergehen?

Wir Menschen verdanken unseren evolutionären Erfolg nicht einer genetischen Anpassung an unsere Umwelten, sondern der Fähigkeit, unsere Erfahrungen über die Welt, in der wir leben, zu einem Weltkonstrukt zu vereinigen und damit die Folgen unseres Handelns und Entscheidens vorherzusehen. Wir versuchen, uns über Verstehen und Erklären an diese Welt (oder an das, was wir dafür halten) anzupassen. Wir bildeten moralische Normen aus, die es uns erlaubten und erlauben, sozialverträglich miteinander umzugehen, nicht aber moralische Normen, die es uns erlauben, umweltverträglich mit der Umwelt umzugehen. Es ist auch unwahrscheinlich, daß wir das in der kurzen Zeit, die uns dafür noch zur Verfügung steht, schaffen werden. Wegen des strukturellen Moralversagens müssen daher Gesetze an die Stelle der moralischen Normen treten. Gesetzesnormen können aber umweltverträgliches Verhalten nicht erzwingen (bestenfalls können sie umweltunverträgliches Verhalten bestrafen). Wir können zwar die Folgen unserer Handlungen und Entscheidungen, auch das Schreckenspotential der Zukunft, vorhersehen. Aber wir haben nicht die moralische Kraft, unser Handeln und Entscheiden fundamental zu ändern – und das gilt ganz besonders für das generative Verhalten. Jeder einzelne wird versuchen, seinen individuellen Vorteil zu mehren, solange seine nächste soziale Umwelt sein Verhalten billigt, selbst wenn es für die gesamte Menschheit von Schaden ist. Die Sucht nach Mehr (an Konsum, Besitz, Macht, Einfluß) ist uns angeboren. Freiwillig auf ein solches Mehr, wenn es mit sinnvollem Aufwand erreichbar ist, zu verzichten wird den meisten Menschen, vor allem denen, die in Armut leben (ihnen bleibt nicht selten als einziges Mehr das an Kindern), nicht gegeben sein. Die Allgemeine Vernunft wurde ohnmächtig und verkam zur kollektiven Unvernunft.
Hubert Markl[1] entwickelt ein kühnes Bild der Hoffnung: »Wir tragen in uns nicht nur die evolutionsgenetische Vernunft des Durchset-

---

1 Hubert Markl, Die Schrecken der letzten Welt, in FAZ vom 30. 5. 1992.

130

zungsstrebens, sondern auch die unsere Fähigkeiten freisetzende
Gabe, die alten Sehnsüchte auf ganz neue Ziele zu lenken. Was uns
so gefährlich anpassungsfähig machte, macht uns auch fähig, unser
Handeln ganz neuen Weisungen zu unterwerfen.« Möge er recht
haben! Dann könnte sich die kollektive Unmoral zu einer neuen Allgemeinen Moral wandeln, die sich nicht nur auf das Gemeinwohl
eines überschaubaren sozialen Feldes richtet, sondern auf das einer
als einer Schicksalsgemeinschaft zusammengewachsenen einen
Menschheit. Ob uns dieser Wandel gelingt, wird schon in den letzten
Jahren dieses Jahrtausends deutlich werden: Gelingt es uns, die
Agenda 21 von Rio tatsächlich aus dem Bereich der Belehrungen
und Bekundungen herauszuholen in die politische und ökonomische
Praxis, besteht gute Hoffnung, daß die Menschheit nicht zu einem
sich selbst vernichtenden malignen Tumor auswächst. Und so wird
Rio zum Prüfstein werden.
Ich denke, man sollte nicht zuviel Vertrauen auf technische Lösungen setzen. »Entwicklung« sollte vielmehr eine Vielzahl sozialer,
ökonomischer, ökologischer und politischer Schritte heißen, welche
die Lebensqualität der Menschen in den Drittweltländern verbessert. Hier ist vor allem an folgende Maßnahmen zu denken:[1]

- Die absolute Armut ist zu mindern, wenn es gelingt, die gesund-
  heitsschädlichen Defizite in der Ernährung, in der Trinkwasser-
  versorgung, bei den sanitären Einrichtungen, in den Wohnverhält-
  nissen zu beheben.
- Es gilt, Waren und Dienstleistungen, die vor allem Grundbedürf-
  nisse abdecken, verfügbarer zu machen.
- Auch die ärmeren Bevölkerungsschichten müssen sowohl an politischen und gesellschaftlichen Entscheidungsprozessen teilhaben
  wie auch an den Erträgen ihrer Arbeit.
- Ungerechtigkeiten beim Einkommen, bei den Bildungsmöglich-
  keiten und den Zukunftschancen sind abzubauen.
- Das Wohlstandsgefälle unter den Drittweltländern wie auch den
  entwickelten Ländern muß verringert werden.
- Wir alle müssen lernen, mit den natürlichen Ressourcen (Land,

---

1 Vgl. dazu zahlreiche Ausführungen von Klaus M. Leisinger. Ich zitiere hier
  nach Klaus M. Leisinger, Wem hilft Entwicklungshilfe?, in Basler Magazin vom
  8. 2. 1992, 1.

Luft, Wasser, Arten, Rohstoffe) so sorglich umzugehen, daß unser
Planet noch eine Zukunft hat.

»Umweltpolitisches Handeln ist von der Überzeugung geprägt, daß
es möglich ist, eine Zukunft zu schaffen, die auf globaler Ebene ein
Mehr an Wohlstand, sozialer Gerechtigkeit und Sicherheit mit sich
bringt.«
Hier kann die Gentechnik eine wichtige Rolle übernehmen, wenn
ihre Erfolge Hand in Hand gehen mit den genannten politischen und
sozialen Reformen: Sie ist in der Lage, »Pflanzensorten, die sichere
und hohe Ernteerträge bei gleichen oder niederen Anbaukosten
ermöglichen, da sie gegenüber Pflanzenkrankheiten, tierischen
Schädlingen resistent . . . sind und auf sogenannte Streßfaktoren wie
Kälte oder Trockenheit unempfindlich reagieren«, hervorzubringen.
Sie kann ferner »Mittel zur Erhöhung der Regenerationsfähigkeit
von Ökosystemen, insbesondere zum Abbau von Erdölprodukten,
Kunststoffen oder Müll«, bereitstellen.[1]

---

1 Klaus M. Leisinger, Gentechnik und Dritte Welt, in NZZ vom 29. 1. 1992, 65.

8. Kapitel

Das Abkommen von Maastricht als Ausweis amoralischer Ignoranz

Jeder Student der Wirtschaftswissenschaften weiß, daß eine Währungsunion eine gemeinsame Wirtschaftpolitik der in der Union zusammengeschlossenen Staaten voraussetzt.[1] Dieses Elementarwissen machten sich die Verträge von Maastricht nicht zu Nutzen – das Gegenteil war der Fall. Es handelt sich also hier um den Fall fahrlässiger und daher unmoralischer Ignoranz. Die Europäische Gemeinschaft brachte ihren Bürgern mit dem Europäischen Währungssystem (EWS) und dem ab 1. 1. 1993 errichteten EG-Binnenmarkt zum Nutzen aller Beteiligten ein gutes Stück europäischer Einheit. Das reibungslose Funktionieren beider ist zwingende Voraussetzung einer europäischen Wirtschafts- und Währungsunion. Zumindest das EWS funktioniert nicht, da die EG-Volkswirtschaften

---

1 Die Geschichte kennt mehrere Fälle einer »Währung ohne Staat«. Ein typisches Beispiel sei hier ausgeführt: In den achtziger Jahren des 18. Jahrhunderts wurde die »Bank of North America« gegründet. Die Regierung der Konföderation versuchte auf diese Weise, ein Dutzend eigenwilliger Bundesstaaten zu disziplinieren und die Macht der Zentrale zu stärken. Der US-Dollar sollte voll durch Edelmetalle gedeckt sein. Er galt als Hort einer antiinflationären ökonomischen Stabilität. Die Bank fiel bald nach ihrer Gründung den Verteilungskonflikten der verfassungslosen Gesellschaft zum Opfer. Die Konföderalstaaten wollten die Notenbank als Grundlage eines Nationalstaates etablieren. Und damit fielen sie gründlich auf die Nase. Während der Wirtschaftskrise von 1781 bis 1787 forderten alle Beteiligten die Mehrung der Geldmenge. Darüber verkam die Notenbank zu einer gewöhnlichen Geschäftsbank. Erst nach einer politischen Einigung konnte eine Notenbank erfolgreich arbeiten: die 1792 gegründete »Bank of the United States«. Bislang sind alle Währungsunionen, die einer politischen vorausgingen, kläglich gescheitert: Die »Lateinische Münzunion« (1865–1927), die Skandinavische Münzunion (1872–1931), die deutsch-österreichische Union (1857–1867) scheiterten, da sie verschiedene ordnungspolitische Konzepte miteinander zu verbinden suchten. Nur Währungsunionen, die politischen folgten, waren erfolgreich: die US-amerikanische (1891), die schweizerische (1848), die italienische (1861) und die deutsche (1871). Vgl. dazu Wolfram Weimer, Keine Währung ohne Staat, in FAZ vom 18. 8. 1992.

sich in den letzten Jahren eher auseinanderentwickelten. Divergenz herrschte statt der erhofften Konvergenz. So geriet denn konsequent das künstlich und mit Mitteln der Politik und von Notenbankinterventionen am Leben gehaltene EWS Mitte September 1992 ins Trudeln:

- Am 14. senkte die Deutsche Bundesbank die Leitzinsen. Zugleich wurde die italienische Währung um 7 Prozent abgewertet. Beide Interventionen blieben ohne Folgen.
- Am 17. wurden das britische Pfund und die italienische Lira aus dem EWS entlassen. Die spanische Peseta wurde gegen die im EWS-Verbund verbleibenden Währungen um 5 % abgewertet.
- An den folgenden Tagen stützte die Deutsche Bundesbank den französischen Franc mit über 10 Milliarden DM. Damit erhöhten sich ihre Interventionen zur Erhaltung des EWS in wenigen Tagen auf 60 Milliarden DM. Sie blähte damit die Geldmenge in DM massiv auf und begünstigte andererseits die depressiven Tendenzen der französischen Wirtschaft. Eine Abwertung des Franc wäre das einzig Sinnvolle gewesen. Doch das durfte nicht sein, weil damit das EWS gescheitert wäre.

Noch war die Stabilität des EWS keineswegs gesichert, noch war der Europäische Binnenmarkt keine Realität, da unterzeichnete am 7. 2. 1992 der »Europäische Rat«[1] in Maastricht den »Vertrag über die Europäische Union«. Wenn Beschlüsse übereilt getroffen werden, muß man sich die Frage stellen, wem sie vor allem nutzen.

---

1 Die EG verfügt (1992) über folgende Organe:
  - Der Europäische Rat. Er besteht aus den Staats- und Regierungschefs der EG-Länder. Er hat Grundsatzentscheidungen zu fällen.
  - 23 Ministerräte. In jedem der Räte ist jedes EG-Land mit einer Stimme, die meist durch den jeweiligen Fachminister eingebracht wird, vertreten. Die Ministerräte bilden die Legislative der EG. Sie verabschieden also EG-Gesetze.
  - Die EG-Kommission. Sie besteht aus 17 Kommissaren, denen 23 Generaldirektoren zur Seite stehen. Sie bildet die Exekutive der EG. Sie hat das Recht, den Ministerräten Gesetzesvorlagen zu erstellen. Die Bedeutung der Kommission wird meist überschätzt. Unter der Führung des Jacques Delors unterhält sie zwar einen 10 000köpfigen Beamtenapparat (nicht eingerechnet die Übersetzer), bildet aber keineswegs eine »gewaltige, übermächtige Bürokratie« aus (H. Kohl). Sie ist vielmehr – was noch viel gefährlicher ist – ein Spielball unterschiedlicher Interessen von Regierungen und Industrie.

Maastricht ist ein französischer Vertrag. Der unmittelbare Anlaß für den Vertrag war die deutsche »Wiedervereinigung«. Nach dem Fall der Mauer drängten die EG-Partner Bonn, »den deutschen Riesen in der Gemeinschaft besser zu verankern. Vor allem Frankreich forderte die Währungsunion. Daß (der Vertrag) bereits zwei Jahre nach dem Fall der Berliner Mauer auf dem Papier existierte, reflektiert die Besorgnis der EG-Partner Deutschlands.«[1] Und so erklärte am 30. 8. 1992 der französische Ministerpräsident, Pierre Bérégovoy, seinen Mitbürgern denn auch den Sinn dieses Vertrages: Es käme darauf an, Deutschland an Europa zu binden. Anderenfalls würde Deutschland schrittweise seine Autonomie wiedererlangen und sich dem Osten zuwenden. Das wäre ein Schlag für Europa, die Demokratie und Frankreich. Am 3. 9. 1992 stellte der französische Staatspräsident François Mitterrand – und das keineswegs im Widerspruch zu den Maastrichter Beschlüssen – unverblümt fest: »Ich höre überall, daß die Zentralbank Herrin ihrer Entscheidungen sein werde. Das ist nicht wahr. Die Techniker der Bank haben die Aufgabe, in der Währungspolitik die von den zwölf Staats- und Regierungschefs gefaßten Beschlüsse anzuwenden.« Er beendete damit die Illusion von der Unabhängigkeit der Europäischen Zentralbank (EZB), die deutsche Politiker immer wieder zu erzeugen versuchten, um die Deutschen maastrichtreif zu klopfen. Und so schreibt das Machwerk von Maastricht ausschließlich im Sinne Frankreichs den EWG-

---

Die bürokratischen Leistungen der Kommission sind alles andere als professionell.

- Das Europäische Parlament. Seine Mitglieder werden durch die EG-Völker nach den Spielregeln der Demokratie gewählt. Es hat das Recht, die Kommission zu befragen und zu kontrollieren. Es kann der Kommission (nicht aber einzelnen Kommissaren) das Mißtrauen aussprechen. Es muß zudem bei Haushaltsbeschlüssen der Ministerräte angehört werden. Im Vertrag von Maastricht, sollte er denn in Kraft treten, erhält für das EG-Parlament im Niederlassungsrecht und bei der Verabschiedung von Rahmenprogrammen ein Vetorecht. Bei internationalen Abkommen der EG ist die Zustimmung des Parlaments nötig. Es soll bei der Ernennung der Kommissionsmitglieder mitwirken.
- Der Europäische Rechnungshof. Er hat die Aufgabe, die Kommission und deren ausgabewirksamen Aktivitäten zu kontrollieren.
- Der Europäische Gerichtshof. Er hat bislang nur die Aufgabe, über geschlossene Verträge zu wachen.

1 Die EG im Banne des französischen Referendums, in NZZ vom 11. 9. 1992.

Vertrag fort.[1] Und dennoch entschieden sich am 20. 9. 1992 bei einer Abstimmungsbeteiligung von 69,68 Prozent nur 51,05 Prozent der Franzosen für den Vertrag. Für Deutschland gibt es, gemäß dem »genialen« Einfall des Kanzlers Dr. Helmut Kohl, nur einen Vorteil aus den Verträgen: Die deutsche Einheit könnte über die gemeinsame Währung (und nicht über die DM) finanziert werden.

Der Vertrag sieht die Schaffung einer Wirtschafts- und Währungsunion (WWU), einer gemeinsamen Außen- und Sicherheitspolitik sowie die Einbeziehung von Bereichen der Innen- und Justizpolitik vor. Ferner solle 1997, spätestens jedoch 1999, für Länder, die bestimmte Stabilitätsbedingungen erfüllen, die nationale Währung gegen eine EG-Währung (etwa die ECU) ausgetauscht werden. Der Vertrag über die Wirtschafts- und Währungsunion sollte – nach Wunsch seiner Väter – am 1. 1. 1993 in Kraft treten. Die Regierungschefs drängten auf Eile, ehe sich die Parlamente oder gar die Völker ein zutreffendes Bild von dem machen konnten, was auf sie zukam.

Daß alles dieses viel Geld kosten wird, ohne die nationalen Haushalte der meisten Mitgliedsstaaten zu entlasten, ist offensichtlich. So forderte denn auch Jacques Delors, der Präsident der EG-Kommission, den EG-Haushalt kräftig aufzustocken. Statt der 66,5 Milliarden ECU in 1992 sollten 87,7 Milliarden ECU in die EG-Kassen fließen. Von diesem Geld werden etwa in Irland bis zu 75 Prozent der Lohnkosten übernommen, um die angeblich vorübergehende Arbeitslosigkeit nicht noch weiter auswachsen zu lassen. Als Faß ohne Boden erwies sich Griechenland, in das von 1981 bis 1991 21 Brüsselmilliarden DM flossen. Das meiste Geld floß in sinnlose Projekte, an denen sich korrupte Politiker und Großunternehmer bereicherten. Doch der Vertrag von Maastricht will durch die Aufstockung der verschiedenen Fondskassen dieses Übel noch erheblich ausweiten. Statt durch seine Zahlungen eine konvergente Entwicklung der Volkswirtschaften einzuleiten, besorgt er wachsende Divergenz.

So lehnte das geballte volkswirtschaftliche Wissen Europas und der Bretton-Woods-Institute die Maastrichter Abkommen ab. Die Deut-

---

1 Zu Recht bemerkt die außerordentlich EG-freundliche NZZ unter dem 6. 9. 1992: »Wenn aber zur Rettung eines lädierten und gefährdeten Vertragswerks, das eigentlich zum Ziel hatte, die Einigung Europas voranzutreiben, wieder einmal Deutschland als Schreckgespenst herhalten muß, ist das ein Zeichen dafür, daß die Voraussetzungen für einen engeren Zusammenschluß nicht gegeben sind.«

sche Bundesbank kritisierte, daß eine WWU errichtet werden solle, ohne daß zuvor eine politische Union erreicht wurde. Sie machte schon 1990, gewitzt durch die katastrophalen Folgen der Wirtschafts-, Währungs- und Sozialunion mit der DDR, »darauf aufmerksam, daß eine Währungsunion eine nicht mehr kündbare Solidargemeinschaft ist, die nach aller Erfahrung für einen dauerhaften Bestand eine weitergehende Bindung in Form einer umfassenden politischen Union benötigt.[1]

Die Maastrichter Beschlüsse lassen eine Einigung über die künftige Struktur der angestrebten politischen Union . . . noch nicht erkennen. Die weitere Entwicklung im Bereich der politischen Union wird für den dauerhaften Erfolg der Währungsunion jedoch von zentraler Bedeutung sein.«[2] Neben dieser Sorge der Deutschen Bundesbank seien hier nur die wichtigsten warnenden und kritischen Gruppen aufgezählt. Daneben wurden die Verträge auch von zahlreichen Fachleuten abgelehnt.[3]

- Den Anfang machten unter dem 21. 5. 1992 die zum »Europa-Kolloquium Hohenheim« eingeladenen Professoren aus den Wirtschafts-, Rechts- und Politikwissenschaften. Es handele sich hier um »ordnungspolitische und institutionelle Fehlentscheidungen«. Genannt wurden:
  - die Industriepolitik, welche die Wettbewerbspolitik weitgehend abzulösen drohe (Ingo Schmidt),
  - der Wettbewerb der verschiedenen Volkswirtschaften falle fort (Lothar Vollmar),
  - die Verwirklichung des EG-Binnenmarktes fordere noch erzwinge eine Einheitswährung (Renate Ohr),

---

1 Stellungnahme des Zentralbankrates vom September 1990.
2 Die Beschlüsse von Maastricht zur Europäischen Wirtschafts- und Währungsunion, in Monatsberichte der Deutschen Bundesbank, Februar 1992.
3 So warnt unter dem 19. 3. 1992 Karl Otto Pöhl, ehemaliger Chef der Deutschen Bundesbank, vor einer Währungsunion, die ohne zureichende Konvergenz der Volkswirtschaften hergestellt wird. Er verwies wieder einmal auf die deutsche »Wiedervereinigung«, die dramatisch vor Augen geführt habe, daß unterschiedliche Entwicklungsstände in Gebieten mit einer Währung zu hohen Transferzahlungen führen müssen. Und das Ergebnis der deutschen Währungsunion sei katastrophal. So spricht Eberhard Nattermann (Warum auf die DM verzichten – ohne guten Grund?, in FAZ vom 24. 5. 1992) von der Preisgabe deutscher Interessen bei der Einführung einer Eurowährung.

- das bundesstaatliche Prinzip in der Bundesrepublik werde gefährdet (Armin Dittmann),
- die ärmeren EG-Länder werden die EG im wesentlichen als Umverteilungsorganisation interpretieren (Rolf Caesar).

- Es folgten am 10. 6. 1992 sechzig deutsche Professoren der Wirtschaftswissenschaften (darunter der erfolgreiche ehemalige Wirtschaftsminister Karl Schiller), die sich einer liberalen Ordnungs- und Wirtschaftspolitik verpflichtet wissen. Sie stellten elf Thesen vor, in denen sie die Maastrichter Beschlüsse kritisieren. Sie warnen dringend vor der Ratifikation der Maastrichter Beschlüsse. Ihre wichtigsten Thesen sind:

3. Die Konvergenzkriterien (etwa des Geldwertschwundes, der Staatsverschuldung) müßten absolut und nicht relativ bestimmt werden. So sagt Art. 109j EGV, daß die Inflationsrate eines Beitrittslandes zur WWU, »die der Inflationsrate jenes – höchstens drei – Mitgliedsstaaten nahekommt, die auf dem Gebiet das beste Ergebnis erzielt haben«.

5. Die EZB könne die Preisstabilität nicht sichern, weil es für sie aufgrund unterschiedlicher Interessen der nationalen Entscheidungsträger keinen genügenden Anreiz gäbe, der Preisstabilität Vorrang vor eigenen politischen oder nationalen ökonomischen Interessen einzuräumen.

6. Sollte die Stabilitätspolitik der EZB erfolgreich sein, müßte sie (und nicht der Ministerrat) die Wechselkurskompetenz gegenüber Drittländern haben. Auch dürfte der Ministerrat keine Kapitalverkehrskontrollen festlegen können.[1]

8. Durch eine Gemeinschaftswährung werden die ökonomisch-schwachen Länder einem verstärkten Konkurrenzdruck ausgesetzt, der zur wachsenden Arbeitslosigkeit und in deren Folge zu hohen Transferzahlungen der reichen in die ärmeren Länder führen würde. Auch sei eine starke Migration aus den armen in die reichen Länder zu erwarten, wenn die Ressourcentransfers nicht zu einem annähernd gleichen Wohlstandsniveau führen.

---

1 Hier übersehen die Kritiker, daß die Wechselkurskompetenz im EWS Sache der Regierungen ist. Das heißt aber nicht, daß in Zukunft vernünftigerweise diese Aufgabe der EZB übertragen werden sollte.

9. »Die Verwirklichung des EG-Binnenmarktes benötigt oder erzwingt keineswegs eine gemeinsame europäische Währung.« Das EWS reiche völlig für einen funktionierenden Binnenmarkt aus.

10. Die überhastete Einführung einer gemeinsamen Währung wird zu starken ökonomischen Spannungen zwischen den Mitgliedsländern und in absehbarer Zeit zu einer europäischen Zerreißprobe führen.

- Am 26. 6. 1992 legten acht deutsche und schweizerische Hochschullehrer ein weiteres ablehnendes Gutachten zum Thema »Maastricht« vor: Die Bürokratie der Gemeinschaft werde weder einer wirksamen Kontrolle durch das Europaparlament noch der Parlamente der Mitgliedsstaaten unterworfen. Das Subsidiaritätsprinzip sei zu allgemein gehalten, so daß es keinen effektiven Schutz gegen immer weitere Kompetenzübertragungen auf die Organe der Gemeinschaft biete. Ein System freien Wettbewerbs der Volkswirtschaften werde durch interventionistische Maßnahmen gefährdet. Hier sind vor allem die Vorschriften zur Industriepolitik, zur Forschungs- und Technologieförderungspolitik, zur Sozialpolitik, zur Kultur- und Bildungspolitik sowie zur Verbraucherschutzpolitik zu nennen.
- Seit dem 7. 7. 1992 liegt eine weitere »Stellungnahme deutscher Hochschullehrer der Rechts- und Wirtschaftswissenschaften« vor, die ein Bündel von Bedrohungen der marktwirtschaftlichen Ordnung durch die Maastrichter Abkommen aufzählt. Alarmierend sei nicht nur die Möglichkeit interventionistischer Maßnahmen und Programme, sondern auch das Fehlen wirksamer Kontrollen durch die Mitgliedsstaaten, den Europäischen Gerichtshof und das Europäische Parlament. Der Wettbewerb wird zu einem unter mehreren Marktinstrumenten degradiert. Das Subsidiaritätsprinzip sei für die Praxis völlig unverbindlich, so daß sich die Mitgliedsstaaten gegen eine Aushöhlung ihrer Kompetenzen kaum wirksam wehren können. Ferner werde der Verbraucherschutz durch die Interessen mancher Erzeugerländer gefährdet. Schließlich werde eine nationale Industriepolitik vor einer wettbewerblichen Kontrolle durch die[1]EG geschützt. Sie fordern eine Nachbesserung des Abkommens:

---

1 Fortgesetzte deutsche Kritik an Maastricht, in NZZ vom 8. 7. 1992, 13.

- Die Kompetenzverteilung zwischen der Gemeinschaft und den Mitgliedsstaaten muß klar formuliert und rechtlich wirksam gesichert werden.
- Die Exekutive muß durch die Mitgliedsstaaten und rechtsprechende und gesetzgebende Organe der Gemeinschaft wirksam kontrolliert werden können.
- Das System des freien Wettbewerbs darf weder durch interventionistische Maßnahmen der zentralistischen europäischen Bürokratie noch durch marktwidriges Verhalten von Mitgliedsstaaten gefährdet werden.

- Schließlich machte auch der Führungsstab des Weltwährungsfonds unter dem 29. 7. 1992 auf ein wichtiges Problem des Maastrichter Abkommens aufmerksam: Der mangelnden Flexibilität der meisten Beschäftigten werde zu einem weiteren Anwachsen der strukturellen Arbeitslosigkeit führen, da durch den Verlust der Wechselkursflexibilität unterschiedliche Lohn- und Produktivitätsentwicklungen nicht mehr kompensiert werden können.

Da kein einziges Mitglied der Bundesregierung – wie auch keiner der Politiker, die das Vertragswerk unterzeichneten – über das verfügt, was man auch nur in Ansätzen »volkswirtschaftliche Sachkunde« nennen könnte, hätte sie das Gutachten nahezu aller deutschen Professoren der Volkswirtschaftslehre unbedingt ernst nehmen müssen und nicht durch ein Gefälligkeitsgutachten der Chefökonomen einiger deutscher Großbanken oder das »Gegengutachten« von 54 europäischen Ökonomen (aus allen EG-Ländern außer Irland) vom 8. 7. 1992 relativieren lassen dürfen. Es wurde nicht zufällig vom Bonner Verbindungsbüro der EG-Kommission veröffentlicht.
Es sollen hier nun einige wesentliche Bedenken zu den Verträgen von Maastricht etwas ausgeführt werden:

① Bedenken: Kohäsionsfonds
Auf spanisches Drängen wurde in den EGV das Institut des »Kohäsionsfonds« (nach Art. 130d EGV) aufgenommen. Aus ihm sollen »Vorhaben in den Bereichen Umwelt und transeuropäischer Netze auf dem Gebiet der Verkehrsinfrastruktur« finanziert werden. Schon verlangen die vier »Kohäsionsländer« (Spanien, Portugal, Irland und Griechenland), die Zahlungen aus dem Kohäsionsfonds dürften nicht auf

Leistungen aus dem Europäischen Regionalfonds[1] angerechnet werden. Wer aber soll das alles bezahlen?

Neben der Bundesrepublik, die 1992 schon 28 Prozent des EG-Haushaltes finanzierte, werden neben Großbritannien und Frankreich auch Dänemark, Italien und die Niederlande zu Ländern, die mehr einzahlen, als sie erhalten (Nettozahlern), werden. Die an das BIP gebundenen Einnahmen sollen von 20 Prozent auf 40 Prozent aufgestockt werden, um den Anteil der EG-Abgaben, die an die Mehrwertsteuer gebunden sind (und also nach der Steuerangleichung auch die »armen Länder« betreffen), senken zu können. Kaum war das Übereinkommen von Maastricht unterzeichnet, trat Jacques Delors mit neuen finanziellen Forderungen an die Länder der EG heran (Delors-II-Paket). Der Beitrag zum EG-Etat der einzelnen Länder solle stufenweise von 1,20 auf 1,375 Prozent des BIP angehoben werden. 1997 würden dann der EG-Kasse jährlich 152 Milliarden DM zur Verfügung stehen (1992 waren es 130 Milliarden DM).

Wie aber werden die Gelder aus den Fonds verwaltet? Der Europäische Rechnungshof, der über das Finanzgebaren der EG zu wachen hat, legte im Juni 1992 dem Ministerrat sein Gutachten vor, nach dem von einer wirksamen Haushaltskontrolle in zahlreichen Bereichen nicht die Rede sein könne. So sei der Agraretat unkontrolliert gewachsen, da die für den Strukturfonds 1988 beschlossenen Reformprinzipien, die zu einer sparsameren Mittelverwendung führen sollten, nur zum Teil und zudem höchst unvollkommen realisiert worden seien. Es seien Strukturmittel etwa zweimal ausgegeben oder auf andere Weise verschwendet worden.

② Bedenken: Industriepolitik

Art. 130 EGV (in Verbindung mit Art. 2 und 3 EGV) fordert sowohl die Gemeinschaft als auch die Mitgliedsstaaten auf, eine eigene Industriepolitik zu entwickeln. Ferner bleibt nach Art. 115 EGV den Ländern die Vollmacht, bestimmte Branchen (etwa die Automobilindustrie) vor dem internationalen Wettbewerb zu schützen, erhalten. Die

---

1 Der Regionalfonds hat gemäß Art. 139c EGV die Aufgabe, »durch Beteiligung an der Entwicklung und an der strukturellen Anpassung der rückständigen Gebiete und an der Umstellung der Industriegebiete mit rückläufiger Entwicklung zum Ausgleich der wichtigsten regionalen Ungleichgewichte in der Gemeinschaft« beizutragen.

fallenden Zollgrenzen werden durch bürokratische und interventionistische Maßnahmen ersetzt. »Industriepolitik« bezeichnet alle politischen Maßnahmen, die auf die Struktur und Entwicklung von Industrie einwirken. Im engeren Sinn versuchen sie einen Industrialisierungsprozeß zu beeinflussen. Gelegentlich werden auch reaktive Maßnahmen (die der Erhaltung oder der Anpassung dienen) als Industriepolitik bezeichnet. Hier ist aktive Industriepolitik gemeint. Ein Beispiel solcher aktiven Industriepolitik bildet die Airbus-Industrie, aber auch Subventionsmonster wie Hochtemperaturreaktoren, schnelle Brüter, Jäger 90, Magnetschnellbahnen, Mikrochips (nach Manfred E. Streit alles Flops des industriepolitischen Aktivismus).
Die Diskussion um die Industriepolitik, unter Ökonomen als ungeeignetes Instrument zu den Akten gelegt, erhielt neuen Auftrieb durch die formale Eleganz spieltheoretischer volkswirtschaftlicher Modelle. Man nahm in verfehltem Modellrealismus an, daß staatliche Maßnahmen langfristige Vorteile im internationalen Wettbewerb sichern könnten. Der nationale Wohlstand ließe sich mehren, wenn sie heimischen Branchen die Möglichkeit verschaffe, Waren in Serie herzustellen, oder deren Expansion in beträchtlichem Umfang positive Wirkungen auf andere heimische Unternehmen haben werde, für die keine Erlöse vom Verursacher erzielbar sind (»externe Ersparnisse«).[1]
Vom Bau des Airbus – um nur ein Beispiel zu wählen – hatten von den Förderungssubventionen vor allem die Volkswirtschaften Nutzen, die nicht selbst Flugzeuge produzieren. Die Länder, die subventionierten, erlitten sehr wahrscheinlich Wohlstandsverluste.
Um aktive Industriepolitik zu machen, muß der Staat das Verhalten der Wettbewerber der unterstützten Industrie voraussehen, oder er muß die eigene Volkswirtschaft vor fremden Wettbewerbern (etwa durch Zölle oder Importverbote) schützen. Das erstere kann er nicht, das zweite darf er nur in begrenztem Rahmen. Zudem muß sichergestellt sein, daß konkurrierende Volkswirtschaften nicht mit eigener Industriepolitik nachziehen. Aber Jacques Delors, seit 1985 Präsident der EG-Kommission, bleibt bei seiner Ansicht: »Es kann nicht Zweck eines gemeinschaftlichen Wirtschaftsraumes sein, unsere Binnenmärkte der Konkurrenz von außen auszuliefern.«

---

1 Vgl. dazu: Manfred E. Streit, Krücken für die Champions, in FAZ vom 20.6.1992, 13.

③ Bedenken: Disziplin der nationalen Haushalte

Art. 109h, 2 EGV sieht vor, daß einem Land, das sich in Zahlungsbilanzschwierigkeiten befindet, mit qualifizierter Mehrheit des Rats Beistand gewährt wird.[1] Es erscheint grob fahrlässig, einen Vertrag in Kraft zu setzen, der eine strenge Haushaltsdisziplin von allen beteiligten Ländern voraussetzt, ohne daß sie erzwungen werden könnte. Horst Köhler will sie in einer zukünftigen europäischen Verfassung gesichert wissen.[2] Doch bis diese formuliert und ratifiziert ist, können noch viele Jahre ins Land gehen.

④ Bedenken: Beitrittsbedingungen zur Währungsunion

Ein Zusatzprotokoll zu Art. 104c EGV formuliert die Beitrittsbedingungen zur Währungsunion. Die Beitrittsländer sollen keine 3 Prozent des BIP überschreitende Defizitquote und keine die 60-Prozent-Marke überschreitende Schuldenquote haben. Beide Werte überschreiten die für eine gesunde Volkswirtschaft geltenden Werte erheblich. Zudem erlaubt das Protokoll Ausnahmen.[3] Was wird geschehen, wenn 1999 nur einige kleine Länder (etwa Luxemburg und Dänemark) alle Beitrittsbedingungen erfüllen? Was wird geschehen, wenn ein Land nach dem Beitritt diese Grenzen überschreitet?

---

1 Offensichtlich halbwahr ist die Behauptung des beamteten Staatssekretärs im Bundesfinanzministerium, eines der Väter der Maastrichter Abkommen und eines wichtigen Beraters des Kanzlers, Horst Köhler, der in einem Interview behauptete: »Wenn sich ein Land durch eigenes Verhalten hohe Defizite zulegt, dann ist weder die Gemeinschaft noch ein Mitgliedstaat verpflichtet, diesem Land zu helfen.« In Der Spiegel 46 (1992) 15, 45.

2 Ibd., 50.

3 Im Juni 1992 erfüllten folgende Länder folgende Voraussetzungen für den Beitritt zur Währungsunion:
- Inflation höchstens 1,5 Prozent über den drei stabilsten EG-Ländern: Dänemark, Frankreich, Irland, Luxemburg, Bundesrepublik, Belgien und die Niederlande.
- Staatsverschuldung unter 60 Prozent des BIP: Luxemburg, Großbritannien, Spanien, Dänemark, Frankreich und die Bundesrepublik.
- Öffentliches Defizit unter 3 Prozent des BIP: Luxemburg, Dänemark, Frankreich, Großbritannien, Irland und Spanien.
- Langfristiger Zins höchstens 2 Prozent über dem Durchschnittszins der drei Länder mit der niedrigsten Inflationsrate. Hierzu liegen mir keine Daten vor. Doch die Bundesrepublik erfüllt 1992 keinesfalls diese Bedingung. Allen vier Bedingungen genügten 1992 Dänemark, Frankreich und Luxemburg.

⑤ Bedenken: Kapitalverkehrsbeschränkungen

Art. 73 f. EGV legt fest, daß der Ministerrat – auf Vorschlag der EG-Kommission – mit qualifizierter Mehrheit Kapitalverkehrsbeschränkungen für jeweils sechs Monate (mit der Möglichkeit, sie alle sechs Monate beliebig oft zu verlängern) beschließen kann. Gegen diesen Beschluß gibt es keine Abwehrmöglichkeit.[1] Ein Land, das von »Kapitalbewegungen ... die das Funktionieren der Wirtschafts- und Währungsunion ... zu stören drohen«, nicht wirtschaftlich betroffen ist, müßte sich diesem Ratsbeschluß beugen, selbst wenn die eigene Volkswirtschaft dadurch schweren Schaden nähme. Es kann noch nicht einmal die WWU verlassen.

⑥ Bedenken: Wechselkursfestsetzung

Der Ministerrat stellt, auf Vorschlag der EG-Kommission, den Wechselkurs der EG-Währung gegenüber den Drittwährungen fest. Er – und nicht etwa die EZB – entscheidet letztlich auch über die EG-Geldmenge. Sollte diese mit dem Preisniveau korrelieren, so entscheidet der Ministerrat über die Inflationsrate.

⑦ Bedenken: Unabhängigkeit der Mitglieder des EG-Zentralbankrates

Die Mitglieder des EG-Zentralbankrates sind voraussichtlich kaum am Erfolg ihrer stabilitätspolitischen Maßnahmen ernsthaft interessiert. Gemäß der »Ökonomischen Theorie der Politik« interessiert sie einzig die Mehrung des Eigenwohls (Einkommen, Einfluß, Ansehen). Das aber hängt davon ab, ob sie den Präferenzen ihrer jeweiligen Völker gerecht werden. Jedes Mitglied wird seine Politik also vor allem an der öffentlichen Meinung seines Heimatlandes orientieren. Der Einfluß der deutschen inflationssensiblen öffentlichen Meinung wird, wenn die anderen nationalen öffentlichen Meinungen von ihr abweichen, dabei kaum erheblich werden.[2]

⑧ Bedenken: Demokratie

Schon jetzt sind die Entscheidungsmechanismen in der EG wenig

---

1 Gemäß § 22 Außenwirtschaftsgesetz kann zwar auch die Bundesregierung eine Devisenbewirtschaftung einführen. Diese kann jedoch unschwer und unverzüglich durch den Bundestag wieder aufgehoben werden.
2 Roland Vaubel, Das Ende der Preisstabilität, in FAZ vom 28. 3. 1992, 13.

transparent »und stehen in der Substanz einer Kabinettspolitik aus
feudaler Zeit näher als einem demokratischen Verfahren«.[1] Auch nach
den Maastrichter Verträgen bleibt das Europaparlament machtlos. Es
verfügt nach Art. 138b des EGV über ein eingeschränktes Vetorecht
(Art. 189bc EGV) und darf zu den von dem Ministerrat beschlossenen
Gesetzen rechtsunerhebliche Anmerkungen anbringen. Wirksame
Rechtsakte setzt allein der demokratisch in keiner Weise legitimierte
Rat (Art. 145 EGV).

⑨ Bedenken: Subsidiarität

Viel Aufhebens wurde von den Befürwortern der Maastrichter
Beschlüsse von dem in Art. 3b EGV vorgestellten Subsidiaritätsprinzip[2] gemacht. Der Artikel legt fest, daß in den Bereichen, die nicht in
die ausschließliche Zuständigkeit der Gemeinschaft fallen, »die

---

1 Wernhard Möscher entwickelt fünf Optionen, die auch bei dem Scheitern der
  Ratifikation der Verträge möglich seien (FAZ vom 12. 9. 1992, 13):
  - Die Entwicklung hin auf einen europäischen Bundesstaat.
  - Der Status quo wird beibehalten.
  - Die weitere Ausbildung einer Freihandelszone.
  - Es kommt zur Ausbildung rivalisierender Nationalstaaten nach der Art des
    19. Jahrhunderts.
  - Es wird eine Sicherheits- und Verteidigungsgemeinschaft entwickelt.
2 Nach dem Subsidiaritätsprinzip darf (soll) jedes soziale System nur dann helfend (»subsidiär«) tätig werden, wenn untergeordnete Einheiten (Personen
  oder soziale Gebilde) wichtige Funktionen, die zu erbringen ihre Aufgabe ist,
  nicht erbringen (können). Das Prinzip entstammt der katholischen Soziallehre
  und wurde von Papst Pius XI. in der Enzyklika »Quadragesimo anno« 1931
  erstmals formuliert: Es »muß doch allezeit unverrückbar jener höchst gewichtige sozialphilosophische Grundsatz festgehalten werden, an dem nicht zu rütteln noch zu deuteln ist: wie dasjenige, was der Einzelmensch aus eigener Initiative und mit seinen eigenen Kräften leisten kann, ihm nicht entzogen und
  der Gesellschaftstätigkeit zugewiesen werden darf. So verstößt es gegen die
  Gerechtigkeit, das, was die kleineren und untergeordneten Gemeinwesen leisten und zum guten Ende führen können, für die weitere und übergeordnete
  Gemeinschaft in Anspruch zu nehmen« (79). Heute versteht man im Feld der
  Politik das »Subsidiaritätsprinzip« als eine Regel, welche die Zuständigkeitsordnung zwischen Gemeinwesen verschiedener Stufen betrifft: Öffentliche
  Aufgaben sollen jeweils auf der niedrigstmöglichen Ebene erfüllt und nur dann
  auf die nächsthöhere übertragen werden, wenn dies zur Zielerreichung unumgänglich nötig ist. Es ist im Grundgesetz der Bundesrepublik insoweit gemäß
  Art. 91a, 1 realisiert, als im Prinzip die Bundesländer alles regeln können,
  solange der Bund nicht tätig geworden ist oder dem Bund vorbehaltene Bereiche nicht berührt werden.

Gemeinschaft nach dem Subsidiaritätsprinzip nur tätig (wird), sofern und insoweit die Ziele der in Betracht gezogenen Maßnahmen auf Ebene der Mitgliedsstaaten nicht ausreichend erreicht werden können und daher wegen ihres Umfangs oder ihrer Wirkungen besser auf Gemeinschaftsebene erreicht werden können«. Dreimal dürfen Sie raten, wer festlegt, welche Maßnahmen unter welchen Umständen von den Mitgliedsstaaten nicht ausreichend oder auf Gemeinschaftsebene besser erreicht werden können. Richtig: Es ist der Ministerrat. Damit wird das Subsidiaritätsprinzip, das einem ordnungspolitisch-liberalen Denken entspringt, völlig ausgehöhlt: Es gibt keinerlei Kompetenzabgrenzung zugunsten der unteren Ebenen. Das Prinzip fordert zugleich eine größtmögliche Dezentralisierung. Davon ist jedoch nichts zu spüren. Der Zug rast vielmehr in die entgegengesetzte Richtung. Der Abschied von Demokratie und Marktwirtschaft in der EG ist in Sicht.

Das klassische Subsidiaritätsprinzip bezieht sich auf Handlungen und Tätigkeitsfelder, das des EGV jedoch auf Ziele, die mit dem freien Binnenmarkt zusammenhängen. Solche Zielvorgaben lassen sich inhaltlich kaum begrenzen. Alles, was den freien Warenverkehr betrifft, darf also zentral geregelt werden (angefangen von Sicherheitsvorschriften über die Gestaltung von Fernsehprogrammen bis hin zur Mindestgröße von Tomaten).

Jacques Delors will die Souveränität der Mitgliedsstaaten auf die Erziehungs-, Gesundheits- und Kulturpolitik beschränkt wissen. Konkurrierende Zuständigkeiten gäbe es in der Umwelt- und Sozialpolitik. Die Agrar- und Handelspolitik sei ausschließlich Sache der Gemeinschaft. Es wäre schon ein Fortschritt, wenn es so wäre: Schauen wir uns einmal einige Leckerbissen aus den Kommissionsempfehlungen an: Da gibt es

- eine Empfehlung über die Kinderbetreuung,
- eine Fernsehrichtlinie, nach der alle Sendeanstalten der EG mindestens zur Hälfte EG-Produktionen (und nicht etwa US-amerikanische) auszustrahlen hätten,
- eine Vorschrift über die Einführung eines hochauflösenden Fernsehens, die mit einem Schlag alle heute gängigen Geräte zu Müll werden ließe,
- eine Verordnung über die Harmonisierung von Kosmetika,
- eine über die Außenkanten der Führerhäuser von Lkws . . .

Erhalten blieben uns weiterhin Verordnungen über den Durchmesser von Äpfeln und Tomaten, der Verwendung von Pestiziden, der Regelung von EG-Subventionen an die Landwirtschaft . . .
Der Subsidiaritätsartikel behebt keineswegs die verfassungsrechtlichen Bedenken der Länder der Bundesrepublik. Was geschieht, wenn die Gemeinschaft in ihre nach Art. 30, Art. 70 und Art. 74 GG gesicherten Rechte eingreift? Was geschieht, wenn der Bund die Länder nötigt, auf ihre verfassungsmäßigen Rechte oder auch nur deren Wahrnehmung im Einzelfall zu verzichten? Dann steht sicherlich das föderale Prinzip der Bundesrepublik zur Disposition. Art. 79,3 GG bestimmt unmißverständlich, daß »eine Änderung des Grundgesetzes, durch welche . . . die grundsätzliche Mitwirkung der Länder bei der Gesetzgebung . . . berührt werden, unzulässig ist« (und damit nicht einmal einstimmig von Bundesrat und Bundestag, sondern nur durch eine völlig neue Verfassung außer Kraft gesetzt werden kann).
So fordern die Länder weitgehende Mitspracherechte in Europaangelegenheiten. Ob sie ihnen überhaupt in dem vom Grundgesetz – auch nach Einführung des neuen Art. 23 GG (der für die Übertragung von Hoheitsrechten an die EG die Zustimmung oder Stellungnahme des Bundesrates fordert) – garantierten Umfang ohne Verletzung des EGV gegeben werden können, scheint mir außerordentlich fraglich zu sein.
Was dem volkswirtschaftlichen Dilettantismus von Maastricht verborgen blieb, erkannten die Dänen. Das Abkommen von Maastricht ändert die römischen Verträge. Nach den Maastrichter Verträgen sind deren Ratifikationsbestimmungen anzuwenden. Artikel 247 EGV bestimmt: »Dieser Vertrag bedarf der Ratifizierung durch die Hohen Vertragsparteien gemäß ihren verfassungsrechtlichen Vorschriften.« Am 2. 6. 1992 brachten die Dänen gegen das gesamte nationale Establishment durch einen Volksentscheid den geänderten EG-Vertrag zu Fall: 50,5 Prozent der Dänen stimmten mit »Nein«. Das war das juristische Ende von Maastricht.
Doch die Politiker wollten von ihrem bürokratisierten und entdemokratisierten Europa nicht lassen. So sprachen sie dann von »Schadensbegrenzung« und gaben damit öffentlich Zeugnis, daß sie an des Volkes Willen nur dann interessiert sind, wenn er mit dem eigenen übereinstimmt. Die Stellungnahmen zum Ergebnis der dänischen Volksabstimmung wurden zu einem Prüfstein für die demokratische

Gesinnung der Politiker. Nicht wenige versagten. Der Überraschungsclou war mißlungen. Als miese Demokraten führten sie das Ratifikationsverfahren fort, als sei nichts geschehen. Vermutlich wird auch das Demokratieverständnis der dänischen Regierung auf die Probe gestellt werden: Läßt man das Volk so lange abstimmen, bis ein der Regierung genehmer Beschluß zustande kommt? Ein zynischerer Abgesang auf die Spielregeln der Demokratie wäre kaum denkbar. Der FDP-Vorsitzende Dr. Otto Graf Lambsdorff stellte dem Außenminister Dr. Klaus Kinkel daraufhin die entlarvende Frage: »Wie klärt man eine komplizierte Rechtsfrage durch politischen Frohsinn?«

Auch die öffentliche Meinung der Deutschen orientierte sich gegen Maastricht. Eine demoskopische Befragung im Januar 1992[1] ergab, daß 69 Prozent der Deutschen die zukünftige Eurowährung für weniger stabil hielten als die DM.

Im Auftrag des »Spiegels« befragte das Bielefelder Emnid-Institut 500 repräsentativ ausgewählte Bundesbürger, ob sie einer Union mit einheitlicher Währung zustimmten. 52 Prozent stimmten nicht zu, 42 Prozent stimmten zu, und 6 Prozent hatten keine Meinung.[2]

Es muß neu verhandelt werden. Die Schaffung einer Wirtschafts und Währungsunion vor einer politischen birgt in sich die realistische Chance einer Katastrophe. Zunächst müssen in allen Ländern gleiche oder doch ähnliche ordnungspolitische Grundsätze das Verhältnis von Politik zu Wirtschaft regeln, ehe man ungestraft eine Wirtschafts- und Währungsunion einführen kann. Das Desaster der deutschen »Wiedervereinigung«, die fahrlässig und gegen den Rat aller Sachverständigen der politischen die ökonomische Einheit vorausgehen ließ, zeugt davon.

---

1 Elisabeth Noelle-Neumann, Die Deutschen beginnen sich zu fürchten, in FAZ vom 23. 6. 1992, 11.
2 Lebenskuß für Europa, in Der Spiegel 46 (1992), 26, 31.

Am 6. 12. 1992 entschieden sich die Schweizer in 18 von 26 Kantonen (landesweit mit 50,3 Prozent gegen 49,7 Prozent) gegen den Beitritt zum EWR, der von der Bundesregierung und der Prestigepresse – in einem Anfall von Realitätsablösung – als erster Schritt für eine EG-Vollmitgliedschaft bezeichnet wurde, um ebendieser Vollmitgliedschaft zu entgehen. Wie klug Stimmbürger sein können: Ein europäischer Staat verzichtet auf mögliche finanzielle Vorteile, um seine nationale Identität (etwa repräsentiert durch kontrollierte Fremdzuwanderung, Neutralität, die Armee als soziale Institution, direkte Demokratie, der Schutz der Bergbauern) nicht opfern zu müssen.
Aber auch in der BRD verlief die Ratifikation des Vertrages von Maastricht keineswegs reibungslos. Zwar verabschiedete der Bundestag am 2. 12. 1992 mit wenigen Gegenstimmen das Ratifikationsgesetz, zwar folgte ihm darin einstimmig am 18. 12. 1992 der Bundesrat, zwar unterzeichnete der Bundespräsident am 28. 12. 1992 das Gesetz, so daß es am 31. 12. 1992 in Kraft treten konnte. Aber der Bundespräsident unterzeichnete nicht die Ratifikationsurkunde. Somit konnte die Ratifikation (Hinterlegung der Urkunde bei der italienischen Regierung in Rom) nicht vollzogen werden. Der Grund für die Weigerung des Bundespräsidenten: Der frühere Kabinettschef des deutschen EG-Kommissars Dr. Martin Bangemann, der FDP-Politiker Brunner, legte, neben vier Europaabgeordneten der Grünen, Verfassungsbeschwerde gegen diesen Vertrag ein. Er machte u. a. geltend, der Vertrag verletze die Grundrechte auf Menschenwürde, Meinungs-, Berufs- und Vereinigungsfreiheit. Zudem habe die Bundesregierung, vertreten durch ihren Kanzler, Dr. Helmut Kohl, durch die Ratifizierung versucht, die verfassungsmäßige Ordnung der Bundesrepublik zu beseitigen. Das Bundesverfassungsgericht habe, um das Widerstandsrecht aller Deutschen gegen diese Regierung nicht zu aktivieren, für »andere Abhilfe« (gemäß Art. 20,3 GG) zu sorgen. Wie wird das Verfassungsgericht entscheiden? Wird es sich zum Erfüllungsgehilfen der Exekutive erniedrigen?

9. Kapitel

Der EG-Agrarmarkt als Beispiel einer unmoralischen Interessenvertretung

Die Verträge von Maastricht ändern nichts an den bestehenden Mißständen des EG-Agrarmarkts. Die Art. 38 bis 47 EGV bleiben unberührt. Die Chance, diesen »Markt«, der weder etwas mit Marktwirtschaft noch mit Konsumentennutzen zu tun hat, zu reformieren, wurde verspielt. Der EG-Agrarmarkt erlaubt Bauern und Handel, ihre partikulären Interessen korrupt und moralisch-verwerflich gegen die der Verbraucher durchzusetzen. Es handelt sich um ein Musterdrama zum Thema »Strukturelle Unmoral«. 819 Einfuhrbeschränkungen und 82 Exportselbstbeschränkungsvereinbarungen bei einzelnen EG-Mitgliedern verzerren die EG-Märkte (und nicht nur den EG-Agrarmarkt). Sie haben zur Folge, daß zwischen 5 und 10 Prozent der EG-Haushaltsmittel nicht für den vorgesehenen Zweck verwendet, sondern in Betrugsabsicht angeeignet werden. Vor allem Straftaten im Zusammenhang der Mehrwertsteuererstattung sind häufig.[1] Der EG-Agrarmarkt wurde zu einem Tummelplatz von Subventionsbetrügern. Nur einige wenige Beispiele seien erwähnt:

---

1 Der Direktor der 1988 neu geschaffenen »Einheit zur Koordinierung der Betrugsbekämpfung innerhalb der EG«, Emile Mennes, schätzt die Betrugsverluste auf 10 Prozent des EG-Haushalts. Jürgen Rump vom Zollkriminalinstitut in Köln äußerte am 24. 5. 1992 die Ansicht, daß vor allem die Wirren um den Beitritt der DDR von Betrügern ausgenutzt wurden. »Außerdem muß der gesamte Lebensmittelhandel mit den osteuropäischen Ländern, vornehmlich mit Polen, Ungarn und der Tschechoslowakei, als potentiell hochkriminell verseucht angesehen werden.« Da die EG kein eigenes Strafrecht kennt, werden die Täter nach nationalem Recht von nationalen Richtern verurteilt, vorausgesetzt, sie werden, was selten genug geschieht, gefaßt. Griechenland kennt den EG-Betrug nicht einmal als Straftatbestand. Der EG-Rechnungshof stellte 1992 fest: »Die Unzulänglichkeiten im Finanzmanagement der Kommission führen zu schlecht geführten Akten und Archiven, unzureichender Überwachung, mittelmäßig oder gar nicht vorhandenen Arbeitsunterlagen und einer generell niedrigen Qualität des internen Kontrollsystems.«

- Die griechische staatliche Handelsgesellschaft Itko importierte 20 000 Tonnen Mais aus Ex-Jugoslawien und deklarierte sie als griechisches Produkt. In Antwerpen wurde die Ware zum Doppelten des Einkaufspreises verhökert, da die EG-Agrarordnung die Preise stützt.
- Auf wunderbare Weise vermehrte sich im südlichen Italien die Produktion von Pfirsichen, Oliven, Weinstöcken und Rindern, für die die Bauern EG-Zuschüsse erhalten.
- Italienische Steuerfahnder ermittelten allein in 1991 gegen 412 EG-Betrüger, die das EG-Budget um 400 000 DM erleichtert hatten.
- José Manuel Torres, Generalsekretär der portugiesischen Gewerkschaft UGT, erleichterte den Europäischen Sozialfonds um viele Millionen DM. Mit dem Geld wurden luxuriöse Reisespesen, Kongresse und Zusatzgehälter bezahlt.
- Spanien erstattete die EG zu 90 Prozent die Errichtung Dutzender von Stauwerken und Kanälen, um 336 000 Hektar Steppe in fruchtbares Land zu verwandeln, obschon die EG längst beschlossen hatte, die Agrarproduktion zu drosseln.
- Als die Inspektoren des EG-Rechnungshofes 1991 einer weltweit angelegten Subventionsbetrügerei bei Milchpulverexporten in Frankreich auf die Spur kamen, blockierten die französischen Behörden die Ermittlungen erfolgreich.

Aber nicht derartiger Mißbrauch ist das Ärgerlichste in der EG-Agrarwirtschaft, deren System darauf beruht, daß die Verwaltung blindlings den Landwirten vertraut, sondern das ganz legale EG-Geschäft.

1. Das Interesse der Bauern

Am 1. 7. 1967 traten die Vereinbarungen über den Gemeinsamen Agrarmarkt der Europäischen Gemeinschaft in Kraft. Sie regelten die staatlichen nationalen und übernationalen Eingriffe in den Agrarmarkt. Politische Eingriffe in ökonomische Abläufe scheinen einem Gesetz zu folgen, nach dem diese Eingriffe niemals wieder rückgängig gemacht werden können, sondern sich immer weiter ausdehnen.

Der EG-Agrarmarkt bietet für dieses Gesetz reiches Anschauungsmaterial. Seit seinem Bestehen nahmen die staatlichen Eingriffe – bis hin zum Grotesken – immer weiter zu. Man sprach, wenn wieder ein Stück Markt erfolgreich vernichtet wurde, von einer neuen »Marktordnung«.

Die Folge dieser die Produktion von Agrarprodukten (Getreide, Butter, Magermilchpulver, Zucker, Rindfleisch) subventionierenden Vereinbarungen waren riesige Getreide-, Butter- und Fleischberge. Der politische Eingriff in den Markt führte zu kostenträchtigem Marktversagen. Zahllose bürokratische Regeln bestimmen das »Marktgeschehen«. Alljährlich wurden für die Agrarwirtschaft etwa 1 600 neue Vorschriften erlassen (davon allein in 1981 1 512 Maßnahmen für den Getreide- und Reismarkt).

Die von den Bürokraten in Brüssel so arg mißhandelte EG stand mehrmals vor dem finanziellen Ruin. Viele der absurden ER-Aktivitäten gründen im Versuch, den Kollaps der EG-Agrarmarktordnung zu verhindern.

- Die »Marktordnungen« von 1967 setzten Grund- und Interventionspreise fest, um das Einkommen der Landwirte zu sichern. Die Einfuhr aus Drittländern wurde mit Abgaben verteuert und der Export aus der Gemeinschaftskasse subventioniert.
- 1969 wurde der französische Franc ab- und die DM aufgewertet. Nun geriet das ganze System ins Ungleichgewicht, weil das Aufwertungsland Bundesrepublik Deutschland sich weigerte, die Stützungspreise zu senken. Es begann das System des »Währungsausgleichs an den EG-Binnengrenzen«. Da noch viele Währungsanpassungen erfolgten, wurde auch dieses System immer komplizierter.[1]
- In den Jahren von 1979 bis 1984 versuchte der Agrarministerrat den Systemkollaps zu verhindern, indem er die Stützpreise für landwirtschaftliche Erzeugnisse etwas weniger stark heraufsetzte als im Vorjahr. Diese Maßnahme reichte nicht aus. Strukturelle Änderungen waren gefordert.

---

1 Dabei ist die »Agrarsubventionitis« in der EG nach Auskunft der von der Kommission der Europäischen Gemeinschaften herausgegebenen EG-Informationen (3, 1992, 12) nicht einmal die ärgste. In 1990 wurden in Prozent des Wertes der Agrarproduktion an Subventionen gezahlt: in der EG 48 Prozent, in Schweden 59 Prozent, in Japan 68 Prozent und in der Schweiz gar 78 Prozent.

- 1984 fand der Ministerrat auf Drängen des Ignaz Kiechle, derzeit Landwirtschaftsminister der Bundesrepublik Deutschland, ein neues dirigistisches Instrument, um den EG-Etat zu entlasten: staatliche Produktionsbeschränkungen (zunächst für Milch). Diese Maßnahme wurde ergänzt durch ein kompliziertes System von »Garantieschwellen«: Sollte die Gesamtproduktion eines landwirtschaftlichen Produktes innerhalb der EG eine bestimmte Schwelle überschreiten, sinken die garantierten Aufkaufpreise leicht. Die Kosten der Agrarpolitik wuchsen jedoch schon bald wieder in unbezahlbare Höhen.

- 1988 wurde das nächste Notprogramm (das sogenannte »Stabilisatorenprogramm«) geboren. Es verschärfte das Garantieschwellenprogramm durch Erzeugerabgaben, Beihilfekürzungen und Eingriffsbefugnisse des Ministerrats in die Aktivitäten der »Europäischen Kommission für die staatlichen Stützungskäufe«. Doch zu Ende des Wirtschaftsjahres 1991/92 stapeln sich in den Lagern der Gemeinschaft folgende »Interventionsbestände«:
  - 17 200 000 Tonnen Getreide,
  -    560 000 Tonnen Rindfleisch,
  -    317 000 Tonnen Butter,
  -    280 000 Tonnen Magermilchpulver.

- Um die Berge abzubauen, subventionierte die EG den Agrarexport massiv. So verkaufte sie beispielsweise Gerste in die frühere Sowjetunion zu 50 US-Dollar pro Tonne und Weizen zu 70 US-Dollar pro Tonne. Der Export jeder Tonne Getreide wurde mit 140 US-Dollar subventioniert. Die Subventionen betrugen also das Zwei- bis Dreifache des Verkaufserlöses. Zu dem von der Sowjetunion gezahlten Preis kann niemand auf der Welt Gerste oder Weizen anbauen.

1990 warfen die EG-Länder für über 60 Milliarden DM landwirtschaftliche Erzeugnisse hochsubventioniert auf den Weltmarkt. In den letzten zehn Jahren büßten die USA, obschon auch sie den Export von US-Getreide subventionierten, etwa den gleichen Exportanteil ein, den die EG dazugewann.
Bislang folgte die EG der Regel: Je mehr ein Bauer produzierte, um so höher fielen die an ihn gezahlten Subventionen aus. Sie motivierte den Bauern, immer mehr zu produzieren. Diese Mehrproduktion konnte zu Marktpreisen nicht abgesetzt werden.

Trotz dieser absurden Interventionspolitik sind in den letzten Jahren
die Einkommen vieler Bauern zum Teil real gesunken. Nur etwa 20
Prozent der Großbetriebe profitierten vom EG-System. Das durchschnittliche Bruttoeinkommen eines deutschen Betriebsleiter-Ehe-
paars in einem landwirtschaftlichen Vollerwerbsbetrieb betrug im
Rechnungsjahr 1989/90 59 526 DM. Das schon mittelbar stark subventionierte Bruttobetriebseinkommen aus landwirtschaftlicher
Tätigkeit betrug DM 39 350 DM. Die Differenz von rund 20 000 DM
wurde aus folgenden Töpfen gezahlt:[1]

 1. Ausgleich Umsatzsteuer,
 2. »soziostruktureller« Ausgleich,
 3. Ausgleichszulagen in benachteiligten Gebieten,
 4. Ertragsbeihilfen
 5. Dieselverbilligung,
 6. Zinsverbilligung,
 7. Beihilfen in Notlagen,
 8. Investitionszuschüsse,
 9. Milchrente,
10. sonstige Finanzhilfen,
11. Sozialversicherungs-Beitragsentlastung und
12. andere staatliche Übertragungen.

1990 betrugen die EG-Ausgaben etwa 86,7 Milliarden DM. Davon
verschlang die Landwirtschaft mehr als 57,5 Milliarden. Die wichtigsten Positionen waren:

- 24 Milliarden DM für den Preisausgleich,
- 15,5 Milliarden DM für die Ausfuhrsubventionen,
- 11,2 Milliarden DM für die Lagerung von Überschußprodukten,
- 10,3 Milliarden DM für Milchsubventionen,
- 9,2 Milliarden DM für Fleischsubventionen,
- 7,7 Milliarden DM für Getreidesubventionen,
- 7,1 Milliarden DM für die Subvention von Ölsaaten.

---

1 Kommission der Europäischen Gemeinschaften, EG-Informationen 3, 1992,
  2.

Das mußte, sollte sich die EG nicht selbst strangulieren, schnellstens geändert werden.

Am 20. 5. 1992 stimmte der bundesdeutsche Agrarminister Ignaz Kiechle nach mehr als achtzehnmonatigen Verhandlungen einer Reduzierung des EG-Getreidepreises um 29 Prozent (von rund 155 ECU pro Tonne in 1992 auf 100 ECU pro Tonne in 1995) in den kommenden drei Jahren zu. Die betroffenen Bauern sollen jedoch von Einkommenseinbußen verschont bleiben. Dazu mußte die Gemeinschaft ab 1993 Bauern unmittelbare Finanzhilfen in Form von nichtbefristeten »Ausgleichszahlungen« leisten. Die Zahlungen sollen sich jedoch nicht an der Bedürftigkeit der Landwirte orientieren, sondern an ihrer potentiellen agrarischen Leistungskraft. Eine solche Regelung widerspricht jedem liberalen ordnungspolitischen Denken, das personenbezogene Subventionen nur bei nachgewiesener Bedürftigkeit zuläßt. Allenfalls wäre es noch tolerabel, vorübergehend die tatsächlichen Einkommensverluste eines Betriebes zu kompensieren. Das ist aber nicht so. Die unmittelbaren Beihilfen

- sind an die Erzeugung einzelner Produkte gebunden,
- richten sich bei den Ackerbaufrüchten nach der Hektarfläche,
- bei der Milch nach der gekürzten Milchmenge.

Zudem erhalten Bauern mit mehr als 16 Hektar Anbaufläche (das sind in der Bundesrepublik Deutschland nur 12 Prozent der Betriebe mit 58 Prozent der betroffenen Fläche) die Ausgleichszahlung nur, wenn sie 15 Prozent der Fläche nicht mehr bewirtschaften.

Die neuen Regelungen konservieren nur das bestehende Produktionsgefüge. Sie motivieren die Bauern nicht, aus dem herkömmlichen Produktionstrott auszubrechen. Sie halten Produktionsmittel wie Kapital und Arbeit künstlich in Verwendungen fest, die der Bauer anders vielleicht rentabler einsetzen könnte. Sie sind daher allenfalls ein unzulässiger staatlicher Eingriff.[1] Diese Regelung wird die EG bald wieder vor neue Finanzierungsprobleme stellen.

Ob die neue EG-Agrarordnung die US-Amerikaner überzeugen wird, die den ruinösen Wettbewerb von hochsubventionierten und so zu Dumpingpreisen angebotenen EG-Agrarprodukten auf dem Welt-

---

1 Klaus Peter Krause, Kurswechsel in der Agrarpolitik, in FAZ vom 16. 6. 1992, 15.

markt leid sind, ist keineswegs sicher. Unsicher bleibt also auch, ob
die für den deutschen Export von Industriegütern so wichtige Runde
des »Allgemeinen Zoll- und Handelsabkommens« (GATT) weiter-
gebracht werden kann. Vom Export hängen in der Bundesrepublik
Deutschland etwa 33 Prozent der Arbeitsplätze ab, von der Landwirtschaft kaum 3 Prozent. Der Agrarprotektionismus der EG kann
der deutschen Industrie gefährlich werden. Die Schwanzspitze
(Landwirtschaft) wackelt mit dem ganzen Dackel (Volkswirtschaft).
Die Furcht vor allem der Drittweltländer, die EG werde ein Gebiet
mit schier unüberwindbaren Importschranken, ist sicher nicht unbe-
rechtigt. Dem populistisch so attraktiven Jammern der Politiker
über die Not der Entwicklungsländer sollten endlich einmal Taten
folgen. Alle Schranken, die den Import aus Drittweltländern verteuern oder erschweren, müssen abgebaut werden, es sei denn, es handele sich um den Import von Waren, die zu Dumpingpreisen auf dem
Weltmarkt angeboten werden.

2. Das Interesse des Handels

Daß nicht die Bauern und ihre Verbände die einzigen Schurken in
diesem Trauerspiel sind, zeigt die neue Bananenverordnung der EG
von 1992. Einige EG-Länder bevorzugen Bananenimporte aus ihren
ehemaligen Kolonien, während die Bundesrepublik ihre Bananen
aus Mittel- und Südamerika (als »US-Dollar-Bananen«) bezog. Der
Import aus den Exkolonien lief unter der Überschrift »Entwicklungshilfe«. Wie aber die Weltbank im August 1992 feststellte, fließt
diese »Hilfe« nur zu einem Bruchteil in die Exportländer. Die Konsumenten müssen 1,6 Milliarden US-Dollar aufbringen, um einen
Einkommenstransfer von 0,3 Milliarden US-Dollar in die begünstigten Länder zu ermöglichen. Für jeden US-Dollar »indirekter Entwicklungshilfe« sind mithin von den Verbrauchern 5,30 US-Dollar
aufzubringen.

- Davon kassieren Importeure und Grossisten 3 US-Dollar in Form
  überhöhter, staatlich sanktionierter Margen,
- 0,30 US-Dollar gehen als Zolleinnahmen in die Staatskassen, und
- 1 US-Dollar verschwindet irgendwo.

Drittländer (vor allem die Mittel- und Südamerikas) dürfen in Zukunft nur noch unter erschwerten Bedingungen in den EG-Raum liefern. Diesen Ländern entstehen Kosten von jährlich 100 Millionen US-Dollar aus der entgangenen Nachfrage. Nun soll dieser Zustand von Mißwirtschaft auf die ganze EG (vor allem auf die Bundesrepublik mit ihrem hohen Bananenkonsum) übertragen werden.

Die Weltbank schlägt als Alternative einen Zoll von 17,3 Prozent auf alle Bananenimporte in die EG vor. Daraus könnten unschwer die »Hilfen« an die Exkolonien per Direktzahlungen finanziert werden. Gewinner dieser Lösung wären die mittel- und südamerikanischen Exportländer und – vor allem – die Verbraucher in der EG. Verlierer wären die heute subventionierten Importeure und Grossisten. Die aber setzten sich erfolgreich gegen die Pläne der Weltbank zur Wehr: Sie behielten ihre Gewinnprivilegien.

Was aber sollte an die Stelle der Maastrichter Verträge und der EG-Agrarordnung treten? Der Autor vertritt die Ansicht, daß ein Wettbewerb zwischen den nationalen Volkswirtschaften (einschließlich der nationalen Währungen) der EG zu optimalen Resultaten führen wird, wenn bestimmte Randbedingungen erfüllt sind. Diese Randbedingungen, über deren Erfüllung ein EG-Gerichtshof zu wachen hätte, könnten etwa wie folgt formuliert werden:

1. Kein Staat (einschließend alle Gebietskörperschaften, Sondervermögen und Sozialversicherungen) der EG darf sich über einen bestimmten Satz des BIP und/oder des Steueraufkommens verschulden.
2. Die EG-Staaten haben durch nationales Recht dafür zu sorgen, daß kein Produkt zu Dumpingpreisen von einem in ein anderes Land exportiert werden darf. Abweichend von der GATT-Definition des Dumpings[1], soll hier mit »Dumpingpreis« jeder Preis gemeint sein, der unter den Selbstkosten des herstellenden Unternehmens (vor Subventionen) liegt. Betragen die Stückko-

---

1 Gemäß Art. IV, 1 der GATT liegt Dumping vor, wenn Waren eines Landes unter ihrem »normalen Wert« auf den Markt eines anderen Landes gebracht werden. Als Anhaltspunkte für den »normalen Wert« gelten die Preise im Exportland, die Preise in Drittländern, die Produktionskosten zuzüglich eines angemessenen Gewinns.

sten eines Produkts 10 000 DM (vor eventuellen Subventionen, die dem Unternehmen gewährt oder gezahlt werden), darf es dieses Produkt im EG-Ausland nicht unter 10 000 DM (zuzüglich der nichtsubventionierten Transportkosten) verkaufen, selbst wenn der Staat die Herstellung des Produkts mit 2 000 DM subventioniert und so die »scheinbaren« Erzeugungskosten nur 8 000 DM betragen. Vor allem die beliebte Methode, nach der ein Anbieter versucht, aus den inländischen Verkaufserlösen die Fixkosten (im Sinne einer Vollkostenrechnung) zu decken, so daß sich der Auslandspreis vorwiegend an den variablen Kosten (im Sinne einer Teilkostenrechnung) orientiert, stellt einen eklatanten Fall des Dumpings vor. Dringend zu wünschen wäre auch ein nationales Verbot des Inlandsdumpings, um den privaten Export subventionierter Güter zu verhindern und keine nationalen Wettbewerbsverzerrungen aufkommen zu lassen.

3. Importbeschränkungen etwa durch Abgaben, Zölle, Mengenbegrenzungen für Exporte aus Nicht-EG-Ländern sind nur dann zulässig, wenn die Güter zu einem Dumpingpreis angeboten werden.

4. Die Fakturierung darf in beliebiger Währung erfolgen. Zölle und andere Abgaben werden im grenzüberschreitenden Verkehr im EG-Raum nicht erhoben.

5. Umweltschutzgesetze und andere exogene Maßnahmen, welche die Produktion von Gütern verteuern könnten, sind in allen EG-Ländern gleichermaßen verbindlich.

Ich bin sicher, daß sich sehr bald die effizienteste Volkswirtschaft mit ihrer Währung im EG-Raum durchsetzen wird. Man sollte das wirtschaftliche Zusammenwachsen der EG nicht den nahezu allmächtigen Eurokraten überlassen.

3. Teil

Über Aspekte struktureller Unmoral in der Bundesrepublik Deutschland

Unsere Überlegungen zur strukturellen Unmoral dürfen nicht vor den Grenzen der Bundesrepublik haltmachen. Sie ist nach den USA der Staat, den der Untergang des Ostblocks und der Zerfall der UdSSR am stärksten betraf. Wie sich die USA ideologisch aus der Oppositionsrolle zum Kommunismus definierten, so die Bundesrepublik in der zum Ostblock – und hier vor allem zur UdSSR. Nachdem ihre Feinde verschwanden, begann für beide Länder eine nachhaltige Identitätskrise, die sich verschieden artikulierte. Während die USA sich als Sieger des kalten Krieges interpretierten und daher in die Gefahr gerieten, einem aktivistisch-politischen Größenwahn aufzusitzen, wirkte die Politik der Bundesrepublik wie gelähmt. Aktivismus und Lähmung besorgten strukturelles Moralversagen. Die Implosion des Westens durch den Zerfall ökonomischer, politischer, sozialer, kultureller und moralischer Werte wird am Beispiel der BRD besonders offensichtlich.
Beginnen wir mit der Darstellung der Persönlichkeit, die am deutlichsten die Situation der deutschen Politik repräsentiert: Dr. Helmut Kohl.

10. Kapitel

Über die Moral und den Kanzler der Bundesrepublik Deutschland

> *»Helmut Kohl denkt nicht in den Kategorien abstrakter Logik, sondern analog in Bildern. Und die schwimmen auf einem Meer von Gefühlen, das klare Konturen überspült und vermischt. So entsteht die immer subjektive, aus Empfindungen gespeiste Welt des Kanzlers Kohl.«*[1]

Es fällt schwer, einem solchen Menschen mit den Kategorien einer rationalen Moral gerecht zu werden. Dr. Helmut Kohl hat sich so weit aus jeder Diskursfähigkeit entlassen, daß er unfähig wurde, Kritik auch nur zu verstehen. Und so darf es auch in der Darlegung des »Falls Dr. Helmut Kohl« in keiner Weise dazu kommen, subjektives Moralversagen auch nur zu vermuten. Doch wer als Kanzler über lange Jahre eine Art von Alleinherrschaft etabliert, ist gefährdet, zum Agenten seiner eigenen Machtfülle zu werden. Machterhalt und Machtausdehnung werden selbstzwecklich. Der Fall des Dr. Helmut Kohl ist nur durch einen schleichenden Verfallsprozeß, besorgt durch die Strukturen der Macht, zu erklären. So kam es so weit, daß der Kanzler keine Kritik mehr akzeptierte, daß das Kabinett zu einer Gruppe von Jasagern verkam. Jeder Sachverstand, der zu Widerworten führen könnte, verschwand aus diesem noblem Kreise. Solche Konsequenzen sind in der Regel vom Urheber nicht gewollt. Sie ergeben sich oft aus den unbewußten Motiven seiner Handlungen und Entscheidungen. Statt rationaler macht er symbolische Politik. »Symbolische Politik ist eine kriegswirtschaftlich erdachte Strategie der Kommunikation gegen die Adressaten. Sie höhlt politische Kultur von innen aus. Sie täuscht Partizipation vor,

---

1 Jürgen Leinemann, Der letzte Dinosaurier, in Der Spiegel 46 (1992), 40, 41.

wo sie sie verhindert. Sie entzieht sich dem Diskurs« (Thomas Meyer). Das ist es: Unter dem Kanzler Kohl verkam die politische Kultur.

Dr. Helmut Kohl hält sich für den »Kanzler der Einheit«, die Konrad Adenauer einst verspielte. Er vergleicht sich mit dem Kanzler der ersten deutschen Einheit, dem Fürsten Otto von Bismarck. Wahr ist dagegen, daß er persönlich die politische Schuld am langen Scheitern der deutschen Einheit trägt. So notiert Wolfram Engels sehr treffend: »Die Wiedervereinigung erschien als strategisches Meisterwerk. Die Ostmark hatte eine Außenkaufkraft von 22 West-Pfennig. Sie wurde (auf Kohls Anweisung) im Juli 1990 im Verhältnis 1:1 auf West-Mark umgestellt, jedenfalls bei den Löhnen ... Das konnte nur bedeuten, daß die Wirtschaft der DDR zusammenbrechen mußte. So war es auch. Nach wenigen Monaten war die DDR pleite und damit reif für die schnelle Wiedervereinigung ... Im Entwurf des Einigungsvertrages war vorgesehen, die Tarifautonomie im Osten für drei Jahre auszusetzen. Der Passus wurde von Helmut Kohl eigenhändig gestrichen.«[1]

Das nun bedeutet, daß die Ost-Einkommen um ein Vielfaches schneller steigen als die Wertschöpfung. Damit wird der Bedarf an Transferzahlungen West → Ost jedoch rapide zunehmen, und das bei schrumpfender Wirtschaftskraft des Westens. Diese Mechanismen durchschaute der Kanzler sicher nicht. Erst recht hat er diese Folgen nicht gewollt. Dennoch setzte er die genannten Mechanismen in Gang.

Im Juli 1992 bejahten immerhin noch 28 Prozent der Deutschen die Frage: »War die Wiedervereinigung eine große Leistung von Helmut Kohl, oder hätte jeder andere Kanzler das auch schaffen können?«[2] Zudem hält sich Dr. Helmut Kohl offenbar für ein ökonomisches Genie.[3] Wenn Arbeitslosigkeit wächst, Investitionen nicht getätigt werden, die Einheit nicht klappt, schiebt er die Schuld den Unternehmen zu, statt sie bei sich selbst und seiner Unfähigkeit zu suchen,

---

1 Wolfram Engels, Furtuna flieht, in Wirtschaftswoche 46 (1992) 36, 106.

2 Elisabeth Noelle-Neumann, Erfolge und Mißerfolge, in FAZ vom 13. 8. 1992, 5.

3 Carl Graf Hohental, ein ansonsten dem Kanzler wohlgesinnter Mensch, stellt fest: »Der Bundeskanzler hat sich noch nie besonders für das Wirtschaftliche interessiert.« Im Spagat der Interessen, in FAZ vom 1. 9. 1992, 15.

der Wirtschaft Rahmenbedingungen zu schaffen, die es ökonomischem Sachverstand ermöglicht, zu investieren und Arbeit vermehrt nachzufragen. Es ist traurig, ein Genie zu sein und als einziger darum zu wissen.

Schauen wir uns einmal die Folgen an, die die strukturelle Machtorientierung des Kanzlers hatte. Jeder, dem nicht die wahnsinnigrealistische Idee von der deutschen Wiedervereinigung den Verstand raubte, mußte erkennen, daß die Wirtschafts-, Währungs- und Sozialunion vom 1. 7. 1990 zu einer Katastrophe führen mußte.

1. Der Kanzler und die Steuern

»Mehr Markt, weniger Staat«, mit diesem Motto löste am 1. 10. 1982 die christlich-liberale Regierung unter Dr. Helmut Kohl die sozialliberale unter Helmut Schmidt ab. Der Zugriff des Staates auf einen immer größeren Teil der Wirtschaftsleistung (BSP) sollte reduziert und der Einfluß des Staates zurückgedrängt werden. Mit zunehmender wirtschaftlicher Entwicklung, mit dem Ausbau der sozialen Netze und den wachsenden Ansprüchen der Bürger an den Staat sollte die Staatsquote drastisch reduziert werden. Soweit das Versprechen des neuen Kanzlers. Doch die Staatsquote wuchs und wuchs und wuchs – allein im Jahr 1992 von 45,3 auf 50 Prozent.

So sollte es an sich niemanden wundern, daß der Kanzler noch im Sommer 1990 behauptete, die deutsche Einheit sei ohne Steuererhöhungen zu finanzieren. Doch bald darauf folgten Steuererhöhungen:

a) Zunächst erhöhte er die Mineralölsteuer und führte eine befristete »Solidaritätsabgabe« ein. Nach Ablauf dieser Frist wurden deren Einnahmen ab dem 1. 1. 1993 abgelöst durch eine Erhöhung der MwSt. Des Kanzlers Ausrede war, dies alles diene ausschließlich der Finanzierung des deutschen Beitrages zum zweiten Golfkrieg.

b) Dann behauptete er, eine weitere Erhöhung der Mineralölsteuer diene ausschließlich der Bahnreform im Osten, um Brücken, Gleise und Straßen zu bauen. Zudem habe sie den wünschenswerten Nebeneffekt, den Verkehrsinfarkt zu verhindern.

Ich mag das Wort von des Kanzlers »Steuerlüge« nicht. Sehr viel wahrscheinlicher glaubte Helmut Kohl an das, was er sagte. Die Realitätsablösung der Macht mag auch ihn erreicht haben. Im ganzen Kabinett Kohl saß 1990 kein einziger Fachökonom. Der Wirtschaftsminister war Lehrer, der Finanzminister Jurist, der Kanzler selbst ist Historiker – vor allem an der eigenen Rolle in der Historie interessiert. Völlig richtig stellt der wirtschaftspolitische Sprecher der CDU/CSU-Fraktion, Matthias Wissmann (jetzt Bundesforschungsminister), im Kontext Kohlscher (Selbst-)Täuschungen fest: »Wir haben enorm Glaubwürdigkeit verloren, weil wir unseren Kurs in der Steuerpolitik nach der Bundestagswahl ändern mußten... Das schlimmste Gift für Konjunktur und Kapitalmärkte ist die ständige Korrektur wirtschafts- und finanzpolitischer Entscheidungen.«[1] Auf die Frage des »Nouvel Observateur«, was denn im Augenblick das wirtschaftliche Gleichgewicht in Deutschland am meisten störe, antwortete der VW-Manager Daniel Goeudevert: »Die politische Verwirrung. In Bundeskanzler Kohl kristallisieren sich derzeit die Widersprüche der Nation und seine eigenen.«[2] Politiker und Wirtschaftler reden nicht mehr miteinander. Sie sind voneinander enttäuscht. Der in Wirtschaftsfragen unbedarfte Kanzler ist vor allem enttäuscht, weil die West-Manager nicht im Osten investieren, obschon das in den meisten Fällen gegen jede betriebswirtschaftliche Vernunft wäre.

Minister, die sich nicht des in der Politik eingerissenen rüden Umgangstons befleißigen, wie der Exforschungsminister Heinz Riesenhuber, der Expostminister Christian Schwarz-Schilling oder der Umweltminister Klaus Töpfer, stehen nicht lange auf der Liste der Kanzlergunst. Um vom Kanzler akzeptiert zu werden, bedarf es anderer Qualitäten.

Nach Jürgen Möllemanns Ernennung zum Bundeswirtschaftsminister kommentierte der einstige Kanzlerberater Horst Teltschik das Ereignis: »... daß man Minister werden kann, ohne auch nur eine Spur von Sachkompetenz nachweisen zu müssen, dafür aber um so mehr an Durchsetzungsfähigkeit, Anpassungsfähigkeit und Medienbegabung...«

---

1 Matthias Wissmann, Psychologisch verheerend, in Wirtschaftswoche 46 (1992), 38, 19.
2 Die Manager-Elite schweigt, in Der Spiegel 46 (1992), 21, 22.

2. Der Kanzler und der Wohlstand

Mit der Wiedervereinigung, so versprach der Kanzler 1991, werde es allen besser- und keinem Deutschen schlechtergehen. Eine demoskopische Befragung, die das Allensbacher Institut im Auftrag der FAZ im Juni 1992 durchführte, ergab folgendes Resultat: Auf die Frage »Wie sehen sie das, hat sich Ihre persönliche Situation heute im Vergleich zu der Zeit vor der Wende und der deutschen Einheit im allgemeinen eher verbessert oder verschlechtert?« antworteten in Prozent:

	West	Ost	Gesamt
verbessert	8	51	17
verschlechtert	26	26	26
kein Unterschied	59	13	50

Auf die Frage »Ist die deutsche Wiedervereinigung für Sie eher Anlaß zur Freude oder eher zur Sorge?« antworteten im Juni 1992:

	West	Ost
Sorge	46	28
Freude	36	57

Feierlich versprach der Kanzler, in wenigen Jahren würden im Osten »blühende Landschaften« entstehen. Und die Ost-Bürger glaubten und wählten ihn. Daß sie ihm glaubten, war ihre Schuld. Wie konnten sie nur? Monika Maron, einst Ost-Bürgerin, meint: »Wer hat sie gezwungen, Kohl zu glauben? Welchen Grund hatten sie überhaupt, nach 40 Jahren DDR irgendeinem Politiker mehr zu glauben als den eigenen Augen und dem eigenen Denkvermögen? Sie kannten ihre Betriebe, Städte, Häuser am besten; sie selbst hätten Kohl damals sagen müssen, daß er sich irrt oder lügt.«[1]

---

1 Monika Maron, Peinlich, blamabel, lächerlich, in Der Spiegel 46 (1992), 35, 136–141.

3. Der Kanzler und die Schulden

Im 12. Kapitel werde ich über die wachsende Staatsverschuldung der Bundesrepublik schreiben. Das muß nicht unbedingt etwas Unehrenhaftes sein. Problematisch wird die Sache aber, wenn wir uns die Ausreden für die Verschuldungskrise in der Bundesrepublik anhören müssen: In seiner Regierungserklärung zum Umweltgipfel in Rio de Janeiro und zur Europapolitik führte der Kanzler Dr. Helmut Kohl am 17. 6. 1992 u. a. aus:

»Noch bei Abschluß des Vertrages über die Währungs-, Wirtschafts- und Sozialunion, d. h. vor zwei Jahren, man muß sich das immer wieder in Erinnerung rufen, gingen alle Fachleute davon aus, daß das Vermögen der DDR ausreichen würde, den Staatshaushalt der DDR zu sanieren, die wirtschaftlichen Umstrukturierungen zu finanzieren sowie den Sparern zu einem späteren Zeitpunkt sogar noch einen Anteil am volkseigenen Vermögen zu gewähren. Ich will das angesichts der Diskussion dieser Tage in Erinnerung rufen. Damit hier kein Zweifel aufkommt: Das war auf allen Seiten der deutschen Politik gängige Meinung. Manch einer, der sich heute anders äußert, dachte damals genauso. Inzwischen ist unübersehbar, daß das Vermögen der DDR von allen Beteiligten beträchtlich überschätzt wurde. Als eine weitere schwere Belastung erwies sich die jahrzehntelange Vernachlässigung von Wohnungen, Straßen, Schienenwegen, Telefonen und jeglicher Infrastruktur, die für den wirtschaftlichen Aufschwung unabdingbar sind.«

Auch diese Aussage enthält eine offensichtliche (Selbst-)Täuschung. In keiner Weise gingen »alle Fachleute davon aus, daß das Vermögen der DDR ausreichen würde, den Staatshaushalt der DDR zu sanieren . . .«. Das genaue Gegenteil ist der Fall: Allen Volkswirten, die sich mit der ökonomischen Lage der DDR gründlich beschäftigten, war klar, daß die Sanierung der DDR-Wirtschaft mehrere hundert Milliarden DM kosten würde, wenn die Währungs- und Wirtschaftseinheit der politischen vorausginge – und nach einer politischen Einigung nicht für eine mehrjährige Übergangszeit ein eigenes »Wirtschaftsgebiet Ost« mit eigener Währung geschaffen würde.

Als es im August 1992 in der ehemaligen DDR zu durch politische, soziale, kulturelle und ökonomische Orientierungslosigkeit ausgelösten massiven Unruhen kam, versuchte der Kanzler diese Tatsache zu verdrängen. In der auf die Unruhen von Rostock am 22. bis zum

25. 8. 1992 folgenden Kabinettssitzung (am 27. 8.) redete er über die
Dollarschwäche, sein privates Treffen mit François Mitterrand, die
Jugoslawienkrise und – endlich – über die Vorfälle von Rostock, die
er mit einem Wort aus seinem aktiven Sprachrepertoire »auf das
schärfste« verurteilte. Über die Opfer verlor er kein Wort. Um sich
seine Fehler nicht eingestehen zu müssen, schlug er – ganz dem alten
Denken verhaftet – auf die Kommunisten ein: Er vermutete allen
Ernstes, daß die Aufstände von ehemaligen Stasi-Leuten angezettelt
und »generalstabsmäßig« geführt worden seien.[1]
Und so scheint die Aussage Rudolf Augsteins nicht ganz unglaubwürdig: »Es stimmt ja, daß Helmut Kohl außer an der Machterhal-
tung an überhaupt keinem politischen Problem Interesse hat. Er ist
ein unglaubwürdiger Kanzler mit den bislang noch stärkeren Batail-
lonen (als der Präsident von Weizsäckers).«[2]

1 Ernstes Zeichen an der Wand, in Der Spiegel 46 (1992), 36, 18.
2 R. Augstein, Weizsäcker und sein »Traditionsbruch«, in Der Spiegel 46 (1992),
27, 24 f.

11. Kapitel

Die mißglückte »Wiedervereinigung«

»Wir sind ein Volk!«, der Ruf, der so vieles und so viele bewegte, ist verstummt. Wir Deutschen sind zwei Völker – und, wenn wir ehrlich sind, zwei Völker, die sich nicht recht leiden mögen. Wie konnte es zu der eigentlichen Spaltung Deutschlands kommen, die unter dem Namen der Wiedervereinigung eine Trennung schönt, die fast tragischer ist als die durch den Bau der Mauer am 13. 8. 1961 erzwungene? Hier sind viele Gründe zu nennen. Einigen will dieses Kapitel nachgehen.
Daß die Politik (durch Gesetze und Verordnungen) ihrer nationalen Ökonomie Randbedingungen vorgibt, innerhalb deren sie sich möglichst optimal entfalten kann, dürfte heute einem normal gebildeten Hauptschüler geläufig sein, wenn er »Sozialkunde« nicht verschlafen hat. Wenn aber eine Nationalökonomie und ihre politischen Rahmenbedingungen eng aufeinander bezogen sind, dann wird vermutlich niemand, der auch nur halbwegs bei Sinnen ist, versuchen, die eigenen Rahmenbedingungen einer völlig fremden Ökonomie überzustülpen – es sei denn, er will diese Ökonomie vernichten. Dieses Überstülpen aber hat die Politik der BRD-West der Ökonomie der BRD-Ost angetan. Das wäre nur dann rational gewesen, wenn es darum gegangen wäre, die Ost-Ökonomie zu vernichten. Nur alberne Dummköpfe hätten dieses Manöver unternommen, um eine fremde Ökonomie zu stabilisieren. Die wichtigsten Daten der Ost-Ökonomie einschließlich deren Randbedingungen waren lange vor dem Anschluß des Ostens an den Westen Deutschlands all denen bekannt, die sich fachlich mit der Ost-Ökonomie beschäftigten.[1] Für

---

1 So stellt unter dem 5. 3. 1990 der DDR-Wirtschaftswissenschaftler Jürgen Kuczynski fest: »Was das soziale System betrifft, so bin ich sicher, daß es starke Einbrüche geben wird und wir mit einer beachtlichen Arbeitslosigkeit leben müssen.« Er vermutet deshalb, daß bei einer schnellen »Wiedervereinigung« die DDR zu einer souveränen Kolonie von Westdeutschland werde. (In der Hauptsache ist die DDR dem Westen um 40 Prozent unterlegen, in Frankfurter Rundschau vom 5. 3. 1990.)

den wichtigen Sektor »Industrielle Ökonomie« wurden schon im März 1990 folgende Punkte aufgelistet:

1. Kaum ein industriell gefertigtes Produkt wird, dem Wettbewerb auf den Weltmärkten ausgesetzt, ohne erhebliche Subventionen entweder der Produktion oder des Vertriebs zu verkaufen sein. Entweder sind die Ostprodukte von ihrer Qualität her nicht weltmarktfähig, oder sie sind zu teuer.

2. Der Osthandel fällt weitgehend aus (und das unabhängig von den damals nicht vorherzusehenden politischen Umwälzungen im Ostblock), wenn in konvertibler Währung fakturiert wird.

3. Der bestehende volkswirtschaftliche Produktionsapparat (der »Kapitalstock«) wird beim Übergang in eine marktwirtschaftliche Ordnung weitgehend (zu etwa zwei Dritteln) unbrauchbar. Diese Bestandsgröße muß fundamental neu geschaffen werden. Legt man den westdeutschen Kapitalstock im Unternehmens- und Infrastrukturbereich zugrunde, müssen zehn Jahre lang in den Beitrittsgebieten jährlich 120 Milliarden DM investiert werden.

4. Die Infrastruktur (etwa Straßen, privat oder wirtschaftlich genutzte Gebäude, Telefon) befindet sich in einem desolaten Zustand. Schon 1989 wurde der Bedarf an Sanierungs- und Aufholinvestitionen (ohne den der Wirtschaft) im Wohnungsbau mit 230 Milliarden DM, im Straßen- und Brückenbau mit 210 Milliarden DM, in der Energie- und Wasserversorgung mit 80 Milliarden DM und in den Bereichen Reichsbahn und Umweltschutzanlagen mit je 50 Milliarden DM geschätzt.

5. Die meisten Betriebe sind hoch verschuldet, da nicht Geld, sondern Rohstoffe, Vorprodukte sowie Reparaturmaterialien die knappste Ressource sind. Zudem sind Maschinen, Verfahren und Unternehmensorganisation oft völlig veraltet.

6. Der Umweltschutz wurde jahrzehntelang gröblichst vernachlässigt. Es ist also damit zu rechnen, daß in vielen Industriebetrieben die Erde weit über die Grenzen, die westdeutsche Gesetze zulassen, kontaminiert ist.

7. Es gibt kein nach den Regeln westlicher ökonomischer Theorie und Praxis geschultes Management.

8. Viele Grundstücke, vor allen die wirtschaftlich genutzten, wurden enteignet. Sie ihren rechtmäßigen Eigentümern zu überstellen wird schon allein deshalb schwierig werden, weil Grundbücher im

Sinne der Bundesrepublik Deutschland nicht ordnungsgemäß geführt wurden.

⑨ Die ostdeutsche Exekutive (etwa der Behörden) ist nicht vertraut mit westdeutschen Gesetzen.

⑩ Die ostdeutsche Rechtsprechung ist weder vertraut mit westdeutschen Gesetzen noch mit westdeutschen Rechtsgepflogenheiten.[1]

⑪ Das Recht auf Arbeit und Wohnung ist staatlich (verfassungsrechtlich) garantiert. Die Aufhebung der Garantien führt zur sozialen Destabilisierung.

⑫ Wichtige Güter (Wohnung, Grundnahrungsmittel, Verkehr) sind hoch subventioniert. Eine Anpassung der Preise für diese Güter an Marktpreise führt zu erheblichen sozialen Spannungen.

⑬ Die weitaus meisten Frauen sind Beschäftigte (etwa weil Kinderkrippen in ausreichender Zahl zur Verfügung stehen). Sie werden, nach den Maßstäben gemessen, die Westmanager in der Regel anlegen, einen Großteil der Arbeitslosen stellen.

⑭ Der Pro-Kopf-Verbrauch vieler Produkte (wie Fleisch und Butter) ist größer als in der Bundesrepublik Deutschland. Gerade für diese Waren sind erhebliche Preiserhöhungen zu erwarten, die zumindest beim ärmeren Teil der Bevölkerung zu einer Minderung des Fleisch- und Butterkonsums führen wird. Das wird als sinkende Lebensqualität verstanden werden.

⑮ Der Produktivitätsabstand ist erheblich. Das BSP je Erwerbstätigen im Westen wurde 1989 auf 86 420 DM und im Osten auf 31 720 DM geschätzt.

Und so ist es nur allzu erklärlich, daß in den neuen Bundesländern das Vertrauen in die marktwirtschaftliche Ordnung rapide sinkt. Fragen wir die Zahlen (in Prozent):[2]

	1990	1991	1992
Kein Vertrauen in die Marktwirtschaft	77	53	44
Für Staatshilfe für unrentable Betriebe		24	35

---

1 Vgl. dazu: Harald Franzki, Ohne Rechtsstaat kein Aufschwung, in FAZ vom 26. 3. 1991, 10.

2 Quelle: Institut für Demoskopie Allensbach. Vgl. dazu: Renate Köcher, Die Ostdeutschen frösteln in der Freiheit, in FAZ vom 9. 9. 1992, 5.

	1990	1991	1992
Für Verstaatlichung unrentabler Betriebe	24	30	40
Für staatliche Abnahmegarantien	30	39	44
Westhilfen sind unzureichend		56	62
Es geht mir schlechter als vor der »Wende«	19	19	15

Oft wird wahrheitswidrig behauptet – vor allem von seiten der CDU/CSU –, es habe zu der Weise, in der die »Wiedervereinigung« erfolgte, keine Alternative gegeben:

- Zum einen wäre das möglicherweise nur kleine »Zeitfenster«, das die Politik von Michail Gorbatschow geöffnet habe, wieder verschlossen worden,
- zum anderen hätte die schnelle Wirtschaftsunion den Ruf der DDR-Massen – »Wenn die DM nicht zu uns kommt, gehen wir zur DM« – und damit eine Masseneinwanderung in die Alt-BRD verhindert.

Doch beide Behauptungen sind falsch. Prüfen wir sie:

① Die Behauptung vom kleinen Zeitfenster:
Das möglicherweise kleine Zeitfenster betraf die politische und nicht die ökonomische Einheit. Es hätte um jeden Preis zunächst zu einer politischen Union (etwa im Rahmen von 2+4-Verträgen) kommen müssen. Die Wirtschafts- und Währungsunion hätte dann nach einer wenigstens grundsätzlich gelungenen ökonomischen Sanierung der Ostwirtschaft (nach fünf bis zehn Jahren) erreicht werden können. In der ökonomischen Übergangszeit wären die westdeutschen Abläufe in der Wirtschaft regulierenden Gesetze erst Schritt für Schritt eingeführt worden. Den Unternehmen im Osten wäre eine langsame Anpassung an marktwirtschaftliche Orientierungen möglich gewesen. Die Sanierung hätte weitgehend den Vorstellungen folgen können, welche die Weltbank und der Weltwährungsfonds für die Sanierung von Volkswirtschaften entwickelt haben. Verbände (wie Gewerkschaften und Arbeitgeberverbände) mit eigenen ordnungspolitischen Vorstellungen hätten sehr viel energischer die wirtschaftliche Gesundung betreiben können. Ein Blick auf den »Wiedervereinigungskalender« des Jahres 1990 zeigt die Praktikabilität dieser These:

170

30. 1. Staats- und Parteichef Michail Gorbatschow spricht sich für eine
Wiedervereinigung Deutschlands aus.

10. 2. Michail Gorbatschow stellt fest, es sei ausschließlich Sache der
deutschen Staaten, ob und wie schnell und unter welchen Bedingungen sie sich wiedervereinigen wollen. Die UdSSR gibt damit als erste
der Besatzungsmächte die »Vorbehaltsrechte« auf.

13. 2. BRD-Kanzler Dr. Helmut Kohl und DDR-Ministerpräsident
Hans Modrow verabreden, Verhandlungen über eine Währungsunion
und eine Wirtschaftsgemeinschaft aufzunehmen.

21. 2. Alle Fraktionen der DDR-Volkskammer sprechen sich für eine
Vereinigung beider deutschen Staaten aus (keineswegs aber für einen
Anschluß der DDR an die BRD!). Zugleich warnen sie eindringlich
vor einer übereilten Politik.

5. 5. In Bonn beginnen die »2+4-Gespräche«, bei denen die Außenminister der vier Siegermächte des Zweiten Weltkriegs, der Bundesrepublik und der DDR über die politische deutsche Einheit beraten.

18. 5. Bundesfinanzminister Theo Waigel und sein DDR-Kollege Walter Romberg unterzeichnen den Staatsvertrag über eine Wirtschafts-,
Währungs- und Sozialunion.

1. 7. Dieser Staatsvertrag tritt in Kraft. Die Grenzkontrollen werden
aufgehoben.

12. 9. Der »Vertrag über die abschließenden Regelungen in bezug auf
Deutschland« (der 2+4-Vertrag) wird von den beteiligten Parteien in
Moskau unterzeichnet. Er wurde am 4. 3. 1991 von der UdSSR (als
letzter der beteiligten Länder) ratifiziert und trat bald danach mit der
Hinterlegung der Ratifikationsurkunde im Bonner Außenministe-
rium in Kraft. Seitdem ist die Bundesrepublik de jure ein souveräner
Staat.

3. 10. Um 0.00 Uhr MEZ treten die DDR und Ostberlin dem Geltungsbereich des Grundgesetzes bei. Damit hat die DDR aufgehört
zu bestehen.

Nun wird gelegentlich behauptet, eine politische Vereinigung mit
einem ökonomisch-autonomen »Wirtschaftsgebiet Ost« hätte damals
nicht zur Diskussion gestanden. Das ist unwahr. Der Verfasser nahm
im März 1990 an Seminaren und Arbeitskreisen teil, in denen die
genannte Alternative zur Politik der Bundesregierung als einzig volkswirtschaftlich sinnvolle vertreten wurde. Es wurde festgestellt: Wenn
sich das genannte Zeitfenster zwischen ökonomischer und politischer

Einheit schließen sollte, wäre die Situation eher noch komplizierter geworden. Der kritische Punkt war also die politische Einheit.

② Die unterstellte Flucht in den Westen:
Die in der während der Umstellung zu erwartende Arbeitslosigkeit (wir rechneten mit höchstens 20 Prozent Arbeitslosen – ein Wert, der bei einer langsamen ökonomischen Einheit kaum überschritten worden wäre) sowie das Wohlstandsgefälle hätten zwar zu einer Migration in den Westen Deutschlands geführt – diese wäre aber kaum erheblicher ausgefallen als die gegenwärtige. Sie ist bestimmt durch den Ruf: »Wenn die Arbeit nicht zu uns kommt, gehen wir zur Arbeit!«
Durch das Versagen der Bundespolitik entwickelte sich die Ostwirtschaft nach den Regeln der Volkswirtschaftslehre. Ohne erhebliche Probleme ging die ökonomische Entwicklung nur dort über die Bühne, wo es an internationalem Wettbewerb fehlte: Dienstleistungen (Banken, Versicherungen, Einzelhandel, Hotel- und Gaststättengewerbe, Verkehr, Nachrichtenübermittlung, beratende Berufe), Bauwirtschaft und Handwerk. Dazu kommen die ortsgebundenen Produktionen wie Steine und Erden, Mineralölverarbeitung, Holzverarbeitung, Druck und Vervielfältigung, Ernährungsindustrie, leitungsgebundene Energieversorgung. Probleme gab es dagegen – neben den durch die Politik besorgten Sonderfälle Landwirtschaft und Bergbau – in allen anderen Bereichen der industriellen Produktion, die dem grenzüberschreitenden Wettbewerb ausgesetzt sind. Um diesen Mangel zu beheben, müßte die Treuhandanstalt darauf achten, mehr Unternehmen an den Mittelstand zu veräußern. Der von den Gewerkschaften und Teilen der SPD auf die Bundesregierung ausgeübte Druck, nichtlebensfähige Unternehmen in Staatsbesitz zu übernehmen, würde den Strukturwandel weiter behindern und zu Dauersubventionierungen führen. »Jeder künstlich am Leben erhaltene Arbeitsplatz führt auch nur dazu, daß anderswo ein Arbeitsplatz wegfällt oder nicht entstehen kann.«[1] Die Massenarbeitslosigkeit in den Beitrittsgebieten war also unschwer schon Anfang 1990 vorherzusehen.

---

1 Werner Möschel, Zwischenbilanz mit Hoffnungswerten, in FAZ vom 18. 7. 1992, 11.

1. Die Arbeitslosigkeit im Osten

Einer der wichtigsten Faktoren der »Neuen Trennung« ist die katastrophale Arbeitslosigkeit in der BRD-Ost. In der BRD-Ost sahen im November 1992 die Zahlen für Erwerbstätige und Arbeitslose (in Tausend) so aus:

Erwerbstätige	a) Übersiedler in die BRD-West	400
	b) Pendler in die BRD-West	540
	c) Erwerbstätige in BRD-Ost	5 400
Arbeitslose	a) in Kurzarbeit	350
	b) in Arbeitsbeschaffungsmaßnahmen	363
	c) im Vorruhestand	836
	d) in »Qualifizierungsmaßnahmen«	495
	e) Arbeitslose	1 086
		3 130

Die Arbeitslosenquote liegt also über 36 Prozent.
Die Dramatik im ungewohnten Umgang mit der Arbeitslosigkeit mag ein Beispiel zeigen: Um der Arbeitslosigkeit zu entgehen oder um leichter Arbeit zu finden, lassen sich in den Ostländern immer mehr junge Frauen zwischen 18 und 33 Jahren sterilisieren. In der Gynäkologie der Medizinischen Akademie in Magdeburg waren es 1989 acht Frauen, die sich sterilisieren ließen, 1990 schon 1 200. So gilt es als berufsförderlich, schon der Bewerbung eine Bescheinigung über den Eingriff beizufügen.
Für viele Menschen in den Ostländern war der Arbeitsplatz der zentrale Kontaktplatz, der ihnen soziale Sicherheit vermittelte. Den vielen Arbeitslosen fehlt heute solcher Rückhalt. Viele Wissenschaftler verlieren ihren Job – sie leiden unter dem Prestigeverlust. Viele, die Arbeit haben, fürchten um ihren Arbeitsplatz, weil sie sich dem ungewohnten Leistungsdruck nicht gewachsen zeigen. Menschen mit kleineren Verhaltensstörungen, die das soziale Netz der DDR auffing, sind heute auf dem Arbeitsmarkt nicht mehr zu vermitteln. So nimmt es nicht wunder, daß nach den klassischen Gründen für einen Selbstmord (Altersdepression und Krankheit) in den Ostländern berufliche Existenzangst an dritter Stelle steht.

Nach einer vom Institut für Demoskopie Allensbach erhobenen
Befragung unter Führungskräften in Wirtschaft und Politik hielten
im Juni 1992 nur 35 Prozent das Investitionsklima in den Ostländern
für gut, im Dezember 1991 waren es noch rund 70 Prozent.
Fragen wir uns, was den ökonomischen Aufschwung in den Ostländern verhinderte. Da begegnen wir vor allem zwei Faktoren:

- Zum einen sind die Lohnkosten nicht an die Produktivität angepaßt,
- zum zweiten sind in nicht wenigen Fällen die Eigentumsfragen an
  Immobilien ungeklärt.

2. Die Lohnkosten in der Ex-DDR

Vor allem im Bereich der industriellen Fertigung schrecken die viel
zu hohen Lohnstückkosten[1] in der BRD-Ost Investoren ab. Sie
betragen 1992 im Vergleich zu Westdeutschland 216 Prozent und sind
viermal so hoch wie in der Tschechischen Republik. Man hätte – so
Dr. Lothar Späth – den Leuten »sagen müssen: Wir müssen mit der
Anpassung der Löhne noch vier bis fünf Jahre warten. Aber dann
kommt ein Punkt in der sozialen Marktwirtschaft, der mich ärgert:
Niemand sagt es den Leuten.«[2] In den beiden ersten Jahren nach der
verpatzten »Wiedervereinigung« blieb das Verhältnis der Arbeitsproduktivität West zu Ost konstant – und das bei deutlich höheren Lohnsteigerungen im Osten.
Politik und die Gewerkschaften bildeten eine Zwickmühle, aus der
es kein Entkommen gibt. Es bieten sich zwei Möglichkeiten an:

- Die Löhne werden schnell auf Westniveau gehoben oder es entste-

---

1 »Lohnstückkosten« bezeichnen den Lohnanteil an den Stückkosten. Stückkosten sind Einheitskosten, also die auf ein einzelnes Stück (Mengeneinheit,
  Volumeneinheit) eines Erzeugnisses (Leistungseinheit) bezogenen Selbstkosten.
  Die Selbstkosten werden errechnet als Summe aller durch den betrieb-
  lichen Leistungsprozeß entstehenden Kosten. In Fertigungsbetrieben setzen sie
  sich zusammen aus den Kosten für Material, Fertigung, Entwicklung, Forschung, Verwaltung und Vertrieb.
2 Lothar Späth, Sein und Schein in den Medien – Wie realistisch ist die Berichterstattung über Ostdeutschland, hrsg. von der ICI-Pharma 1992, 23.

174

hen politische und soziale Turbulenzen in den neuen Ländern. Alle Maßnahmen, die eine schnelle Anpassung der Ostlöhne an das Weltniveau verhindern oder verzögern, verschlechtern das Klima im Osten. Die von dem erfolgreichen Wahlkämpfer Dr. Helmut Kohl erzeugte Stimmung, etwa sein Gerede von den »blühenden Landschaften«, ließ die Erwartung aufkommen, daß die Angleichung an das Westniveau eine Sache von höchstens ein bis zwei Jahren sei. Da in der Regel im Westen übertariflich bezahlt wird, liegen die effektiven Löhne im Osten 1992 bei 40 Prozent der Westlöhne.

- Die von den Unternehmen aufzubringenden Lohnkosten werden so weit abgesenkt, bis die Lohnstückkosten an die des Westens angepaßt sind. Das bedeutet entweder erhebliche Arbeitslosigkeit (wenn man etwa der Opel AG folgt und neue kapitalintensive Unternehmen in der BRD-Ost aufbaut) oder massive Lohnsubventionen, welche die Staatskassen außerordentlich belasten, oder aber massive soziale, ökonomische und politische Instabilität (wenn die Nettolöhne an die Produktivität angepaßt werden).

Die Anpassung an Westlohnniveau:
Eine Expertengruppe an der Universität von Berkeley stellte schon im Frühjahr 1991 fest: »Lohnsteigerungen, die in der Produktivitätswüste der ehemaligen DDR vereinbart waren, würden sogar die Wirtschaft Südkoreas in den Grundfesten erschüttern.«[1] Doch die wirtschaftsignorante Politik der Gewerkschaften, die in einer nichtkeynesianischen Situation keynesianische Parolen ausgaben, strebte eine baldmögliche Anpassung der Ost- an die Westlöhne an.

- Die IGMetall, bekannt als eine der uneinsichtigsten Gewerkschaften, will schon zum 1. 4. 1994 die volle Anpassung erreichen.
- Die Tarifpartner des öffentlichen Dienstes vereinbarten trotz leerer Kassen in Juni 1992 eine 80-Prozent-Anpassung an die Westlöhne und -gehälter in 1993.
- Nur die ostdeutsche Druckindustrie (vertreten durch die IG Medien) ließ »Öffnungsklauseln« in ihren Tarifverträgen zu: In

---

1 Vgl. FAZ vom 23. 4. 1991, 15.

Betrieben, die in ihrer Existenz gefährdet sind, kann die tarifliche Lohnvereinbarung um maximal ein Jahr ausgesetzt werden. Es steht sehr zu hoffen, daß solche Öffnungsklauseln mit noch erheblicher verlängerten Fristen auch in die übrigen Tarifverträge Eingang fänden.

Die folgende Tabelle mag das Gemeinte veranschaulichen:[1] Bezogen auf die Werte von 1990 (Index = 100 Prozent) stiegen (in Prozent):

		West	Ost
die Lohnstückkosten	1991	5	46
	1992	8	57
die Arbeitsproduktivität	1991	0	5
	1992	2	17
die Löhne	1991	5	53
	1992	10	83

Die Ostlöhne haben inzwischen Weltklasseniveau erreicht. Die Arbeitsproduktivität entspricht dagegen eher der eines Drittweltlandes. Gegenwärtig (1992) trägt ein Ostdeutscher 30 Prozent des Betrages zum Bruttoinlandsprodukt (BIP) bei, den im Durchschnitt ein Westdeutscher erwirtschaftet. Unterstellt man im Westen ein jährliches Wachstum des BIP von nur 1,5 Prozent, müßte die Wachstumsrate im Osten 8 Prozent betragen, um in 2010 das Pro-Kopf-BIP des Westens zu erreichen. Das aber ist abstrakte Utopie.
Zudem wird ein rational orientierter potentieller Investor folgendes bedenken:

---

1 Folgende Tabelle mag die Problematik verdeutlichen (Quelle: IW-iwd 33/92). Setzen wir Produktivität, Arbeitskosten und Lohnstückkosten in der BRD-West auf 100, dann betrugen die Werte in der BRD-Ost im jeweils ersten Jahresquartal:

	Produktivität	Arbeitskosten	Lohnstückkosten
1990	45	47	115
1991	35	55	160
1992	34	75	216

- Solange potentielle Investoren aus Fremdgebieten über Kapazitäten verfügen, die zur Befriedigung der zusätzlichen Nachfrage ausreichen, genügt eine Vertriebspräsenz in den neuen Ländern.
- Die betriebsnahe Infrastruktur ist in den neuen Ländern oft unzureichend. Das bedeutet für einen Investor in der Regel Zusatzkosten.
- Polen, die Tschechische Republik und Ungarn sind von den Lohnkosten her attraktivere Standorte – auch für die Erschließung eines zukünftig wachsenden Ostmarktes. So machte Dr. Lothar Späth darauf aufmerksam, daß die Lohnstundenkosten (mit Nebenkosten) mit denselben Bändern und denselben Installationen bei VW in Wolfsburg 44 DM betrügen, in Zwickau 32 DM, in Barcelona 18 DM und bei Škoda nur 9 DM. Er fragt: »Jetzt stellen Sie sich einmal vor: Es wird auf dem europäischen Automarkt eng. Wo wird es wohl zuerst Probleme geben? Sicher nicht bei Škoda oder in Barcelona.«[1]

Diese katastrophale Situation kann von den meisten Betrieben nur abgefangen werden, wenn sie eine der folgenden Strategien wählen:

- Sie lassen sich (etwa über Lohnsubventionen[2]) hoch subventionieren. Die Verschuldung der Gebietskörperschaften wird rapide ansteigen, die Anpassung der Ostwirtschaft an das Weltniveau würde sich auf unabsehbare Zeit verzögern.
- Sie koppeln sich von den Arbeitgeberverbänden ab und schaffen sich so die Möglichkeit, untertariflich entlohnen zu können.[3] Diese

---

1 A. a. O., 13.

2 Vgl. zu dieser problematischen Methode: Axel Siedenberg und Helmut Kaiser, Lohnsubventionen – ein Irrweg, in FAZ vom 27. 7. 1991, 11.

3 Otto Graf Lambsdorff, einer der wenigen deutschen Politiker mit ökonomischem Sachverstand, stellt in seiner ökonomischen Denkschrift im August 1992 fest: Wennschon tarifvertragliche Abschlüsse für ganze Branchen gelten sollen, sind unbedingt »Öffnungsklauseln« vorzusehen, »notfalls durch Eingriff des Gesetzgebers. Denn wir können uns in Deutschland eine Kombination explodierender Lohnzusatzkosten und extremer Starrheit bei Tarifvereinbarungen und Maschinenlaufzeiten nicht länger erlauben ... Am besten werden je nach regionaler und betrieblicher Lage die Betriebsräte und Unter-

Möglichkeit ist nur dann praktikabel, wenn erstens der Bundesminister für Arbeit und Soziales von seinem in Paragraph 5 TVG gesicherten (im übrigen aber vermutlich verfassungswidrigen, weil die Koalitionsfreiheit aushöhlenden) Recht der Allgemeinverbindlichkeitserklärung keinen Gebrauch macht und zweitens die besten Arbeitnehmer nicht in den Westen abwandern.

- Sie stellen Arbeit in erheblichem Umfang frei (etwa über subventionierte Rationalisierungsinvestitionen). Damit lasten sie den Gebietskörperschaften und den Sozialversicherungen zusätzliche Lasten auf.
- Sie schließen das Unternehmen. Vor allem Unternehmen, die in der EX-DDR Töchter gründeten, ziehen sich, wenn sie betriebswirtschaftlicher Rationalität folgen, wieder aus dem einst von unerfüllbaren Hoffnungen getragenen Ost-Engagement zurück.

Wenn der Staat helfen soll, bieten sich ihm folgende Möglichkeiten:

1. Er setzt das Tarifrecht (vor allem das ohnehin sittenwidrige TVG[1]) in den neuen Ländern auf etwa zehn Jahre außer Kraft. Das ist aber nur gegen den heftigsten Widerstand der Gewerkschaften möglich. Sie würden eine solche Maßnahme kontrafaktisch als Eingriff in die Tarifautonomie betrachten. Doch hat der Gesetzgeber die Pflicht, um schweren Schaden vom Gemeinwohl zu wenden, in bestehende Rechte einzugreifen. Zudem ist die Tarifautonomie nur mittelbar aus Art. 9,3 GG herzuleiten. Sie wird erst in Paragraph 2 TVG festgestellt. Der Staat hat also, um schweren Schaden vom Gemeinwohl zu wenden, durchaus

---

nehmer wissen, auf welche Entlohnung man sich vorläufig einigen kann, um Arbeitsplätze zu sichern.« (Deutschland muß wieder Nummer eins in der Ordnungspolitik werden, in FAZ vom 21. 8. 1992, 14.) Die Thesen der Denkschrift wurden nicht nur von den Gewerkschaften, sondern auch von Politikern der CDU, der CSU und sogar von Teilen der FDP abgelehnt. Bundesarbeitsminister Norbert Blüm warnte vor einer Demontage der Sozialpolitik, weil von Lambsdorff den ausgesprochen vernünftigen Vorschlag machte, »alle Lohnbestandteile an die Arbeitnehmer ... einschließlich aller Arbeitgeberanteile zu den Sozialversicherungen« auszuzahlen. CSU-Chef Theo Waigel nannte den Grafen einen »Sommerloch-Entertainer«. Die Berliner FDP-Vorsitzende Carola von Braun weissagte, die FDP würde die neuen Leitlinien ihres Vorsitzenden nicht mittragen.

1 Vgl. dazu: R. Lay, Ethik für Manager, Düsseldorf 1989, 216 ff.

das Recht, etwa Löhne und Lohnsteigerungen an die branchenspezifisch zu ermittelnden mittleren Lohnstückkosten zu indizieren. Das aber ist nach der übereilten Wirtschafts-, Währungs- und Sozialunion kaum mehr durchzusetzen.

2. Er bindet die Lohnkosten der Unternehmen an die Produktivität. Sicherlich sind Löhne berechtigte Ansprüche der abhängig Beschäftigten auf einen Teil des gemeinsam erwirtschafteten Betriebsergebnisses. Sie werden jedoch zu »ungerechten Löhnen«, wenn folgende drei Bindungen erfüllt sind:

- Sie überschreiten deutlich die Sozialhilfesätze.
- Sie lassen dem Unternehmen aufgrund der im Vergleich zu Wettbewerbern zu hohen Lohnstückkosten auch langfristig nicht die Chance, seine Produkte im Wettbewerb mit Konkurrenzangeboten abzusetzen.
- Diese Wettbewerbsnachteile gründen in der Struktur einer ganzen Volkswirtschaft.

3. Er führt per Gesetz Regelungen ein, die es einem Unternehmen erlauben, einen Teil des Lohns nicht als Barlohn, sondern als Investivlohn zu zahlen. Der abhängig Beschäftigte erhält damit einen Anteil am Produktivvermögen (seines Betriebs), zugleich wird der Teil der bar auszuzahlenden Lohnkosten gemindert. Das dem Unternehmen zur Verfügung stehende disponible Kapital wird also vermehrt. Das klassische Argument vieler Gewerkschaften gegen das Investivlohn-Konzept ist eher fragwürdig: Die Arbeiter hätten schon das Arbeitsplatzrisiko zu tragen, so sei es denn unbillig, von ihnen zu erwarten, auch einen Teil des Insolvenzrisikos ihres Unternehmens zu tragen. Die Minderung des Insolvenzrisikos bedeutet doch gerade auch eine Minderung des Arbeitsplatzrisikos. Der Steuergesetzgeber hätte darüber hinaus dafür zu sorgen, daß Geldvermögen für abhängig Beschäftigte nicht länger steuerlich interessanter ist als Produktivvermögen. Gerade der Neubeginn in den Ostländern birgt in sich die einmalige Chance, dem sozialpolitisch so oft geforderten und ordnungspolitisch wünschenswertem Ziel, große Anteile des Produktivvermögens (in Form von Beteiligungsrechten, von Genußrechten, Genußscheinen oder eines Schuldtitels) von den im Unternehmen Tätigen halten zu lassen, näher zu kommen. Der Arbeiter

erwirbt neben seinem ertragsunabhängigen Barlohn auch ertragsabhängige Entlohnungsbestandteile. Das Insolvenzrisiko des Kapitaleigners ist für die Beschäftigten immer auch ein Beschäftigungsrisiko. Beide Risiken minimiert die Einführung des Investivlohns. Sollten die Gewerkschaften einer solchen Regelung nicht zustimmen, könnte der Gesetzgeber das TVG ändern, daß auch gegen tarifvertragliche Vereinbarungen

- über Betriebsvereinbarungen ein Investivlohn eingeführt wird oder
- individuelle Arbeitsverträge geschlossen werden können, die einen Investivlohn vorsehen.

Die geforderte schnelle Anpassung der Löhne an die des Westens wäre so schneller erreichbar, ohne daß die Ostwirtschaft zusätzlich Schaden leidet. Die Schwierigkeiten, die sich aus der verschiedenen Sicht von Unternehmen und Beschäftigten ergeben (so wird der Beschäftigte den Wert des Barlohns über den des Investivlohns stellen, das Unternehmen jedoch den des Investivlohns über den des Barlohns), sollten bei beiderseitig gutem Willen zu lösen sein.

Es ist interessant zu beobachten, wie manche Gewerkschafter in moralisch unvertretbarer Weise das Investivlohnkonzept abweisen, obschon es helfen könnte, Hunderttausende von Arbeitsplätzen zu sichern oder zu erhalten.

4. Er könnte Industrieunternehmen, die im realen oder potentiellen internationalen Wettbewerb stehen, zeitlich begrenzt, degressiv ausgestaltet, von Lohnnebenkosten befreien, vorausgesetzt, sie nehmen keine verlorenen Zuschüsse der Treuhand in Anspruch und die Tarifabschlüsse überschreiten nicht einen Referenzwert gegenüber denen gleicher Branchen im Westen.

5. Er könnte den Vorschlägen des ehemaligen deutschen Wirtschaftsministers Karl Schiller[1] folgen. Dieser schlug schon im April 1991 ein Fünf-Punkte-Programm vor, das – obwohl es kaum in allen Punkten den Segen der EG erhalten hätte – bedenkenswert ist:

---

1 Vgl. FAZ vom 23. 4. 1991, 15.

- Alle Investitionen in den neuen Ländern können sofort abge-schrieben werden.
- Verlustvortrag und Verlustrücktrag werden so großzügig ausge-stattet, daß sich der Fiskus so beherzt am Risiko beteiligt, wie er es schon bei den Gewinnen tut.
- Der Mehrwertsteuersatz für alle im Osten erzeugten Güter wird auf Null gestellt und erst langsam an westliches Niveau herangebracht.
- Dennoch wird den Unternehmen ein fiktiver Vorsteuerabzug in Höhe der westlichen Länder gewährt, so daß sich die Mehr-wertsteuerpräferenz verdoppelt.
- Fusionskontrollen werden in den neuen Ländern auf fünf Jahre ausgesetzt.

Doch solche Staatshilfen blieben letztlich wirkungslos, wenn es nicht gelänge, das ökonomische Bewußtsein der Ostbürger in vielem zu ändern. Wer mental unvorbereitet in eine veränderte Lebenswelt eintritt, wird leicht scheitern. »Falsches Bewußtsein« ist nicht selten der Grund für eine Fehlinvestition in Mitarbeiter. Folgende Über-zeugungen sollten zu den Selbstverständlichkeiten des Allgemeinen Bewußtseins werden – auch im Osten:

- Nicht Arbeit erzeugt den ökonomischen Wert einer Ware, sondern vor allem die Nachfrage. Da die »Arbeitswerttheorie« des Karl Marx[1] noch in den Köpfen vieler West-Gewerkschaftler herumgei-stert, dürfte diese Bewußtseinsumstellung schwierig werden.
- Persönliche Freiheit bedeutet nicht die Chance, sich selbst zu ver-wirklichen (wie es noch die Revolutionäre der Endsechziger meinten), sondern die Fähigkeit und Bereitschaft, selbstverant-wortet sein eigenes Leben zu gestalten (und es nicht von anderen

---

1 Nach Karl Marx beruht der Tauschwert eines Gutes auch in einem hochentwik-kelten Industriestaat ausschließlich auf der zu seiner Herstellung durchschnitt-lich notwendigen Arbeitszeit. Der Tauschwert (»Preis«) setzt sich zusammen erstens aus dem konstanten Kapital zum Kauf von Anlage- und Umlaufgütern, die den in ihnen steckenden Arbeitswert nur auf das neue Produkt übertragen, zweitens aus dem durch Lohnzahlungen aufgewendetem variablem Kapital sowie dem ausschließlich durch Arbeit erzielten Mehrwert (der Wertschöp-fung). Auch Adam Smith und David Ricardo betrachteten den Arbeitseinsatz als annähernde Bestimmungsgröße der Preisbildung.

gestalten zu lassen). »Junge Leute sagen von sich, daß sie ihren früheren Ehrgeiz aufgegeben hätten, etwas aus sich zu machen. Heute genüge es ihnen, angenehm zu überleben.«[1]

- Der Staat hat nicht die Aufgabe, das Gemeinwohl zu mehren, sondern Schaden vom Gemeinwohl fernzuhalten. Während die Mehrung des Gemeinwohls eine ideologische (etwa marxistische, christliche oder liberale) – und daher in einer pluralistischen Gesellschaft abzulehnende – Definition von Gemeinwohl voraussetzt, besteht für die Abwehr von Gefahren ein zureichender Konsens über das, was »Schaden vom Gemeinwohl« bezeichnet.

- Geld ist in einer marktwirtschaftlichen Ordnung bei funktionierenden Märkten die knappste aller ökonomischen Ressourcen. In der DDR-Zeit konnten Betriebe sich nahezu beliebig verschulden. Die knappsten Ressourcen waren Rohstoffe, Teilfertigprodukte, Investitionsgüter, Reparaturmaterialien. Auch private Haushalte mußten sich über ihre Schulden kaum den Kopf zerbrechen. So führten etwa Mietschulden nie zur Kündigung. Nur so ist es zu verstehen, daß sich Unternehmen als auch private Haushalte heute in einer Weise neu verschulden, die moralisch fragwürdig und ökonomisch nicht akzeptabel ist. Die Lernprozesse über die Knappheit von Ressourcen wurden kaum ernsthaft in Gang gesetzt.

- Die Armut an politischer Symbolik in der Bundesrepublik Deutschland ist nicht unbedingt als Mangel an politischem Interesse zu interpretieren. Sicher schafft zunächst der plötzliche Verlust an politischer Symbolik ein Vakuum – es will mit individuellem (und nicht mehr mit kollektivem) Sinn gefüllt werden. Bleibt es leer, werden irrationale Gefahren heraufbeschworen.[2]

3. Rückgabe vor Entschädigung

Ein weiterer Hinderungsgrund für das schnelle Einfließen investiven Kapitals sind unklare Eigentumsverhältnisse an Immobilien. Inve-

---

1 Mark Siemons, Auf einmal wird es bunter, in FAZ vom 15. 6. 1991.

2 »In die Lücken der politischen Symbolik dringt nackte physische Gewalt, die sich politisch maskiert: Nachts werden die tagsüber leicht glitzernden östlichen Städte unheimlich. Nachts sind die Streifenwagen der Skinheads unterwegs . . .« (Mark Siemons, a. a. O.).

stives Kapital fließt nur in Regionen, in denen bestehende Eigentumsrechte vor allem an Grund und Boden rechtssicher festgestellt werden können.

Der Einigungsvertrag (EV) versucht diesem Sachverhalt gerecht zu werden. Er stellt in Nr. 437a zunächst fest: »Vermögenswerte, die ... in Volkseigentum überführt und an Dritte veräußert wurden, sind auf Auftrag an die Berechtigten zurückzuübertragen, insoweit dies nicht nach diesem Gesetz ausgeschlossen ist.« Dann aber wird das grundsätzliche Prinzip »Rückgabe vor Entschädigung« eingeschränkt. Es heißt unter Nr. 472: »Ein Berechtigter, bei dem eine Rückübertragung von Eigentumsrechten (an ehemaligen in Volkseigentum stehenden Immobilien) ausgeschlossen ist (d. h., wenn der Vorbesitzer ›besondere Investitionszwecke‹ nachweisen kann), kann vom Veräußerer die Zahlung eines Geldbetrages in Höhe des Erlöses der Veräußerung ... verlangen.«

De facto führten diese durchaus brauchbaren Bestimmungen bei den Ost-Behörden zu erheblicher Rechtsunsicherheit und damit zum Handlungsversagen. Dies verhinderte investive Anlagen von West-Unternehmen. Um diesem Übel abzuhelfen, wurden immer neue Gesetzesvorhaben geplant und teilweise auch auf den Weg gebracht. Vor allem sollten die vom EV nicht betroffenen Personen, die aufgrund von Naziunrecht oder Enteignungen durch die sowjetische Besatzungsmacht (obschon unter Nr. 473 EV dekretiert wurde: »Dieses Gesetz gilt nicht für Enteignungen von Vermögenswerten auf besatzungsrechtlicher oder besatzungshoheitlicher Grundlage«) um Hab und Gut gebracht wurden, angemessen entschädigt werden – und das, ohne den Bundeshaushalt zu belasten.

Die mangelnde Investitionsneigung in den neuen Bundesländern nötigte die Bundesregierung zu ebenso panischen wie problematischen Reaktionen. Im Juli 1992 trat das Investitionsvorranggesetz (das »Zweite Vermögensrechts-Änderungsgesetz« ist ein Gesetzesungeheuer, das sich in der schreibmaschinenschriftlichen Verfassung auf über hundert Seiten vorstellt) in Kraft. Es ändert Bestimmungen von neunzehn geltenden Gesetzen. In Paragraph 1 bestimmt es: »Grundstücke, Gebäude und Unternehmen, die Gegenstand von Rückübertragungsansprüchen nach dem Vermögensgesetz (Paragraph 3 Abs. 3 bis 5) sind oder sein können, dürfen nach Maßgabe der nachfolgenden Vorschriften ganz oder teilweise für besondere Investitionszwecke verwendet werden. Der Berechtigte erhält

in diesen Fällen einen Ausgleich nach Maßgabe dieses Gesetzes.«
Vorrang soll jetzt jeder erhalten, der Investitionen etwa für den Bau
oder die Wiederherstellung von Wohnungen verwirklicht (Paragraph
3,2). Der Alteigentümer erhält sein Eigentum nur dann wiederer-
stattet, wenn er innerhalb von zwei Wochen ein wenigstens gleich
großes Investitionsvolumen zusagt, sonst muß er sich (Paragraph 16)
mit der Verkehrswertentschädigung zufriedengeben. Befanden sich
solche Grundstücke in Staatsbesitz, muß die Bundesrepublik für die
Entschädigung aufkommen. Haben Dritte mit einem investiven
Projekt schon begonnen, ist ihnen in jedem Fall Bestandsschutz zu
gewähren, selbst wenn sich die Investitionsentscheidung als inhaltlich falsch erwiesen haben sollte und gerichtlich aufgehoben wurde.
Zudem soll eine vor einer Enteignung eingetragene Hypothek nicht
mehr wiederbegründet werden.

Hier ist zu fragen, ob diese Regelung mit Art. 14,1 GG verträglich
ist, der bestimmt: »Das Eigentum und das Erbrecht werden gewähr-
leistet.« Da es sich nicht selten bei solchen Grundstücken um ehe-
maliges persönliches Eigentum handelt, wird die jetzt geforderte
und geförderte Quasienteignung die Diskussion um die ökonomische, soziale, politische und kulturelle Dimension des persönlichen
Eigentums in Gang setzen, die um so unbefangener begonnen werden kann, als sie sich – nach dessen offiziell verkündetem Ende –
nicht mehr des »Sozialismus« verdächtig macht.[1]

4. Über die Scheinblüte im Osten

Zehn bis fünfzehn Jahre wird es mindestens dauern, bis die ehemalige DDR vielleicht jene blühende Landschaft werden könnte,
von der Bundeskanzler Dr. Helmut Kohl in den Tagen des Beitritts
der DDR sprach. Sicherlich wird es zwischenzeitlich zu Besserungen
kommen, doch die sind der Scheinblüte verdächtig. Des Kanzlers
einstige fröhliche Botschaft von den blühenden Landschaften wirkt

---

1 So werden Fragen aufkommen, ob neben der Sozialverpflichtung des Eigentums nach Art. 14,2 GG (der Gebrauch des Eigentums »soll zugleich dem Woh-
le der Allgemeinheit dienen«) nicht von der allgemein akzeptierten Sozialverpflichtung auch auf eine ökologische und sozialrechtliche Verpflichtung und/
oder eine Verpflichtung vor der Zukunft ausgedehnt werden muß.

heute wie Hohn. Sehr langsam entsteht in den kommenden Jahren in den neuen Ländern, wenn es nicht zu einem Kollaps dieses Wirtschaftsgebiets kommt, eine kapitalintensive und dienstleistungsorientierte Wirtschaft, die möglicherweise in einigen Hinsichten die Westdeutschlands übertreffen wird. Sie hat jedoch den Schönheitsfehler, daß die hohe Kapital- und Produktivitätsintensität dieser neuen Wirtschaft, sollte sie denn einmal wirklich werden, keineswegs alle Menschen in Ostdeutschland beschäftigen kann.

Der berühmte Volkswirt Thomas Meyer vom Londoner Wertpapierhandelshaus Goldman Sachs kam Mitte Mai 1992 zu dem Ergebnis: Wenn das Ziel der Lohnangleichung Ost an West gegen 1995 beibehalten wird, steigt die Arbeitslosigkeit im Osten auf mehr als 43 Prozent bis Mitte 1995. Der Bedarf an Transferzahlungen aus dem Westen werde dann im Schnitt der kommenden Jahre das ostdeutsche BIP übersteigen. Das Defizit der öffentlichen Haushalte könne lange Jahre nicht unter 3,5 Prozent sinken. Der Scheinblüte im Osten, die sich ab 1993 einstellen könne, sei ausschließlich durch Transferzahlungen erzeugt. Ihr werde, wenn diese ausbleiben oder sich mindern, ein schnelles Verwelken folgen.

Schauen wir uns die Zahlen im einzelnen an: Die Bruttoanlageinvestitionen westdeutscher Unternehmen im Osten betrugen 1992 32,5 Milliarden DM, die des Staates nahezu das Doppelte: 54,5 Milliarden DM. Im einzelnen wurden in Milliarden DM investiert:

	Bund	Wirtschaft
Infrastrukturmaßnahmen der Gebietskörperschaften	24	–
Bahn	10	–
Post	10	–
Wohnungsbau	5	5
Elektrizitätsversorgung	3,5	–
Gasversorgung	2,0	–
Verarbeitendes Gewerbe	–	18
Handel	–	3,7
Banken und Versicherungen	–	1,8
sonstige Dienstleistungen	–	2,5
Baugewerbe	–	1,5

Diese amtlichen Zahlen sind jedoch erheblich geschönt. Der Steuerzahler bezahlt die Hälfte der privaten Investitionen. Zudem gilt es zu bedenken, daß sich selbst finanzstarke Unternehmen trotz ausgezeichneter Ertragslage 50 Prozent ihrer Ostinvestitionen aus der Staatskasse finanzieren lassen.

Es ist sehr viel angemessener, von einem »Abschwung Ost« zu reden als von einem Aufschwung. Von Mitte Juni 1990 bis Mitte Juni 1991 verringerte sich die Produktion

- in der Feinmechanik und Optik um 80 Prozent,
- bei den Büromaschinen um 70 Prozent,
- in der Elektrotechnik um 58 Prozent,
- im Maschinenbau um 51 Prozent,
- in der Branche Steine und Erden um 48 Prozent,
- in der Chemie um 34 Prozent,
- im Bereich Textil um 17 Prozent.

Selbst die Produktion im scheinbar blühenden Sektor »Nahrung und Genuß« minderte sich um 6 Prozent. Nur in den Bereichen Druck und Mineralöl kam es zu schmalen Steigerungen (12 Prozent und 8 Prozent).

Nach einem Gutachten des Weltwährungsfonds müßten jährlich 120 Milliarden DM an privatem Kapital nach Ostdeutschland transferiert werden, um gegen 2000 eine vergleichbare Wirtschaftskraft in beiden Landesteilen zu erreichen. Die Pro-Kopf-Investitionen der Westunternehmen betrugen 1991 im Westen 9 000 DM, im Osten dagegen nur 6 000 DM. Die Wohlfahrt driftet also weiter auseinander. Alles dieses wäre eventuell zu finanzieren, wenn sich die gesamtwirtschaftliche Entwicklung in der BRD-West, die durch die »Wiedervereinigung« ihre eigene Scheinblüte erlebte und sich vorübergehend vom konjunkturellen Weltgeschehen abkoppeln konnte, nicht verschlechtert. Doch spätestens seit Juni 1992 bricht die Konjunktur in der BRD-West ein mit allen Anzeichen einer langandauernden Rezession.[1] So bleibt, wenn die Bundesregierung nicht

---

1 Schon die Entwicklung des zweiten Quartals des Jahres 1992 gab Anlaß zur Sorge. Das BIP, das im ersten Quartal noch um 3,2 Prozent anstieg, fiel im zweiten mit nur 0,6 Prozent Anstieg deutlich schlechter aus. Es war dies das ungünstigste Ergebnis seit dem ersten Quartal 1985. Gegenüber dem ersten Quartal 1992

rigoros zu sparen bereit ist, die Hoffnung des Herrn Dr. Kohl die einzige Chance: durch eine schnelle europäische Währungsunion auch die anderen EG-Staaten an der Finanzierung der deutschen Einheit zu beteiligen.
Doch bis dahin ist es ein langer Weg. Und so kommt bei Politikern Panik auf: Pläne, sich Geld zu verschaffen, jagen einander. Doch selbst Politikern sollte bekannt sein, daß eine Mehrabgabe (geschehe sie in Form von Steuererhöhungen oder von Zwangsanleihen) das Wirtschaftswachstum in der BRD-West weiter bremsen und somit die Transferzahlungen an den Osten weiter erschweren würde.

5. Über die Nettoleistungen
des Westens für den Osten

Auf der anderen, der Westseite wurde das Klima gründlich vergiftet durch die Transferzahlungen von West nach Ost, die notwendig waren, um – ohne grundsätzliche ökonomische Reform des Ostens – den Bürgern dort einen erträglichen Lebensstandard zu sichern. 1992 mußte die BRD-West mit folgenden Nettoleistungen (in Milliarden DM) der BRD-Ost aushelfen:

Bund	78	Arbeitslosenversicherung	30
Treuhandanstalt	30	Rentenversicherung	19
Länder	15	Bundesbahn	10
EG-, ERP-Kredite	10	Telekom	9

Um die Ost-Wirtschaft anzukurbeln, trägt der Staat bis zu 50 Prozent der Investitionskosten. Nehmen wir an, ein westdeutsches Indu-

---

sank im zweiten die gesamtwirtschaftliche Wertschöpfung um real 0,5 Prozent. Die Ausrüstunginvestitionen gingen im Vergleich zum Vorjahr um 3,8 Prozent zurück, die Einfuhr sank um 1,1 Prozent. Ebenfalls sanken die Einkommen aus Unternehmertätigkeit und Vermögen um 0,5 Prozent. Nur der Staatsverbrauch wuchs. Von Juni bis Juli 1992 sank – saisonbereinigt – die Erzeugung im produzierenden Gewerbe des Westens um 0,5 Prozent (gegen April/Mai sogar um 1,5 Prozent), die Bautätigkeit um 4,5 Prozent. Der Grundstoff- und Produktionsgütersektor meldete ein Minus von 1 Prozent, die Investitionsgütersparte von 2 Prozent und das Verbrauchsgütergewerbe von 1,5 Prozent. Die Industrieproduktion sank im Juni/Juli 1992 gegenüber dem Vorjahr um 3 Prozent.

strieunternehmen investiere 10 Millionen DM (davon 4 Millionen in Bauten und 6 Millionen in Maschinen), dann erhält es 1992 einen Investitionszuschuß von 2,3, eine Investitionszulage von 0,72, einen Kredit aus Sonderabschreibungen auf Ausrüstungen und Bauten von 1,925 Millionen DM. Das macht insgesamt 49,45 Prozent des investierten Kapitals aus.

Allein die Ausgaben des Bundes für die neuen Länder werden von 75 Milliarden DM in 1991 auf deutlich mehr als 100 Milliarden DM ansteigen. Davon erhalten (in Milliarden DM):

	1991	1992	1993	1994
Länder und Gemeinden	18	23	24	25
Bevölkerung	25	29	29	32
Sonstige Ausgaben	32	35	40	44

Unter »Sonstige Ausgaben« verbergen sich Zahlungen an die Reichsbahn, für den Straßenbau, die Verteidigung, die Bundeshilfe Berlin, Werfthilfe usw.

Dazu kommen noch die Zuschüsse für die Sozialleistungen. Sie betrugen in 1992 in Milliarden DM:

Sozialversicherungen	10
Kindergeld	6
Vorruhestand und Alter	5
Arbeitslosenhilfe	5

In Ostdeutschland liegt der Erweiterungsbedarf allein bei Umweltschutzmaßnahmen bis 2005 mit 118 Milliarden DM doppelt so hoch wie der schon erhebliche Erhaltungsbedarf. Zusammen sind das 174 Milliarden DM. Darin ist der riesige Sanierungsbedarf für Altlasten (11 000 Altablagerungen, 16 900 kontaminierte Betriebsgelände, Sanierung von Kläranlagen, Kanalisation) noch nicht enthalten.

Wer aber bezahlt das alles? Natürlich an erster Stelle der Staat über seine Verschuldung, an zweiter aber der Bürger über Steuererhöhungen. Ein Durchschnittsverdiener (3 700 DM brutto im Monat) bezahlt 1992 durch Steuererhöhungen (Mineralöl, Tabak, Versicherungen), Erhöhung der Telefongebühren und den Solidarbeitrag von 7,5 Prozent der Steuerschuld 199 DM. Er finanzierte so 23 Prozent der Einheitskosten. Der Rest wurde über Schulden finanziert. Die Ablösung des Solidarbeitrags durch die Erhöhung der Mehrwertsteuer ab dem 11. 1. 1993 bringt einem Manager mit einem Jahreseinkommen von 500 000 DM eine Minderabgabe von mehr als 7 000 DM. Ein Angestellter mit einem Jahreseinkommen von 24 000 DM zahlt dagegen 100 DM zu.

Die Ostländer können mit eigenen Steuereinnahmen knapp 30 Prozent ihrer Auslagen decken. Den Rest muß der Westen zuschießen. Doch weitere unabsehbare Transferzahlungen kommen über den »Länderfinanzausgleich« auf die Westländer zu. Art. 107,2 GG bestimmt: »Durch das Gesetz ist sicherzustellen, daß die unterschiedliche Finanzkraft der Länder angemessen ausgeglichen wird ... Es kann auch bestimmen, daß der Bund aus seinen Mitteln leistungsschwachen Ländern Zuweisungen zur ergänzenden Deckung ihres allgemeinen Finanzbedarfs gewährt.«

Art. 7,3 EV legt fest, daß bis zum 31. 12. 1994 »ein gesamtdeutscher Länderfinanzausgleich nicht stattfindet«. Was wird das für die ab 1995 zu leistenden länderspezifischen Transferzahlungen von West nach Ost bedeuten? Der »Fonds Deutsche Einheit« endet 1994. Dann muß der Länderfinanzausgleich neu geregelt werden. Würden die bestehenden Regelungen angewandt, hätten die Länder der BRD-West 1995 31,6 Milliarden (statt der bisherigen 4,4 Milliarden) DM an die Ostländer zu zahlen. NRW oder Bayern, die in 1991 nichts in die Kasse des Länder-Finanzausgleichs zahlten, müßten dann mit 8,9 bzw. 5,8 Milliarden DM einstehen. Die Westländer wären innerhalb weniger Jahre pleite.[1]

---

1 Für eine Neuregelung könnte ein Urteil des BVG vom Mai 1992 wichtig sein: Angegriffen wurde in einem Normenkontrollverfahren der Länder Hamburg, Bremen, Schleswig-Holstein und des Saarlands beim BVG das Finanzausgleichsgesetz von 1988. Die Richter stellten fest, daß die Länder Saarland und Bremen mit ihrer Zins-Steuer-Quote (Verhältnis der Zinsausgaben zu den ordentlichen Steuereinnahmen) bei 23,3 bzw. 23,9 Prozent lägen (gegenüber dem Länderdurchschnitt von 11,1 Prozent) und sich damit in einer Haushaltsnotlage von »extremem Ausmaß« befänden. Das Gericht stellte fest, daß aus der Tatsache »der im Bundesstaat bestehenden Solidargemeinschaft von Bund und Ländern und des bündischen Prinzips des Einstehens füreinander« den anderen Mitgliedern die Pflicht erwüchse, »mit konzeptionell aufeinander abgestimmten Maßnahmen dem betroffenen Land beizustehen«.

Angemerkt sei, daß die Transferzahlungen, die von Deutschlands Westen in dessen Osten fließen, ausgereicht hätten, die Ökonomie des gesamten Ostblocks auf der Grundlage der Vorstellungen der Bretton-Woods-Institute zu sanieren.

6. Über die zunehmende Entfremdung

Der Ruf »Wir sind ein Volk« der Bürger der DDR droht unterzugehen in der Einsicht, daß zwar die juristische Einheit gelungen ist, keineswegs aber die ökonomische, soziale und kulturelle. Westdeutsche und Ostdeutsche blieben zwei Völker mit unterschiedlichen sozialen, kulturellen und ökonomischen Wertvorstellungen. Das Allgemeine Bewußtsein des Westens wie des Ostens versteht die über den Beitritt zum Geltungsbereich des Grundgesetzes vollzogene Einheit als eine Art ökonomischer und politischer Okkupation. Was einst – in den kolonialen Zeiten – militärisch okkupiert wurde, wird jetzt zivil okkupiert. Und man mag sich streiten, welche Okkupation humaner ist.

Jürgen Worbs, Bürger der Stadt Radebeul, schreibt:[1] »Das Selbstwertgefühl der DDR-Bürger, die im Herbst 1989 ein verbrecherisches System abgeschüttelt haben, wird systematisch demontiert, indem ihnen eingeredet wird, sie seien alle mehr oder weniger in diesem System schuldig geworden – sie hätten sich ja nur, wenn schon nicht kämpfen, doch aus allem heraushalten müssen ... Eigentlich hätten wir ja bedenken müssen, daß die Bonner Republik ihre Vergangenheit mehr verdrängt als bewältigt hat ... Wenn uns das bißchen verbliebene Selbstbewußtsein systematisch genommen wird, wenn Verleumdung und Rufmord legitime und übliche Mittel zum Machterhalt sind, wenn Leute, die sich nie unter einer Diktatur bewähren mußten, uns zu beurteilen oder sogar zu richten sich anmaßen, dann erinnert das schon ein wenig an einen kalten Krieg gegen das Beitrittsgebiet ... Die allgemeine Stimmung bei uns ist schwer zu beschreiben. Enttäuschung und Angst, je nach politischer Einstellung und persönlicher Lebenshaltung gepaart mit Wut oder Wunderglauben ... Die Versprechen der Sieger der neunziger Wah-

---

1 Jürgen Worbs, Ihr liegt in der Ecke und leckt euch die Wunden, in FAZ vom 4. 7. 1992, 28.

len – schnelle Angleichung der Lebensverhältnisse, blühende Landschaften im Osten, baldiger Aufstieg aus der Talsohle, keinem wird es schlechter gehen – wer glaubt noch daran?«

Peter F. Drucker[1] ist der Ansicht, daß sich bei der deutschen Vereinigung, die weder eine Verschmelzung noch eine Akquisition gewesen sei, wennschon sie von den Westdeutschen offenbar so verstanden wurde, sich die Engstirnigkeit der Westdeutschen gezeigt habe. Über die Vereinigung sei verhandelt worden wie über eine Konkursverwaltung mit anschließender Übernahme. Dieses Vorgehen habe seine sozialen Spuren hinterlassen. Es kam zu einer tiefgehenden, wenn auch selten eingestandenen Abneigung der Westdeutschen gegen die Ostdeutschen. So kann keine zufriedenstellende Wirtschaftsentwicklung geschaffen werden. Sollte die Arroganz der Westdeutschen von Dauer sein, werde das zu einer Verfestigung des »DDR-Denkens« führen.

Was aber sagen die Zahlen? Die Frage des Instituts für Demoskopie Allensbach »Fühlen Sie sich im allgemeinen eher als Deutscher oder mehr als Bürger der (ehemaligen) DDR?« wurde im Juni 1990 von 28 Prozent der Befragten mit »eher als Bürger der (ehemaligen) DDR« beantwortet. 66 Prozent fühlen sich eher als Deutsche. Zwei Jahre später veränderten sich die Zahlen dramatisch: Nur noch 40 Prozent hielten sich eher für Deutsche und 51 Prozent eher als Bürger der (ehemaligen) DDR.[2]

Ist die Arroganz des Westens nur abzubauen, indem wir etwa beginnen, endlich unsere Nazi-Vergangenheit aufzuarbeiten? Versuchen wir diese Aufarbeitung nicht stellvertretend im und am Osten? Wird die ungestrafte Lüge zu einem legitimen Instrument des Machterhalts? Werden wir uns davon lösen können, den Beitritt, der ja auch juristisch keine Wiedervereinigung war, anders zu sehen denn als

---

1 Peter F. Drucker, Die deutsche Provinzialität kann teuer werden, in FAZ vom 9. 6. 1992, 18.

2 Elisabeth Noelle-Neumann, Aufarbeitung der Vergangenheit im Schatten der Stasi, in FAZ vom 6. 8. 1992, 8. Interessant ist auch die verschiedene Interpretation des »Falls Stolpe«. Stolpe ist Ministerpräsident des Bundeslandes Brandenburg. Er wurde von dem Staatsicherheitsdienst der DDR (Stasi) als inoffizieller Mitarbeiter geführt. Während die Westpresse zumeist Kübel von Unrat über ihn ausschüttet, hatten im Juni 1992, in dem die Kübelentleerer besonders aktiv waren, 51 Prozent der befragten Ostbürger eine gute Meinung von ihm (und nur 11 Prozent keine gute Meinung).

Okkupation? Ich fürchte, daß wir im Westen diese Fragen hin auf eine Spaltung beantworten müssen. Wenn es uns nicht gelingt, bald massiv Allgemeines Bewußtsein zu ändern, wird das Gefühl des Andersseins, das wechselseitige Ausgrenzen dramatische Formen annehmen. Vielleicht wird uns das erleichtert durch die Zusammenschluß-Initiativen der Ostdeutschen.

Das Befremdlichste, das einem Ostbürger in der Begegnung mit der »Kultur des Westens« zustößt, ist das nahezu vollständige Defizit an politischer, ökonomischer und sozialer Moral. Moral wird im Westen ersetzt durch Funktion. »Gut ist das, was wie vorhergesehen funktioniert!« Der aus dem Osten kommende stellvertretende Parteivorsitzende der SPD, Wolfgang Thierse, berichtet: »Vorher (vor der Einverleibung der DDR durch die Bundesrepublik) hatte man die Möglichkeit, zwar ratlos sein zu können, aber doch in der Überzeugung zu leben, daß man moralisch recht habe.« Die Politiker müssen einiges tun, um den Menschen im Westen zu vermitteln, daß Teilen notwendig ist. »Sie müssen erstens erklären können, daß es menschlich und moralisch richtig ist, das zu tun. Sie müssen sagen, daß es auch realpolitisch vernünftig ist... Die Vision von der Verteilungsgerechtigkeit haben wir noch nicht aufgegeben... Ich träume manchmal davon, daß die Menschen in den nächsten Jahren lernen können, daß Fortschritt nicht nur materieller Fortschritt ist ... sondern ein Reichtum von menschlichen Beziehungen, von Kommunikation... Ich bin sehr skeptisch, ob das je gelingt.«[1] Thierse sieht das Problem des Ostens und des Westens richtig.

Das, was der Osten erlebte, war ein »Kulturschock«[2], d. h. eine Begegnung mit einer vermeintlich ökonomisch, politisch, sozial und kulturell überlegenen Kultur, welche die eigene vernichtete. Doch mit dem Untergang der eigenen wurden die Defizite der neuen sichtbar. Und das Leiden unter einer unverständlichen Welt begann. Es wird auch so lange nicht enden, bis es »gelingt, Politik in den nächsten Jahren als eine kulturelle Aufgabe zu praktizieren«. Es kommt darauf an, die Wahrnehmungsfähigkeit der Menschen in Ost und West zu ändern – nur so wird es möglich sein,

---

1 Wolfgang Thierse, Gegenwelten außer Sicht, in Innovatio 8 (1992), 6, 53 f.
2 Die Theorie des Kulturschocks wurde vor allem aus den Folgen der Begegnung der europäischen Kulturen mit denen der Kolonialvölker entwickelt.

gemeinsame Interessen, Erwartungen, Bedürfnisse und Werte, kurzum eine gemeinsame Identität zu entwickeln. Unter der Regierung Kohl sehe ich nicht die geringste Chance, daß sich deutsch-deutsche Politik aus der reinen Funktionalität befreit und sich primär als kulturelles Ereignis versteht. Solange sie das aber nicht tut, wird die Spaltung zwischen West und Ost zunehmen. Die ersten Symptome dieser Spaltung zeigten sich im Jahr 1992, auf das sich unsere Analyse der politischen Unmoral besonders konzentriert.

Die Ost-Abgeordneten der CDU, SPD und der FDP begehrten gegen ihre Parteispitzen auf. 63 Ost-Parlamentarier der CDU bildeten Anfang Juni 1992 eine Gruppe in der Fraktion mit dem ehemaligen Ost-Unterhändler und jetzigem Verkehrsminister Günther Krause als Sprecher. Ihr Ziel: bessere Koordination der Regierungsvorhaben im Osten, Stärkung östlicher Interessenvertretung gegen die Bundesregierung und die Ministerialbürokratie, die nach wie vor ausschließlich in West-Kategorien denkt. Der Ministerpräsident des Landes Sachsen, Dr. Kurt Biedenkopf (CDU), und der Ministerpräsident des Landes Brandenburg, Dr. Manfred Stolpe (SPD), einigten sich im Mai 1992 auf ein gemeinsames Positionspapier »Aufbau Ost vor Ausbau West«, dem inzwischen alle neuen Länder beitraten. Im Osten gibt es so etwas wie eine Koalition der Regierenden, die sich gegen Bonn orientiert. Manfred Stolpe spricht von einer »Ost-Koalition«, die Bonner Politiker von einer »Gespensterdiskussion«.

Die Dachorganisation der Komitees für Gerechtigkeit wurde am 11. 7. 1992 in Berlin gegründet.[1] Ihr Ziel ist es, als »Gegenpartei« zur Bundesregierung bei der Interpretation und Durchsetzung der Bestimmungen des Einigungsvertrages die »östliche Sicht« zu vertreten. War doch der zweite Partner des Einigungsvertrages, die DDR, untergegangen. Niemand überwachte mehr die Beobachtung

---

1 Die panischen Reaktionen im Westen zeugen von der Wichtigkeit dieser Gründung. Der FDP-Generalsekretär Uwe Lühr warnte seine ehemaligen Mitbürger vor den »Rattenfängern«. Die CDU-Vizeparteivorsitzende Angela Merkel machte nur »billige Demagogie« aus, der Bündnis-90-Abgeordnete Wolfgang Ullmann sprach von einem neuen »Volksbetrug«. Nur der Ministerpräsident Brandenburgs, Manfred Stolpe (SPD), meinte zutreffend: »Was die da jetzt fordern, das liegt seit Monaten in der Luft und entspricht der Stimmungslage im Osten.«

des Vertrages von seiten des Ostens.[1] So fordert der Einigungsvertrag keineswegs die Schließung der Polikliniken an Krankenhäusern – dennoch wurden sie zumeist unter Berufung auf die Nr. 299 des Einigungsvertrages geschlossen. Niemand nahm die Rechte der betroffenen Ärzte und die Interessen der vielen Patienten wahr, für die sich solche Klinikabteilungen als außerordentlich segensreich erwiesen hatten. Ganz richtig heißt es denn auch im Gründungspapier. »Ob in Wirtschaft, Medien, Kultur, Politik, Verwaltung oder Justiz, überall erklären Menschen aus den alten Ländern denen aus den neuen, was sie zu tun oder zu unterlassen, zu denken oder zu fühlen haben.« In einem Diskussionsangebot für künftige Komiteemitglieder wird ausgeführt, die Wirtschaft in den neuen Ländern werde für die Wirtschaft in den alten »paßgerecht gestaltet«. Damit sei »eine einzige Desindustrialisierung und Massenarbeitslosigkeit verbunden«. Die Landwirtschaft werde so weit reduziert, »daß sie keine Konkurrenz für die der alten Länder darstelle«.

In der Tat fühlen sich viele Ostbürger nicht wiedervereinigt, sondern politisch und ökonomisch okkupiert. Das war die kaum bedachte Folge der »Wiedervereinigung« über Art. 23 GG (»In anderen Teilen Deutschlands ist es – das GG – nach deren Beitritt in Kraft zu setzen«). Nach dem Willen der Väter des Grundgesetzes sollte Art. 146 GG die deutsche Wiedervereinigung bestimmen: »Dieses Grundgesetz verliert seine Gültigkeit an dem Tage, an dem eine Verfassung in Kraft tritt, die von dem deutschen Volke in freier Entscheidung beschlossen worden ist.« Nur die Auflösung beider deutscher Staaten und die Begründung eines neuen mit einer neuen Verfassung hätte, trotz aller politischen und juristischen Schwierigkeiten, eine realistische Wiedervereinigung gesichert. Warum bestand die Volkskammer der DDR nicht auf eine Regelung nach Art. 146 GG? War-

---

1 Sigmar Heilmann schrieb am 22. 7. 1992 im Mannheimer Morgen (S. 2): »Die Gründung der Komitees für Gerechtigkeit in Ostdeutschland verfolgt die gleiche Linie ... Das steuernde Element der kryptokommunistischen PDS wird mit dem Namen von Diestel und anderen nichtkommunistischen Initiatoren verdeckt ... Es ist die bekannte Volksfronttaktik.« Da konnte Peter Jochen Winters von der FAZ nicht nachstehen. Am folgenden Tag sieht er in den Komitees die »alte Volksfront-Taktik der Kommunisten« am Werk. »Wo sie selber diskreditiert waren oder nicht recht weiterkamen, da versteckten sie sich hinter anerkannten und prominenten Persönlichkeiten, fortschrittlichen gesellschaftlichen Kräften.« Alles, was nicht paßt, ist halt kommunistisch.

um beantragte sie voreilig den Beitritt zum Geltungsbereich des Grundgesetzes? Das 4+2-Abkommen hätte auch auf deutscher Seite von zwei souveränen Staaten abgeschlossen werden können, welche die Wiedervereinigung nach Art. 146 GG angestrebt hätten. Damit wurde die Dominanz des Westens nicht zum Problem, sondern zur Problemlösung (Karl Otto Hondrich). Eine »Kultur der Bescheidenheit« ist im Westen weit und breit nicht auszumachen, wohl aber eine »Unkultur der Arroganz«.
Der Soziologe Wolf Lepenies spricht völlig zu Recht für den Westen Deutschlands (wenn es um die Wiedervereinigung geht) von der »Folgenlosigkeit einer unerhörten Begebenheit« und für den Osten von »Sozialkolonialismus«.
Der Bundesfinanzminister Theo Waigel behauptete während des »Parteiengespräches« vom 27. 5. 1992, in den fünf »jungen Ländern«

- sei das Ende der wirtschaftlichen Talfahrt erreicht,
- habe der Aufschwung begonnen,
- sei in 1992 ein Wirtschaftswachstum von 8 bis 10 Prozent zu erwarten,
- habe man die finanzpolitischen Probleme der Einheit im Griff,
- seien die Kosten der Einheit gerecht verteilt.

Dieser Zweckoptimismus geht vielen Menschen im Osten auf die Nerven. Wolfgang Thierse beobachtet »eine bestürzende Diskrepanz zwischen der Wirklichkeit, wie ich sie, meine ostdeutschen Landsleute und auch meine ostdeutschen Bundestagskollegen aus allen Fraktionen im östlichen Deutschland erfahre, und der selbstgewissen Haltung einer Regierung, die den Eindruck erweckt, daß sie alles im Griff habe, die in jovialer Gelassenheit, ja Herablassung Gespräche führt und die Probleme so lange von weit oben weg betrachtet, bis sie nur klein genug geworden sind ... Die Euphorie und die entschlossen-frohgemute Erwartung des Jahres 1990 sind jedenfalls längst einem müden Realismus (der wäre gut) und wütender Resignation (die ist zu befürchten) gewichen.«[1]
Und schon scheint es selbst unter den ehemaligen Bewohnern der DDR Spannungen zu geben. Einigen gelingt die Anpassung an die

---

1 Wolfgang Thierse, Zwei Welten – oder eine?, in Der Spiegel 46 (1992), 25, 22 f.

Westkultur, anderen nicht. Eine typische Vertreterin der Angepaßten ist Monika Maron. Sie schreibt über ihre ehemaligen Mitbürger: »Solange ich unter ihnen lebte, ist mir die außergewöhnliche Empfindsamkeit meiner ostdeutschen Mitmenschen verborgen geblieben. Im Gegenteil: Ich bin an ihrer Dumpfheit und Duldsamkeit, an ihrer Duckmäuserei und ihrem feigen Ordnungssinn oft verzweifelt... Und jetzt, will es mir scheinen, ist ihnen das Recht zu streiken nicht mehr die Schwierigkeiten wert, die es kostet, diesen Schrotthaufen von einem Land in eine nach europäischem Maß vernünftige Gesellschaft zu verwandeln.«[1] Sollte sie recht haben, werden die Komitees für Gerechtigkeit kläglich scheitern.

---

1 Monika Maron, Peinlich, blamabel, lächerlich, in Der Spiegel 46 (1992), 35, 136–141.

12. Kapitel

Das Ausmaß der Staatsverschuldung als Moralversagen des Staates

In den sechziger und siebziger Jahren, als die Wirtschaftspolitik noch auf den Spuren John Maynard Keynes' (1883–1946) wandelte, wurden Staatsschulden als Instrument zur Bewahrung oder Wiederherstellung von Vollbeschäftigung und Stabilität angesehen. Heute ist der Glaube an die Möglichkeiten staatlicher Konjunkturförderung der Gewißheit gewichen, daß der Staat nicht vermag, was privaten Investoren nicht gelingt: neue Arbeitsplätze zu schaffen. Heute sind nahezu alle Volkswirte der sicheren Überzeugung, daß der Keynesianismus vielfach falsifiziert wurde und somit unbrauchbar ist. Heute ist es volkswirtschaftlich nahezu unbestritten, daß (vor allem die antizyklische) Staatsverschuldung nach vulgärkeynesianischer Manier dem Gemeinwohl – zumindest langfristig – schweren Schaden zufügt.

Nun aber übersteigt die Staatsverschuldung der Bundesrepublik heute und mehr noch in den kommenden Jahren jedes vertretbare Maß. Der Staat handelt also gemeinwohlschädigend und somit sozialunverträglich und unmoralisch. An die Stelle der volkswirtschaftlichen Rechtfertigung tritt nun konsequent die Strategie des Versteckens und Verdeckens. Der »Fonds Deutsche Einheit« sind ein solches Versteck. 1991 verschuldete sich der Fonds mit 35 Milliarden DM – davon sind etwa 31 Milliarden staatsschuldmehrende Kredite, die im Bundeshaushalt nirgendwo auftauchen.

Die »intergenerationelle Umverteilung«[1] findet besonders dann statt, wenn der Staat sich zur Finanzierung des Konsums (und nicht zu investiven Zwecken) verschuldet. Das Institut der deutschen Wirtschaft schätzt nun aber, daß die weitgehend mit Schulden finanzierten Transferleistungen in den Osten Deutschlands höchstens zu

---

1 Wolfram F. Richter und Joachim Weimann, Die Zeche bezahlen die Kindeskinder. Die Konsequenzen einer wachsenden Staatsverschuldung, in NZZ vom 28./29. 6. 1992, 19.

einem Drittel investiv verwendet werden. Von den aus dem »Fonds Deutsche Einheit« geleisteten Zahlungen von etwa 34 Milliarden DM in 1992 dienen allenfalls 10 Milliarden investiven Zwecken. Der Staat verschuldet sich also, um vor allem die Konsumwünsche in den neuen Bundesländern zu befriedigen und sich damit eines Verteilungskonflikts zu entledigen. Da es ihm trotz dieser (verfehlten) Bemühungen nicht gelingt, diesen Konflikt zu beheben, wächst er in 1992 in bedrohliche Dimensionen, die sozial und politisch destabilisierende Reaktionen nicht ausschließen. Solche Kredite schaffen keinerlei Ressourcen.[1]

Nun machen einige Geldtheoretiker einen Unterschied zwischen privater und öffentlicher Verschuldung. Während im privaten Bereich Geld einen Substanzwert habe, besitze es im öffentlichen Bereich nur die Aufgabe, die Staatsfunktionen zu sichern.[2] Doch ist diese Geldtheorie inzwischen allgemein verlassen. Es besteht also im Prinzip kein Unterschied zwischen privater und öffentlicher Verschuldung zu konsumtiven Zwecken.[3] Dennoch darf nicht übersehen werden, daß der Staat in aller Regel nicht seine Schulden, sondern

---

1 Das soll jedoch nicht heißen, daß es keine Grenzfälle geben kann, in denen bei Marktstörungen (einer dynamischen Ineffizienz) eine Staatsverschuldung zu konsumtiven Zwecken volkswirtschaftlich sinnvoll ist. Wenn es etwa zu einer Überakkumulation von Realkapital kommt, könnte mittels einer Staatsverschuldung überschüssiges Kapital in den Konsum gelenkt werden, ohne daß nachfolgende Generationen darunter leiden. Doch sind Marktstörungen dieser Art kaum zu erwarten, da marktwirtschaftliche Systeme unter meist gegebenen Randbedingungen dynamisch effizient sind. Das äußert sich u. a. in der Tatsache, daß der Realzins nicht dauerhaft unter die Wachstumsrate fallen kann. (Vgl. dazu W. F. Richter und J. Weimann, a. a. O.).

2 So sind einige Nationalökonomen (vor allem der US-Amerikaner Robert Barro) der Meinung, daß die Staatsverschuldung nicht zu einer Belastung künftiger Generationen führe, da die Finanzierung von Staatsausgaben – im Gegensatz zu ihrer Wirksamkeit – ohne reale Wirkung sei (»Ricardoanische Irrelevanzhypothese«). Barro verweist darauf, daß die Menschen über ein altruistisches Vererbungsmotiv durch höhere Erbschaften den Mangel wieder wettmachen würden.

3 W. F. Richter und J. Weimann verweisen hier (a. a. O.) auf ein Gedankenexperiment, das auf David Ricardo zurückgeht: Man stelle sich vor, es gelte, eine staatliche Konsumausgabe zu finanzieren. Der Staat stellt nun einem Bürger folgende Alternative: Entweder wird die Ausgabe durch eine sofortige Steuererhöhung finanziert oder durch einen später zurückzuzahlenden Kredit, der samt Zinsen durch eine spätere Steuererhöhung zu tilgen ist. Ein ökonomisch rational denkender Bürger wäre gegenüber beiden Möglichkeiten indifferent.

nur den mit Steuern oder neuen Schulden finanzierten Zinsdienst zahlt. Wenn das beliebig so weitergehen könnte, hätten die recht, die eine funktionale Geldtheorie verfolgen, wenn es um öffentliche Schulden geht. Nur wenn die Verzinsung der Staatsschuld dauerhaft niedriger ist als die Wachstumsrate einer Volkswirtschaft, kann es, weil die Bezahlung der Zinsen zu einem Sinken der Zinslastquote (das ist das Verhältnis von Zinsverpflichtungen zu Staatseinnahmen) führt zu einer volkswirtschaftlichen Rechtfertigung der Staatsverschuldung kommen. Sonst wird sie von Jahr zu Jahr weiter steigen. Nun zeigen neuere Untersuchungen, daß der langfristige Zins nicht unter die langfristige Wachstumsrate fallen kann. Das hat zum einen das beruhigende Ergebnis, daß es zu keiner verschwenderischen Überakkumulation von Kapital kommen kann, zum anderen aber das beunruhigende Ergebnis, daß die Annahme, der Staat könne sich vor der Bezahlung fälliger Zinsen drücken, reine Illusion ist.
Wie steht es nun um die Staatsverschuldung in der BRD? In 1970 betrug die Verschuldung der öffentlichen Haushalte in der BRD noch 19 Prozent des Bruttosozialprodukts (BSP). 1980 war die Staatsschuldquote schon auf 32 Prozent angewachsen, in 1992 überschreitet sie deutlich die 40-Prozent-Marke. Die jährliche Neuverschuldung, die vor dem Beitritt der DDR zur BRD etwa 1 Prozent des BSP betrug, übersteigt in 1992 5 Prozent. In absoluten Zahlen heißt das: Die Staatsneuverschuldung betrug

1990   65 Milliarden DM,
1991   80 Milliarden DM,
1992   100 Milliarden DM.

Sicherlich ist eine Staatsneuverschuldung zunächst attraktiv, ermöglicht sie doch, Verteilungskonflikte zu lösen oder gar nicht erst aufkommen zu lassen. Langfristig jedoch verschiebt sie – und das ist strukturell unmoralisch – Lasten auf kommende Generationen, wenn der Staat nicht schon zuvor gezwungen wird, sich durch eine Großinfla-

---

Er könnte ja die heute fällig werdende Steuererhöhung durch einen privaten Kredit abfangen und so die Tilgung auf einen späteren Zeitpunkt verschieben. Er würde also in gleicher Weise belastet. Daß der Staat sich auch durch Einsparungen (etwa durch Subventionskürzungen oder Minderung von Haushaltsposten, etwa des Militäretats) Liquidität besorgen kann, war zur Zeit Ricardos noch keine nennenswerte Alternative.

tion oder eine Währungsreform zu entschulden, um funktionsfähig
zu bleiben.

Da die beiden letzten Konsequenzen sorglichst aus dem Allgemeinen
Bewußtsein ausgeblendet bleiben, sind nicht wenige Bürger bereit,
Staatsverschuldung zumindest billigend in Kauf zu nehmen, wenn sie
eigenen Vorteil bringt und »nur« zukünftige Generationen belastet.
Die Verlierer der Staatsverschuldung haben heute noch nicht das
Recht – etwa in Wahlen –, politische Konsequenzen zu ziehen.

Vor allem wird oft vergessen, daß auch umlagefinanzierte Sozialversicherungen (etwa die Pflegeversicherung) eine Staatsverschuldung
zu Lasten kommender Generationen ist.[1] Selbst wenn hier das Wort
»Generationenvertrag« diesen Sachverhalt zu verschleiern sucht,
bleibt geltend, daß die, welche heute pflegebedürftig sind, eine Leistung beanspruchen, die sie nicht bezahlt haben. Die heute Erwerbstätigen erwerben einen Rechtsanspruch auf zukünftige staatliche
Leistungen (wenn sie selbst einmal pflegebedürftig geworden sein
sollten). Die für das Alter erworbenen Ansprüche mindern die Bereitschaft zur privaten Vorsorge. Damit wird die Sparquote gemindert. Das kann zu einer Verlangsamung des Wachstums führen und
damit zu einer Abflachung der Lohndynamik. Das bedeutet, daß
zukünftige Generationen mit niedrigeren Löhnen rechnen müssen,
als sie erhalten könnten, wenn eine private Altersversicherung abgeschlossen werden müßte. Die Alternative zum Umlageverfahren
wäre ein Kapitaldeckungsverfahren. Die Beiträge werden nicht zur
Deckung laufender Ausgaben verwendet, sondern am Kapitalmarkt
angelegt. Die Ansprüche der Beitragszahler könnten dann aus den
Kapitalerträgen befriedigt werden. So kommt es zu keiner volkswirtschaftlich unerwünschten Behinderung der Kapitalbildung. Die
jetzt Pflegebedürftigen, die niemals in eine Pflegeversicherung eingezahlt haben, müßten dann jedoch über die anderen Sozialversicherungen – vor allem aus dem Topf der Krankenversicherung und
der Rentenversicherung – versorgt werden, wenn nicht der Staat
sich zu unmittelbaren, aus Einsparungen finanzierten Subventionen, zu denen er an sich verpflichtet wäre, entschließen könnte.

Doch gilt es, neben dem Abwälzungseffekt – der Finanzierung heutigen Konsums durch künftige Generationen – auch zu beachten, daß

---

1 Auf diesen Sachverhalt machen W. F. Richter und J. Weimann (a. a. O.) aufmerksam.

der Kapitalmarktzins durch die staatliche Nachfrage steigt, wenn das Sparangebot nicht vollkommen zinselastisch reagiert. Das aber mindert – zumindest bei funktionierenden Märkten[1] – die Investitionstätigkeit. Das belastet mittelbar auch künftige Generationen ebenso wie die derzeitigen ausländischen Handelspartner.

Doch lösen wir uns von Fragen der Volkswirtschaft, und betrachten wir die augenblickliche Situation in der BRD. Hier begegnen wir folgenden Zahlen:

Die öffentliche Verschuldung betrug in Milliarden DM:

	Ende 1991	Ende 1992	Ende 1995	Veränderung 91 gegen 95 (in Prozent)
Gebietskörperschaften:				
Bund	594	610	744	+ 25
Länder	352	378	551	+ 57
Gemeinden	135	150	267	+ 98
Sondervermögen[2]:				
Bahn und Post	160	157	200	+ 25
KAF	29	100	100	+ 245
Fonds DE	51	75	95	+ 86
Treuhand	25	145	210	+ 740
ERP/LAF	15	27	30	+ 100
Wohnungs-wirtschaft DDR	___	47	55	___
	1 361	1 679	2 252	+ 61,4
Zinsen	67,6 (1989)		170	
Schulden pro Einwohner	16 950	20 200	27 100	+ 60

1 In der BRD herrscht im Augenblick ein Zustand, in der die Nachfrage nach investivem Kapital weniger von der Zinshöhe abhängt als von der Erwartung sinkender Zinsen bestimmt wird. Diese Erwartung ist selbstredend höher, je höher die Zinsen sind. Wer bald niedrigere Zinsen erwartet, wird sein kreditfinanziertes Investitionsprojekt, wenn möglich, auf einen späteren Zeitpunkt verschieben.
2 Die in den Sondervermögen aufgeführten Institutionen haben folgende Aufgaben: (Fortsetzung nächste Seite)

Von den Treuhandschulden sollen 1995 die »neuen Länder« 125 Milliarden DM übernehmen. Dazu kommen auf die Gemeinden der BRD-Ost 50 Milliarden Schulden aus dem kommunalen Wohnungssektor.

Die bis 1995 fällige Ablösung der Schulden des KAF und der Treuhandanstalt in Höhe von wenigstens 350 Milliarden sollen auch zum Teil von den Ländern übernommen werden. Ostländer und -gemeinden müßten sich 1996 achtmal höher verschulden als in 1991.

Die Schuldenquote des Staates betrug 1989 41 Prozent des BSP und lag damit um 6 Prozent höher als 1981, dem Jahr, als Dr. Helmut Kohl mit seinem Finanzminister Dr. Gerhard Stoltenberg, ohne auch nur die geringste Ahnung von Volkswirtschaft zu haben, die Sanierung der Staatsfinanzen versprach. Auch dieses Versprechen hat er also gebrochen. Die Staatsverschuldung betrug Ende 1992 1 400 Milliarden DM, das entspricht einer Schuldenquote von 46,4 Pro-

---

- KAF = Kreditabwicklungsfonds. In diesen Fonds flossen die Altschulden der DDR ein. Diese Schulden werden 1993 vom Bund und den Ländern der BRD-Ost (50 Milliarden DM) übernommen. Hier aus Gründen der Vergleichbarkeit in 1995 übernommen,
- Fonds DE = Fonds »Deutsche Einheit«. Er soll 1994 um sieben Milliarden aufgestockt werden. Die Hälfte soll der Bund tragen, die andere Hälfte die Westländer. Sie werden das kaum leisten können.
- ERP/LAF = European Recovery Program. Hier handelt es sich um ein nicht rechtsfähiges Sondervermögen des Bundes, das nach dem Zweiten Weltkrieg dem Wiederaufbau diente und später vor allem zinsgünstige öffentliche Förderprogramme des Bundes mit den Schwerpunkten Mittelstand und Umweltschutz entwickelte. Der Bund haftet für die Verbindlichkeiten dieses Vermögens unmittelbar und unbeschränkt. Der ERP-Wirtschaftsplan für 1993 sieht vor, in diesem Jahr wiederum 14 Milliarden DM (davon 10 Milliarden für die Ostländer) in dieses Sondervermögen einzustellen.
- DAB = Deutsche Ausgleichsbank. Seit Februar 1990 zahlte sie 180 000 Förderkredite mit einem Volumen von 21 Milliarden DM. Davon gingen 15,6 Milliarden in Gestalt von eigenkapitalähnlichen Darlehen an »Existenzgründer« in den neuen Ländern: Taxifahrer, Apotheker, Ärzte, Handwerker usw.
- KfW = Kreditanstalt für Wiederaufbau. Sie ist eine 1948 gegründete Körperschaft des öffentlichen Rechts. Sie hat die Aufgabe, mittel- oder langfristige Darlehen oder Bürgschaften für Vorhaben des Wiederaufbaus und der Förderung der deutschen Wirtschaft zu gewähren. In den letzten Jahren wurde sie zunehmend auch in der Entwicklungshilfe und bei Umschuldungsmaßnahmen von Drittweltschuldnern tätig. Sie finanziert sich durch die Ausgabe von Schuldverschreibung und Darlehen des Bundes, der Bundesbank oder ausländischer Kreditgeber.

zent des BSP, das ist eine Steigerung gegen Ende 1990 um 6,7 Prozent. Nimmt man die Verschuldung der Treuhand von etwa 250 Milliarden DM hinzu, steigt die Quote in 1994 auf etwa 50 Prozent. Rechnet man noch, wie es einer soliden Haushaltsrechnung des Staates angemessen wäre, die Altschulden des Wohnungswesens in der ehemaligen DDR, die abzuschreibenden Forderungen an den ehemaligen Ostblock und die Entschuldung von Bundes- und Reichsbahn dazu, erreicht die Quote leicht 54 Prozent. Nach Berechnungen des Ifo-Instituts vom Mai 1992 steigt die Staatsschuldenquote in den nächsten Jahren auf 55 Prozent und die gesamtstaatliche Defizitquote auf gut 3,5 Prozent. Mitte der neunziger Jahre würden 17 Prozent der Bundesauslagen durch Zinszahlungen in Anspruch genommen. Diese Zahlungen sind kaum mehr zu kompensieren durch erhöhte Steuern und Sozialabgaben, da die gesamtwirtschaftliche Abgabenquote schon 1992 41 Prozent betrug. Jenseits dieser Quote dürfte die Steuerschraube »leer drehen« – d. h., durch Drosselung der Wirtschaftstätigkeit würden die Steuereinnahmen bei Steuer- und Abgabenerhöhung vermindert.

Doch zurück zur Gegenwart: Vom 170-Milliarden-Transfer in den Osten wurden 1991 rund 100 Milliarden durch Schulden finanziert, 25 Milliarden kommen aus den Steuerkassen, 47 Milliarden aus den Sozialversicherungen zu Lasten westdeutscher Unternehmen und Arbeiter. Diese letzte Position besorge eine »soziale Schieflage« (Heiner Geißler). Also seien die Selbständigen und Beamten zusätzlich zu belasten.

Besonders sind die Transferleistungen im Bereich der Sozialversicherungen zu bedenken. Hier fallen für die Bundesbürger erhebliche Zusatzkosten (wenigstens als Opportunitätskosten) an: Sie müssen diese 47 Milliarden DM aufbringen, damit der Staat im Osten Renten, Arbeitslosengeld, Arbeitsbeschaffungsmaßnahmen und Umschulungen finanzieren kann.

Von 1993 bis 1996 muß der Bund wenigstens 14 Milliarden DM für die Bundesbahn aufbringen. Dieser Betrag ist nicht gedeckt.

Ein zentrales Problem der Finanzierung der Einheit sind die Gebietskörperschaften in der BRD-Ost. Wenn der Bund ihnen nicht erheblich beispringt, werden sie sich von 1992 9 Milliarden DM auf 33 Milliarden in 1994 verschulden.

Ein Zinsdienst von 170 Milliarden DM in 1995 übersteigt den Betrag, den der Bund in 1992 für Arbeit und Soziales, für Verteidigung, für Landwirtschaft, Familie und Forschung ausgibt. Der Staat droht, wenn er seine Schulden nicht durch eine Währungsreform oder durch eine massive Inflation tilgt, bewegungsunfähig zu werden.

Doch noch eine weitere Quelle zur Schuldenminderung erschließt sich nach dem Gutachten, das die vom »Gesetz gegen Wettbewerbsbeschränkungen« (gemäß Paragraph 24 b) geforderte »Monopolkommission« Ende Juni 1992 als ihr neuntes Hauptgutachten vorlegte. Die Kommission fordert die Privatisierung von Unternehmen in Staatsbesitz und verspricht sich davon Einnahmen in dreistelliger Milliardenhöhe.

Vor allem erwähnt sie:

- die 55-Prozent-Bundesbeteiligung an der Industrieverwaltungsgesellschaft AG,
- die 74-Prozent-Bundesbeteiligung an der Saarbergwerke AG,
- die 20-Prozent-Landesbeteiligung Niedersachsens an der Volkswagen AG,
- die 39 öffentlichen Versicherer,
- die Sparkassen und Landesbanken,
- die Lufthansa AG,
- die Bundes- und Reichsbahn,
- die verschiedenen Flughafengesellschaften,
- die Stromversorger (vor allem die RWE und die Bayern-Werke AG).

Doch alle diese Unternehmen zu verscherbeln bringt nur einmal Geld in die Kassen. So müssen letztlich andere Wege der Entschuldung gesucht werden.

Da bekanntlich Staaten noch niemals in der Geschichte der Menschheit ihre Schulden zurückgezahlt haben, bleibt wohl auch der Bundesrepublik keine andere Wahl, als sie entweder durch eine Rieseninflation (1 Prozent Inflation entwerten des Sparvermögen der privaten Haushalte in der BRD um 30 Milliarden DM und mindern entsprechend den Nettobetrag der Schulden öffentlicher Haushalte) und/oder durch eine Währungsreform zu tilgen. Schon Franz Josef Strauß erkannte als Bundesfinanzminister die mögliche Notwendigkeit einer Währungsreform. Die Pläne dürften schon längst weitgehend ausgearbeitet sein. Im Gegensatz zu den Reformen von 1923 und 1948 soll diese auch das immobile Vermögen durch eine dem Bund zu gewährende erststellige, nach dem Verkehrswert zu berechnende Zwangshypothek ernsthaft betreffen. Dem Bund würden aus Schulden und Tilgungen eine neue lebhaft sprudelnde Einnahmequelle erschlossen.

Vorläufig scheint Bonn noch auf eine Schuldenkürzung durch Minderung des Geldwerts zu setzen. Die Inflationsrate steigt durch die wunderbare Geldvermehrung steil an. Im Februar 1992 stiegen die Verbraucherpreise gegenüber dem Vorjahr um 4,3 Prozent an (in Frankreich nur um 3 Prozent, in Schweden nur um 2,5 Prozent). Kanzler Dr. Helmut Kohl, der Weichmacher der DM, wird – wenn er 1994 wiedergewählt werden möchte – die Inflationsrate mit allen Mitteln (vor allem durch eine Verknappung und/oder Verteuerung des Geldes durch die Bundesbank, durch Neukombinationen in der Statistik zugrunde liegenden Warenkorb) drücken. Hohe Zinsen sind ein Investitionshemmnis – weil alle Investoren auf sinkende Zinsen warten, um sich investiv zu verschulden. Bleiben aber die Investitionen aus, besteht die Gefahr, daß das BIP und die realen Zinserträge sinken. Industrie und Sparer werden aus dem zu teuren Deutschland abwandern. Aber die Alternative ist noch weniger erfreulich. Um sie zu vermeiden, heißt es sparen. Und das vor allem an Subventionen.

Der Staat kommt seinen Bürgern teuer zu stehen. Schon 1992 beträgt die Staatsquote (Anteil der Staatsausgaben am BSP = Staatsausgaben in Prozent der Wirtschaftsleistung) 50 Prozent. Und das ist zuviel! Dieser Anteil wird um so stärker wachsen, als der Staat seine Schulden begleichen muß.

13. Kapitel

Die politischen Parteien

Joschka Fischer, derzeit hessischer Umweltminister, kommentierte die Parteiendiskussion des Jahres 1992 so: »Parteien sind wie Maulesel: unglaublich belastbar und tragfähig, völlig schwindelfrei vor den Abgründen der Macht, bestechlich durch eine Mohrrübe, aber zugleich völlig unfruchtbar – das Neue muß in der Gesellschaft entstehen.«

Der Soziologe und CDU-Mann Erwin K. Scheuch schrieb 1992: »Ein Kartell der großen Parteien« habe sich den bundesdeutschen Staat und wichtige gesellschaftliche Bereiche zur Beute gemacht. »Das System der Machtübernahme durch Cliquen« von Parteipolitikern sei bereits »außer Kontrolle«. Für Abgeordnete des inneren Zirkels gäbe es nicht mehr ein Mandat auf Zeit, man trete nicht mehr zurück ins normale Leben, sondern glaube vielmehr in den Adelsstand erhoben worden zu sein. »Wir sind auf dem Weg zur Mehrparteiendiktatur.« Sätze, die ihm die Drohung eines Parteiausschlußverfahrens einbrachten.

Der Bundespräsident, Richard von Weizsäcker, wurde zum engagiertesten Kritiker unserer »Parteiendemokratie«, eines Sozialgebildes, das mit »Demokratie« nichts, aber auch gar nichts mehr gemein hat, sondern nichts ist als eine Diktatur der jeweils herrschenden Parteiführer. Der Bundespräsident (selbst ein »Verfassungsorgan«) sagte Ende Mai 1992 in einem Gespräch mit Gunter Hofmann und Werner A. Perger: »Die Parteien haben sich zu einem ungeschriebenen ... Verfassungsorgan entwickelt, das auf die anderen ... einen immer weitergehenden, zum Teil völlig beherrschenden Einfluß entwickelt hat« (140).[1] Während für die anderen (Bundestag, Bundesrat, Bundespräsident, Bundesregierung und Bundesverfassungsgericht) das Grundgesetz in klaren Richtlinien deren Kompetenzen

---

1 Die Seitenhinweise beziehen sich auf das Buch Richard von Weizsäcker im Gespräch mit Gunter Hofmann und Werner A. Perger, Frankfurt 1992.

festlegt, gibt es offenbar für die Parteien so etwas wie eine unbeschränkte Allkompetenz. Sie lassen die Kompetenzen der »übrigen« Verfassungsorgane (mit Ausnahme der des Verfassungsgerichts) mehr und mehr verkümmern. Im Parteiengesetz vom 24. 7. 1967 (und danach immer wieder an die Bedürfnisse der Parteien angepaßt) »verfügen die Parteien auf dem Umweg über den Gesetzgeber über sich selbst. Von ihren Rechten ist ziemlich eindrucksvoll die Rede, wenn auch der tatsächliche Umfang ihres Einflusses bei weitem nicht erfaßt wird« (141). Die wenigen Verpflichtungen, die das Gesetz den Parteien auferlegt, beziehen sich im wesentlichen nur auf Fragen der Organisation und auf verfahrenstechnische Regeln. Nach diesem Gesetz sind die Parteien »ein verfassungsrechtlich notwendiger Bestandteil der freiheitlich-demokratischen Grundordnung«.(Daß diese Behauptung nackter Unsinn ist, habe ich anderswo aufgezeigt.[1] Es sind sehr wohl Demokratiemodelle vorstellbar und entwickelt worden, die ohne Parteien auskommen.) Zudem ist es ihre Aufgabe, »insbesondere auf die Gestaltung der öffentlichen Meinung Einfluß zu nehmen«, was nichts anderes ist als die rechtliche Verpflichtung zur Manipulation ebendieser Meinung. Die Parteien wurden jedoch zu Instrumenten in der Hand von Berufspolitikern, und »bei uns ist ein Berufspolitiker im allgemeinen weder ein Fachmann noch ein Dilettant, sondern ein Generalist mit dem Spezialwissen, wie man politische Gegner bekämpft« (150). Nach von Weizsäckers Überzeugung »ist unser Parteienstaat von beidem zugleich geprägt, nämlich machtversessen auf den Wahlsieg und machtvergessen bei der Wahrnehmung der inhaltlichen und konzeptionellen Führungsaufgabe« (164). »Wir leben in einer Demoskopiedemokratie. Sie verführt die Parteien dazu, in die Gesellschaft hineinzuhorchen, dort die erkennbaren Wünsche zu ermitteln, daraus ein Programm zu machen, dieses dann in die Gesellschaft zurückzufunken und sich dafür durch das Mandat für die nächste Legislaturperiode belohnen zu lassen« (165).

Man beachte wohl: Der Mehrheitswille artikuliert sich in Programmen, nicht aber in konkreter Politik. Da interessiert des Wählers Wille keinen Politiker mehr, es sei denn, seine Politik führe zu Stimmeinbußen. Und die Parteien sind nach dem Stand der Dinge auf-

---

1 R. Lay, Die Macht der Moral, Düsseldorf 1990, 121 ff.

grund ihrer systemischen Trägheit nicht fähig, diesen Zustand aus eigener Kraft zu beenden – und eine andere (außer einer Revolution)[1] gibt es nicht. Sie folgen den der Regel, die für alle sozialen Systeme gilt: Solange sie nicht durch exogene Zielvorgaben daran gehindert werden, verfolgen sie ausschließlich die endogenen Zwecke: Selbsterhalt und Wachstum.

Die wesentlichen Instanzen unseres Staates sind de facto und gegen alles Grundgesetz einige Politiker, welche die Parteien dazu bestimmt haben. Ein neues Gesetz kommt über Koalitionsabsprachen zustande, also in Absprachen zwischen einigen Führungsleuten der Parteien. Solche Koalitionsabsprachen werden dann von Spitzenpolitikern einer der beteiligten Parteien, von einem Minister oder vom Regierungssprecher verkündet. De facto verhalten sich jetzt alle, als sie der Inhalt der Absprache Gesetz. Kabinetts- und Parlamentsbeschlüsse sind eine Art von Ratifikation der Absprache, auf die man an sich verzichten könnte. »Die entscheidenden handelnden Personen sind durchweg führende Politiker der Parteien. Sie nehmen gleichsam eine Integrationsfunktion von Regierung, Parlament und Koalitionsparteien wahr. Wir können von einer Oligarchie der Spitzenpolitiker der Parteien sprechen«[2] Nun wäre das nicht einmal das Ärgste. Arg wird die Sache dadurch, daß Demokratie nicht nur Volksherrschaft, sondern auch Herrschaft des Mittelmaßes bedeutet. Die wenigen Personen, denen die Parteien die Macht geben, Koalitionsabsprachen zu treffen, werden, wenn man einmal von ganz wenigen Ausnahmen absieht, notwendig Mittelmaß sein.

Oft wird darauf verwiesen, daß nur über solche Absprachen fachgerechte Entscheidungen möglich seien. Sowohl die Mitglieder des Kabinetts als auch des Parlaments verfügten nicht über zureichende Sachkenntnis, um brauchbare und effiziente Gesetzesvorlagen zu erarbeiten und darüber fachgerecht zu entscheiden. Und das ist richtig. Es ist eines der strukturell nicht behebbaren Mängel der Demokratie, daß Sachverstand sich eben nicht in den gewählten Gremien

---

1 K. Marx meinte hierzu:»Die Revolution ist nicht nur nötig, weil die herrschende Klasse auf keine andere Weise gestürzt werden kann, sondern auch weil die stürzende Klasse nur in einer Revolution dahin kommen kann, sich den ganzen alten Dreck vom Halse zu schaffen und zu einer neuen Begründung der Gesellschaft befähigt zu werden« (MEW 3, 70).
2 Waldemar Schreckenberger, Sind wir auf dem Weg zu einem Parteienstaat?, in FAZ vom 5. 5. 1992, 12.

zusammenfindet. »Die massenhaften Routinesachen verbleiben dem Kabinett, die wichtigeren politischen Sach-, aber auch herausgehobenen Personalfragen ... werden im Regelfall von der Koalition vorentschieden.«[1] Tatsächlich werden wir also in allen nichttrivialen Angelegenheiten von einer Ministerialbürokratie regiert, die ihre Vorlagen dann an die Sachverständigen der Koalition weitergibt. Diese entscheiden dann, ob die Vorlage in das Gesetzgebungsverfahren eingebracht werden soll oder nicht. Die Dreiteilung der Gewalten, Grundlage jeder funktionierenden Demokratie, verkam auf eine Zweiteilung, insofern die Legislative in die Hände der Exekutive fiel.

Das wäre eventuell noch verzeihlich, wenn die antidemokratische »Herrschaft der Exekutive« wenigstens effizient arbeiten würde. Das aber tut sie nicht. Die Regierungsparteien scheitern an elementaren »Lebensfragen der Nation«. Die Antworten, die sie geben, sind entweder verlogen oder künden von schierer Dummheit.[2] Das gilt in 1992:

- für die Frage des Umgangs mit Asylsuchenden,
- für die Frage nach der Finanzierung der deutschen Einheit,
- für die Frage der Verelendung des deutschen Ostens,
- für die Frage, wie der Bestand an Wohnungen wirksam vermehrt werden könne,
- für die Frage der Finanzierung der Sozialversicherungen (vor allem der Renten und der Gesundheit),
- für die Frage der zukünftigen Verwendung der Bundeswehr,
- für die Frage des Subventionsabbaus,
- für die Frage, wie man mit den Nötigungen der Industrielobby fertig werden kann.

Offenbar sind der Kanzler und sein Kabinett nur in der Lage, Routinefragen abzuhandeln – nicht aber Fragen, die durch strukturelle

---

1 Ibd.

2 Völlig zu Recht erteilte der Präsident des Deutschen Industrie- und Handelstages, Hans Peter Stihl, im Juli 1992 der Bundesregierung wegen unzureichender Leistungen bei der Pflegeversicherung, bei den GATT-Verhandlungen und bei der Reform der Unternehmenssteuern die Note »mangelhaft«.

politische, ökonomische oder soziale Veränderungen auf uns zugekommen sind. Im Kabinett herrscht das Denken von vorgestern. Zugegeben, auch die Opposition weiß um keine überzeugenden Lösungen. Die anzubieten ist jedoch auch nicht ihre Pflicht. Sie bietet zwar Einsparungen (etwa im Wehretat) und Steuererhöhungen (Verzicht auf Steuererleichterungen für Unternehmen und Gutverdiener) an, fordert aber Ausgaben für Sozialleistungen, die diese Einnahmen gleich wieder aufzehren würden. Pflicht aber der Opposition ist es, das politische und ökonomische, das kulturelle und soziale Versagen dieser Regierung deutlicher zu machen. Der Fraktionschef der SPD, Hans-Ulrich Klose, ist ein Mann der viel zu weichen Töne. Nur weil einige Herren der SPD auch nicht die glänzendsten Saubermänner sind, darf Opposition nicht zu einem Lämmerschwanzgewackel oder einem Zephirsäuseln verkommen. Das könnte den Anschein einer Koalition von Halunken erwecken: »Wenn du mir nichts tust, tue ich dir auch nichts; wenn du mir aber etwas tust, räche ich mich entsprechend.« Der Parteivorsitzende und Kanzlerkandidat der SPD, Björn Engholm, erklärt sich bereit, mit Kanzler Dr. Helmut Kohl darüber zu verhandeln, wie ein »Sanierungspaket der politischen Parteien« geschnürt werden könne. Er schwenkt in wichtigen Fragen auf die Linie der Union ein und ist seit Ende August 1992 bereit, die von der Union geforderten Änderungen des Grundgesetzes (Asyl, Bundeswehr) sowie die Beschränkung von Grundrechten (Verwanzung von Privatwohnungen) mitzutragen. Die einzige funktionierende Opposition zur Bundesregierung findet im Bundesrat statt – aber zumeist nur deshalb, weil die Länderfinanzen mit denen des Bundes konkurrieren.
Und so ist denn verständlich, daß die sogenannten »Volksparteien« (CDU und SPD), das sind Parteien, die ohne jedes Programm sich idealtypisch an den augenblicklichen Bedürfnissen der Bevölkerungsmehrheit auszurichten versuchen, um in Wahlen den Median[1] zu überschreiten, tatsächlich aber an nichts anderem interessiert sind als am bloßen Machterhalt oder Machterwerb, immer stärker die Gunst der Wähler verlieren. Ihr populistisches Gerede, dem kei-

---

1 Man spricht hier zutreffend von »Medianparteien«. »Median« (oder »Zentralwert«) bezeichnet in der analytischen Statistik den 50-Prozent-Punkt. Die Medianparteien versuchen in Wahlen (zusammen mit eventuellen Koalitionspartnern), diesen Punkt zu überschreiten.

ne entsprechenden Handlungen folgen, gehen jedem Wähler auf die Nerven, der nicht stur und stumm aus reiner politischer Trägheit, ohne sich irgendwelche politischen Fragen zu seinem Wahlentscheid zu stellen, immer dieselbe Partei wählt.

Die Abgeordneten, an sich nur ihrem Gewissen verpflichtet, verkamen zu »Domestiken« der Parteien. Sie wissen, wem die ihre Existenz verdanken. »Statt Nähe zum Bürger haben die Parteien in einem zunächst kaum vorstellbaren Ausmaß den Anschluß an die Bürokratie gesucht und gefunden. Hier, beim Zugriff auf den Staatsdienst, erwiesen sie sich als die eigentlichen Machthaber, und hier vor allem gründet das verbreitete Gefühl der Wähler, von den Parteien bevormundet oder übervorteilt zu werden ... An diesem innigen Verhältnis wird sich mit Sicherheit nichts ändern, denn offensichtlich bringt es beiden Seiten Nutzen. Die Parteien wollen die öffentliche Verwaltung, das mit Abstand ergiebigste Feld für alle Formen von Protektion ..., nicht aus der Hand geben; umgekehrt wissen natürlich auch die staatlich Bediensteten sehr genau, was ihnen die Nähe zu den Parteien einbringt ... Ohne den Patronagebedarf der Parteien ist das uferlose, von allen Regierungswechseln unabhängige Breitenwachstum des öffentlichen Sektors ... schwer erklärbar.«[1]

Es gab einmal eine gute alte Zeit, in der die Kritik dem Staate galt: Es sei arrogant anzunehmen, besser zu wissen, was den in ihm lebenden Menschen nutzt, als diese selbst. Er bestimme, was dem Gemeinwohl förderlich sei und was ihm schade. Diese noch von Fr. A. von Hayek gegeißelte Idylle ist längst verschieden. Nicht mehr der Staat ist arrogant, denn er fiel in die Hände der Parteien. Sie besitzen die Unverschämtheiten, die von Hayek dem Staat anlastete. Nur sehr viel ausgeprägter.

Die konkrete »Parteiendemokratie« bestätigt wiederum alltäglich und drastisch die »ökonomische Theorie der Politik«: Politiker orientieren sich in ihrem politischen Geschäft an dem ökonomischen Grundsatz, es gelte, mit einem Minimum von persönlichem Einsatz ein Optimum an persönlichem Ertrag zu erwirtschaften. Das bedeutet u. a., daß sie sich nur dem Gemeinwohl verpflichtet wissen, wenn es zufällig mit dem Eigenwohl Hand in Hand geht.

Leider hat sich diese an innerer Evidenz kaum zu überbietende

---

1 Konrad Adam, Wenn der Staat zum Besitz der Parteien wird, in FAZ vom 2. 3. 1991.

Theorie noch nicht herumgesprochen. Es gibt tatsächlich noch Bürger, die der Auffassung sind, ein hauptberuflicher Politiker suche erststellig das Gemeinwohl und nur nachstellig das eigene. Sie allerdings werden durch die Alltagspraxis der Politik tief enttäuscht. Solche Enttäuschung ist der einzig plausible Grund, warum heute so viele Menschen der Politiker und der Parteien überdrüssig geworden sind. Ihr Ansehen, das sie aus der Verpflichtung bezogen haben, Schaden vom Volke abzuwenden und seinen Nutzen zu mehren, ist, weil sie beides nur dann tun, wenn es im Eigeninteresse sinnvoll zu sein scheint, auf dem Nullpunkt angekommen. So formuliert Manfred Noé: »Die Unterschiede zwischen Politikern und Kriminellen scheinen in der derzeitigen Diskussion zu verschwimmen. Beide bedienen sich selbst, sie verstoßen gegen Recht und Ordnung, nur um Kasse zu machen. Der Unterschied liege – so könnte man meinen – nur darin, daß die einen, wenn sie erwischt werden, in den Knast müssen, während die anderen weiter auf Empfängen hofhalten.«[1]

Anthony Downs, einer der Begründer der ökonomischen Theorie der Politik, schrieb 1956: »Die Parteien treten mit politischen Konzepten hervor, um Wahlen zu gewinnen; sie gewinnen nicht die Wahlen, um mit politischen Konzepten hervortreten zu können.«

Die Politik- und Parteiverdrossenheit vieler Deutscher schlägt sich in entsprechenden demoskopischen Umfragen nieder. Mitte September 1992 wollen in der BRD-West 35 Prozent nicht wählen. In der BRD-Ost sogar 42 Prozent.

Wie macht sich die Amoralität der Parteien in konkreten Situationen und für jeden erkennbar deutlich? Ehe wir uns fragen, was man in einer solchen Situation tun soll/muß, werde ich über die folgenden Probleme sprechen:

1. Über den unmoralischen »Fraktionszwang«.
2. Über die unmoralische Parteienfinanzierung.
3. Über das unmoralische Desinteresse der Parteien an der politischen Bildung der Bürger.

---

1 Martin Noé, Augenmaß nötig, in Fränkische Nachrichten vom 23. 7. 1992.

1. Über den unmoralischen »Fraktionszwang«

Die moralische Verwerflichkeit eines politischen Systems, in dem die Parteien die Macht ergriffen und die Abgeordneten nur als ihre willfährigen Instrumente betrachten, die kaum etwas anderes zu tun haben, als den Willen ihrer Parteivorstände zu folgen, zeigt die Einführung eines als »Fraktionsdisziplin« schöngeredeten Fraktionszwanges in nahezu allen deutschen Parlamenten – vor allem aber im Bundestag.

Die seit der Antike ausgebildeten Ethiken Europas sind sich darin einig, daß niemand gezwungen werden darf, gegen sein Gewissen zu handeln. »Uns allen ist das Gewissen ein Gott.«[1] Diese fundamentalethische Norm fand Ausdruck in Art. 38,1 GG. Es heißt da: »Die Abgeordneten des Deutschen Bundestages ... sind Vertreter des ganzen Volkes, an Aufträge und Weisungen nicht gebunden und nur ihrem Gewissen unterworfen.«

»Fraktionszwang« bezeichnet eine im Fall des Zuwiderhandelns durch Mandatsverlust sanktionierte Verpflichtung des Abgeordneten, bei parlamentarischen Abstimmungen oder Debatten die fraktionsinternen Beschlüsse einzuhalten. Dieser Mandatsverlust muß nicht unmittelbar auf das »Fehlverhalten« erfolgen, sondern kann auch so praktiziert werden, daß der Abgeordnete bei künftigen Wahlen nicht mehr als Kandidat aufgestellt wird. Die Begründung (mangelndes Wohlverhalten) muß nicht ausdrücklich genannt werden. Es genügt, wenn sie aufgrund der allgemeinen Lebenserfahrung vermutet werden kann.

In diesem Sinne besteht im Deutschen Bundestag zweifelsfrei in vielen Fällen Fraktionszwang, denn es widerspricht der Lebenserfahrung, daß die Gewissensgrenzen und die Fraktionsgrenzen in mehr als 90 Prozent der Entscheidungsfälle identisch sind. Die Praxis im Bundestag sieht aber so aus: Die Koalitionsfraktionen vereinbaren durch ihre Führungen das Abstimmungsverhalten der Abgeordneten, wobei sie eine gewisse Rücksicht auf die Meinungen in der Fraktion nehmen. Ein solcher Fraktionszwang widerspricht jedoch nicht nur der Verfassung, sondern auch der christlichen Lehre, nach der niemand gezwungen werden darf, gegen sein Gewissen zu handeln.

---

1 Menander, Monost 597 (= 81 Jaekel). Autor einer nur in syrischer Sprache erhaltenen Sammlung von etwa einhundert Sittensprüchen.

Der Bundestag hat keineswegs die Funktion, der Regierung das Regieren zu erleichtern, sondern die Regierung zu kontrollieren. Koalitionsvereinbarungen, die nicht selten das Regieren »mit wechselnden Mehrheiten« ausschließen, widersprechen also der Verfassung nach Sinn und Wortlaut. Der heutige Zustand, nach dem der Bundestag nur den Kanzler zu wählen und ansonsten nur Kabinettsbeschlüsse zu sanktionieren hat, ist verfassungswidrig.

Daraus stellt sich die Frage, ob das Widerstandsrecht gegen den so praktisch verfaßten Staat nicht nur moralisch erlaubt, sondern gar gefordert ist. Ferner wäre daran zu denken, ob durch den Art. 20,4 GG nicht ein Widerstandsrecht gegeben ist: »Gegen jeden, der es unternimmt, diese Ordnung zu beseitigen, haben die Deutschen das Recht zum Widerstand, wenn andere Abhilfe nicht möglich ist.« Das ist aber nicht der Fall, da selbst das BVG gegen die bestehende Praxis keine Einwände erhebt.

Die wenigen Abstimmungen, für die der Fraktionszwang aufgehoben wurde (über den Sitz von Regierung und Parlament, über die Fassung des Paragraphen 218 StGB), führten dazu, daß viele Abgeordnete unter informellen Zwang gestellt wurden, sich für eine bestimmte, ihrem Gewissen nicht entsprechende Position zu entscheiden.

2. Über die unmoralische Parteienfinanzierung

Politiker und Parteien gehören zu den unproduktiven Kostenstellen im Unternehmen Staat. Sie besetzen Gemeinkostenplätze. Deshalb muß ständig geprüft werden, ob sie ihr Geld wert sind, ob die Anzahl der Stelleninhaber nicht deutlich gesenkt werden könnte, ob die Unternehmensorganisation optimal ist . . . Aber solche Fragen gelten als politische Blasphemien. Ingo von Münch schreibt: »Im Bundestag und in den Landtagen wie in den Regierungen sitzen die Netzhocker zuhauf . . . Alle halten sich für unersetzlich, und keiner von ihnen ist es. Langweilende Gesichter überall, von denen man schon weiß, ehe sie den Mund auftun, was sie reden.«[1] Und Hans Herbert von Arnim notiert: »Wer die Macht der Parteien begrenzen

---

1 Ingo von Münch, Es geht um Selbstbedienung, in Der Spiegel 46 (1992), 16, 36.

will, muß zuvörderst ihre Finanzierung aus öffentlichen Haushalten
eindämmen.«[1]
Diese Meinung machte sich auch das Bundesverfassungsgericht
(BVG) zu eigen: Es stellte unter dem 9. 4. 1992 im Urteil über die
Parteienfinanzierung seine Auffassung vor, die als Quittung für der
Parteien Arroganz (die sie sich als Beherrscher des Staates verstehen
läßt) und Unfähigkeit (etwa ihrem grundgesetzlichen Auftrag zu entsprechen, nach dem sie nach Art. 21,1 GG »bei der politischen Willensbildung des Volkes« mitwirken), als Quittung aber auch ihrer
Raffgier und Selbstherrlichkeit verstanden werden kann. Das
Gericht verwarf die im Parteienfinanzierungsgesetz von 1988 (das
eine Reaktion der Parteien auf das erste Parteienfinanzierungsurteil
des BVG aus dem Jahre 1986 war) festgestellte weitgehende Parteienfinanzierung aus Steuergeldern als grundgesetzwidrig. Seitdem
waren 4 Milliarden DM an Steuergeldern in die Parteikassen geflos-
sen. Zu Recht fragt Rudolf Augstein: »Warum kann dieser Staat,
wenn es um die Alimentierung der Parteien geht, nichts als schum-
meln?«[2]
Wie also finanzieren sich die Parteien 1990? Die erste Spalte enthält
die staatlichen Zahlungen: Wahlkampfkostenerstattung (WKKE)
und Chancenausgleich (CA). Zudem ist zu berücksichtigen, daß
Spenden weitgehend steuerbegünstigt und somit staatlich subventioniert sind, so daß auch die rechte Spalte noch Staatsleistungen
beinhaltet (Angaben in Prozent):

	WKKE + CA	Mitgliedsbeiträge + Spenden + Sonstiges
CDU	44,2	55,8
SPD	39,9	60,1
CSU	38,6	61,4
FDP	51,9	48,1
Grüne	33,2	66,8

- Die wichtigste Quelle, aus denen Parteien Staatsknete zukommt,
  ist die Wahlkampfkostenerstattung. Die Richter strichen den Par-

---

1 Hans Herbert von Arnim, Die Partei, der Abgeordnete und das Geld, Mainz
  1992.
2 Rudolf Augstein, Der Kanzlers Wunderhorn, in Der Spiegel 46 (1992), 16, 28.

teien den »Sockelbetrag«, der die Kostenerstattung für Wahlkämpfe mit knapp 7 Millionen DM verbessert, wenn eine Partei
bei Wahlen nur die 2-Prozent-Hürde nahm.
- Eine weitere Quelle ist der Chancenausgleich. Er brachte den
  Bundestagsparteien 1990 weitere 23 Millionen DM. Den strichen
  die Richter ersatzlos.
- Die dritte Quelle der Parteienfinanzierung aus Staatsmitteln sind
  steuerbegünstigte Spenden. Der Spender trug bislang die eine
  Hälfte seiner Spende, die andere der Staat. Hier strichen die
  Richter
    - die steuerliche Abzugsfähigkeit von Spenden aus Unternehmen,
    - die steuerliche Begünstigung von Spenden individueller Spender bis zur Grenze von 60 000 DM pro Nase.

Zudem legten sie fest, daß die Obergrenze staatlicher Subventionen die selbst erwirtschafteten Einnahmen der Parteien nicht
überschreiten dürfen. Aber es kommt noch härter: Der Mittelwert
aus den Subventionen von 1989 bis 1992 »bildet das Gesamtvolumen staatlicher Mittel, die den Parteien äußerstenfalls von Bund
und Ländern insgesamt zugewendet werden dürfen«. Die Parteien müßten »nicht nur politisch, sondern auch wirtschaftlich und
organisatorisch auf die Zustimmung und Unterstützung der Bürger angewiesen bleiben«. Auch dürfe ihnen »das Risiko des Fehlschlagens ihrer Bemühungen um eine hinreichende Unterstützung der Wählerschaft nicht abgenommen werden«. Auch dürften
sie »sich der Bürgerschaft insgesamt nicht entfremden«.

Ob dieses Urteil dazu führen wird, daß die etablierten Parteien
sich aus ihrer Selbstzwecklichkeit befreien und ihre Bürgernähe
entdecken? Dazu wäre es vonnöten, daß sie sich von Angebotsparteien, die dem Bürger ein bestimmtes, etwa im ersten Wort des
Parteinamens angedeutetes (meist verlogenes) Angebotsversprechen machen, zu Nachfrageparteien (deren Angebot vom Bürger
nachgefragt wird – wie etwa das der revolutionären Parteien in der
damaligen DDR vom Typ »Bündnis 90«) wandeln. Das aber werden sie mit Sicherheit nicht. Ihre Strukturen sind verharscht und
nahezu unbeweglich (sieht man einmal von den Grünen ab). In
diesem Fall sind sie so überflüssig wie ein Kropf oder eine Krebsgeschwulst. Denn sie wirken nicht mehr an der politischen Willensbildung der Bürger mit, sondern suchen nur noch eines: den

Gewinn und den Erhalt politischer Macht. Die Wahlprogramme enthalten zwar oft den demoskopisch erhobenen Wählerwillen. Aber diese Programme haben mit der Entscheidungspraxis der Parteien wirklich nichts zu tun. So schreibt denn auch das Urteil des BVG im Kontext der Großspenden über 20 000 DM, für die der Spender in Zukunft namentlich publiziert werden muß: Der Wähler solle sich »über die Kräfte unterrichten können, die die Politik der Parteien bestimmen«. Wie weitsichtig geurteilt: Nicht der Wählerwille bestimmt die Politik der Parteien, sondern die großen Spender!

- Die vierte Quelle der Parteienfinanzierung sind die überwiegend aus öffentlichen Mitteln unterhaltenen parteinahen Stiftungen. Sie allein kassierten in 1990 164,5 Millionen DM aus Steuermitteln. Diese Quelle ließ das BVG leider unangetastet.

Die CDU entdeckte für sich noch eine weitere Finanzierungsquelle: die Anzeigenakquisition der »Union GmbH & Co. Kommunikation und Medien-Kommanditgesellschaft« (UKM). Die CDU hält 26 Prozent der UKM-Anteile. Die übrigen Anteile halten der CDU nahestehende Privatpersonen (Hans Georg Weiss und Axel Walter). Die UKM ediert die Presseerzeugnisse der CDU: »Union – Das Magazin der CDU Deutschlands«, »Kommunalpolitische Blätter« und das »Deutsche Monatsmagazin«. Im Monatsmagazin kostet eine Schwarzweißanzeige 12 885 DM bei 2975 Abonnenten. Diese weit überhöhten Anzeigenpreise, mit denen sich die CDU zu finanzieren sucht, bezahlten u. a. die Daimler-Benz AG, die Bayer AG, die Preussen-Elektra AG, die ARAG, die Ruhrgas AG . . .[1] Und das alles, obschon die Verfassungsrichter die Parteien warnten, sich über Scheingeschäfte zu finanzieren.

3. Über das unmoralische Desinteresse der Parteien an der politischen Bildung der Bürger

Aber auch an der politischen Bildung der Bundesbürger sind die politischen Parteien in keiner Weise interessiert. Politische Bildung könnte das Reservoir der Wechselwähler (die nachweislich über

---

1 Zwei Hände für die Partei, in Der Spiegel 46 (1992), 35, 38-41.

mehr politische Bildung verfügen als Stammwähler) vergrößern. Damit wären Wahlausgänge noch weniger berechenbar. Populistische Spielchen, das wichtigste strategische Instrument der Parteien auf der Suche nach Stimmenfang politisch unbedarfter Bundesbürger, würden als solche durchschaubar und damit sinnlos. Eine Partei, deren Vorsitzender offensichtlich lügt, um Stimmen zu gewinnen, würde seine Partei unwählbar machen.

So ist es denn verständlich, daß der Bundestag sich 1988 das letztemal mit diesem Thema in einem Hearing beschäftigte. Im Plenum anwesend waren sechs Abgeordnete der SPD, je zwei Abgeordnete der CDU, der FDP und der Grünen. Die Bundeszentrale für politische Bildung betrachten die Parteien im wesentlichen als Versorgungseinrichtung ältlicher Parteifunktionäre. Ihr Direktor, Wolfgang Maurus (CSU), hält das Institut für eine Plattform, die Ideen seiner rechtslastigen Partei unters Volk zu bringen. So ließ er 500 Exemplare der Schrift »Die Grünen auf dem Prüfstand« verteilen. Dieses Pamphlet beklagte, daß die SPD »nicht die Kraft zum politischen Vernichtungskampf« gegen die Grünen fänden. In einem andern Pamphlet mit dem Titel »Zersetzen, zersetzen, zersetzen« ließ Maurus Heinrich Böll und Hans Magnus Enzensberger als »Wegbereiter für Anarchismus und Gewalt« beschreiben.[1] Ich erinnere mich noch recht gut an die Zeit, in der der öffentlich ausgehängte »Der Stürmer«, ein Blatt der NSDAP, ähnlich agierte.

Erst Anfang 1992 forderten seine Mitarbeiter bei den Parteizentralen die Abberufung des Wolfgang Maurus an, da er einen Führungsstil an den Tag legte, der sich in den von ihm favorisierten Publikationen widerspiegelte. Er wurde zum 1. 8. 1992 Referatsleiter im Innenministerium.

4. Über die Begrenzung der Macht der Parteien

Aus dem moralwidrigen Verhalten der Parteien gilt es Konsequenzen zu ziehen, um ihre Macht zu beschränken. Das Parteiengesetz von 1967 läßt sich die Parteien weit über ihren grundgesetzlichen Auftrag hinaus selbst definieren als »ein verfassungsrechtlich notwendiger

---

1 Völlig verludert, in Der Spiegel 46 (1992), 24, 49.

Bestandteil der freiheitlich-demokratischen Grundordnung«.
Und von diesem Titel her beanspruchen sie die Macht,

- zu bestimmen, was im Staate geht und was nicht,
- was Bürger tun und lassen dürfen und was nicht,
- was für die Bürger nützlich ist und was nicht,
- was verfassungswidrig ist und was nicht,
- wer wieviel zu zahlen und wer wieviel zu bekommen hat,
- wer würdig ist, subventioniert zu werden, und wer nicht …

Was ist zu tun, um das Eindringen von Parteien in verschiedene
Lebensbereiche zu mindern oder zu hindern, was ist zu tun, damit
sich die Parteigenossen nicht wie Herren, sondern wie Diener ihrer
Wähler aufführen?
Zunächst einmal muß die Funktion des Abgeordnetenseins ökonomisch weniger attraktiv gemacht werden, damit politisches Verant-
wortungsgefühl eine realistische Chance bekommt und sich nicht
Vertreter der »falschen Eliten« auf Abgeordnetensesseln heimisch
machen.

- Die hauptberuflichen Abgeordneten der Parlamente der Gebietskörperschaften erhalten »eine angemessene, ihre Unabhängigkeit
  sichernde Entschädigung« (Art. 48,3 GG). Welche Entschädigung angemessen ist, legt ein Gremium unabhängiger, nach dem
  Zufallsprinzip ausgewählter Richter fest.
- Die Abgeordneten können nur höchstens zweimal wiedergewählt
  werden.
- Sie erhalten keine Pensionen, sondern im Bedürftigkeitsfall eine
  Übergangszahlung, die ihnen den Wiedereinstieg in eine bürgerliche Existenz ermöglicht.

Dann gilt es, den Einflußbereich der Parteien zu mindern und sie,
die wie eine Krebsgeschwulst in alle Lebensbereiche hineinwu-
cheren, auf den Bereich der Politik im engeren Sinne zu beschränken:

- Die Schulleiter sind nach Vorauswahl geeigneter Bewerber durch
  die Schulbehörden von den Lehrern, den Eltern und den älteren
  Schülern (etwa drittelparitätisch) zu wählen.

- Die öffentlich-rechtlichen Rundfunkanstalten sind entweder zu privatisieren, oder wenn das verfassungsrechtlich nicht möglich sein sollte, sind deren Aufsichtsratsgremien von den Zuschauern und Hörern etwa durch Briefwahl zu ermitteln.
- Öffentlich-rechtliche Banken wie die meisten Sparkassen und alle Landesbanken sind zu privatisieren.
- Politiker, die eine Parteifunktion oder ein politisches Mandat wahrnehmen, dürfen weder in den Verwaltungen der Sondervermögen noch der Sozialversicherungen irgendwelche Funktionen übernehmen.
- Politiker, die eine Parteifunktion oder ein politisches Mandat ausüben, dürfen nicht in die Aufsichtsräte von Aktiengesellschaften gewählt werden.
- Die Kandidaten für die parlamentarischen Vertretungen der Gebietskörperschaften werden nicht mehr länger in informellen Zirkeln ausgehandelt oder von oben dekrediert, sondern stets von den jeweiligen Untergliederungen (in Gemeinden, Ländern) in freien und geheimen Wahlen aufgestellt. Die Parteileitung hat allenfalls ein Vorschlagsrecht. Der Versuch einer gebietenden oder verbietenden auch mittelbaren Einflußnahme von oben führt zu einem innerparteilichen Disziplinarverfahren.
- Jede Form des »Fraktionszwangs« wird aufgehoben. Wer auf einen Abgeordneten irgendeinen Druck ausübt, um sein Abstimmungsverhalten zu beeinflussen, für den gilt Paragraph 106 StGB. »Wer ein Mitglied eines Gesetzgebungsorgans des Bundes oder eines Landes rechtswidrig mit Gewalt oder der Drohung mit einem empfindlichen Übel nötigt, seine Befugnisse nicht oder in einem bestimmten Sinne auszuüben, wird mit Freiheitsstrafe von drei Monaten bis fünf Jahren bestraft. Der Versuch ist strafbar.« Für die Verfolgung solcher Straftaten werden eigene Ermittlungsbehörden, Staatsanwaltschaften und Kammern gebildet, um den laschen strafrechtlichen Umgang mit solchen Nötigungen zu beenden. Zudem sollte über den Nötigenden ein Berufsverbot verhängt werden.

Es ist verständlich, daß die jungen Bürger der BRD-Ost mit Politik à la West nichts zu tun haben wollen. Eine Untersuchung vom Shell-Jugendwerk beim Frankfurter Forschungsinstitut ergab, daß 84 Prozent der ostdeutschen Jungbürger zwischen 13 und 29 Jahren dem

Satz zustimmen: »Die Bevölkerung wird von den Politikern sehr betrogen.«[1] So ist es denn auch verständlich, daß die ostdeutschen Jugendorganisationen der Altparteien nicht nur nicht wenig Anklang finden, sondern mit ihren »Müttern« zumeist auf Kriegsfuß stehen, denen sie völlig zu Recht die Schuld an der Partei- und Politikverdrossenheit der Ostjugend zusprechen. Vor allem bleibt – und das gilt nicht nur für die Parteijugend – die verbissene Feindschaft der in Opposition zueinander stehenden Altparteien vielen ein Rätsel. Sollte das etwa die so lang ersehnte und mit Begeisterung erkämpfte Demokratie sein? So ist es denn auch verständlich, daß sich die CDU-Abgeordneten aus den »okkupierten Gebieten« im Juni 1992 zu einer Lobby »Gruppe 73« zusammengeschlossen haben.

Am 14. 12. 1992 trat Dr. Christian Schwarz-Schilling, der einzige im Kohl-Kabinett, der als Unternehmer etwas von Wirtschaft verstand, seit Oktober 1982 Minister für das Post- und Fernmeldewesen, von seinem Amt zurück. Begründung: Im Kabinett werden nicht mehr Entscheidungen von politischer Erheblichkeit getroffen. Diese Aufgabe hätten die Fraktionsabsprachen übernommen. »Tatsächlich hat die von Helmut Kohl bevorzugte Regierungspraxis die Institution der Bundesregierung zum Notariat für die in anderen Gremien getroffenen Entscheidungen degradiert.«[2]

---

1 Gleiche Chancen, in Der Spiegel 46 (1992), 24, 40.
2 Kg., Am Kabinett vorbei, in FAZ vom 16. 12. 1992.

14. Kapitel

Die Gewerkschaften

Über die Moral von Interessenverbänden ist schon oft gehandelt worden. Interessenvertreter – seien es nun die der Arbeitnehmer, der Arbeitgeber, der Ärzte oder der Autofahrer – sind in aller Regel bereit, dem Gemeinwohl schweren Schaden zuzufügen, wenn es nur dem vermeintlichen Interesse der Vertretenen dient. Ein Beispiel für diesen Sachverhalt mag der moralisch anrüchige Streik der Gewerkschaftsgruppe Öffentliche Dienste, Transport und Verkehr vom 27. 4. bis zum 7. 5. 1992 vorstellen.

1. Der Streik der ÖTV 1992

Im Tarifstreit der im öffentlichen Dienst Beschäftigten forderte die Gewerkschaft ÖTV 9,5 Prozent Lohnerhöhung, die öffentlichen Arbeitgeber aber boten nur 3,5 Prozent. Die klassische Arithmetik Inflationsausgleich plus Produktivitätszuwachs mochten die Arbeitgeber nicht akzeptieren, da der Produktivitätszuwachs im öffentlichen Dienst nicht gemessen werden kann und sich volkswirtschaftlich nicht als Meßlatte für eine »Branche« anbietet, von der die öffentliche Meinung vermutet, daß ihre Arbeitsbemühungen deutlich hinter denen der Wirtschaft zurückbleiben. Also gelte es nur, die Inflationsrate auszugleichen. Soweit die Arbeitgeber. Die Gewerkschaften versuchten über möglichst massive Lohnerhöhungen den Anteil ihrer Klientel an den Kosten der Einheit zu mindern. Denn diese Kosten werden von allen getragen, sei es über Steuererhöhungen (etwa der MwSt.), sei es über Inflation. Damit sind die Tarifverhandlungen der kommenden Jahre politisiert.
Monika Wulf-Mathies, die Vorsitzende der Gewerkschaft ÖTV, rief zum Streik, als die öffentlichen Arbeitgeber den Schlichterspruch des Vermittlers nicht annahmen. Es ging um 20 bis 30 DM mehr Lohn pro Monat. 0,6 Prozent trennte den Schiedsspruch (ein Mehr

von 5,4 Prozent) von dem Angebot der Arbeitgeber (4,8 Prozent). Jahrelang nahm die Gewerkschaft ÖTVTarifabschlüsse an, die unter 4,8 Prozent lagen. Als nun die BRD ernsthaft in Zahlungsschwierigkeiten geriet, begannen die Gewerkschaften, den durch die Kosten der Einheit finanziell äußerst belasteten Staat (oder besser: das deutsche Staatsvolk) zu tyrannisieren. Es kam zu lokal gebundenen Streikaktionen, die, strategisch gut vorbereitet, weite Bereiche der öffentlichen Versorgung und Entsorgung lahmlegten. Es streikten:

- die Müllwerker,
- die Postbediensteten,
- die Bahnbediensteten (vor allem im öffentlichen Nahverkehr, in den Intercity-Zügen der Bundesbahn wurden die Toiletten nicht mehr entsorgt),
- die Feuerwehr (so legte der Streik der Flughafenfeuerwehr den Betrieb des Frankfurter Flughafens lahm).

Gerecht war das Anliegen der Gewerkschaften insoweit, als die Löhne und Gehälter der öffentlich Bediensteten weit auseinanderklaffen. So erhält etwa ein verheirateter Beschäftigter mit einem Kind:

in der Lohngruppe V (Beispiel: Handwerker)	3 284 DM
in der Vergütungsgruppe Kr. Va	
(Beispiel: Krankenschwester)	3 675 DM
in der Vergütungsgruppe BAT IIa (Beispiel: Psychologe)	5 198 DM
BAT Ia (Beispiel: Arzt)	8 173 DM
ein Bundesminister	21 766 DM

Und was brachte der elftägige Arbeitskampf, der das öffentliche Leben in weiten Teilen der Bundesrepublik lähmte? Einen Lohnzuschlag von etwas über 5,4 Prozent für Müllwerker und Busfahrer. Zudem wurden die unteren Lohngruppen stärker begünstigt als die höheren. Eine Urabstimmung erhielt nicht die notwendige Mehrheit für dieses Verhandlungsergebnis. Es mußte »von oben« in Kraft gesetzt werden: Die Gewerkschaftsfunktionäre der großen Tarifkommission billigten den Tarifkompromiß vom 7. 5. 1992.
Unrecht ist, daß nicht erststellig der Staat, sondern das Staats-

volk die Unbill des Streiks ertragen mußte. Sich das Staatsvolk zur
Geisel zu nehmen, um den Staat (hier vor allem die Gebietskörperschaften) unter Druck zu setzen, ist schlechterdings unmoralisch
und in hohem Maße verwerflich. Dabei wäre es leicht gewesen,
Druck auf den Staat auszuüben: Leicht hätten die Staatsbedienste-
ten öffentliche Leistung gratis erbringen können, etwa durch Verzicht auf die Erhebung von Gebühren in der Bahn- und Postbeförde-
rung.

2. Die Gewerkschaften und die Arbeitslosigkeit

Die Gewerkschaften sind mit ihren hohen Lohnforderungen und
ihrer Weigerung, Öffnungsklauseln in die Tarifverträge aufzunehmen, die eigentlich Schuldigen an der hohen Arbeitslosigkeit in der
Bundesrepublik. 40 Milliarden DM brachten im Jahresdurchschnitt
der letzten Dekade Arbeitnehmer und Unternehmen auf, um die
Arbeitslosigkeit zu finanzieren. Das politische Instrumentar versagte, diesem Mangel abzuhelfen. Weder eine Stimulierung der Nachfrage (nach Keynes) noch die Subvention der Anbieter (neoklassisch)
halfen. Die Wirtschaft substituierte Arbeit durch Kapital, da die
Arbeit zu teuer wurde. Arbeitszeitverkürzung durch vollen Lohnaus-
gleich schafft nicht etwa neue Arbeitsplätze (wie die Gewerkschaften
wahrheitswidrig behaupten[1]), sondern ermuntert durch die Einführung effizienterer Technik, Arbeit freizustellen. Wenn eine solche
Substitution nicht möglich ist, verlagern immer mehr Unternehmen
Arbeit ins Ausland, weil sie im Inland zu teuer wird.
Mercedes-Benz denkt an einen Arbeitsplatzabbau von 20 000
Beschäftigten. Auch die Großen der Automobil- und Chemiebran-
che (VW, BMW, Bosch, Thyssen, Bayer, BASF, Hoechst) denken an
den Arbeitsplatzabbau von bis zu 10 000. VW will gar bis zu 25 000

---

1 Sie stützen sich dabei auf empirische Untersuchungen vor allem des »Instituts
für Arbeitsmarkt- und Berufsforschung bei der Nürnberger Bundesanstalt für
Arbeit«. Im Jahr 1982 wurde in der West-BRD 46,2 Milliarden Stunden gearbeitet. 1991 waren es nur 0,7 Milliarden Stunden mehr. Zugleich entstanden zwei
Millionen neuer Arbeitsplätze. Doch diese Angaben übersehen, daß keineswegs die verkürzte Arbeitszeit von durchschnittlich 40 auf 38,1 Stunden der
Grund für die Schaffung neuer Arbeitsplätze ist, sondern vielmehr das Wirtschaftswachstum der letzten Dekade.

224

Arbeitsplätze vernichten. Um im internationalen Wettbewerb bei schwacher Konjunktur standzuhalten, bleibt kaum eine andere Chance, wennschon die Lohnstückkosten in der Bundesrepublik weniger gestiegen sind als in den meisten anderen großen Industrieländern. Auf wichtigen Exportmärkten sinkt die Nachfrage etwa nach deutschen Autos. Sie kann nur wieder angekurbelt werden, wenn die Preise drastisch gesenkt werden.

Mit den von den Gewerkschaften erzielten Lohnsteigerungen steigen auch die Sozialtransferleistungen von West nach Ost. Fast 60 Prozent der westdeutschen Hilfszahlungen sind an das Lohnniveau gekoppelt. Für die privaten Unternehmen in der BRD-Ost ist jedes Drehen an der Lohnschraube existenzgefährdend und setzt Arbeit frei. Volkswirtschaftliche Vernunft war aber noch nie die Stärke der Arbeitnehmervertreter. So gehen sie nach wie vor mit der von Karl Marx im 3. Band des »Kapitals« entwickelten Theorie hausieren, nach der die Mehrung der Massenkaufkraft konjunkturfördernd sei. Marx war immerhin so intelligent, das nur für die Situation einer Deflationskrise zu fordern.

Ferner ist zu fragen, ob die Erhöhung der Tariflöhne nicht den rapiden Geldwertschwund in der Bundesrepublik anheizt. In Branchen des produzierenden Gewerbes ist es fraglich, ob sich zusätzliche Kosten des Herstellers auf die Abnehmer überwälzen lassen. Bei zureichend hoher Nachfrage-Elastizität wird das kaum gelingen. Preiserhöhungen wegen höherer Lohnstückkosten sind also nicht in jedem Fall durchzusetzen. Lohnerhöhende Tarifabschlüsse aber in Bereichen, in denen keine oder nur geringe Nachfrage-Elastizität besteht, wie etwa im Bereich der von der öffentlichen Hand zu erbringenden Dienstleistungen, die der Bürger oder das Unternehmen abnehmen muß, da kein Wettbewerber auf dem Markt agiert, wirken unmittelbar preistreibend. Daraus sollte der öffentliche Arbeitgeber den Schluß ziehen, möglichst viele bislang öffentlich erbrachte Dienstleistungen durch unter Wettbewerbsdruck stehende Private besorgen zu lassen und – soweit als irgend möglich und betriebswirtschaftlich sinnvoll – Arbeit durch Kapital zu substituieren und so Arbeit freizustellen.

Es wäre hier an eine Regelung zu denken, die es den Unternehmen erlaubt, ohne Zustimmung der Betriebsräte Mitarbeiter unter Beachtung der Bedingungen von Paragraph 1 KSchG freizustellen, wenn

- in einem Unternehmen tariflich entlohnt wird,
- die Arbeitsproduktivität in den letzten zwölf Monaten – inflationsbereinigt – nicht im Unternehmen gestiegen ist (bzw. die Stückkosten nicht entsprechend gesenkt werden konnten) und
- die Lohnerhöhungen über dem Geldwertschwund liegen.

Doch die wichtigsten Freunde der Gewerkschaften, die Arbeitgeberverbände, werden mit dem Hinweis auf den sozialen Frieden jede Reform zu verhindern suchen. Viele ihrer Mitglieder denken an Austritt. Fritz-Heinz Himmelreich, Hauptgeschäftsführer der Bundesvereinigung der Deutschen Arbeitgeberverbände (BDA), ist über diese Entwicklung besorgt. Sorgen macht ihm vor allem die Tatsache, daß nicht wenige Unternehmen mit dem Betriebsrat und unter stillschweigender Duldung der Gewerkschaften Vereinbarungen über eine untertarifliche Entlohnung treffen. Er sieht darin eine »schleichende Erosion« von Tarifverträgen. Er möchte den DGB dazu bringen, solche de facto praktizierten »Öffnungsklauseln« nicht hinzunehmen. Diese Verbandsaustritte ärgern auch die Gewerkschaften, denn sie labilisieren das Machtgleichgewicht zwischen den Interessenverbänden. Hier wird deutlich, daß Verbände keineswegs erststellig das Interesse ihrer Mitglieder vertreten, sondern ihr eigenes. Jede Minderung von Einfluß soll verhindert werden.

Anstatt durch die Verbandszugehörigkeit den Unternehmen Schutz und Entlastung zu bieten, zwingen sie sie in eine Lohn-, Arbeitszeit- und Personalpolitik, die den Unternehmensbedürfnissen hohnsprechen. Hier könnten Öffnungsklauseln in den Tarifverträgen eine erste Abhilfe schaffen.

Eine Wende in der Gewerkschaftspolitik könnte sich anbahnen. Noch nie in ihrer Geschichte boten deutsche Gewerkschaften den Unternehmern einen Teillohnverzicht an, um ein Unternehmen vor dem Konkurs zu retten. Im August 1992 aber legte die Deutsche Angestellten-Gewerkschaft (DAG) in den Tarifverhandlungen mit der angeschlagenen Lufthansa ein Angebot vor, nach dem die Angestellten des Unternehmens auf ihr dreizehntes Monatsgehalt verzichten würden. Doch der Gewerkschaft ÖTV gelang es, diesen Plan zu torpedieren. Nach einem sechstägigen Verhandlungsmarathon einigten sich der Lufthansa-Vorstand, die DAG und die Gewerkschaft ÖTV am 31. 8. 1992 auf einen »Sanierungs-Tarifvertrag«. Die

226

50 000 Lufthansa-Mitarbeiter verzichten ein Jahr auf Gehalts- und Lohnerhöhungen und akzeptieren längere Arbeitszeiten. Die ÖTV war bereit, dieses Bauernopfer zu bringen, weil sich die Lufthansa bereit erklärte, paritätisch besetzte »Qualitätszirkel« einzusetzen und so die Mitbestimmungsrechte der Gewerkschaften auszudehnen.

3. Die Gewerkschaften und die Sozialversicherungen

Das Problem der Sozialversicherungen ist sicherlich erststellig ordnungspolitisch zu analysieren. So darf nach liberalen Ordnungsvorstellungen der Staat nur dann in gesellschaftliche Prozesse eingreifen, wenn anders schwerer Schaden vom Gemeinwohl nicht abgewendet werden kann. Zunächst ist also einmal davon auszugehen, daß etwa Versicherungen, gleich welcher Art, privatwirtschaftlich zu betreiben sind. Das gilt auch für die Arbeitslosen-, die Kranken-, die Rentenversicherung und – neuerdings – auch für die Pflegeversicherung.
Nun machen sich gerade die Gewerkschaften stark für eine Pflegeversicherung als Sozialversicherung. Sie übersehen jedoch, daß Sozialversicherungen erhebliches Unrecht zufügen, das allenfalls toleriert werden kann, wenn es unmöglich ist, anders schweren Schaden vom Gemeinwohl fernzuhalten. So zahlte in 1991 jeder sozialversicherte Berufstätige 4 416 DM in die gesetzlichen Krankenkassen ein und erhielt von ihnen 3 207 DM. Diese Differenz ist sicherlich akzeptabel. Nicht aber die in der Rentenversicherung. Hier zahlte jeder Rentner nur 2 299 DM ein und erhielt 5 611 DM. Für die geplante Pflegeversicherung sehen die Zahlen in den ersten Jahren so aus, daß keinerlei Einzahlungen erheblichen Auszahlungen gegenüberstehen. Das Wort vom »Generationenvertrag« darf nicht eine ungerechte Verteilung privat eingezahlter Mittel maskieren. Wenn die Generation jüngerer Arbeitnehmer in die Kassen der Sozialversicherungen weit mehr einzahlen muß, als sie je erhalten wird, ist das ein Unrecht, das auch unter dem Titel der sozialen Gerechtigkeit nicht zu Recht wird.
Die Gewerkschaften (zusammen mit dem Bundesminister für Arbeit und Soziales, Norbert Blüm, der SPD und Teilen der CDU) reden aber solchem Unrecht das Wort.

4. Was ist zu tun?

Zunächst ist die Sonderstellung der Gewerkschaften zu reduzieren.
Das Grundgesetz räumt in Art. 9,3 den Gewerkschaften (Vereini-
gungen »zur Wahrung und Förderung der Arbeits- und Wirtschafts-
bedingungen«) Rechte ein, die keiner anderen Assoziation gewährt
werden.

- Es dürfen im Verteidigungsfall Wehrpflichtige nicht zur Wahrung
  polizeilicher oder hoheitlicher Aufgaben gegen Streikende einge-
  setzt werden (Ausnahme von Art. 12a GG).
- So dürfen nicht zur Aufrechterhaltung oder Wiederherstellung der
  durch Streiks gefährdeten öffentlichen Sicherheit oder Ordnung
  Bundesgrenzschützer der Polizei zur Hilfe eilen (Ausnahme von
  Art. 35 Abs. 2 und 3 GG).
- So dürfen, wenn ein Streik den Bestand des Bundes oder seine
  freiheitlich-demokratische Grundordnung gefährdet, gegen die
  Streikenden keine Streitkräfte eingesetzt werden (Ausnahme von
  Art. 87a Abs. 4 GG).
- So dürfen zu Beendigung eines Streiks, der die Existenz des Bun-
  des oder der freiheitlich-demokratischen Grundordnung eines
  Landes oder des Bundes bedroht, keine Polizeikräfte anderer
  Länder und der Bundesgrenzschutz angefordert werden (Ausnah-
  me von Art. 91 GG).

Bei einer Neufassung der Grundgesetzes sollten diese Ausnahmen
unbedingt fallen. Wenn durch gewerkschaftliche Aktivitäten (etwa
durch einen Generalstreik) der Bestand des Bundes oder der seiner
freiheitlichen Grundordnung gefährdet werden, sollten wie bei
Gefährdungen durch andere Gruppen (etwa durch Terroristen) diese
Aktivitäten notfalls gewaltsam beendet werden können.
Die Gefahr eines Gewerkschaftsstaates ist immer dann gegeben,
wenn es dem Gesetzgeber de facto nicht möglich ist, eine von den
Gewerkschaften erzwungene Errungenschaft dann abzubauen,
wenn sie dem Gemeinwohl schadet (etwa Karenztage im Krank-
heitsfall oder Öffnungsklauseln in den Tarifverträgen). Jede den
Gewerkschaften durch den Gesetzgeber oder die Rechtsprechung
gemachte Konzession ist de facto nicht mehr zurückzunehmen. Die
ehemalige Premierministerin Großbritanniens (am 28. 11. 1990 nach

mehr als elfjähriger Amtszeit zurückgetreten), Margaret Thatcher, konnte in den frühen achtziger Jahren gleichsam in letzter Minute Großbritannien vor dem Absturz in einen Gewerkschaftsstaat bewahren.

Doch auch die Rechtsprechung hat es nicht immer leicht im Umgang mit Gewerkschaften. Sie versuchen immer wieder in die Betriebe hineinzuregieren – oft gegen den Betriebsrat. So versuchten sie etwa, gegen eine innerbetriebliche Vereinbarung zwischen Unternehmensleitung und Betriebsrat bei IBM in Baden-Württemberg vorzugehen, in der vereinbart wurde, daß die Produktion an Wochenenden und Feiertagen mit einem späteren Freizeitausgleich der Beschäftigten weiterlaufen solle. Das Bundesarbeitsgericht wies letztinstanzlich die Klage der IG Metall ab, weil sie nicht verlangen könne, daß sich die Unternehmensleitungen bzw. die Arbeitgeberverbände die gewerkschaftliche Interpretation der Tarifverträge in ihren Unternehmen zu eigen machen (4 AZR 432/91).[1]

Endlich sollte auch mit der Bevormundung der in einem Unternehmen Tätigen durch die Gewerkschaften Schluß sein. Es ist nicht einzusehen, daß »die im Betrieb vertretenen Gewerkschaften« Wahlvorschläge zur Wahl des Betriebsrates (Paragraph 14 BetrVG) oder daß sie in einer Betriebsversammlung Vorschläge für die Wahl des Wahlvorstandes machen (Paragraph 17 BetrVG) oder daß sie die Wahl anfechten können (Paragraph 19 BetrVG). Unstreitig können sich die im Unternehmen Beschäftigten (und zwar alle) durch eine Gewerkschaft vertreten lassen (wie etwa gemäß Paragraph 31 BetrVG möglich, der feststellt, daß auf Verlangen einer zureichenden Zahl von Betriebsratsangehörigen ein Vertreter der Gewerkschaften an den Sitzungen des Rats teilnehmen kann) – man darf es ihnen aber nicht zur Pflicht machen.

Ferner ist nicht einzusehen, daß auch gegen den Willen der im Unternehmen Tätigen gemäß Paragraph 7 MitbestG auf der Arbeitnehmerbank bei Hauptversammlungen zwingend Mitglieder von »im Unternehmen vertretenen Gewerkschaften« sitzen müssen. Es wäre sehr viel vernünftiger, an deren Stelle Betriebsangehörige zu Aufsichtsräten zu wählen. Schon der Sprachgebrauch von »im Unter-

---

1 Mit einer analogen Klage unterlag die IG Medien vor dem BAG. Sie wollte gegen entsprechende Betriebsvereinbarungen eine Einschränkung der Wochenendarbeit in der Druckindustrie durchsetzen (4 AZR 469/91).

nehmen vertretenen Gewerkschaften« ist entlarvend. Im Unternehmen können nur Personen vertreten sein, die als Personen oder als Institutionen (etwa als Betriebsrat) auch im Unternehmen tätig werden.

Ferner muß sichergestellt werden, daß Tarifverträge gesetzliche Bestimmungen nicht aushebeln können. Der Gesetzgeber muß in der Lage sein, etwa bestimmte Regelungen des Tarifvertragsgesetzes, des Kündigungsschutzgesetzes, des Betriebsverfassungsgesetzes, des Lohnfortzahlungsgesetzes, des Sozialplangesetzes für eine bestimmte Zeit zu suspendieren, zu ändern oder aufzuheben, ohne daß die Gewerkschaften nötigenden Druck auf den Gesetzgeber ausüben.

15. Kapitel

Die Bundeswehr

Daß an die Streitkräfte wie an jeden Soldaten strenge moralische Maßstäbe anzulegen sind, geht aus ihrer Funktion hervor. Diese ist die Abwehr von Feinden, die mit der Fähigkeit und Bereitschaft verbunden ist, Menschen zu töten. Aus diesem Grunde muß das Gewissen derer geprüft werden, die – ohne in persönlicher Notwehr oder in personenbezogener Selbsthilfe – bereit sind zu töten. Es ist moralwidrig und pervers, wenn gemäß Art. 12a GG die Verweigerung der Bereitschaft zu töten im Gewissen verankert sein muß. Solche Verweigerung ist das Normale. Die Bereitschaft zu töten muß in einem sittlichen Gewissensurteil begründet sein – sonst ist sie moralisch verwerflich.
Betrachten wir nun einige nicht untypische Fälle von Moralversagen bei der Bundeswehr.

1. Die Truppenstärke

Es ist moralwidrig, eine starke Verteidigungsstreitmacht aufrechtzuerhalten, obschon kein Angreifer in Sicht ist.
Die Friedenssicherung an den Grenzen ist wichtige Aufgabe einer Armee – die im Landesinneren die der Polizei. Wenn nun aber der Frieden an den Grenzen nicht mehr gefährdet ist, wird die zentrale Aufgabe einer Armee sich auf repräsentative Einsätze bei Staatsempfängen beschränken. Doch da gibt es eine Ausnahme: Ein Staat verpflichtet sich, auch fremde Grenzen zu schützen – wie etwa die der Nato-Mitglieder. Dann wäre eine Armee in Bereitschaft zu halten, die der Bedrohung dieser fremden Grenzen entspricht. Da aber auch die fremden Grenzen etwa der Nato von niemandem so ernsthaft gefährdet werden, daß nicht die nationalen Truppen mit dieser Gefährdung unschwer fertig werden könnten, ist die Bundeswehr, selbst insoweit in die Nato eingebunden, ziemlich überflüssig.

Davon gibt ihr Ansehen in der Bevölkerung deutliches Zeugnis:
Das Ansehen der Bundeswehr läßt sich demoskopisch leicht ermitteln. So waren die Bundesbürger der Meinung (Angaben in Prozent):[1]

Es geht auch ohne Bundeswehr	1984: 15; 1990: 42
Jugendliche: BW ist sehr wichtig:	1980: 38; 1990: 10
Junge Männer:	
BW-Freiwillige positiv:	1990: 31
Der Schutz der Grenzen und die gesamt- deutschen Streitkräfte sind die	
unwichtigsten aller politischen Aufgaben:	1991: 80

Nicht selten werden die Soldaten der Bundeswehr in den neuen Ländern als Besatzungstruppen empfunden. Man kann halt nicht ein Gebiet ökonomisch und politisch okkupieren, ohne daß das Militär des Okkupators als Besatzung verstanden wird.

Funktionen der Bundeswehr:[2]
62 Prozent der Bundesbürger-West und 77 Prozent der Bundesbürger-Ost lehnen die Verteidigung anderer europäischer Länder außerhalb der Nato ab.
53 Prozent im Westen und 59 Prozent im Osten sind gegen eine Beteiligung deutscher Soldaten an Militäraktionen der UNO. Einen Einsatz im Rahmen von UNO-Friedenstruppen (»Blauhelme«) befürworten 65 Prozent der Bundesbürger.
Nach Ende des kalten Krieges haben immer weniger Bundesbürger Verständnis für die Kriegsspielchen der Soldaten, die ohnehin auf eine kindliche Gemütslage schließen lassen. Panzerverwüstungen und Kriegsfliegergedröhn werden als schikanöse Belästigungen empfunden. Vor allem die Anwohner der »Truppenübungsplätze« protestieren. So spielen in der Lüneburger Heide bei Munster und Bergen, den benachbarten größten Truppenübungsplätzen, welche die Nazis 1935 anlegten, noch heute Truppen der Siegermächte und der Bundeswehr 47 Wochen im Jahr Krieg. Der Boden ist ähnlich belastet wie die Böden der verlassenen sowjetischen Übungsplätze in der ehemaligen DDR.

---

1 Der Spiegel 46 (1992), 20, 62.
2 Der Spiegel 46 (1992), 20, 73.

Wohl hatte die Truppe 1986, dem Bundesemissionsschutzgesetz folgend, den Übungsplatz Bergen-Hohne (mit 22 Schießbahnen für Panzer, 14 Artilleriefeuerstellen, 4 Schießbahnen für Panzerabwehrhandwaffen und 5 Schießbahnen für Maschinengewehre) als »Emissions-Altanlage« angezeigt, doch ohne die verlangten Angaben über die Art und die Erzeugung des schier unerträglichen Krachs zu machen. Das Umweltministerium in Hannover mit der engagierten Monika Griefhan an der Spitze will diesem Unfug endlich ein Ende machen. Sie erklärte sich bereit, Schießanlagen dichtzumachen, wenn sich die Bundeswehr nicht an die bestehenden Gesetze hält. Das ist recht optimistisch gedacht: Als ob sich jemals Truppen an bestehende Gesetze gehalten hätten, wenn sie ihre Interessen ernsthaft bedroht sahen. Meist gelang es ihnen, auf den Gesetzgeber einzuwirken, hinderliche Gesetze zu modifizieren.

Was aber soll eine Truppe machen, die ihren Feind verlor? Sie sucht sich einen neuen. Und da an den Grenzen Deutschlands weit und breit kein militärisch abzuwehrender Feind steht und die Okkupation benachbarten Gebiets als politisch inopportun gilt, zudem auch die Nato von niemandem ernsthaft gefährdet wird, bedarf es schon einer Änderung des Grundgesetzes, um einen Gegner ausfindig zu machen: der Out-of-area-Einsatz[1] in Ländern, in denen man glaubt, der Einsatz von militärischem Instrumentar sei eine Fortsetzung des politischen. Das Grundgesetz bestimmt zum Ärger des Militärs und einiger Politiker in Art. 87a,2: »Außer zur Verteidigung dürfen die Streitkräfte nur eingesetzt werden, soweit dieses das Grundgesetz erlaubt.« Solche erlaubten Einsätze sind im Verteidigungs- oder Bedrohungsfall sowie zur Abwehr einer drohenden Gefahr für den Bestand des Bundes oder der FDGO subsidiär der Schutz ziviler

---

1 »Out-of-area-Einsätze« sind solche außerhalb des Nato-Gebiets. Nach Art. 5 des Nato-Vertrages wird der Bündnisfall nur durch Angriffe, die »auf das Gebiet eines dieser Staaten in Europa oder Nordamerika, auf das Gebiet der Türkei und auf die Gebietshoheit einer der Parteien unterliegenden Inseln im nordatlantischen Gebiet nördlich des Wendekreises des Krebses« bzw. auf Streitkräfte, Schiffe oder Flugzeuge dieser Staaten erfolgen, die sich in oder über den genannten Gebieten sowie im Mittelmeer oder dem Atlantik nördlich des Wendekreises des Krebses befinden. Ist der Bündnisfall einmal eingetreten, gilt die Beistandsverpflichtung umfassend. Es gibt dann kein »out of area« mehr. So war der Einsatz deutscher Soldaten in der Türkei während des zweiten Golfkrieges unstreitig verfassungswidrig, da kein Bündnisfall vorlag.

Objekte, die Verkehrsregelung, die Unterstützung polizeilicher Maßnahmen (Art. 87a GG) sowie die Katastrophenhilfe (Art. 35,3 GG). Also muß, um der Bundeswehr eine neue Spielwiese zu schaffen, das Grundgesetz geändert werden. Das erkannte klarsichtig auch Kanzler Dr. Helmut Kohl, als er in Leipzig im Mai 1992 verkündete: »Deutschland kann und darf sich nicht auf Dauer der Pflicht entziehen, auch an Operationen zur Wahrung und Wiederherstellung des Weltfriedens und der internationalen Sicherheit teilzunehmen.«[1] Er folgte offensichtlich den Vorstellungen Volker Rühes, der zwei Monate zuvor deutsche Soldaten in folgenden Fällen »out of area« tätig werden lassen wollte:

- bei friedenserhaltenden Blauhelmaktionen der UNO,
- bei Einsätzen, die – wie der zweite Golfkrieg – vom Sicherheitsrat der UNO lediglich autorisiert worden sind,[2]
- bei Missionen einer europäischen Streitmacht.

Nicht zur Verfügung stehen solle die Bundeswehr bei »Out-of-area«-Einsätzen der Nato, denn diese sei zum einen ein reines Verteidigungsbündnis, und zum anderen hätten darin die USA das Sagen und könnten so deutsche Soldaten weltweit in ihre militärischen Abenteuer hineinziehen.

Ich denke, es würde deutscher Wehrkultur (wenn sich so etwas nach 1945 entwickelt haben sollte) widersprechen, wenn solche Einsätze nicht der Friedenserhaltung (peace keeping) dienten, sondern auch der Durchsetzung des Friedens mit Waffengewalt (peace enforcing), wie es dem Kanzler vorzuschweben scheint.

Es ist nicht auszuschließen, daß der Kanzler mit der in La Rochelle mit François Mitterrand vereinbarten Aufstellung eines Euro-Korps den möglichen weltweiten Einsatz von Bundeswehrsoldaten außerhalb grundgesetzlicher Regelungen erreichen wollte. Der Vertrag sieht vor, ein deutsch-französisches Armeekorps (30 000 Mann) auf-

---

1 Gewachsene Instinkte, in Der Spiegel 46 (1992), 21, 27.

2 Art. 53 der UNO-Charta bestimmt: »Ohne Ermächtigung des Sicherheitsrates dürfen Zwangsmaßnahmen aufgrund regionaler Abmachungen oder seitens regionaler Einrichtungen nicht ergriffen werden.« Zwar kümmerten sich die USA in der Regel kaum um diese Bestimmung, doch die Bundesrepublik hat sich im 2+4-Vertrag, der ihr die Souveränität bescherte, noch einmal ausdrücklich auf die UNO-Charta verpflichtet.

zubauen. Bedeutet das das Ende der Nato in Europa? »Es liegt auf der Hand, warum das angekündigte deutsch-französische Korps manchen in Amerika noch mehr alarmiert: Der Zweck des Verbandes ist noch weitgehend ungeklärt, aber zweifellos könnte es ein Anzeichen für den Versuch sein, dem geeinten, souveränen Europa des Herrn Jacques Delors einen militärischen Arm zu verschaffen.«[1]
Ein weiterer Versuch, der Bundeswehr neue Spielwiesen zu erschließen, ist die Transformation der Westeuropäischen Union (WEU) zu einem verteidigungspolitischen Zusammenschluß, wie die Maastrichter Beschlüsse unter Art. J.4,1 bestimmen. Am 19. 6. 1992 trafen sich unter dem Vorsitz des Außenministers der BRD Klaus Kinkel der Ministerrat der neun Außen- und Verteidigungsminister der WEU. Es wurde beschlossen, daß sich die Truppen der WEU-Mitglieder im Rahmen ihrer nationalen Verfassungen nicht nur an friedenerhaltenden, sondern auch an friedenstiftenden Kampfeinsätzen beteiligen sollen. Ab 1. 10. 1993 wird in Brüssel eine militärische Planungsstelle (mit etwa vierzig Offizieren und Beamten) eingerichtet. Militärische WEU-Aktionen bleiben jedoch dem jeweiligen nationalen Führungsstab unterstellt, zu dem andere WEU-Staaten militärische Einheiten abkommandieren können. Um in einer solchen WEU-Truppe deutschen Soldaten die Teilnahme zu ermöglichen, ist ebenfalls eine Grundgesetzänderung nötig.
Sollte es zu einer Grundgesetzänderung im Sinne des Kanzlers kommen, dürfte diese Änderung bestimmen, daß jeder Out-of-area-Einsatz der Bundeswehr vom Kanzler beantragt und mit Zweidrittelmehrheit gebilligt werden muß.
Für alle diese Aufgaben, einschließlich der potentiellen Out-of-area-Einsätze der im Rahmen von UN-Sicherheitsratsbeschlüssen erlaubten oder angeordneten Weltpolizeieinsätze oder für militärischen Einsätzen im Rahmen der WEU, sah die die alte Planung sechs oder sieben Heeresbrigaden als Krisenreaktionskräfte vor. Volker Rühe reduzierte im Mai 1992 diese Zahl auf »ungefähr eine Division«. Strenggenommen könnte man die Bundeswehr auf diese Einheit verkleinern. Der Wehretat könnte dann leicht von rund 50 Milliarden DM auf 10 Milliarden DM gesenkt werden.

---

1 Caspar Weinberger, Ein unheilverkündendes Vorzeichen für Amerika, in Der Spiegel 46 (1992), 27, 59.

Die belgische Regierung beschloß am 3. 7. 1992, gegen den Widerstand der Militärs, die seit dem Ersten Weltkrieg bestehende Wehrpflicht 1994 abzuschaffen. Das Heer soll auf 40 000 Berufssoldaten reduziert werden. Warum kann die Bundesregierung diesem guten Beispiel nicht folgen?

Nachdem die Bundeswehr vermutlich in den Grenzen der Legalität ihren ersten Out-of-area-Einsatz hinter sich gebracht hatte (1991 wurden Sanitätssoldaten nach Kambodscha geschickt), wurde die Bundesregierung kühner.[1] Am 16. 7. 1992 schickte sie, um die UN-Sicherheitsratsresolutionen 713 und 757 (Embargo gegen die Bundesrepublik Jugoslawien) zu unterstützen, unter Berufung auf Art. 41 der UN-Charta eine militärische Aktion »unter Ausschluß von Waffengewalt« (gemäß den Beschlüssen von Nato und WEU vom 10. 7. 1992 in Helsinki), den Zerstörer »Bayern« mit 267 Mann Besatzung (unter ihnen 92 Wehrpflichtige) und drei Marine-Aufklärungsflugzeuge vom französischen Typ Breguet Atlantic vor die montenegrinische Küste. Es ist dies der erste Bundeswehreinsatz, der nicht humanitären Gründen gilt. Das Bundesverfassungsgericht mußte entscheiden, ob dieser Einsatz durch die Verfassung noch gedeckt war.

2. Der »Jäger 90« oder:
Wie man an staatliche Subventionen kommt

Bis 1992 bewilligte das Bonner Parlament fast 6 Milliarden DM für die Entwicklung und den Bau des »JF 90« (des sogenannten »Jäger 90«), der um das Jahr 2000 die »Phantom F-4« ablösen sollte. Das Militär, die Deutsche Aerospace (DASA) und die CSU versuchten, nachdem Volker Rühe, kaum im Amt des Verteidigungsministers, im

---

1 Die erste Mutprobe der Militärs gegen das Grundgesetz blieb ohne Folgen. Während des zweiten Golfkrieges entsandte Bonn achtzehn Alpha-Jets ins anatolische Erhac. Von hier aus griffen vor allem US-Bomber den Irak an. Wäre nun der Irak gegen die Angreifer vom türkischen Territorium aus gegen die Türkei vorgegangen, hätten, da die Nato ausschließlich für den Verteidigungsfall den Einsatz verbündeter Truppen vorsieht, die deutschen Flieger nicht eingreifen dürfen, es sei denn, man verstünde mit der Bundesregierung, in perverser Verkehrung allen Völkerrechts, die Abwehr eines Angreifers (etwa der angreifenden US-Truppen) als Angriff.

Mai 1992 das Ende des Projekts verkündete, mit nahezu allen Mitteln (bis hin zu getürkten Gutachten über die Kosten) diesen Beschluß zu kippen. Die DASA behauptete, mit der Aufgabe sei ein unersetzlicher Technologieverlust der deutschen Luftfahrtindustrie (Abwanderung hochqualifizierter Kräfte, Minderung der Werkstoff-Forschung, der Avionik, der Antriebstechnik) verbunden. Aber alles dieses ließe sich auch in der Weiterentwicklung des Airbus oder eines neuen Regionaljets, wenn auch nicht aus der Bundeskasse bezahlt, realisieren.

Im Februar 1988 legte das Bundesverteidigungsministerium die Obergrenze der Beschaffungskosten des Jägers nach dem Preisstand von 1987 auf 16,5 Milliarden DM für die Beschaffung von 200 Einheiten fest. Nach Angaben der Hersteller kostet jedoch, fortgeschrieben auf den Preisstand von 1991, jedes System 133,6 Millionen DM. Dafür könnte man jedoch im Rahmen des festgelegten Etats nur 140 Maschinen kaufen. Bei der Reduzierung der Stückzahl würden jedoch die Stückkosten weiter steigen. Und so tat sich ein verhängnisvoller Zirkel auf.

Erst als der Bundesrechnungshof dem Jäger 90 im Juni 1992 Lebenswegkosten von 135 Milliarden DM bescheinigte, mußten seine Fürsprecher, um den Trostpreis, einen abgespeckten Jäger bauen zu dürfen, kapitulieren. Ursprünglich (1987) sollte der Systempreis für einen Flieger bei 65 Millionen DM liegen. Doch die letzten ausgelieferten Maschinen würden (2015) fast 650 Millionen DM kosten. Der Rechnungshof bestreitet den von Militärs und Wirtschaft behaupteten »Leistungssprung« gegenüber dem Tornado oder dem US-amerikanischen F-16 oder F-18. Es sei »nicht besser einzustufen« als die russische MiG-29.[1] Vermutlich wäre der Kauf der russischen Maschine das ökonomisch Vernünftigste. Zum einen handelt es sich, was Schubkraft, Beschleunigung, Bewaffnung, Wendigkeit, Wirtschaftlichkeit (sie sind pro Exemplar zu knapp 30 000 US-Dollar erhältlich) und Reichweite anbetrifft, um den derzeit besten Jäger der Welt, zum anderen könnte Rußland auf diese Weise Wirtschaftshilfe zuteil werden. Von der Brauchbarkeit dieses Jägers konnte sich die deutsche Luftwaffe leicht überzeugen, erbte sie doch aus den

---

1 Und das, obwohl General Norman Schwartzkopf, der »Sieger« des zweiten Golfkrieges, auf die Wirksamkeit der MiG-29 angesprochen, sagte: »Wenn sie auftauchen, schießen wir sie ab.«

Beständen der DDR-Armee 23 Exemplare. Und wenn man schon nicht den Jäger des »alten Feindes« mag, käme das schwedische Kampfflugzeug JAS-39 »Gripen« mit einem Systempreis von 89 Millionen DM in Frage, das nicht nur schon seit 1988 erfolgreich fliegt, sondern – im Gegensatz zum Jäger 90 – auch Aufklärungsflüge unternehmen und Bomben transportieren kann.

Die einzige Möglichkeit, den Jäger 90 bei einem Wehretat unter 50 Milliarden DM anzuschaffen, bestünde in einer Verkleinerung der Bundeswehr 1995 auf weniger als die in den 2+4-Verträgen genannten 370 000 Mann (zum Jahresende 1994). Man sollte der Bundeswehr einen festen Etat vorgeben und sie selbst entscheiden lassen, welchen Anteil sie davon ins Rüstungsbudget einstellt. Nur wenn mehr als 9 Milliarden DM in diese Position eingestellt werden, wäre eine Anschaffung des strittigen Jägers 90 möglich.

Zwar schienen zum Thema »Jäger 90« lange Zeit die Vernunft und Verteidigungsminister Volker Rühe zu siegen, doch trog der Schein. Sieger blieb Edzard Reuter, der Chef der Daimler-Benz AG, die 80,2 Prozent des DASA-Kapitals hält. Die DASA aber stellt den deutschen Beitrag zum Bau dieses Monsters. Am 20. 11. 1992 berieten die Generalstabschefs der vier am Bau des Jägers 90 beteiligten Länder über reduzierte »taktische Forderungen« an das »Jagdflugzeug für eine neue Zeit« – wie Volker Rühe den Jäger 90 umtaufte. Er wird – so abgespeckt – unter dem Namen »NJF« den Systempreis von 90 000 000 DM nicht überschreiten. Und also wird er gebaut. Noch im Oktober glaubte Rühe, das Projekt sei begraben. Er strich der DASA 820 Millionen DM Entwicklungsgeld. Am 12. 12. 1992 verbreitete die britische Rüstungsindustrie anläßlich der Nato-Herbsttagung in Brüssel ihre Siegesmeldung: Der Jäger werde gebaut. Um den Bundesminister für Verteidigung nicht völlig zu blamieren, nannte man das alte Ding »Eurojäger 2000«. Woher wird er nach der wunderbaren Auferstehung nun das Geld nehmen, um die DASA zu subventionieren? Claus von Marquart kommentierte: »Eine schallende Ohrfeige für Verteidigungsminister Volker Rühe, von den Engländern mit Hingabe verabreicht.«

---

1 Mannheimer Morgen vom 12. 12. 1992.

238

Aber der »Jäger 90« ist keineswegs das einzige Objekt, auf das man leichten Herzens verzichten kann. Hier ist auch das in der Entwicklung befindliche deutsch-französische Großprojekt des Panzerabwehrhubschraubers (PAH 2) zu nennen, da im Apache-Hubschrauber der USA schon heute ein wenigstens gleichwertiges Waffensystem zur Verfügung steht. Der PAH 2 ist, wie der »Jäger 90«, ein Politikum. Im November 1983 versprach Dr. Helmut Kohl seinem Freund François Mitterrand, den PAH 2 als Zeichen deutsch-französischer Waffenbrüderschaft abzunehmen. Der Hubschrauber wurde konzipiert zu einer Zeit, als die Nato die sowjetischen Panzertruppen binnen 48 Stunden nach Grenzübertritt am Rhein wähnte. Nun, diese Hoffnung ist die Nato los – nicht aber schon automatisch den PAH 2. Die Militärs sehen das auch so. 1980 versprach die MBB GmbH, den neuen Hubschrauber für 800 Millionen DM zu entwickeln. Inzwischen verdreifachten sich die Entwicklungskosten zu Preisen des Jahres 1987. So fordern sie einen Mehrzweckhubschrauber, der mit modernem Aufklärungsgerät versehen ist und den Feind mit Flächenfeuerwaffen niedermachen kann. Aber das kann der US-Apache auch.

16. Kapitel

Über die Deutsche Bundesbank

Der erheblichste Unterschied zu den Naturwissenschaften, deren wichtigstes methodisches Hilfsmittel das Experiment ist, ist das wesentliche methodische Instrument von Wissenschaften, die über Sozialgebilde handeln (wie etwa die Wirtschaftswissenschaften, die Soziologie, die Politologie – es gab einmal eine Zeit, in der man diese Wissenschaften unter dem Begriff der »Sozialwissenschaften« zusammenfaßte): die Statistik. Während die Naturwissenschaften in ihren Erklärungsversuchen prognosefähige Theorien auszubilden versuchen, produzieren die Wissenschaften über Sozialgebilde prognoseunfähige Modelle. Der wichtigste Unterschied zwischen beiden Wissenschaftsklassen ist die Art der ihre Objekte verbindenden Kausalität. Während die naturwissenschaftliche Kausalität an Energietransfer gebunden ist, so die der Wissenschaften, die über Sozialgebilde handeln, an informationserzeugenden Signaltransfers.[1]
Doch selbst der an den Naturwissenschaften orientierte Begriff von »Wissenschaften über Sozialgebilde« läßt kaum die Konstruktion prognosefähiger Theorien in den »Sozialwissenschaften« zu. Die Abläufe in solchen sozialen Gebilden, wie etwa einer Volkswirtschaft, können bestenfalls in nichtlinearen Gleichungen beschrieben werden. Die immer nur endliche Genauigkeit, mit der die Anfangs

---

1 Zumeist unterscheidet man zwischen Wirkursachen und informationserzeugenden Ursachen. So ist, wenn Sie diese Zeilen lesen, der Energietransfer nur notwendige Bedingung, daß Ihr Großhirn Informationen erzeugt. Die eigentliche Ursache der Informationserzeugung sind die Schriftzeichen, die sie lesen (= Signale). Während Wirkursachen meist eindeutig bestimmte Wirkungen zugesprochen werden können, erzeugen Signale bei jedem Menschen andere Informationen. Um diesem Sachverhalt wissenschaftlich beizukommen, muß mittels der Statistik eine Art »objektiver Information« erhoben werden. J. Ph. Freiherr von Bethmann ist der zutreffenden Ansicht, daß Kausalitätsfragen »im Wirtschaftsprozeß noch weitgehend ungeklärt«, zumindest aber sehr umstritten sind. (Ist die Konjunktur berechenbar?, in Zeitschrift für das gesamte Kreditwesen, 45 [1992], Heft 13.)

bedingungen bestimmt werden können, löst exponentiell schnell wachsende Abweichungen von eventuell prognostizierten Zuständen aus. Es kommt zu einem Resultat, das E. N. Lorenz den »Schmetterlingseffekt« nannte: Schon geringe Störungen im Verlauf des Wirtschaftsgeschehens können das zugrundegelegte Modell für Prognosen unbrauchbar machen.[2]

Die seriöse Wissenschaftstheorie ist sich also einig: Handelt eine Wissenschaft über das Verhalten von oder in sozialen Gebilden, können mit den Methoden der Statistik Modelle über diese sozialen Gebilde hergestellt werden. Diese Modelle reduzieren die reale Komplexität der Vorgänge in Sozialgebilden so weit, daß sie unserem Verstand verstehbar zu sein scheinen. Da diese Komplexitätsreduktion niemals zureichend sicher entscheiden kann, ob nicht wesentliche Abläufe wegreduziert wurden, ist es diesen Wissenschaften nicht möglich, prognosefähige Theorien (sondern eben »nur« nicht prognosefähige Modelle) zu erzeugen, um dem menschlichen Mühen um Verstehen und Erklären zu genügen. Dennoch aber versucht vor allem die volkswirtschaftliche Theorie und Praxis ebensolche aus nicht prognosefähigen Modellen hergeleitete prognosefähige Theorien zu erzeugen. Solche Prognosen haben den Wert von Kaffeesatzleserei, über den meine Großmutter zu ähnlichen Prophezeiungen gefunden hätte.

Nachdem man vor etwa zwanzig Jahren von einem keynesianischen Modell einer Volkswirtschaft zu einem eher monetaristischen wechselte, fällt es schwer, nachdem sich auch dieses als weitgehend unbrauchbar erwies, ein neues zu generieren. Das Fehlen einer Alternative zum Monetarismus ist, wie J. Ph. Freiherr von Bethmann vermutlich richtig erkennt, der Grund, warum sich niemand offen gegen das monetaristische Modell ausspricht, ist doch nach der Theorie vom Paradigmenwechsel Thomas S. Kuhns nur dann ein verbrauchtes und unbrauchbares Paradigma abzulösen, wenn ein Nachfolger entwickelt wurde.

---

2 So untersucht man derzeit etwa nichtlineares dissipatives Verhalten von Produktion und Konsum in volkswirtschaftlichen Modellen. Kurzfristige Schwankungen von Konsumentenpräferenzen, unreflexibles Reagieren im Produzentenverhalten, Spekulationen auf Geld-, Rohstoff- oder Grundstücksmärkten führen zu solchen Schmetterlingseffekten, die alle Prognosen hinfällig machen.

Ein Beispiel für die Überzeugung, man verfüge in der Volkswirtschaft über aus Modellen einer Volkswirtschaft hergeleitete prognosefähige Theorien, mag die Geldmengenpolitik der Bundesbank sein[1] – und das, obschon der Zentralbankrat sich (1992) aus zwei Betriebswirten, zwölf Volkswirten und vier Juristen zusammensetzt.

Im Modell, das den Entscheidungen der Bundesbank zugrunde liegen dürfte, beeinflußt die Geldmenge – wenn auch nicht in einem prognosefähigen Umfang – mit entsprechenden Wirkungsverzögerungen sowohl reale Größen (wie Produktion und Beschäftigung) wie auch monetäre (Zinssatz, Wechselkurs, Preisniveau). Die Bundesbank versucht mit restriktiven Maßnahmen die Geldmenge G3 (Bargeld – ohne Kassenbestände der Banken –, Spareinlagen mit gesetzlicher Kündigungsfrist, Sicht- und Termineinlagen inländischer Nicht-Banken bei Kreditinstituten bis zu vier Jahren Laufzeit), bei sinkendem Umlauf an physischen Bargeld, in dem von ihr gewünschten Zielkorridor von etwa 4,5 Prozent zu halten. Tatsächlich wächst sie aber in den ersten Monaten des Jahres 1992 um das Doppelte (im Mai 8,7 Prozent, im Juni um 8,8 Prozent, im Juli um 8,6 Prozent, im August um 9 Prozent). Darin seien erhebliche Risiken für die Geldwertstabilität verborgen, selbst wenn man annimmt, daß Anlagekapital, das nicht zu G3 gehört, auf Festgeldkonten (die G3 zugerechnet werden) geparkt oder als Bargeld im In- und Ausland gehortet wird. Diesem Modell der Kreditsteuerung und der Geldwertschwundminimierung durch die Erzwingung von Geldmengenzielen durch die Politik der Bundesbank (Veränderung der Leitzinsen, Wertpapiertransaktionen im Rahmen einer Offenmarktpolitik …) liegt die Idee zugrunde, daß durch die Kreditgewährung von Banken ein Bedarf an Zentralbankgeld (Bargeld und Mindestreserve) entstehe, das die Banken selbst nicht schaffen können. Da diese Annahme falsch ist, ist die Geldmenge wegen des wesentlich nicht prognostizierbaren Banken- und Nichtbanken-Verhaltens nicht direkt steuerbar. Neunmal erhöhte die Bundesbank seit der deutsch-deutschen

---

1 Seit 1974 setzt die Deutsche Bundesbank die Vorgabe von Geldmengenzielen als kreditpolitisches Konzept ein. Anlaß war das über längere Zeit beobachtete Verhalten der Kreditinstitute, freie Liquiditätsreserven nicht mehr als notwendige Reserve, sondern als ungenutztes Potential für zusätzliche Kredite anzusehen. Sie gab die Steuerung der Bankenliquidität zugunsten einer Geldmengensteuerung auf.

Währungsunion die Leitzinsen, niemals waren seit Bestehen der Bundesrepublik Kredite so teuer wie heute – und dennoch leben Staat und Wirtschaft ganz ungeniert weiter auf Pump.

Wann wird die Bundesbank erkennen, daß die private Geldschöpfung sich selbst die nötige Geldmenge beschafft und sie über kein Instrument verfügt, sie daran ernsthaft und langfristig zu hindern? Geldschöpfung ist nicht nur die Sache der Bundesbank, sondern auch der Banken. Die Monetisierung eines Aktivums (Wechsel, Wertpapiere, Aktien, Immobilien, Forderungen aus Lieferungen und Leistungen . . .) führt zu Bilanzverlängerung bei der Bank und einer Erhöhung der Geldmenge bei Nicht-Banken. Doch selbst Nicht-Banken können untereinander Geld schöpfen, etwa durch die Erzeugung von handelbaren Forderungen aus Lieferungen und Leistungen (dazu ist keineswegs das Instrument des Wechsels nötig).

Vor allem aber dürfte – entgegen den geltenden Modellvorstellungen – die Geldmenge nur einen begrenzten Einfluß auf den Geldwertschwund haben.[2] Die Bundesbank scheint von der Annahme auszugehen, daß die Geldmenge die Nachfrage nach Gütern anheizt. Je größer aber die Nachfrage, um so höher (bei konstanter Angebotsmenge) der Preis. Steigende Preise bedeuten aber Inflation. Das ist für die Bundesbank insoweit problematisch, als die Sicherung des Geldwerts neben der Unterstützung der »allgemeinen Wirtschaftspolitik« der Bundesregierung ihr oberstes Ziel ist.

Das Argument, die Bundesbank verlöre die Kontrolle über die Geldmenge, wenn etwa auf DM lautende Geldmarktpapiere auf den Markt gebracht oder DM-Anleihen durch Auslandsbanken emittiert würden, ist zwar in beschränktem Umfange richtig, doch – wie gesagt – die Deutsche Bundesbank mißt der Geldmenge eine viel zu hohe Bedeutung zu. Jedenfalls sollte dieses Argument nicht ausreichen, in das Geldmarktgeschehen durch grundsätzliche staatliche Verbote regulierend einzugreifen.

Ein Bedenken der ansonsten monetaristischen – und daher nicht

---

2 J. Ph. Freiherr von Bethmann schreibt in seinem »Bethmann-Brief« vom 20. 7. 1992 zutreffend: »Die Inflation ist ein Preis- und kein Mengenproblem. Preisphänomene verändern sich absolut mengenunabhängig. Zwischen Menge und Preis gibt es keine unmittelbare kausale Wechselbeziehung. Alle Preisentwicklung hat absolut nichts mit der Geldmenge und ihren Veränderungen zu tun . . . Inflation wird von ›zuviel Geld‹ verursacht. ›Zuviel Geld‹ wird von übermäßiger (inflationärer) Neuverschuldung verursacht.«

ganz unproblematischen – Thesen Milton Friedmans kann mitunter recht nützlich sein. Friedman vertritt mit einigem Erfolg die Theorie, daß die Steuerung der Geldmenge über die Zinssätze, bei stetig wachsender vom Markt gesteuerter Geldmenge, Konjunktur, Preisstabilität und Beschäftigung, optimal gesichert werden können. Dagegen scheint die Bundesbank ein anderes Wort des großen Ökonomen ernst zu nehmen: »Inflation ist immer und überall ein monetäres Phänomen.« Sie folgt idealtypisch einer potentialorientierten Politik. Wäre das diesem Modell zugrundeliegende Schema richtig, dann wäre, wenn die Geldmenge in den letzten zwanzig Jahren jährlich um etwas über 3 Prozent gewachsen wäre, nicht nur das Preisniveau in der BRD konstant geblieben, sondern auch das BSP hätte weniger geschwankt. Aber Modelle sind, wie gesagt, niemals prognosefähig. Sie können bestenfalls Vergangenes erklären, niemals Zukünftiges vorhersagen.

Nicht die Geldmenge, sondern die Erwartungen an das Zinsniveau bestimmen die Nachfrage nach Geld.[1] Die Bundesbank ist jedoch der Ansicht, daß das Zinsniveau die Nachfrage nach Geld bestimme. Um die Nachfrage zu drosseln, hebt sie die Leitzinsen an. Diese Strategie setzt voraus, daß die Nachfrage nach Geld zinselastisch ist. Der hohe Zins sollte die Geldnachfrage drosseln. Nun aber ist die Kreditnachfrage unverändert rege und wesentlich mitverantwortlich für das schnelle Wachstum der Geldmenge. So erhöhten sich die privaten Haushalten in der ersten Jahreshälfte 1992 gegebenen Kredite gegenüber dem Vorjahr saisonbereinigt um etwa 11 Prozent.[2] Nicht

---

1 Freiherr von Bethmann schreibt a. a. O. hierzu: »Steuerung des Zinsniveaus geht nur über die Beeinflussung der Zinstrenderwartung. Alle Preisveränderung ist immer das Resultat von überwiegend mehrheitlicher Preistrenderwartung … Ohne Zinstrendspekulation nach oben entsteht keine Inflation.« Die geldpolitische Ignoranz des Exwirtschaftsministers Jürgen Möllemann und des Finanzministers Dr. jur. Theo Waigel mag daran deutlich werden, daß beide auf Zinserhöhungen der Bundesbank mit der ausgesprochenen Hoffnung reagierten, die Leitzinsen würden in absehbarer Zeit wieder sinken. Damit verhinderten sie die so notwendige Aufnahme von Investitionskrediten vor allem in den neuen Ländern.

2 Vor allem die staatlichen Kreditsubventionen und Kreditvergünstigungen in der BRD-Ost machten die Kredite zu Investitionszwecken so billig, daß sie, vermutlich oft auch mißbräuchlich, durch reine Mitnahmeeffekte stark in Anspruch genommen werden. Die Nachfrage nach Geld ist in der BRD-Ost zinsimmun. Aber nicht nur die BRD-Ost, sondern auch die Kreditnachfrage in

niedrige Zinsen, sondern die Erwartung steigender Zinsen erhöht in den wenigen Bereichen, in denen eine in bezug auf den Zins elastische Nachfrage nach Krediten besteht, die Kreditnachfrage. Nicht hohe Zinsen, sondern die Erwartung auf sinkende Zinsen läßt die Kreditnachfrage – Nachfrageelastizität vorausgesetzt – schrumpfen. Da private Haushalte, Großunternehmen und der Staat sich kaum um die Kreditkosten kümmern, wohl aber kleine und mittlere Unternehmen, die weitgehend das Wohl und Wehe einer Volkswirtschaft bestimmen, ist die Hochzinspolitik der Deutschen Bundesbank gefährlich, weil sie Investitionen in diesen Bereichen erschwert oder gar verhindert.

Zweifelsfrei kontrolliert die Bundesbank erfolgreich die kurzfristigen Zinssätze am Geldmarkt. Über diesen Mechanismus versucht sie – wie die Erfahrung der letzten Zeit zeigt, ergebnislos – die längerfristigen Zinssätze für Kredite und Kapitalbildung zu beeinflussen. Diesem Versuch liegt folgende durch die Praxis falsifizierte Annahme zugrunde: Wird die Refinanzierung der Banken im Innenverhältnis (zur Bundesbank) aufgrund einer restriktiven Zins- und/oder Liquiditätspolitik teurer, steigen die Geldmarktsätze. Die Banken werden nun im Außenverhältnis (zu ihren Kunden) höhere Zinssätze fordern bzw. gewähren. Es wird stärker Kapital gebildet und weniger Kredit aufgenommen. Wenn nun das Kreditvolumen abnimmt und die Kapitalbildung zu, muß die Geldmenge abnehmen. Tatsächlich aber hängt die Kreditnachfrage vielmehr von der Zinserwartung ab. Erwartet man sinkende Zinsen, wird weniger Kredit nachgefragt.

Ferner gelingt es der Bundesbank immer weniger, die längerfristigen Zinssätze in der geldpolitisch erwünschten Richtung zu bewegen. So sind seit Ende 1991 bis Mitte 1992 durch die restriktiven Maßnahmen der Bundesbank die kurzfristigen Renditen um 0,3 Prozent gestiegen, die längerfristigen jedoch um fast 1 Prozent gesunken.[1] Ist aber die Zinsstruktur nicht kontrollierbar, dann auch nicht die Geldmenge. Langfristige Anleger beobachten das potentielle Risiko sehr genau. Ein ökonomisch rationaler Unternehmer wird sich bei hohen

---

weiten Bereichen der BRD-West (vor allem für den Wohnungsbau) erweist sich gegenüber dem Zins als weitgehend unelastisch.

1 Wolfgang Gebauer, Die Geldmengenpolitik muß überprüft werden, in FAZ vom 10. 7. 1992, 15.

Zinsen sehr wohl davor hüten zu investieren. Solange sein Eigenkapital, als Termingeld angelegt, mit 9 Prozent rentiert, wird er kaum eine Investition tätigen, die sich bestenfalls mit 5 Prozent rentiert. Offensichtlich können, wie J. Ph. Freiherr von Bethmann zutreffend argumentiert, hohe Zinsen weder eine relativ stabile Konjunktur abwürgen (BRD) noch niedrige Zinsen eine schwache Konjunktur beleben (USA). Deflationäre Prozesse erzeugen »schlechtes« (weil Forderungen und Bewertungen sich verschlechtern) Geld. In inflationär aufgeblähten Volkswirtschaften ist das meiste Geld gut, da es leicht zu erwirtschaften und Kredite leichter zurückzuzahlen sind.
Doch darf die Macht der Bundesbank nicht unterschätzt werden. Zwar unterschätzt sie selbst die Bedeutung der Psychologie in der Wirtschaft, doch verfügt sie andererseits über ein psychologisches Druckmittel auf die Politik, wenn es ihr gelingt, den Politikern ihre Vorstellungen des Zusammenhangs von Geldmenge und Kreditnachfrage sowie Geldwertschwund glaubwürdig zu vermitteln. So erhöhte sie am 17. 7. 1992 im Beisein des damaligen Bundesministers für Wirtschaft, Jürgen Möllemann, den Diskontsatz von 8 auf 8,85 Prozent, den höchsten Wert seit 1931. Im folgenden Monat drohte sie, den Banken nicht mehr beliebige Kredite durch Beleihung von Wertpapieren einzuräumen, sondern die Lombardkredite zu kontingentieren. Bislang konnten Banken Bundesbankkredite erhalten, wenn sie nur bereit sind, den hohen Lombardzins zu bezahlen.
Diese Drohung könnte Wirkungen zeigen. Die Banken könnten sich zusätzliche Mittel nur noch über den privaten Geldmarkt besorgen. Die Kreditkosten würden dann erheblich ansteigen, so daß die Haushaltsplanung des Bundes erheblich zu modifizieren wäre. Der Staat würde gezwungen, eisern zu sparen – und das bedeutet vor allem, Branchensubventionen (Landwirtschaft, Werften, Steinkohle, Stahl) zu kürzen oder gar ganz zu streichen. Das teure Geld treibt den Schuldendienst des Staates in den kommenden Jahren in einsame Höhen. Aber nicht nur die Verschuldung des Bundes macht den Mitgliedern des Zentralbankrates Sorgen, sondern ebenso die Pflegeversicherung (als Sozialversicherung), die Maastrichter Verträge, die labile Konjunktur. Da der Populismus (d. h. der Beifall der Menge) der Kompaß ist, der Politikern den Weg weist, sitzt die Regierung Kohl in der Klemme. Auf der einen Seite gilt das Wort des EG-Präsidenten Jacques Delors: »Nicht alle Deutschen glauben an Gott, aber alle an die Bundesbank!«, auf der anderen Seite fordert die populi-

246

stische Orientierung niedrigere Zinsen und einen sinkenden Geldwertschwund – und das alles ohne einschneidende Sparmaßnah-
men.

Am 14. 9. 1992 beendete die Bundesbank ihre von den Wünschen der
Politiker unabhängige Politik. Seitdem liegt der übermächtige
Schatten eines volkswirtschaftlichen Genies, des Bundeskanzlers
Dr. Helmut Kohl, über der Bank. Nachdem am Vorabend Dr. Theo
Waigel, Bundesminister für Finanzen, eine Zinssenkung angekün-
digt hatte, senkte sie unter politischem Druck seit 1987 zum erstenmal auf einer außerordentlichen Sitzung die Leitzinsen und den
Geldmarktsatz. Was waren die Gründe der Politik, die Bundesbank
erfolgreich unter Druck zu setzen? Sicher wollte sie zum einen der
weltweit lahmenden Konjunktur auf die Beine helfen (daß sie mit
solchen Methoden nur ein Strohfeuer entfachen kann, ist selbstverständlich, läßt doch die durch die Zinssenkung genährte Erwartung
weiter sinkender Zinsen die Kreditnachfrage eher schrumpfen).
Zum anderen galt es, dem wachsenden internationalen Druck nach-
zugeben. Vor allem sollte den Franzosen, die am 20. 9. 1992 über die
Verträge von Maastricht abstimmten, ein Signal gegeben werden,
daß die Deutsche Bundesbank sich durchaus europolitischen Wünschen beugt, wie es François Mitterrand schon für die zu gründende
europäische Zentralbank ankündigte. Niedere Zinssätze in der Bundesrepublik erlauben es auch schwächeren Volkswirtschaften, ihre
Zinsen zu senken und so ihre Wirtschaften anzukurbeln. Ausländi-
sches disponibles Kapital fließt, der hohen Zinsen wegen, nicht
mehr nach Deutschland, sondern sucht investive Anlagemöglichkei-
ten im eigenen Land. Selbst wenn der Chef der Bundesbank, Dr.
Helmut Schlesinger, die Zinssenkung mit den Stützungskäufen für
die italienische Währung begründete (so mußten in wenigen Tagen
Anfang September 1992 für 24 Milliarden DM Lire aus dem Markt
genommen und damit die DM-Geldmenge entsprechend erhöht
werden), ist seine Argumentation wenig glaubwürdig, da der Wechselkurs der Lira gegen die anderen EG-Währungen schon zuvor
abgesenkt worden war. Befürworter der Aktion in der Bank dürfte
eher der designierte Nachfolger Schlesingers, Hans Tietmeyer, sein,
ein getreuer Kohl-Mann, der auch für die katastrophale 1 : 1-Um-
stellung der DDR-Währung in DM mitverantwortlich zeichnete.
Damit aber verlor die Bundesbank ihre Unschuld, und das Gerede
von ihrer Unabhängigkeit denunzierte sich als leeres Geschwätz.

17. Kapitel

Die arrogante Unmoral in der Diskussion um den Paragraphen 218 StGB

Arrogant nenne ich jede Unmoral, die einfach ohne sachbezogene Gründe dogmatische Positionen vertritt und der entgegengesetzten Meinung Dummheit oder Bosheit unterstellt. Sie verweigert sich jedem ernsthaften Diskurs, der immer die Bereitschaft voraussetzt, die eigene Meinung aufgrund gemeinsamen Erkenntnisfortschritts zu ändern. Das aber war genau die Situation in der Diskussion um die Änderung des Paragraphen 218 StGB in 1992.

Die Diskussion über eine Neufassung des Paragraphen 218 StGB wurde nötig, da im Einigungsvertrag (Nr. 4479) vereinbart wurde, daß das DDR-Gesetz über die Unterbrechung der Schwangerschaft vom 9. 3. 1972 (eine »reine Fristenlösung«) in Kraft bleiben solle, bis – spätestens zum 31. 12. 1992 – eine bundeseinheitliche Regelung gefunden sei. Damit begann eine zum Teil dogmatisch geführte Diskussion über das Thema »Schwangerschaftsabbruch«.

Der Bundestag mußte entscheiden, wie in Zukunft ein Schwangerschaftsabbruch behandelt werden soll. Obschon die Abgeordneten in dieser Sache vom »Fraktionszwang« befreit wurden, kam es vor der Abstimmung zu massiven Pressionen auf die Mitglieder des Bundestages, die für eine Fristenlösung mit Beratungspflicht plädierten (»Gruppenantrag« von Abgeordneten aller Parteien, außer von denen der CSU), von seiten führender Mitglieder der CDU/CSU wie Alfred Dregger, Claus Jäger, Wolfgang Schäuble, Theo Waigel, der sogar die Unverschämtheit besaß, die Präsidentin des Deutschen Bundestages, Rita Süssmuth, polemisch zum Rücktritt aufzufordern – und der katholischen Bischöfe.

Der Bundestag verabschiedete am 26. 6. 1992 mit absoluter Mehrheit ein Gesetz, das eine »Fristenlösung« mit vorgeschriebener vorhergehender Beratung, die auf den Lebenserhalt des Ungeborenen abzielt, vorsieht (also den »Gruppenantrag«). Für den Abbruch werde nicht mehr der diese Indikation stellende Arzt rechtlich – wenn auch nicht moralisch, diese bleibt stets bei der Schwangeren – die

Verantwortung für die Unterbrechung übernehmen, sondern die Schwangere selbst. Das Gesetz sollte unter dem 4. 7. 1992 in Kraft treten. Am gleichen Tag erließ das BVG eine für drei Monate gültige, von 247 Abgeordneten und der bayerischen Landesregierung beantragte, einstimmig gefaßte einstweilige Anordnung, die das Inkrafttreten des Gesetzes vorläufig verhinderte. Die Entscheidung in der Hauptsache solle in einigen Monaten erfolgen.

Unmoralisch war die der Gesetzgebung vorausgehende Diskussion insoweit, als sie nicht die für eine gesetzliche Regelung notwendigen Prinzipien diskutierte, sondern nahezu ausschließlich dogmatisch bestimmt war. Welches sind nun aber die Prinzipien, die den Gesetzgeber in dieser Sache leiten muß?

① Es gilt, einen schweren Schaden vom Gemeinwohl zu wenden, d. h., die Menge der Schwangerschaftsabbrüche zu senken. Wäre das durch eine bestimmte Form der Strafandrohung möglich, wäre diese zu erlassen. Sollte sich jedoch herausstellen, daß die Menge der Schwangerschaftsabbrüche gegenüber Strafandrohungen nicht elastisch ist, hätte der Staat andere Mittel zu wählen, um schweren Schaden vom Gemeinwohl zu wenden.

② Es gilt, wie auch das Urteil des Bundesverfassungsgerichts vom 25. 2. 1975 feststellte, deutlich zu machen, daß ein Schwangerschaftsabbruch nicht vom Gesetzgeber gebilligt wird, vielmehr »auf eine klare rechtliche Kennzeichnung als Unrecht« nicht verzichtet werden kann, insofern er gegen Art. 2,2 GG (»Jeder hat das Recht auf Leben und körperliche Unversehrtheit«) verstößt. Die nötige Mißbilligung wird sich, wenn kein gleich oder besser wirksamer Schutz des ungeborenen Menschen zu erkennen ist, auch im Strafrecht niederschlagen müssen. Das BVG erklärte u. a.: »Der Gesetzgeber kann die grundsätzliche Mißbilligung des Schwangerschaftsabbruchs auch auf andere Weise zum Ausdruck bringen als mit dem Mittel der Strafandrohung.« Nur »im äußersten Falle, wenn der von der Verfassung gebotene Schutz auf keine andere Weise erreicht werden kann«, sei der Gesetzgeber verpflichtet, das Mittel des Strafrechts einzusetzen. Dabei ist zu berücksichtigen, daß die im Grundgesetz festgestellten Grundrechte nicht Rechte des Bürgers gegen einen anderen (etwa des Kindes gegen die Mutter) sind, sondern nur den Staat verpflichten, diese Rechte nicht zu verletzen. Ein Schutzrecht des Staates erwächst einer Person nur aus Art. 1 GG (Würde des Menschen).

③ Es ist, wie die Lebenspraxis zeigt, davon auszugehen, daß eine Frau, die eine Schwangerschaft ernstlich abbrechen will, dieses auch tut. Es entstehen solch unwürdigen Erscheinungen wie »Abtreibungstourismus«. Bei der »Indikationslösung«[1] steht dem Mißbrauch Tor und Tür offen. So kursierten in der BRD Handzettel, welche die abbruchwillige Schwangere darüber informierten, welche Antworten sie auf die Fragen des eine »soziale Indikation« feststellenden Arztes geben müsse, um ihr Ziel zu erreichen. Diese Zettel sind vergleichbar den alten Antwortkatalogen der Antragsteller auf Wehrdienstverweigerung aus Gewissensgründen. Die »Indikationslösung« wird also kaum eine Schwangere motiviert haben, ihr Kind auszutragen. Es gilt vielmehr – vor allem durch die Veränderung des Allgemeinen Bewußtseins –, dafür zu sorgen, daß der ernstliche Wille, eine bestehende Schwangerschaft zu unterbrechen, seltener aufkommt.

④ Wie der Gesetzgeber die unter 1. und 2. genannten Prinzipien realisiert, ist seinem auf Sachkenntnis gründenden Gewissen zu überlassen.

Der deutsche katholische Episkopat demonstrierte offen sein Demokratieverständnis, als er gegen diese Entscheidung verschiedentlich in harten Worten polemisierte. Heiner Geißler warf dem Kölner Kardi-

---

1 Paragraph 218 in der Fassung vom 8. 5. 1976 erlaubt einen Schwangerschaftsabbruch nach vorausgehender Beratung (Paragraph 218b), wenn ein Arzt, der nicht selbst die Schwangerschaft abbricht, einen der folgenden Gründe für gegeben hält:

- Es gilt; eine Gefahr für das Leben oder eine schwere gesundheitliche Gefährdung der Schwangeren abzuwenden (klinische Indikation).
- Dringende Gründe sprechen dafür, daß das Kind vor der Geburt an einer nicht behebbaren Schädigung seines Gesundheitszustandes leidet, so daß von der Schwangeren ein Austragen des Kindes nicht verlangt werden kann (eugenische Indikation).
- Dringende Gründe sprechen für die Annahme, daß das Kind infolge einer Vergewaltigung gezeugt wurde.
- Es gilt, von der Schwangeren die Gefahr einer Notlage abzuwenden, die so schwer wiegt, daß die Fortsetzung der Schwangerschaft nicht verlangt werden und diese Notlage auf keine andere, der Schwangeren zumutbare Weise abgewendet werden kann (soziale Indikation).

nal Joachim Meisner öffentlich Unverschämtheit vor, wenn er der
CDU (als einer C-Partei) das Recht abspreche, nicht unisono für eine
»Indikationslösung« zu votieren. Wennschon sich Herr Geißler im Ton
vergriffen haben mag, so geht es nicht an, daß sich ein in Fragen der
Politik nicht sonderlich gebildeter Kardinal in politische Prozesse ein-
mischt, von denen er nichts versteht. Sein Recht und seine Pflicht
beschränken sich ausschließlich auf das Abmahnen der oben erwähnten Prinzipien 1 und 2.
Insoweit der »Gruppenantrag« und das ihn entsprechende unter dem
26. 6. 1992 verabschiedete Gesetz nicht zureichend die zweite Bedingung erfüllte, sind sie moralisch abzulehnen.

18. Kapitel

Politische Rache –
Die »Rückführung« Erich Honeckers

Daß auch der deutschen Politik das Motiv der Rache nicht fremd ist, zeigt der »Fall Honecker«.

Erich Honecker, seit dem 3. 5. 1971 Nachfolger Walter Ulbrichts als Erster Sekretär des Zentralkomitees der SED, seit dem 24. 6. 1971 Vorsitzender des nationalen Verteidigungsrates der DDR, nennt am 6. 1. 1972 die Bundesrepublik Deutschland »Ausland« (bis dahin hielt er an dem Wiedervereinigungskonzept seiner Vorgänger fest, das diese unter dem 30. 1. 1957 vorgelegt hatten: eine Konföderation beider Staaten mit paritätisch besetztem Rat). 1972/73 wurde die DDR von nahezu allen Staaten als eigener Staat anerkannt. Sie wurde am 18. 9. 1973, zusammen mit der Bundesrepublik Deutschland, Mitglied der UNO. Am 18. 5. 1976 wird Honecker Generalsekretär der SED und am 29. 10. desselben Jahres Vorsitzender des Staatsrates.

- Am 30. 6. 1975 traf sich Erich Honecker am Rande der KSZE-Konferenz in Helsinki mit dem Kanzler Helmut Schmidt. Am 18. 12. 1975 kam es zum Austausch »Ständiger Vertreter« zwischen beiden Staaten. In Helsinki wurde Erich Honecker »hoffähig«. Er war Gast des Papstes, Staatsgast in Paris, Tokio, Mexiko, Neu-Delhi, Manila.
- Am 7. 9. 1987 besuchte Erich Honecker als Staatsoberhaupt der DDR die Bundesrepublik, nachdem man kurz zuvor die »Lex Honecker« verabschiedet worden war, nach der Staatsbesucher von der deutschen Strafverfolgung freigestellt werden. Es wurde ihm ein Staatsempfang zuteil wie anderen Staatsoberhäuptern. Dr. Helmut Kohl empfing ihn mit der ihm eigenen Herzlichkeit und Zuneigung. Selbst Alfred Dregger, ein Rechtsaußen der CDU, begrüßte Honecker als »deutschen Kommunisten«, mit dem ihn als »deutscher Demokrat« viel verbinde.

Am 18. 8. 1989 wird Erich Honecker in der Ostberliner Charité ein Dickdarmtumor entfernt. Zu dieser Zeit hatten sich schon Metastasen in der rechten Niere gebildet. Schon zwei Wochen vor der Operation äußerten die Urologen der Charité den Verdacht, am unteren Pol der rechten Niere habe sich ein Tumor gebildet. Die Chirurgen ignorierten diesen Verdacht. Genau zwei Monate danach wird er in einer Volkskammersitzung entmachtet. Am 8. 12. 1989 wird er von der DDR-Generalstaatsanwaltschaft des Machtmißbrauchs, der Korruption und – später – wegen der Todesschüsse an der Mauer angeklagt, aber nicht festgenommen. Am 7. 1. 1990 wird er in die Klinik für Urologie an der Charité eingewiesen. Nach erfolgreicher Operation, bei der ihm eine Krebsgeschwulst (hellzelliges Nierenzellenkarzinom) aus der rechten Niere entfernt wurde, wird er am 29. 1. 1990 entlassen und unmittelbar danach festgenommen und ins Gefängnis Rummelburg eingeliefert. Er kommt aber am Folgetag wegen seiner angegriffenen Gesundheit wieder frei. Zusammen mit seiner Frau Margot lebt er im Pfarrhaus eines evangelischen Pflegeheims in Lobetal bei Berlin. Am 3. 4. 1990 wird Honecker in das sowjetische Militärkrankenhaus in Beelitz bei Potsdam eingewiesen. Er leidet schon jetzt an einem Lebertumor, der jedoch vorerst unentdeckt bleibt.
Am 2. 10. 1990 endet die Existenz der DDR, am Folgetag wird sie Bestandteil der Bundesrepublik Deutschland. Am 30. 11. 1990 erläßt das Amtsgericht Tiergarten gegen Honecker Haftbefehl wegen Anstiftung zum Totschlag. Da der Beschuldigte sich in einem sowjetischen Krankenhaus aufhält, kann der Haftbefehl nicht vollstreckt werden. Vom sowjetischen Militärkrankenhaus wird er am 14. 3. 1991 auf eigenen Wunsch und aufgrund einer Verfügung Michail Gorbatschows vom Vortag zusammen mit seiner Frau Margot – angeblich wegen seines schlechten Gesundheitszustandes, tatsächlich wohl wegen der zunehmend die Macht ergreifenden Westdeutschen – von russischen Militärs nach Moskau (damals noch Hauptstadt der UdSSR) geflogen und hier in Sicherheit gebracht.[1] In Bonn ist man empört und fordert zwei Tage später seine Auslieferung.

---

1 Dieser Vorgang wird von der FAZ als »völkerrechtswidrig« bezeichnet, ohne daß sie angeben könnte, gegen welches Völkerrecht verstoßen wurde (24. 7. 1992). In dieser Sache scheint sie der offiziellen Version zu folgen. Deshalb wird auch nicht über die Auslieferung, sondern über die »Rücküberstellung« Honeckers verhandelt.

In Moskau wird er de jure unter Hausarrest gestellt, de facto aber ist er eine Art »Staatsgast« des Präsidenten Michail Gorbatschow. Bonn ist empört und fordert am 28. 8. 1991 von der UdSSR die unverzügliche »Auslieferung« (ihm damals also noch den Status eines Flüchtlings zuerkennend) aus seinem Moskauer Exil. Am 16. 11. 1991 lehnt Präsident Michail Gorbatschow es offiziell und endgültig ab, Erich Honecker an die Bundesrepublik Deutschland auszuliefern. Damit gewährt er ihm de facto politisches Asyl.

Nun ist der Rachewille Bonns vorübergehend gebrochen. Erst als sich die UdSSR in Folge des Putsches vom 19. 8. 1991 am 11. 12. 1991 auflöst und Boris Jelzin nach dem Rücktritt Gorbatschows am 25. 12. 1991 als Präsident Rußlands uneingeschränkt in Moskau herrscht, sieht Bonn seine Chance gekommen. Jelzin hatte sich schon 1991 für die Auslieferung Honeckers ausgesprochen. Honekker flieht vor den neuen Herren am 11. 12. 1991, dem Tage, an dem sich die Sowjetunion auflöste, in die chilenische Botschaft in Moskau. Doch nun weigerten sich zunächst die russischen Behörden, Honecker auszuliefern oder ausreisen zu lassen. Die ganze Angelegenheit sei eine Streitsache zwischen Chile und Deutschland. Im Februar 1992 entdecken russische Ärzte den Lebertumor, eine inoperable Metastase des Nierentumors: »herdförmiger Befall der Leber«. Am 19. 2. 1992 erklärt sich Chile bereit, den todkranken Honecker aus humanitären Gründen auch ohne deutsche Zustimmung aufzunehmen. Wiederum protestiert Bonn.

Die Bundesregierung setzt nun Boris Jelzin, der sich um internationale Anerkennung müht, unter Druck. Da gilt es zunächst, den medizinischen Befund vom Februar aus der Welt zu schaffen. Drei Wochen später kommen russische Ärzte zu dem Gefälligkeitsgutachten, der Patient sei gesund: »Werte für einen herdförmigen Befall der Leber wurden nicht festgestellt.« Nun kommt es darauf an, den kranken Honecker als Simulanten zu denunzieren. Das gelingt mit Hilfe der Massenmedien in Chile wie in der Bundesrepublik. Nun hat Jelzin freie Hand. Der deutsche Justizminister Dr. Klaus Kinkel bedrängt die Berliner Staatsanwaltschaft, eine konkrete Anklage zu zimmern. Als das am 3. 6. 1992 nach großen Mühen (in einer knapp 800 Seiten fassenden Anklageschrift, die ihm Totschlag und Vertrauensmißbrauch vorwirft) gelingt, besteht Kinkel konsequent auf dem Vollzug des gegen Honecker erwirkten Haftbefehls und erhält von seinem russischen Kollegen eine entsprechende Zusage.

254

Die Anklageschrift verfolgt den Zweck, Honecker den Schutz des
Genfer »Abkommens über die Rechtsstellung von Flüchtlingen« aus
dem Jahre 1951 zu entziehen. Gemäß Art. 1A1 dieses Abkommens
ist er unstreitig ein politischer Flüchtling, da er begründete Furcht
haben mußte, wegen seiner politischen Überzeugung verfolgt zu
werden. Der Schutz geht jedoch (nach Art. 1F dieses Abkommens)
verloren, wenn der Flüchtling nichtpolitische Verbrechen (wie etwa
Totschlag) begangen hat.

Doch noch eine weitere Klippe des internationalen Rechts gilt es zu
umschiffen: Um Honecker die Möglichkeit zu nehmen, vor der von
der Bundesregierung geforderten Auslieferung an die Bundesrepublik Deutschland nach Art. 13 des »Internationalen Pakts über bürgerliche und politische Rechte« vom 19. 12. 1966 von seinem Recht
auf Gehör und Rechtsvertretung gegen die Ausweisungsgründe in
Rußland Gebrauch machen zu können, stellt, unter dem massiven
Druck des Bundeskanzlers Dr. Helmut Kohl, Boris Jelzin, der Präsident Rußlands, fest, daß sich Honecker nicht rechtmäßig auf russi-
schem Staatsgebiet aufhalte.

Dennoch besteht noch unter dem 27. 7. 1992 die Regierung Chiles
darauf, daß Honecker nicht überstellt, sondern ausgeliefert werden
müsse. Das hätte zur Folge gehabt, daß er von dem erwähnten
Recht, gegen die Ausweisungsgründe zu argumentieren, hätte Gebrauch machen können. Und es wäre mehr als zweifelhaft gewesen,
daß nach dieser rechtlichen Anhörung vor unparteiischen Richtern
in Moskau die Ausweisungsverfügung aufrechterhalten worden
wäre.

Aber nun wird der Druck Bonns und Moskaus auf Chile so erheblich, daß Honecker am 29. 7. 1992 auf Druck Jelzins den Russen und
von diesen auf dem Flughafen Berlin-Tegel der deutschen Justiz
überstellt wird. Umgehend wird er ins Untersuchungsgefängnis
Moabit eingeliefert, in das Gefängnis, in dem er 1936 die ersten acht
Monate der achtzehnmonatigen Untersuchungshaft absitzen mußte
(die folgenden acht Jahre verbrachte er in der Haftanstalt von Bran-
denburg-Görden).[1] Er wird mit einem »gewöhnlichen Kriminellen«,

---

1 Erich Honecker wurde von den Nazis seiner kommunistischen Gesinnung
  wegen elf Jahre eingesperrt. Er selbst schreibt über diese Zeit in seiner Autobio-
  graphie: »Weder durch die physischen und psychischen Torturen der Gesta-
  pobeamten noch in den zahlreichen Verhören durch faschistische Untersu-

Sinti, der von seinen vierzig Lebensjahren zehn im Gefängnis verbrachte, zusammengelegt, eine Methode, mit der die deutsche Justiz mit Vorliebe den Widerstandswillen von Untersuchungshäftlingen bricht. Da die beiden sich aber bereits nach 24 Stunden duzten, wird ihm der Zimmergenosse genommen.

Am 4. 8. 1992 entdeckt Rainer Rex, Chefarzt der Inneren Abteilung im Krankenhaus des Gefängnisses Moabit, anläßlich einer Computertomographie im rechten Leberlappen einen »5 cm großen raumfordernden Prozeß«. Die russischen Ärzte hatten recht: Honecker wurde als todkranker Mann unter Verletzung elementarer Spielregeln der Humanität von Rußland an die Bundesrepublik Deutschland ausgeliefert. Es dürfte sehr unwahrscheinlich sein, daß der deutschen Justiz entgangen ist, daß das Märzgutachten, das Honecker zum gesunden Mann erklärte, falsch war, denn schon wenige Tage nach diesem Falschgutachten (am 18. 3. 1992) meldeten sich im russischen Parlament Ärzte zu Wort, die auf diesen Sachverhalt öffentlich verwiesen.

Und so schließt sich denn der Kreis von Unrecht und Gewalt.

Nun kommt es darauf an, ob es der Staatsanwaltschaft gelingt, für jeden einzelnen der in der Anklageschrift genannten 49 Totschlagsdelikte gesondert, Honecker Vorsatz nachzuweisen. Einen »Schießbefehl« Honeckers hat es nach Aktenlage nie gegeben.

Honecker meinte im Juni 1992, der gegen ihn »erhobene Vorwurf ist eine Kaschierung politischer Verfolgung im Gewande eines Kriminalprozesses. Es ist Vergeltung, die der Sieger gegenüber dem wehrlos Besiegten übt.«[1] Mir ist kein Faktum bekannt, das diese Aussage

---

chungsrichter während der anderthalbjährigen Untersuchungshaft war ich von meiner kommunistischen Weltanschauung abzubringen.« Es stünde einem Rechtsstaat sehr wohl an, einen Menschen, der elf Jahre unschuldig eingesperrt worden ist, selbst wenn er – aus Überzeugung und ohne jedes Unrechtsbewußtsein – strafrechtlich schuldig geworden wäre, Gnade vor Recht ergehen zu lassen. Kein lebender bundesdeutscher Politiker war um seiner Überzeugung willen von den Nazis eingesperrt worden.

1 Um zu einer Verurteilung zu kommen, müßte auf mancherlei Weise Recht gebeugt werden. Es gilt u. a. zu bedenken:
 • Der Schießbefehl widerspricht nicht dem Völkerrecht, nach dem alle Staaten das Recht haben, illegale Grenzübertritte notfalls mit Waffengewalt zu verhindern. Illegal sind alle Grenzübertritte an Grenzstellen, die nicht zum Grenzübertritt freigegeben sind. Zumeist gilt, wenn der illegale Grenzüber-

Lügen straft. Seine Schuld dürfte kaum juristischer, sondern vielmehr moralischer Art sein. Aber darüber werden nicht Richter, sondern allenfalls »die Geschichte« urteilen, die selten Sympathie für Verlierer aufbringt. Statt dessen wird »die Gerechtigkeit« ihren Lauf nehmen. Sein angesehener Ostberliner Anwalt Friedrich Wolff stellte schon bald nach Honeckers Verhaftung fest, daß »in der Anklage politische Entscheidungen kriminalisiert wurden«. Die US-Aktion in Panama habe mehr Tote gekostet als der Bau der Mauer. »Wenn Honecker ein Totschläger ist, ist Bush auch einer.«

tritt anders (etwa durch Hunde, Zäune, Minen . . .) nicht zu verhindern ist, die Regel: Anruf, Warnschuß, Scharfschuß, wobei die Verhältnismäßigkeit zu beachten ist. So sind etwa an der deutsch-österreichischen Grenze seit 1945 beim Versuch eines illegalen Grenzübertritts 106 Menschen erschossen worden. Bei Versuchen, illegal die mexikanisch-US-amerikanische Grenze zu überschreiten, dürften seit 1945 weit mehr als 300 Menschen erschossen worden sein – etwa das Doppelte der Zahl der beim illegalen Grenzübertritt DDR–BRD Getöteten. Meines Wissens ist noch niemals ein US-Präsident deswegen von einer deutschen Behörde belangt worden. Niemand hat – soviel mir bekannt – die US-Präsidenten deswegen Totschläger genannt. »Quod licet Jovi, non licet bovi!« Mit Gerechtigkeit hat das weniger zu tun als mit abgrundtiefer Verlogenheit und Heuchelei.

- Gemäß der DDR-Rechtsordnung war die Staatsführung befugt, ihren Vollzugsbeamten per Gesetz oder Verordnungen Anweisungen zu geben. Die Richter müssen also nachweisen, daß der »Schießbefehl« nicht durch diese Regelung gedeckt war. Zudem sieht der Einigungsvertrag unter Nr. 150 vor: »Auf vor dem Wirksamwerden des Beitrittes in der DDR begangene Taten findet § 2 StGB (über die zeitliche Geltung des Gesetzes) mit der Maßgabe Anwendung, daß das Gericht von der Strafe absieht, wenn nach dem zur Zeit der Tat geltendem Recht der DDR weder eine Freiheitsstrafe . . . noch eine Geldstrafe verwirkt gewesen wäre.«

- Die Anklageschrift bezieht sich auf die UNO-Konvention über zivile und politische Rechte, in der es unter Art. 12,2 heißt: »Jedermann steht es frei, jedes Land einschließlich seines eigenen zu verlassen.« Diese Konvention aber wurde von der Volkskammer niemals ratifiziert. Und natürlich gilt das Verlassensrecht nur an den dafür vorgesehenen Grenzstellen. Zudem kann jedes Land das Recht, das Land zu verlassen, vom Besitz gültiger Ausreisepapiere (etwa eines Passes oder eines Ausreisevisums) abhängig machen. Zudem gilt das Recht nicht für gesuchte Straftäter oder für Personen, die beim Grenzübertritt eine Straftat begehen. Zudem änderte der DDR-Gesetzgeber den Art. 10 der DDR-Verfassung, der ein Recht auf Auswanderung enthielt, schon 1968.

Wie aber sieht die Gerechtigkeit in einem Rechtsstaat aus?[1] Da galt
es zunächst einmal, den richtigen Richter für Erich Honecker zu
finden. Und das ging so: Bei mehreren Beschuldigten zählt bei der
Zuteilung der Strafkammer der Anfangsbuchstabe des ältesten.
Der aber ist in dem Verfahren gegen Honecker E. Mielke. Für den
Buchstaben M ist nun aber die 23. Strafkammer am Landgericht
Berlin unter Richter Theodor Seitel zuständig. Der bat nun, wegen
Arbeitsüberlastung diesen Buchstaben abgeben zu dürfen. Er wurde der 27. Strafkammer, die für H zuständig ist, übergeben. Der
Vorsitzende Richter dieser Kammer hieß Hans Prüfer. Der aber trat
zum 11. 3. 1992 vorzeitig zurück. Jetzt wurde Hansgeorg Bräutigam
Vorsitzender der 27. Strafkammer und damit auch für den Prozeß
gegen Erich Honecker. Er war der Richtige! Bräutigam gilt als
strammer Antikommunist. Unter dem Pseudonym Georg Riedel
machte er in der »Berliner Morgenpost« Stimmung gegen alles, was
er für links und damit für staatsgefährdend hielt. So komme es
nicht darauf an, ob jemand Mitglied einer Partei sei oder nicht,
»sondern darauf, ob jemand Marxist oder Leninist ist. Denn der
Marxist oder Leninist ... ist ein Verfassungsfeind«, schrieb er im
April 1978. Den Verteidiger des in Moabit einsitzenden Terroristen
Till Meyer, Detlev Müllerhoff, ließ er 1978 einsperren, weil er
anwesend war, als Meyer gewaltsam aus dem Gefängnis befreit
wurde. Drei Gerichtsreferendare, die zum Gedenken an den
ermordeten Generalbundesanwalt Siegfried Buback nicht aufge-
standen waren, wollte er mit einem Disziplinarverfahren die rechte
Gesinnung beibringen.

Dann kam es darauf an, ihm keinen Verteidiger seiner Wahl zu
geben. Und das ging so: Alle Konten Honeckers blieben gesperrt. Er
war also mittellos. Also mußte der Staat ihm Pflichtverteidiger
zuordnen: Friedrich Wolff, Nicolas Becker und schließlich noch
Wolfgang Ziegler.

Der »Fall Honecker« wäre zu einer bühnenreifen Farce verkommen,
wenn nicht soviel an Unrecht und Gewalt diesen Fall zum Drama
hätten werden lassen.

---

1 Vgl. dazu Hartmut Palmer, Warme, menschliche Atmosphäre, in Der Spiegel
  46 (1992), 33, 30 f.

Am 12. 11. 1992 begann der Strafprozeß gegen Honecker, nachdem die für das Verfahren zuständige Schwurgerichtskammer am Landgericht Moabit ihn u. a. »aufgrund eigener Sachkunde« für verhandlungsfähig erklärt hatte.

Am 21. 12. 1992 kam der Vorsitzende Richter Bräutigam dem Ansuchen eines Ergänzungsschöffen nach, die Verteidigung Honeckers zu bitten, ihr Mandant möge ihm ein Autogramm geben. Auf die Nachfrage der Nebenklage, was dieses »Flurgespräch« denn bedeute, antwortete Richter Bräutigam wahrheitswidrig, es habe sich um eine Postsache gehandelt. Daraufhin stellten Nebenklage und Verteidigung den Antrag, Bräutigam und den Ergänzungsschöffen wegen Befangenheit abzulehnen. Die beisitzenden Richter Abel und Hans Boß gaben, zusammen mit dem stellvertretenden Vorsitzenden der 51. Strafkammer Korte, am 5. 1. 1993 diesem Antrag statt. Neuer Vorsitzender wurde der bisherige erste Beisitzer Hans Boß. Unter Richter Boß nahm das Verfahren einen anderen, humanen Verlauf: Am 12. 1. 1993 entschied das Berliner Verfassungsgericht in Anlehnung an die Rechtsprechung des Bundesverfassungsgerichts, es widerspreche der Würde des Menschen, ihn zum bloßen Objekt von Strafverfahren und Haft zu machen. Es wies die 27. Strafkammer am Landgericht Berlin an, »unverzüglich erneut über die Anträge auf Aufhebung des Haftbefehls und Einstellung des Strafverfahrens« zu entscheiden. Darauf beschloß die Strafkammer umgehend »wegen Eilbedürftigkeit außerhalb der Hauptverhandlung« am Abend desselben Tages, das Verfahren wegen Totschlags einzustellen und den Haftbefehl aufzuheben. Das Ganze hätte man schon gleich am ersten Prozeßtag haben können. Aber nein: Die Rache erforderte anderes.

19. Kapitel

Der Bürgerkrieg in Bosnien-Herzegowina

Es mag auf den ersten Blick befremden, wenn eine strukturell unmoralische Politik der Bundesregierung für den Bürgerkrieg in Bosnien-Herzegowina verantwortlich gemacht wird. Doch ein zweites Hinschauen läßt erkennen, daß vor allem die deutsche, am »völkischen Denken« der Nazis orientierte Interpretation des »Selbstbestimmungsrechts der Völker« ursächlich für den Bürgerkrieg in Bosnien-Herzegowina, der die muslimische Mehrheit im Lande zu vernichten droht, verantwortlich ist.

1. Das »Selbstbestimmungsrecht der Völker«

Unmoralisch ist unstreitig eine Interpretation von Normen des Völkerrechts, die vorhersehbar kriegerische Konsequenzen haben wird. Nun aber gründen die Kriege in Jugoslawien und der ehemaligen Sowjetunion im Anspruch der Völker auf Selbstbestimmung.[1] Was aber bedeutet das Wort von der »Selbstbestimmung der Völker«? Die Charta der UNO erwähnt in Art. 55 und Art. 73 dieses Recht. Ausgeführt wurde es am 19. 12. 1966 im »Internationalen Pakt über bürgerliche und politische Rechte«. Der Pakt erhielt 1973 in der Bundesrepublik Deutschland Rechtskraft. In Art. 1 heißt es: »Alle Völker haben das Recht auf Selbstbestimmung. Kraft dieses Rechts entscheiden sie frei über ihren politischen Status und gestalten in Freiheit ihre wirtschaftliche, soziale und kulturelle Entwicklung.[2]« Nun gibt es zwei fundamental voneinander unterschiedene Begriffe von »Volk«, die in der Bestimmung dessen, was »Selbstbestim-

---

1 Daß es kein absolutes »Selbstbestimmungsrecht der Völker« gibt, ist unbestritten. Zahlreiche internationale Abkommen haben dieses Recht eingeschränkt.
2 Diese Bestimmung wiederholt wörtlich der am gleichen Tag verabschiedete »Internationale Pakt über wirtschaftliche, soziale und kulturelle Rechte«.

mungsrecht der Völker« meint, von erheblicher Bedeutung sind. Entweder versteht man unter Volk ein »Staatsvolk« oder aber ein »ethnisches Volk«. Das internationale Recht versteht unter dem »Selbstbestimmungsrecht der Völker« das der Staatsvölker, wie etwa aus der »Schlußakte der Konferenz über Sicherheit und Zusammenarbeit« (KSZE) eindeutig hervorgeht. Es heißt da u. a.: »Die Teilnehmerstaaten werden die Gleichberechtigung der Völker und ihr Selbstbestimmungsrecht achten« (K 1, VIII).

Deutschland macht hiervon eine Ausnahme.[1] Seit die Nazis den ethnischen Volksbegriff einführten, ist das Allgemeine Bewußtsein der meisten Deutschen auf diesen Volksbegriff fixiert. Die Staatsangehörigkeitsgesetze vom 22. 2. 1955, vom 19. 12. 1963 und vom 20. 12. 1974 bestimmen als Deutsche im Sinne des Grundgesetzes auch alle Nachkommen deutscher Auswanderer aus dem ehemaligen Gebiet Deutschlands. So sind »Rußlanddeutsche« oder »Banater Schwaben«, selbst wenn ihre Ahnen vor Jahrhunderten Deutschland verließen, Deutsche im Sinne des Grundgesetzes.

Dieses vom internationalen Völkerrecht abweichende Verständnis von »Volk« hatte nicht nur im Nazi-Deutschland, sondern auch in der Bonner Republik seine katastrophalen Folgen. Der Krieg in Jugoslawien war völkerrechtlich ein Bürgerkrieg, in dem nach internationalem Recht ausländische Mächte aufgrund des Nichteinmischungsprinzips nichts zu suchen haben. Sie haben auch nichts im nordirischen Bürgerkrieg oder in den Bürgerkriegen anderer zerfallender Vielvölkerstaaten (Sudan, Südafrikanische Republik, Sowjetunion, Afghanistan) zu suchen.

Aber wir Deutschen sehen das anders: Da kämpften in Jugoslawien verschiedene ethnische Völker gegeneinander. Es war also kein Bürgerkrieg, sondern ein Krieg zwischen verschiedenen Völkern. Und jedes von ihnen hatte ein Anrecht auf ein eigenes Staatsgebiet. In jenem Krieg, der zum Zerfall Jugoslawiens führte, beriefen sich Slowenen, Kroaten, Mazedonier ... ganz in deutscher Manier auf das

---

1 Möglicherweise gibt es eine zweite: Der Begriff »Völkermord« wird in der »Konvention über die Verhütung und Bestrafung des Völkermords« vom 9. 12. 1948 (in der Bundesrepublik geltendes Recht seit 1954) in Art. 2 definiert als eine Handlung, »die in der Absicht begangen wird, eine nationale, ethnische, rassische oder religiöse Gruppe als solche ganz oder teilweise zu zerstören«.

»Selbstbestimmungsrecht« ihrer ethnischen Völker.[1] Das von den Massenmedien repräsentierte und dieses beeinflussende Allgemeine Bewußtsein der meisten Deutschen forderte nun die staatliche Anerkennung dieser ethnischen Völker. Das traf – völlig zu Recht – auf den Widerstand aller anderen Staaten der Welt (mit Ausnahme Österreichs). So spricht sich Ende Mai 1991 die EG für die Einheit Jugoslawiens aus und stellt der Bundesregierung in Belgrad einen Milliardenkredit in Aussicht. Dennoch konnte der damalige Bundesaußenminister Hans-Dietrich Genscher gegen seine anfängliche Weigerung unter dem Druck der deutschen öffentlichen Meinung nicht umhin, die übrigen EG-Staaten gegen ihren erklärten Willen zu dem völkerrechtswidrigen Verhalten zu nötigen, Slowenien, Kroatien und Bosnien-Herzegowina (obschon selbst ein Vielvölkerstaat) als Subjekte des Völkerrechts anzuerkennen. Nach langem Zögern folgten ihnen, trotz eindringlicher Warnung des UN-Generalsekretärs und des US-Präsidenten, viele andere Staaten.

Nun dürfte unstreitig sein, daß die Kroaten nur deshalb den Truppen Jugoslawiens, die völkerrechtlich einwandfrei die nationale Einheit bewahren bzw. wiederherstellen wollten, militärischen Widerstand entgegensetzten, weil sie, angeregt durch die öffentliche Meinung in Deutschland und Österreich, mit der Anerkennung ihrer Teilrepubliken als eines eigenständigen Völkerrechtssubjekts rechneten.[2]

Die völkerrechtswidrige Festlegung der deutschen Politik auf einen ethnischen Volksbegriff, der ethnischen Völkern eigenes Selbstbestimmungsrecht, einschließlich des Rechts der Staatsgründung, zugesteht, wird, wenn er sich durchsetzt, katastrophale Folgen haben. Gibt es doch weltweit ethnische Völker, die auf die Errichtung eigener Staaten drängen. Hier sind zu erwähnen die belgischen

---

1 Dem damaligen Bundesaußenminister Hans-Dietrich Genscher wurde am 9. 8. 1992 als Dank für seine Balkanpolitik auf der kroatischen Insel Brac der Grundstein für ein Denkmal gelegt.

2 Drobica Cosic, der international hoch angesehene Staatspräsident der im Juni 1992 gegründeten »Bundesrepublik Jugoslawien« (SRJ), bestehend aus den Teilrepubliken Serbien und Montenegro, ein Titopartisan, dann entschiedener Gegner des kommunistischen Regimes in Belgrad, sagte richtig in einem im Juli 1992 gegebenen Spiegel-Interview: »Jugoslawien ist am Sezessionismus Kroatiens und Sloweniens zugrunde gegangen, die ihre eignen Staaten erzwingen wollten, sowie an der katastrophalen Politik der EG. Die Europäer tragen eine große historische Verantwortung für die Tragödie in Jugoslawien.« Der Spiegel 46 (1992), 33, 134.

Völker, die Lappen, die Kurden, die Afghanen, die Basken, die Palästinenser, manche Völker der zerfallenen Sowjetunion, die verschiedenen Völker der russischen Konföderation, die Völker Kanadas und der Südafrikanischen Republik, die Sarden und die Korsen, die Vielvölkerstaaten Afrikas ... Kurzum: Das dem internationalen Recht widersprechende Verständnis der Deutschen von dem, was »Volk« bedeutet, wird in den kommenden Jahrzehnten die Welt labilisieren und zahllosen Menschen das Leben kosten. Einen Vorgeschmack auf das Kommende bietet das Beispiel Bosnien-Herzegowinas. In dieser Republik leben drei ethnisch unterschiedliche Volksgruppen in zum Teil weit voneinander entfernten Siedlungsgebieten. In solchen Situationen wird die Theorie, daß ein jedes zureichend großes ethnisches Volk das Recht habe, in einem eigenen Staat zu leben, zu blutigem Wahnsinn. Das mögen die Ereignisse in Bosnien-Herzegowina des Jahres 1992 belegen.

2. Das Vorspiel

Eine kurze Übersicht des im Jahre 1991 durch die Politik der Bundesrepublik in Gang gesetzten Zerfallsprozesses Jugoslawiens mag verdeutlichen, wie es zum Morden in Bosnien kam:

30. 3.: Die Auseinandersetzungen zwischen den Teilrepubliken weiten sich zu einer schweren innenpolitischen Krise aus. Serbien kündigt an, es werde das kollektive Staatspräsidium nicht mehr akzeptieren. In Serbien und Kroatien werden Reservisten mobilisiert.
19. 5.: Über 94 Prozent der an einer Volksabstimmung teilnehmenden Kroaten sprechen sich für die Ablösung ihrer Teilrepublik vom jugoslawischen Bundesstaat aus. Der kroatische Präsident und ehemalige Partisanengeneral Franjo Tudjman provoziert mit seinem nationalistischen Gehabe die Serben. Er fordert eine eigene Armee. Tudjman ist von seinem historischen Auftrag überzeugt, 900 Jahre nach dem Reich König Tomislavs wieder einen völlig unabhängigen kroatischen Staat zu gründen. Die 600 000 Serben in Kroatien ignoriert er zunächst. Doch bald kommt es in den von serbischen Minderheiten besiedelten Gebieten zu Schießereien. Um die Serben vor kroatischem Terror zu schützen, greifen Bundestruppen in die

Kämpfe ein. Präsident Slobodan Milosevic erklärt im Januar 1992 den Krieg für beendet, nachdem der UN-Sicherheitsrat sich bereit erklärt, 14 000 UN-Blauhelme in den serbischen Siedlungsgebieten der Krajina zu stationieren, um die Serben zu schützen. Der Krieg fordert 10 000 Tote. Mehr als eine halbe Million Serben und Kroaten fliehen aus ihrer Heimat.

25. 6.: Kroatien und Slowenien erklären ihre Unabhängigkeit. Das Belgrader Bundesparlament erklärt unter Berufung auf geltendes Völkerrecht die Beschlüsse für nichtig.

27. 6.: Panzer der Bundesarmee fahren um die Stadt Ljubljana auf und rücken gegen die Grenzen vor. In Slowenien bricht ein offener Bürgerkrieg aus.

19. 7.: Slowenien feiert die Ankündigung des Staatspräsidiums in Belgrad, die Truppen der Bundesarmee zurückzuziehen, als Anerkennung seiner Unabhängigkeit.

23. 7.: Stipe Mesic, seit dem 1. 7. 1991 jugoslawischer Staatspräsident, beschuldigt Serbien, Teile Kroatiens annektieren zu wollen. Kroatien bereitet sich auf einen Krieg vor.

23. 8.: Die Teilrepublik Kroatien droht mit einem Gegenangriff, falls die Bundesarmee die serbischen Bewohner Kroatiens nicht veranlaße, ihre Kämpfe einzustellen.

27. 8.: Generalmobilmachung in Kroatien. Kroatische Milizen kämpfen gegen die Soldaten der Bundesarmee wie gegen serbische Milizen.

19. 9.: In der EG kommt es zum offenen Streit. Während Deutschland und Italien die Bundesarmee für den Hauptschuldigen am Bürgerkrieg halten (obschon sie nichts anderes tat, als ihrer Pflicht nachzukommen, die staatliche Einheit wiederherzustellen), beschuldigen die übrigen EG-Staaten Kroatien. Die Kroaten sorgten für die Eskalation der Gewalt.

21. 9.: Der jugoslawische Staatspräsident Mesic fordert die Bundesarmee auf, ihren Vorgesetzten den Gehorsam zu verweigern.

26. 9.: Der UN-Sicherheitsrat beschließt ein Waffenembargo gegen Jugoslawien.

3. 10.: Serbien reißt in einem Staatsstreich die Macht im Staatspräsidium Jugoslawiens an sich und übernimmt die Kontrolle über die Bundesarmee.

8. 10.: Slowenien und Kroatien setzen ihre Unabhängigkeitserklärungen in Kraft.

15. 10.: Die Teilrepublik Bosnien-Herzegowina erklärt sich für souverän. Die serbische Bevölkerungsminderheit protestiert.
2. 12.: Die Kroaten starten eine großangelegte Gegenoffensive. Serbien stellt Gebietsansprüche auch an Mazedonien.
14. 11.: Kroatien, Serbien und die jugoslawische Bundesarmee stimmen dem Einsatz einer UNO-Friedenstruppe zu.
5. 12.: Bundeskanzler Dr. Helmut Kohl verspricht dem kroatischen Präsidenten Tudjman die baldige völkerrechtliche Anerkennung Kroatiens durch die Bundesrepublik.
6. 12.: Die Regierung der USA kritisiert die deutsche Entscheidung, Slowenien und Kroatien völkerrechtlich anzuerkennen, als völkerrechtswidrig. Zudem würde ein solcher Schritt den Krieg zusätzlich anheizen. Die USA würden der Bundesrepublik in dieser Sache nicht folgen.
17. 12.: Unter deutschem Druck einigen sich die zwölf EG-Außenminister in Brüssel darauf, bis zum 15. 1. 1992 jene jugoslawischen Teilrepubliken als eigene Staaten anzuerkennen, die dieses wünschten.

3. Hintergründe des Bürgerkriegs

1463 unterlag der letzte bosnische König, Stjepan Tomasevic, in Jajce einem türkischen Heer. Viele Bosnier bekehrten sich zum Islam. Die wenigen in Bosnien siedelnden kroatischen Katholiken und die orthodoxen Serben bildeten die soziale Unterschicht. Die heutige Republik Bosnien war im 16. und 17. Jahrhundert eine blühende autonome Provinz des türkischen Reiches. Damals wurden zahllose Moscheen, Koranschulen, Brücken und Bibliotheken gebaut. Als dann 1878 die Habsburger nach einem blutigen Krieg das Land okkupierten, wanderten viele Bosnier in die Türkei aus. Als sie gar das Land 1908 annektierten, zogen sie sich internationalen Unmut zu, der sich im Ersten Weltkrieg Luft verschaffte. Am 1. 12. 1918 wurde feierlich das »Königreich der Serben, Kroaten und Slowenen« proklamiert. Bosnien-Herzegowina wurde dem Königreich zugesprochen. Seit 1921 regierte König Alexander das Land. Nach politischen Tumulten hob er am 6. 1. 1929 die Verfassung auf, proklamierte die Diktatur und nannte das Land »Jugoslawien«. In Kroatien formierte sich die Ustascha, um einen eigenen Kroatenstaat zu errichten. 1931 erließ der König eine neue Verfassung. 1934 wurde er anläßlich eines Staatsbesuchs in Marseille von einem mazedonischen Terroristen ermordet – im Hintergrund der Untat stand die kroatische Ustascha. Die Bosnier spielten in all dem Geschehen nur eine Nebenrolle.

Während des Zweiten Weltkriegs ermordeten serbische Tschetniks 180 000 bosnische Moslems und zerstörten über 700 Moscheen. Nach dem Zweiten Weltkrieg schuf die Tito-Verfassung die »Föderative Volksdemokratie Jugoslawien«. Bosnien wird zu einer der sechs Volksrepubliken Jugoslawiens. Auch das Tito-Regime versuchte, die moslemische Oberschicht des Landes zu vernichten. 1947 und 1948 kam es zu Pogromen an Moslems. In zahlreichen Moscheen starben betende Moslems im Feuer von Maschinengewehren. Der jugoslawische Innenminister, Alexander Rankovic, sorgte dafür, daß in den von Moslems »gesäuberten« Gebieten Serben und Kroaten siedelten. Seit Mitte 1955 ließ der Druck der Zentralregierung auf die Moslems nach. Doch die Diskriminierung der serbischen Moslems war damit keineswegs beendet. So wanderte der heutige Präsident der Republik, Alija Izetbegovic, 1983 wegen »islamischer Verschwörung« für fünf Jahre ins Gefängnis. 1991 erklärt Bosnien seine Unabhängigkeit. Aber die Serben sehen in den Bosniern »konvertierte Verräter des eigenen Stamms«, und die Kroaten betrachten sie als »verirrte Urkroaten«. Die Lunte am Pulverfaß Bosnien war gelegt.

Gezündet wurde sie, als das fatale Verständnis von »Volk« den politisch akzeptierten Bürgerkrieg in Jugoslawien entfachte. Es kam in Bosnien-Herzegowina zu einem der unmenschlichsten Kriege im »modernen« Europa. Die Bewohner von Bosnien-Herzegowina bilden nach der internationalen Anerkennung dieses Landes als eines Staates seit dem 15. 10. 1991 ein Staatsvolk. Im Land siedelten jedoch drei ethnische Völker: Kroaten (17 Prozent), Serben (31 Prozent) und muslimische Bosnier (44 Prozent).

Obschon das Waffenembargo vom 26. 9. 1991 alle Republiken des ehemaligen Jugoslawien betraf, verfügten alle drei Parteien, vor allem aber Serben und Kroaten, über zureichende Arsenale auch an schweren Waffen, um sich einen der blutigsten und fanatischsten Bürgerkriege – nach dem spanischen – zu liefern. Die Kroaten und Bosnier bezogen ein Teil ihrer schweren Waffen, über die beide nicht verfügten, von der Bundesarmee. Sie blockierten völkerrechtswidrig und zum Teil unmenschlich deren Kasernen, als sie sich auf

Befehl Belgrads zurückziehen sollten. Die Belagerer erlaubten
jedoch oft genug nur den Rückzug, wenn die Bundestruppen ihre
schweren Waffen zurückließen. Zudem ist keineswegs auszuschließen, daß Kroatien über Österreich und Bosnien über das Meer mit
Waffen versorgt wurden.
Während der langen Kriegsmonate suchten sich in Bosnien-Herzegowina ansässige Serben und Kroaten – nicht selten unterstützt von
Kroatien und Serbien – auf Kosten der muslimischen Bevölkerungsmehrheit einen möglichst großen Teil der Republik anzueignen.

* Nachdem das Staatspräsidium Jugoslawiens im Mai 1992 auf internationalen Druck das Kommando über die in Bosnien-Herzegowina stationierten Bundestruppen abgegeben hatte, gehen diese
  Einheiten in der neugegründeten Armee der bosnischen Serben
  auf. Zudem übernehmen sie im Juni 1992 in Banja Luka etwa
  fünfzig Flugzeuge und Hubschrauber der Bundesarmee.[1] Diese
  militärische Übermacht erlaubt es ihnen, unter ihrem Führer, dem
  Psychiater Radovan Karadzic, die annährend zwei Drittel Bosnien-Herzegowinas umfassende »Serbische Republik Bosnien-Herzegowina« mit Banja Luka als Hauptstadt zu gründen, obschon
  nur 31 Prozent der bosnischen Bevölkerung Serben sind. Auch ein
  Teil der bosnischen Hauptstadt, Sarajevo, gehört zur neugegründeten Republik. Karadzik erklärt, er werde mit den anderen Teilen Bosniens allenfalls eine Konföderation eingehen. Seitdem
  beteuert er nahezu täglich seine Friedensbereitschaft. Am
  27. 7. 1992 zeigt er sich zufrieden mit seinen militärischen Erfolgen: »Nun geht es daran, das militärisch Erreichte politisch zu
  sichern!«
* Überall, wo bosnische Kroaten leben, in der Westherzegowina, in
  Zentralbosnien und im Norden (»Bosanska Posavina«), übernehmen die lokalen Truppen des Kroatischen Verteidigungsrats
  (HVO) die militärische und zivile Führung. Am 3. 7. 1992 prokla-

---

1 Aus diesem Grund wehren sich die bosnischen Serben lange gegen einen von
  den USA entwickelten Plan des UN-Sicherheitsrats, über Bosnien-Herzegowina ein Flugverbot für Militärmaschinen zu verhängen. Am 9. 10. 1992 verhängte der UN-Sicherheitsrat jedoch ein Flugverbot für Militärmaschinen über
  Bosnien-Herzegowina, aber ohne für den Übertretungsfall mit Sanktionen zu
  drohen.

mieren die bosnischen Kroaten die »Kroatische Gemeinschaft Herceg-Bosna«. Präsident ist Mate Boban. Er fordert eine Kantonisierung Bosnien-Herzegowinas. Der Präsident Kroatiens, Franjo Tudjman,[1] möchte aus dem eroberten Gebiet eine halbautonome, mit Kroatien verbundene »Banschaft Kroatien« machen. Um die Weltöffentlichkeit zu täuschen, ersinnt er einen politisch geschickten Schachzug: Kroatien schließt am 21. 7. 1992 eine Art Frieden mit Bosnien,[2] obschon sein Ziel der Gründung des Serben- und Kroaten-Staates auf bosnischem Territorium offenes Geheimnis ist.

Anläßlich eines Geheimtreffens im österreichischen Graz verständigen sich Vertreter der Serben und Kroaten am 8. 5. 1992 auf eine Aufteilung Bosnien-Herzegowinas. Während die Serben das von ihnen

---

1 Victor Meier schrieb unter dem 21. 9. 1992 in der FAZ einen klugen Beitrag: »Sind die bosnischen Muslime eine ethnische Gemeinschaft?« In diesem Beitrag stellt er Tudjman als den vor, der er ist: ein an der Grenze zum Wahn lebender Mensch, welcher der Ansicht ist, Kroatien sei das »letzte europäische und katholische Bollwerk gegen den bösen Osten«.

2 Da sich jedoch die Kroaten gegen die angreifenden Truppen Bosniens nicht recht halten können, verbündete sich Kroatien unter seinem Präsidenten Tudjman am 21. 7. 1992 mit Bosnien unter dem legalen muslimischen Präsidenten der Gesamtrepublik Bosnien-Herzegowinas, Alija Izetbegovic. Izetbegovic lehnt leidenschaftlich alle Gespräche mit dem »Kriegsverbrecher« Radovan Karadzic ab, er ist auch nicht bereit, der von Kroatien bevorzugten Kantonisierung oder gar der von den bosnischen Serben geforderten Konföderalisierung des Landes zuzustimmen. Vielmehr fordert er die Wiederherstellung Bosnien-Herzegowinas in den alten Staatsgrenzen. Diese »Friedensvereinbarung« zwischen Bosnien und Kroatien betrifft auch das »Kroatenreich« auf bosnischem Territorium. Es wird vereinbart: 1. Die Verbände des Kroatischen Verteidigungsrats werden Teil der Streitkräfte der Gesamtrepublik Bosnien-Herzegowina. 2. Die zivilen Verwaltungen, die auf dem von den Verbänden des Kroatischen Verteidigungsrats beherrschtem Gebiet in der Herzegowina errichtet wurden, werden baldmöglichst in ein Konzept eingebunden, das mit der Verfassung Bosnien-Herzegowinas verträglich ist. Theoretisch stehen sich Truppen des »Kroatischen Verteidigungsrates« (HVO) und der muslimischen bosnischen Territorialverteidigung (TO; beide ethnisch gemischt) auf der einen Seite und dem militärischen Arm der nationalistischen »Kroatischen Partei des Rechts« (HOS) gegenüber. Wer aber glaubt, den Versprechungen des Präsidenten Kroatiens, Franjo Tudjman, glauben zu können, mag seine Bemerkung beachten, die er kurz nach seiner Wiederwahl Anfang August 1992 machte, es könne keinen »islamischen Staat im Herzen Europas« geben.

besetzte Territorium beanspruchen, erhalten die Kroaten mit der westlichen Herzegowina und Gebieten im nördlichen Bosnien etwa 20 Prozent der Republik zugesprochen.

Beide versuchen von diesem Tage an, »ihre« Gebiete (auch über die Einführung von Konzentrationslagern) ethnisch zu »säubern«. Die auf »eigenem Gebiet« wohnenden Fremden – vor allem die Moslems – galt es zu töten, zu isolieren oder zu vertreiben. Die Politik der Serben und Kroaten war raffiniert: Die bosnische Hauptstadt Sarajevo wurde im April 1992 von Serben und Kroaten eingeschlossen. Am 8. 6. 1992 erweiterte der UN-Sicherheitsrat das Einsatzgebiet der in Kroatien stationierten UN-Friedenstruppen auf Bosnien-Herzegowina und billigte die Entsendung von 1 100 Soldaten, um die Wiedereröffnung des Flughafens von Sarajevo zu ermöglichen. Am 3. 7. 1992 richtete die EG unter dem Schutz der UN-Soldaten eine Luftbrücke nach Sarajevo ein. Es gelang den Serben und Kroaten, das Interesse der Massenmedien und der Politik auf die Versorgung Sarajevos zu lenken. Immer wieder bekundete der UN-Sicherheitsrat seinen Willen, die Resolutionen 758 und 761 über die Öffnung des Butmir-Flughafens, 7 Kilometer vor den Toren Sarajevos gelegen, durchzusetzen. In einem Katz-und-Maus-Spiel mit den hier stationierten UNO-Blauhelmen, die den Flughafen sichern sollten, lenkten sie von ihren Militäroperationen ab, die erfolgreich zum Ziel hatten, weite Gebiete Bosnien-Herzegowinas zu besetzen und ethnisch »zu säubern«.

Diese Säuberung löst einen gewaltigen Flüchtlingsstrom aus. Es ist nur recht und billig, wenn vor allem die Bundesrepublik (über 200 000) und Österreich diese Flüchtlinge aufnehmen müssen. Sie sind mittelbar durch ihre Anerkennungspolitik an den Leiden der Menschen in Bosnien-Herzegowina schuldig. Die EG-Länder weigern sich unter dem 29. 7. 1992, anläßlich der Genfer Konferenz über die Jugoslawienkrise, konsequent und logisch, sich an dieser Aufnahmeaktion zu beteiligen.

Da auch die Massenmedien monatelang nahezu ihr gesamtes Interesse den Kämpfen und Zwischenfällen um Sarajevo[3] widmen und

---

3 Der die kanadischen Blauhelme um Sarajevo kommandierende General Lewis MacKenzie stellte schon rechtzeitig (im Juli 1992) fest: »Viele andere Orte in Bosnien sind heute härter betroffen als Sarajevo . . . Ganz Bosnien ist zur Zeit eine lebende Hölle.« Der bosnische UN-Botschafter Muhammed Sacirbes

sich somit fundamental ihrem Auftrag versagen, dem Allgemeinen
Bewußtsein politische Mißstände deutlich zu machen, bezeugen sie
auch hier wieder einmal ihre Einäugigkeit. Ausführlich berichten sie
über den Erfolg oder Mißerfolg von UN-Aktionen. Viel zu spät erst
bringen sie die Unmenschlichkeiten der »ethnischen Säuberung«,
die Serben und Kroaten eifrig betreiben, zur Sprache. Erst als die
faschistischen »ethnischen Säuberungen« seit Juni 1992 zur Einrichtung von Konzentrationslagern führen, die im August 1992 nicht
mehr zu übersehen waren, geraten diese Säuberungen in den Blick-
punkt der Medien. Die hier begangenen Grausamkeiten waren sehr
viel publikumswirksamer zu verkaufen, als die Zwischenfälle um
Sarajevo.

Als sich im Juli 1992 das »Internationale Komitee vom Roten Kreuz«
(IKRK) darum mühte, Zugang zu den in Bosnien-Herzegowina
unterhaltenen Konzentrationslagern zu erhalten, stellte es sich nach
Aussage von Claude Voillat, Sprechers des IKRK, heraus, daß alle
drei Konfliktparteien, Serben, Kroaten und Moslems, solche Kon-
zentrationslager eingerichtet hätten und dort Greueltaten begingen.
Die deutsche Presse wußte nur von serbischen Lagern und serbischen Greueln.

Am 13. 8. 1992 verabschiedete der UN-Sicherheitsrat zwei weitere
Resolutionen (770 und 771) mit dem Ziel, die Hilfslieferungen an
Sarajevo notfalls militärisch zu schützen und Vertretern des Interna-
tionalen Roten Kreuzes »sofort den ungehinderten Zugang zu allen
Lagern, Gefängnissen und Internierungszentren zu gewähren«. Das
Ergebnis entsprach nicht den Wünschen: Am 3. 9. 1992 verkündete
ein Sprecher des US-Außenministeriums, nach den vorliegenden
Informationen benützten die Serben ihre Lager nicht zur Ermor-
dung ihrer Gegner.

Am 25. 8. 1992 verabschiedete die UN-Vollversammlung (das »Parlament« der UNO) eine Resolution, in der sie den UN-Sicherheitsrat aufforderte, Maßnahmen zu ergreifen, um dem Bürgerkrieg in
Bosnien-Herzegowina ein Ende zu machen. Der aber hütete sich,
der Anordnung seines Parlaments Folge zu leisten. Der UN-Botschafter Bosniens, Mohammed Sacribey, stellte nicht ganz unzutref-

---

legte am 7. 8. 1992 der UNO eine von bosnischen Serben eingereichte Liste mit
105 Konzentrationslagern vor, in denen 120 000 Menschen, überwiegend muslimische Bosnier, gefangengehalten würden. (Der Spiegel 46 [1992], 33, 129.)

fend fest, daß der UN-Sicherheitsrat gar zu Verbrechen anstifte, wenn er den Opfern im Bürgerkrieg nicht zur Hilfe eile und diese durch sein Waffenembargo an einer effektiven Selbstverteidigung hindere.

Am 26. 8. 1992 begann in London die erste Sitzung der großen »Internationalen Konferenz über das ehemalige Jugoslawien«. Teilnahmeberechtigt sind die Staaten der EG, die G-7-Staaten, die ständigen Mitglieder des UN-Sicherheitsrats, die unmittelbaren Nachbarn Altjugoslawiens, die Staaten, welche die KSZE-Präsidentschaft und den Vorsitz der Islamischen Weltkonferenz innehaben. Gleich zu Beginn verkündete Radowan Kradzic, den Staat Bosnien-Herzegowina gäbe es nicht mehr. Und der bundesrepublikanische Außenminister Klaus Kinkel prangerte vor den 400 Delegierten Serbien unter dem donnernden Applaus der Kroaten als Aggressor an, weil es den »selbstverschuldeten Zerfall des alten Jugoslawien mit einem rücksichtslosen Krieg für ein ethnisch möglichst reines Großserbien beantwortet«. Zu Recht schreibt die vornehme NZZ dazu, wie immer stark untertreibend: Es ging »der Stellungnahme des deutschen Außenministers Kinkel das diplomatische Fingerspitzengefühl fast völlig ab«.[2] Und die FAZ kommentierte: »Am Schluß der Londoner sogenannten Jugoslawienkonferenz haben die westlichen Mächte, die UN und die EG, ihren kabarettistischen Darbietungen zu einem mörderischen Angriffskrieg eine neue hinzugefügt. Sie waren darauf bedacht, daß auch die Serben eine Deklaration unterschrieben, die überquillt von Bekenntnissen zu allem, was einem Verfechter von Humanität, Frieden und Recht teuer sein muß.«[3]

Beide, Herr Kinkel und die FAZ, übersahen einen entscheidenden Punkt. Seit Mitte August 1992 hatten die bosnischen Serben ihre Kriegsziele erreicht und waren an einem schnellen Friedensschluß interessiert. Nicht so die Kroaten und Moslems. Sie möchten verlorenes Gebiet zurückerobern. Beide begannen nun, die UN-Interventionen (vor allem die Versorgung Sarajevos) militärisch zu stören.

Die zweite Konferenzrunde begann am 3. 9. 1992 in Genf. Der Präsident Bosniens, Alija Izetbegovic, weigerte sich zu kommen, weil entgegen den Abkommen der ersten Sitzungsperiode die serbischen

---

2 NZZ vom 28. 8. 1992, 1.
3 Rm, Kabarett und Völkermord, in FAZ vom 29. 8. 1992, 1.

Freischärler immer noch eine Vielzahl bosnischer Städte angriffen. Der Führer der serbischen Freischärler wollte nicht kommen, weil eine Flugverbotszone über Bosnien geplant sei. Es kam jedoch am 30. 9. 1992 zu einem Abkommen zwischen dem Präsidenten der Bundesrepublik Jugoslawien, Dobrica Cosic, und dem Kroatiens, Franjo Tudjman, in dem sie ihren Willen bekräftigten, die Beziehung zwischen beiden Staaten zu normalisieren. Die bestehenden Grenzen sollten nicht verändert werden und die Flüchtlinge und Kriegsgefangenen wieder in ihre Heimat zurückkehren dürfen.

Erschreckend ist die durch die Massenmedien angeheizte antiserbische Stimmung in der EG, vor allem aber in der Bundesrepublik Deutschland. Dem Präsidenten Serbiens, Slobodan Milosevic, ernannte »Time Magazin« zum »Schlächter des Balkans«. Mag sein, daß er den Bürgerkrieg im zerfallenden Jugoslawien vorhersah. So sagte er am 28. 6. 1989 zur 600-Jahr-Feier der Schlacht auf dem Amselfeld, auf dem die Türken die Serben besiegten: »Wir stehen vor weiteren Kämpfen, und es ist nicht ausgeschlossen, daß sie mit Waffen ausgetragen werden.«

Die alten Anti-Serbien-Klischees (»Serbien muß sterben«) aus den Tagen des Ersten Weltkrieges wurden wieder wach. So berichten deutsche Zeitungen nahezu ausschließlich von den Greueltaten der Serben. Die der Kroaten werden verschwiegen. Selbst der Deutsche Bundestag konnte in seiner Sitzung am 22. 7. 1992 nur Schuld der Serben entdecken.

Über allen Kämpfen und Verhandlungen war die deutschsprachige Presse sich einig. Die besten Menschen im ehemaligen Jugoslawien sind die Kroaten. Die Gründe sind dunkel. Sie reichen vermutlich weit in die Nazizeit zurück. Schon erscheint den Kroaten ihr faschistischer Führer von Hitlers Gnaden, der terroristisch begabte Rechtsanwalt Ante Pavelic, Chef der Ustascha, wieder hoffähig. Die Insignien seines Staates schmücken auch das neue Kroatien.

Die fatale Verbindung von Faschismus und kroatischem Katholizismus scheint niemals ganz abgebrochen worden zu sein. So nimmt es nicht wunder, daß der am 2. 8. 1992 mit 57 Prozent der abgegebenen Stimmen zum Staatsoberhaupt Kroatiens gewählte Franjo Tudjman in den Augen der kroatischen Serben als gefährlicher und verschlagener, machtbesessener Exkommunist erscheint, der sich von seinem Gegenspieler in Belgrad, Slobodan Milosevic, kaum unterscheidet.

4. Vertane Chancen

Der Krieg in Bosnien ist nicht untypisch für die politische Desorientierung nach dem Zusammenbruch der UdSSR und des Kommunismus. Die strukturelle Lähmung der Entscheider kann durchaus als Moralversagen interpretiert werden.

1. Chance: Was hätte geschehen müssen, als sich in Jugoslawien die ersten Anzeichen drohenden Zerfalls durch Bürgerkriege bemerkbar machten?

Die Staatengemeinschaft unter dem Dach der UNO hätte bei ihrem anfänglichen Konzept bleiben müssen: Nur wenn sich in Jugoslawien die Teilrepubliken in Verhandlungen auf eine Selbständigkeit der Teilrepubliken einigen (wie es später ähnlich in der zerfallenden Sowjetunion geschah), wird eine völkerrechtliche Anerkennung erfolgen – niemals aber, wenn die Teilung militärisch erzwungen wird. Leider hat die deutsche Politik die übrigen Staaten genötigt, von diesem – allein moralisch vertretbaren Konzept – abzulassen.

2. Chance: Was hätte man, statt vergeblicher Proteste des UN-Sicherheitsrats und der Empörung der Massenmedien noch im Sommer 1992 tun können, um den Unmenschlichkeiten in Bosnien-Herzegowina Einhalt zu gebieten?

Das wichtigste politische – und notfalls auch militärische – Ziel war die Ausschaltung der weitgehend autonom agierenden militärischen Banden der bosnischen Serben und Kroaten, um deren Entwaffnung sich niemand kümmerte und die dennoch notwendige Voraussetzung war, das Land zu befrieden. Da diese Aufgabe selbst für UN-Truppen kaum zu bewältigen war, hätten die beiden Staaten, Serbien und Kroatien, im UN-Auftrag dafür zu sorgen, daß diese Banden nicht nur nicht von ihren Landsleuten in Serbien und Kroatien unterstützt würden, sondern umgehend alle Waffen niederlegen. Sollte dieser Aufforderung nicht gefolgt werden, hätten die regulären Truppen der beiden Länder mit Unterstützung der Truppen der Regierung Bosnien-Herzegowinas auf bosnischem Gebiet im UN-Auftrag (und gegebenenfalls unter UN-Aufsicht) für die Entwaffnung zu sorgen.

Sollte dieses nicht binnen einer genau vorgegebenen Frist geschehen, würde Kroatien die internationale Anerkennung als souveräner Staat entzogen. Nach der vollständigen Entwaffnung hätten sich beide Truppen unter UN-Aufsicht wieder aus Bosnien-Herzegowina zurückzuziehen. Die Republik Bosnien-Herzegowina hätte wieder volle politische und militärische Gewalt in ihrem Staatsgebiet erhalten und könnte darangehen, über einen Rat der drei Volksgruppen ihre Probleme politisch zu lösen.

3. Chance: Wer ist nun eigentlich zuständig, um zumindest Serbien an der nicht selten offenen Unterstützung der »Serbischen Republik Bosnien-Herzegowina« zu hindern?

Ganz sicher die Regierung der aus den Teilrepubliken Serbien und Montenegro bestehenden Bundesrepublik Jugoslawien (SRJ). Sie wurde am 27. 4. 1992 gegründet. Im Juni 1992 wählte ihr Parlament den weithin bekannten Schriftsteller Dobrica Cosic zum Präsidenten der Republik. Am 1. 7. 1992 beauftragte der Präsident der SRJ den US-amerikanischen Unternehmer (Eigner des ICN-Pharmakonzerns in Kalifornien) serbischer Herkunft Milan Panic mit der Regierungsbildung. Dieser stellt am 14. 7. 1992 sein Kabinett und sein Programm vor. Die 21 Minister sind Fachleute und nicht Parteipolitiker. Das Außenministerium übernimmt Vladislav Jovanovic, der bisherige Außenminister Serbiens, Innenminister wird Pavle Bulatovic, ein Mitglied der Regierung Montenegros, Justizminister wurde ein Ungar aus der Vojvodina. Was aber war das Schicksal dieser Republik?

Statt sie zu unterstützen, begrenzte ebenso konsequent und einfältig die EG-Schiedskommission am 28. 5. 1992 ihr gegen ganz Jugoslawien gerichtetes Handelsembargo vom 8. 11. 1991 auf die »verbündeten Republiken« Serbien und Montenegro. Entsprechend verhängte der UN-Sicherheitsrat am 31. 5. 1992 über Serbien-Montenegro ein Handelsembargo. Zwar war absehbar, daß es kaum durchzusetzen ist,[1] aber es muß halt etwas geschehen, was die USA mit

---

1 Es war kaum durchzusetzen, da:
- die Grenze zwischen Mazedonien und Griechenland (das traditionell gute Beziehungen zu Serbien unterhält) nicht embargogeschützt ist,
- die Donau völkerrechtlich als internationaler Wasserweg gilt, der nicht zu kontrollieren ist, und somit Importe aus der GUS wie auch aus Rumänien (etwa von Waffen und Erdöl) möglich sind,
- die montenegrinische Küste kaum gegen Importe aus Italien oder Libyen geschützt werden kann und
- Serbien ein wichtiges Transferland für den Handel mit dem südlichen Balkan und der Türkei ist.

Die WEU-Länder beschlossen Anfang Juli 1992, Kriegsschiffe und Aufklärungsflugzeuge in die Adria zu verlegen, um wenigstens das dritte Loch zu stop-

Hilfe des UN-Sicherheitsrats[1] vom Vorwurf reinwäscht, wenn es um
die Bewahrung der Souveränität eines Ölemirats gehe, werde sie
aktiv, nicht aber wenn es darum gehe, einen alten muslimischen Kulturstaat zu retten.

Auch die EG schloß sich der Ablehnung der SRJ an. Zumindest alle
bundesrepublikanischen Zeitungen verweigerten dem Staat seine
Namen. Sie sprachen beharrlich von »Serbien-Montenegro«. Die

---

fen, gelangten doch etwa aus dem rumänischen Konstanza am Schwarzen Meer
nach wie vor 25 000 Tonnen Öl pro Woche über den montenegrinischen Hafen
Bar nach Serbien. Das Embargo war nicht nur ineffizient, insoweit es zwar die
Ökonomie Serbiens, schwerer aber die Bevölkerung in Serbien, darunter im
Juli 1992 350 000 serbische Flüchtlinge aus Kroatien und Bosnien-Herzegowina, traf, kaum aber den militärischen Nachschub. Doch der Feind war ein für
allemal ausgemacht: Es war der Präsident Serbiens, Milosevic. Jeder weiß, daß
er Kommunist ist – und daß alle Kommunisten Schurken sind.

1 Wie sehr sich nach den USA nun auch die EG als Herr der UNO versteht, wurde im Verlauf dieses Krieges sichtbar. Sie verfaßte in London Beschlüsse (vor
allem unter dem 17. 7. 1992 ein Waffenstillstandsabkommen), die über das UN-
Organ des UN-Sicherheitsrates verfügten: So sollten 1 100 Blauhelme die an
bestimmten Orten zu konzentrierenden schweren Geschütze der Kriegsparteien überwachen. Konsequent und völlig richtig weigerte sich am 20. 8. 1992 der
UNO-Generalsekretär Butros Ghali, diesem Ansinnen stattzugeben. Allein
der UN-Sicherheitsrat könne sich (nach Kap. 8 der UNO-Charta) anderer
Organisationen bedienen, nicht aber diese sich des UN-Sicherheitsrats. Ferner
sei die UNO mit dieser Aufgabe »operationell und logistisch« überfordert.
Zudem gäbe es auf der Welt wichtigere Dinge zu erledigen, als den Krieg in
Bosnien-Herzegowina zu überwachen. So sei etwa der Bürgerkrieg in Somalia
sehr viel blutiger und habe bislang sehr viel mehr Menschenleben gefordert als
die Bürgerkriege auf dem Territorium des ehemaligen Jugoslawien. Hier seien
auf Beschluß des UN-Sicherheitsrats unter dem 24. 4. 1992 500 Blauhelme
allein in das Gebiet der Hauptstadt Mogadischu zu stationieren, um humanitäre Hilfe zu leisten und das Waffenstillstandsabkommen zu überwachen, aber
erst fünfzig seien eingetroffen. Der UNO-Sonderbeauftragte in Somalia,
Mohamed Sahnoun, ist zu Recht verbittert. Das IKRK schätzt die Zahl der in
den ersten sechs Monaten des Jahres 1992 verhungerten Somalier auf einige
hunderttausend. 1,5 Millionen würden des Hungers sterben, wenn nicht unverzüglich geholfen werde. Keiner nahm davon Kenntnis. Erst nach der deutlichen Kritik Ghalis, der Westen richte sein Interesse ausschließlich auf den
»Krieg des reichen Mannes« in Bosnien-Herzegowina, beschloß der UN-
Sicherheitsrat am 27. 7. 1992 Hilfsaktionen für das sterbende Volk. Das alles
zeigt, daß das europäische Engagement in Bosnien-Herzegowina und das
Embargo gegen die SR nichts mit Menschlichkeit, sondern allenfalls mit Mitleid und Schuldbewußtsein zu tun hat. Und das zu Recht, ist es doch durch seine dümmliche Politik zum guten Teil selbst schuld am Geschehen.

»Konferenz für Sicherheit und Zusammenarbeit in Europa« (KSZE) kündigte am 8. 7. 1992 der SRJ die Mitgliedschaft. Die EG und die USA versuchten mit allen Mitteln zu verhindern, daß die SRJ völkerrechtlich, sei es als Nachfolgestaat Altjugoslawiens, sei es als neues Staatsgebilde, anerkannt wurde. Entsprechend forderte der UN-Sicherheitsrat am 19. 9. 1992 in seiner Resolution 777 den Ausschluß der SRJ aus der UNO. Die Vollversammlung kam diesem Ersuchen am 23. 9. 1992 nicht nach. Die SRJ wurde nur von den Sitzungen der Vollversammlung ausgeschlossen, obschon der Ministerpräsident dieses Landes, Milan Panic, am Vortage vor dieser Versammlung sein Friedensprogramm glaubwürdig vorstellte.[1]

Die einzig vernünftige Lösung: Gegen Bosnien-Herzegowina wird ein militärisch kontrolliertes Embargo verhängt. Einzig an den von den legalen Truppen der Republik Bosnien-Herzegowina kontrollierten Grenzübergängen wird das Embargo außer Kraft gesetzt. So wäre es unschwer möglich gewesen, den kroatischen und serbischen Sezessionsbemühungen ein Ende zu setzen.

Zum anderen hätte die »Völkergemeinschaft« die Bundesrepublik Jugoslawien als Völkerrechtssubjekt anerkennen sollen, damit sie die großserbischen Pläne Slobodan Milosevics beende. Statt dessen blieb die Existenz dieser Republik weitgehend unbekannt: Milan Panic nannte als wichtigste Ziele seiner Politik:

- Es gelte, die internationale Isolierung der SRJ zu brechen und Bedingungen zu schaffen, damit die vom UN-Sicherheitsrat verhängten Sanktionen aufgehoben werden können.
- Vor allem sollten in der »Serbischen Republik Bosnien-Herzegowina« die Waffen schweigen. Die Republik sollte entmilitarisiert und unter die Kontrolle der UNO gestellt werden.
- Bosnien-Herzegowina solle auf der Basis ethnischer Kriterien in Kantone aufgeteilt werden.
- Kein einziger Soldat der SRJ dürfe in der Nachbarrepublik kämpfen.

---

1 Die FAZ kommentierte am 24. 9. dieses Ereignis nicht untypisch: »Auf die Friedensbeteuerungen Panics sollte in New York niemand etwas geben. Der Mann versucht auf seinen Blitzreisen durch die Welt das verbindliche Gesicht eines Staates zu präsentieren, der in Wirklichkeit von dem serbischen Präsidenten Milosevic beherrscht wird.«

- Demokratie solle eingeführt, die Presse- und Redefreiheit wieder-
  hergestellt werden.
- Die nationalen Minderheiten sollten alle Rechte, den europäi-
  schen Konventionen entsprechend, erhalten.
- Die Unternehmen in Staatsbesitz seien zu privatisieren.
- Ende November 1992 sollten Neuwahlen stattfinden.

Mit diesem Programm wollte er den Ministerpräsidenten Serb
Slobodan Milosevic, weitgehend entmachten und die Position
Zentralregierung der SRJ stärken. Aber er fand kein Echo bei
Mächtigen dieser Erde. So verbaute sich die »Völkergemeinsch
die letzte Chance, den Bürgerkrieg ohne fremde Intervention
beenden.

> Am 20. 12. 1992 fanden in den beiden Teilrepubliken der
> Parlaments- und Präsidentschaftswahlen statt. In Serbien
> den sich der bisherige Präsident, Slobodan Milosevic, und
> Ministerpräsident der SRJ, Milan Panic, einander gegen
> Milosevic erhielt die absolute Mehrheit der abgegebenen
> men (56,3 Prozent), Panic erhielt 34 Prozent. Hier rächte
> die unsägliche Dummheit der internationalen Diplomatie
> Panic als eine Art Politclown behandelte. Hätte sie ihn und
> ne Republik anerkannt und ernst genommen, hätte Panic e
> realistische Chance erhalten, die Unterstützung Serbiens a
> Bürgerkrieg in Bosnien zu beenden. Am 29. 12. 1992 wurd
> Panic durch ein Mißtrauensvotum der beiden Kammern de
> Parlaments der SRJ als Ministerpräsident abgesetzt.

4. Teil

Politisches Moralversagen im Kontext der Ökonomie

4

Daß auch an der Schnittstelle von Politik und Ökonomie politisches und/oder ökonomisches Moralversagen nicht selten ist, wurde schon bei der Behandlung der EG-Agrarpolitik oder des Vertrages von Maastricht deutlich. Obschon dieses Buch hauptsächlich über als unmoralisch zu qualifizierendes Politikversagen handelt, sollten dennoch einige unmoralische Praktiken der Wirtschaft aufgezeigt werden, die von der allgemeinen moralischen Verwahrlosung keineswegs ausgespart bleibt. So behauptet Mark Siemons in der FAZ, daß die Jahre der Ethik (er meint wahrscheinlich die der Moral) gezählt seien. »An die Stelle der guten Absichten scheinen wieder harte Realitäten zu treten, der neue Markt im Osten hat sie unverhofft ins Bewußtsein gehoben . . . Ein Jahrzehnt war die Bundesrepublik vollauf damit beschäftigt, gut sein zu wollen, jetzt will sie offenbar wieder sein, was sie in Wirklichkeit ist: geschäftstüchtig . . . Nie mehr will man es dahin kommen lassen, daß die Moral die Verführer am Ende selbst verführt.« Er zitiert den Nestlé-Chef Helmut Maucher: »Dieses ethische und soziale Gesäusel« habe wieder der Realität Platz gemacht. »Wenn der Kampfwille (Maucher spricht sogar vom ›Killer-Instinkt‹) fehlt und wenn alle Manager nur noch über Kunstgalerien nachdenken und über Ethik, dann schafft das ein Klima, besonders in großen Unternehmen, in dem nichts Neues mehr entsteht.«

Selbstredend ist ein Unternehmen nicht eine gesellschaftliche Veranstaltung zur Mehrung des ethisch Guten, sondern – etwa – zur Erwirtschaftung disponiblen Kapitals. Aber man sollte bei der Vorgabe dieser Zielfunktion nicht mit Mark Siemons vergessen, daß sie nur unter bestimmten Randbedingungen realisierbar ist. Dazu gehören auch moralische. Kommt ein Unternehmen erst einmal in den Ruf, sich sozialunverträglich zu verhalten, bedeutet das ganz sicher auch ökonomische Einbußen.

Ein klassischer Fall von strukturellem Moralversagen, das in der

Regel nicht bestraft wird, begegnet uns in dem Fall des Versuchs der Ökonomie, sich des Staates zu bemächtigen. Dieser Sachverhalt wird von der »Stamokap-Theorie« abgehandelt. Diese marxistisch-leninistische Theorie[1] vertritt die Ansicht, daß der entwickelte Kapitalismus zu einer Verschmelzung der Macht der Wirtschaft und des Staates zu einem einheitlichen Machtgebilde führe. Staat und Wirtschaft seien existentiell so aufeinander verwiesen, daß der Staat vor allem die Interessen der Wirtschaft schütze. Die Verpflichtung des Staates, Schaden vom Gemeinwohl zu wenden, verkümmere immer mehr zu der Aufgabe, Schaden von der Wirtschaft zu wenden. Dazu

---

1 Diese Theorie nimmt an, daß sich das anlagefähige und -bereite Kapital immer neue Quellen erschließen müsse, um eine akzeptable Rendite zu erwirtschaften.

- In der ersten Stufe begegnet uns der Konkurrenz-Kapitalismus. Der Staat beschränkt sich in dieser Phase im wesentlichen darauf, der Wirtschaft eine brauchbare Infrastruktur zur Verfügung zu stellen.
- Die zweite Stufe des Kapitalismus (der Monopolkapitalismus) entwickelte sich, als die Konkurrenzmechanismen es dem anlagebereiten Kapital schwermachten, akzeptable Renditen zu erwirtschaften. Unternehmen schlossen sich zusammen, um »Synergiegewinne« oder – über die Bildung von Kartellen – Kartellgewinne zu erwirtschaften. Zudem galt es, die Grenzen internationaler Märkte zu sprengen und im Ausland (vor allem in Kolonien bzw. nach deren Liquidation in Drittweltländern) nach rentablen Kapitalanlagen zu suchen. In dieser Phase schafft der Staat der Ökonomie die von ihr erwünschten Randbedingungen. Eine monopolkapitalistische Volkswirtschaft und ein Staat unter den Bedingungen des Monopolkapitalismus passen zueinander wie Hand und Handschuh.
- Die dritte Stufe des Kapitalismus (der Staatsmonopolkapitalismus) ist erreicht, wenn nur durch staatliche Interventionen (Subventionen, Industriepolitik, Zölle, Abgaben, Verstaatlichung) die nationalen Unternehmen noch zureichend Gewinne ausschütten können, um dem in ihnen tätigen Kapital eine zufriedenstellende Rendite zu gewährleisten. Das Kapital beginnt, sich des Staates zu bemächtigen. Er schafft nicht nur der Ökonomie die erwünschten Randbedingungen, sondern sichert durch aktive das Marktgeschehen störende Interventionen den Bestand von Unternehmen oder gar ganzen Branchen.
Daß der Staat sich diese Hilfe gut bezahlen läßt, versteht sich von selbst. In der Bundesrepublik summiert sich der über Körperschaftsteuer, Vermögensteuer, Gewerbeertragsteuer und Gewerbekapitalsteuer vom Unternehmensgewinn einer Kapitalgesellschaft in 1992 abzuziehende Betrag auf 66 Prozent. Die Bundesrepublik ist beim Schröpfen von Unternehmen Weltspitze. In Japan mindern die Steuern den Unternehmensgewinn um 59,3 Prozent, in Schweden um 46 Prozent, in den USA um 45,3 Prozent, in Großbritannien um 35 Prozent und in der Schweiz um 34,2 Prozent.

benutzt er nahezu alle seine Instrumente der Innen-, der Außen-, der Wirtschafts-, der Steuer-, der Entwicklungs- und der Finanzpolitik. Weil die Wirtschaft ohne den Staat nicht mehr leben kann, nimmt sie ihn in Besitz.

Es soll hier nicht über die allgemeine Stimmigkeit dieser These gestritten werden. Unstreitig gilt sie in vielen Einzelfällen. Unmoralische Staatshilfe zugunsten von Unternehmen ist leicht auszumachen:

- Es gibt staatliche Hilfen, um Waffen in ökonomische oder politische Krisengebiete zu exportieren. Ein Export von Waffen in ein Land, dem Entwicklungshilfe gezahlt wird, ist in aller Regel moralwidrig.
- Es gibt zahlreiche moralwidrige staatliche Interventionen, bestimmte Branchen oder Unternehmen vor dem Wettbewerb zu schützen (etwa den Kohlenbergbau, die Landwirtschaft, die Werften).
- Es gibt zahllose Gesetze, die den Arbeitsmarkt stören. Damit verbunden sind notwendig Verwerfungen auf den anderen Märkten (vor allem dem Waren-, dem Geld- und dem Außenmarkt).

Doch es begegnen uns an der Schnittstelle von Ökonomie und Politik auch spezielle Fälle solchen strukturell bedingten Moralversagens.

20. Kapitel

Beispiele für Moralversagen in besonderen Fällen

Dieses Kapitel soll einige Beispiele für strukturbedingtes moralwidriges Verhalten der Wirtschaft oder der Politik vorstellen. Wir handeln über folgende Themen:

- Gentechnik,
- Wettbewerbsbeschränkung,
- Kernkraftwerke,
- Energieerzeugung und
- Werbemißbrauch.

1. Die Diskussion um die Gentechnik

Das Leben vieler Millionen Menschen – vor allem in der Dritten Welt – hängt vom Anbau gentechnisch veränderter Pflanzen ab. Sonst wird die dortige Landwirtschaft zugrunde gehen, und viele hundert Millionen Menschen werden verhungern. Inzwischen gelang es, eine Reihe gentechnisch veränderter Pflanzen gegen Krankheitserreger immun zu machen. Andere kommen mit magerem oder trockenem Boden aus. Wieder andere sind ertragsstärker oder benötigen deutlich weniger Dünger oder Pestizide.
In Hunderten von Laboratorien und auf mehr als 500 Versuchsfeldern wurden bis Mitte 1992 transgene Pflanzen untersucht. Besonderes Interesse galt der Frage, ob die in Pflanzen oder Mikroorganismen eingebrachten Fremdgene sich selbständig auf andere Organismen übertragen. In keinem Fall wurde ein ungewöhnliches Genverhalten beobachtet. Die eingeschleusten Gene bleiben in ihrem ursprünglichen Wert, was nicht ausschließt, daß sie unter Umständen durch Pollen oder Insekten auf andere Pflanzen der gleichen Art transportiert werden können. Um diese Möglichkeit zu testen, wurden gentechnisch veränderte Viren und Bakterien ins Freiland aus-

gebracht. Niemals konnte ein Ereignis beobachtet werden, das eine Gefahr für Mensch oder Umwelt bedeutet hätte. Die Freisetzung gentechnisch verbesserter Düngebakterien auf großen Flächen in China und Australien bestätigte die Vermutung, daß sich in ein Ökosystem neu eingebrachte Lebewesen zumeist langfristig nicht gegen die bestehenden Arten durchsetzen konnten. Sicher ist von Fall zu Fall zu untersuchen, wie umweltverträglich eine gentechnisch veränderte, ins Freiland verbrachte Pflanze ist.

Obschon weltweit kein einziger gentechnischer Unfall bekannt wurde und nichts darauf hindeutet, »daß der Umgang mit gentechnisch veränderten biologischen Agenzien ein höheres Gefahrenpotential beinhaltet als der Umgang mit sogenannten natürlichen« (E. Langeohl vom TÜV Rheinland), ersetzte in der Bundesrepublik eine massenhysterische Reaktion alle rationalen Argumente. So kam es am 1. 7. 1990 zu einem Gentechnikgesetz, das gentechnische Versuche und Entwicklungen so erheblich erschwert, daß nahezu alle in diesem Bereich forschenden und entwickelnden Unternehmen mit diesen Abteilungen ins Ausland abwanderten. So produzieren die Bayer AG das Blutgerinnungsmittel Kogenate, das Blutern das Leben erheblich erleichtert, und die Hoechst AG ein Medikament, das Wunden schneller heilen läßt, im Ausland. In den USA dürfen seit 1990 angeborene Immunschwäche und Hautkrebs durch im Land erzeugte, genmanipulierte Medikamente geheilt werden. Die Hoechst AG stellte schon 1986 eine Anlage zur gentechnischen Herstellung von Human-Insulin weitgehend fertig. 1990 hätte das Medikament auf dem Markt sein können. Doch erst 1992 wurde das Projekt genehmigt. Das US-Unternehmen Eli Lilly & Co. versorgt nun den deutschen Markt mit dem seit 1984 vom BGA zugelassenen Human-Insulin. Produziert wird es im grenznahen Elsaß.

Das Gentechnikgesetz regelt alles bis ins kleinste. Jeder einzelne Versuch auch an harmlosen Mikroorganismen muß umständlich angemeldet und genehmigt werden. So muß jedes Projekt auf siebzehn Formularen vorgestellt werden. Sollen gewerbliche Anlagen, in denen gentechnisch gearbeitet wird, errichtet werden, muß zuvor ein öffentliches Anhörungsverfahren stattfinden. Das führt immer zu (meist völlig unbegründeten) Einsprüchen, die nicht selten von Verwaltungsgerichten abgewiesen werden müssen. Und das dauert.

Die fahrlässige und populistische Beschränkung gentechnischer Forschung und Entwicklung impliziert strukturelles Moralversagen.

Um Fahrlässigkeit auf diesem sensiblen industriellen Sektor zu verhindern, gibt es effizientere Möglichkeiten als ein Gentechnikgesetz. Ein Beispiel für eine Alternative zu diesem unsinnigen und moralwidrigen Gesetz wäre etwa folgende Regelung: Entsteht durch ein technisch genverändertes Lebewesen ein Schaden für Menschen oder Umwelt, haftet das Unternehmen sowie die im Unternehmen für die absichtliche oder unabsichtliche Freisetzung des veränderten Lebewesens Verantwortlichen unbegrenzt und gesamtschuldnerisch. Der Schadenersatz ist zwar versicherbar, doch haben die Versicherungsunternehmen das Recht, das Unternehmen und die Verantwortlichen in Regreß zu nehmen. Die den Verantwortlichen drohende Pflicht, Schadenersatz zu leisten, könnte etwa bis zum Dreifachen eines Jahresgehalts gehen. Dieser Ersatz ist nicht versicherbar und darf nicht mittelbar (etwa durch eine Rückstellungspauschale) oder unmittelbar vom Unternehmen übernommen werden. Anders praktizierte Regelungen schaffen einen die Vorstände eines Unternehmens treffenden Straftatbestand. Bei grober Fahrlässigkeit oder Vorsatz könnte ein Gericht neben Freiheitsstrafen auch auf Berufsverbot erkennen.

Diese Regelung würde der Tatsache gerecht, daß über die Entscheidung zur Freisetzung von gentechnisch verändertem Material der dieses entwickelnde Fachmann über eine weit größere Sachkompetenz verfügt als eine Genehmigungsbehörde oder gar als das, was anläßlich öffentlicher Anhörungsverfahren zur Sprache kommt.

2. Politisch geförderte Wettbewerbsverzerrungen

Auf manchen Gebieten versagt die EG nicht. Art. 86 EGV bestimmt: »Mit dem Gemeinsamen Markt unvereinbar und verboten ist die mißbräuchliche Ausnutzung einer beherrschenden Stellung auf dem Gemeinsamen Markt oder auf einem wesentlichen Teil desselben durch ein oder mehrere Unternehmen, soweit dies dazu führen kann, den Handel zwischen den Mitgliedsstaaten zu beeinträchtigen.« Art. 92 ff. EGV verbietet grundsätzlich staatliche Beihilfen, wenn sie den Wettbewerb verfälschen. Ausnahmen machen nur die Unterstützung wirtschaftlich unterentwickelter Gebiete, Beihilfen nach Naturkatastrophen oder für einzelne Branchen (wie Reedereien). Die reichen EG-Länder (Deutschland, Frankreich

und die Beneluxländer) zahlten zwischen 1988 und 1990 71 Milliarden DM Subventionen. 80 Prozent davon flossen in die Wirtschaft. An der Spitze lagen die Subventionszahlungen in Italien (4 415 DM pro Beschäftigten). Es folgen Frankreich (2 288 DM) und die Niederlande (2 680 DM). National subventioniert wurde vor allem die Industrie (40 Prozent), die Verkehrswirtschaft (29 Prozent) und die Landwirtschaft (13 Prozent). Dabei ist jedoch zu berücksichtigen, daß die Landwirtschaft neben den nationalen auch riesige EG-Subventionen erhält. Wie aber versucht die EG-Kommission wettbewerbsverzerrende Subventionen zu verhindern?
Ein wichtiges Beispiel bietet der Markt für elektrische Energie. Der EG-Kommissar Antonio Cardoso e Cunha entwickelte einen Richtlinienvorschlag, die europäische Strom- und Gaswirtschaft zu reformieren. Im Bereich der Stromwirtschaft verfolgte die Vorlage zwei für jeden marktwirtschaftlich denkenden Menschen attraktive Ziele:

- Jedermann kann in jedem beliebigen EG-Land unter Berücksichtigung der nationalen Bestimmungen Kraftwerke bauen und Versorgungsleitungen errichten.
- Jedermann (zunächst die Großerzeuger und Großabnehmer) hat Zugang zu den bestehenden Leitungssystemen.

Warum sollten nicht Unternehmen und Gemeinden sich mit billigerem Strom versorgen, als ihn die deutschen Regionalmonopolisten (mit einem satten Monopolgewinn) anbieten? So weit, so gut.
Aber Cardoso mußte scheitern, sind doch in den meisten Ländern Europas die Monopole in der Energiewirtschaft besonders stabil und mächtig. So reagierte Horst Magerl prompt. Er ist der Vorsitzende der »Vereinigung Deutscher Elektrizitätswerke« (VDEW), in der rund 700 der 900 deutschen Stromunternehmen sich zusammenfanden, die 85 Prozent des deutschen Stromverbrauchs decken. Die EG-Pläne würden die »bewährte Struktur der Stromversorgung« umwälzen. Es würden vor allem geschlossene Versorgungsgebiete abgeschafft. Zudem entfielen die langfristigen Planungsgrundlagen für Kraftwerke und Verteilungsanlagen. Solchen marktwirtschaftlichen Unsinn kann man nur von sich geben, wenn man um den Bestand von Monopolen kämpft. Warum sollte den Stromerzeugern und -versorgern alles unternehmerische Risiko in der Investitionsplanung abgenommen werden? Warum sollte der Staat nicht eingrei-

fen, um offensichtliches Marktversagen zu beheben? Würde die
monopolistische Organisation der Stromerzeuger und -verteiler
wenigstens die Abhängigkeit der Bundesrepublik von Energieliefe-
rungen aus der ehemaligen Sowjetunion mindern (sie bezog im
ersten Halbjahr 1991 aus der UdSSR 45 Prozent ihres Erdgases und
7,8 Prozent ihres Erdöls), machte das Ganze vielleicht noch einen
gewissen ökonomischen Sinn. Aber das Gegenteil ist der Fall. Der
Vorschlag Cardosos hätte zu einem besseren Verbund innerhalb der
EG geführt.

Es kam, wie es kommen mußte: Der Rat der EG-Energieminister
lehnte die Vorlage ab. Wieder einmal besiegte die Lobby jede wirtschaftliche Vernunft. Da wohl unstreitig sein dürfte, daß Monopole
(auch regionale) dem Gemeinwohl schädlich sind, ist solches Vorgehen des EG-Ministerrats durchaus nicht nur marktwidrig, sondern
auch amoralisch.

Ein zweiter Fall: In 1991 wurde jeder der 125 000 Arbeitsplätze in der
deutschen Steinkohlenförderung mit weit mehr als 70 000 DM subventioniert. Das bedeutet, daß zwei deutsche Durchschnittsverdiener ihr gesamtes Einkommen an den Staat abzuführen haben, damit
ein Kumpel weiterarbeiten kann. Importkohle kostet seit langem
nicht mehr als 80 DM pro Tonne, die deutsche Steinkohle aber mehr
als 260 DM pro Tonne. Die Subventionen kosten den Fiskus jährlich
mehr als 10 Milliarden DM. Insgesamt wurde die EG-Steinkohle in
den letzten Jahren mit 1 500 Milliarden DM subventioniert. Diese
markt- wie moralwidrigen Bestimmungen für die allgemeinen Beihilfen der EG laufen Ende 1993 aus. Es besteht also Entscheidungsbe-
darf. Die EG-Kommission beschloß am 3. 8. 1992, die laufende Koh-
leförderung nur solcher Zechen subventionieren zu lassen, deren Förderkosten nicht über dem Durchschnitt in der EG liegen (das sind
etwa 200 DM pro Tonne). Zugleich werden die EG-Durchschnittsko-
sten ständig in Richtung Kohle-Weltmarktpreis korrigiert. In einer
Übergangszeit bis 1997 sollen Beihilfen für Zechen mit überdurchschnittlich hohen Förderungskosten nur noch dann genehmigt werden, wenn gleichzeitig ein Umstrukturierungsprogramm vorgelegt
wird, das die verlangte Kostensenkung plausibel vorstellt. Ab 1997
werden Subventionen für Zechen mit höheren Förderkosten nur
noch genehmigt werden, wenn gleichzeitig deren Stillegung beschlossen wird. Die Subventionen stehen ausschließlich für die Begleichung
der technischen und sozialen Kosten der Stillegung sowie die Beseiti-

gung von Altlasten und für Umweltschutzmaßnahmen bereit. Würde dieser Kommissionsentwurf rechtskräftig, wären bis 1997 alle deutschen Zechen zu schließen.

Auf der Stelle reagierte das Bundeswirtschaftministerium: »Das werden wir auf keinen Fall akzeptieren!« Ex-Bundeswirtschaftsminister Jürgen Möllemann, der sich so gerne als Feind aller Subventionen feiern ließ, versprach 1991 dem deutschen Bergbau, ab 2000 50 Millionen Tonnen Kohle pro Jahr abzunehmen. Demnach müßte Bonn den Subventionsabbau im Ministerrat durch sein Veto stoppen. Kommt keine Einigung in der Sache zustande, greift vom Januar 1994 an jedoch der Art. 4c des EG-Kohle-Stahl-Vertrages aus 1951, der jede Subvention untersagt.[1] Der Hauptgeschäftsführer des Gesamtverbandes Steinkohle, Harald Giesel, meinte: »Das wäre das Aus für den gesamten europäischen und deutschen Steinkohlebergbau.« Recht hat er.

3. Die verniedlichten Gefahren von Kernkraftwerken

Bislang wurde die Schätzung, daß die Wahrscheinlichkeit eines GAU (größten anzunehmenden Unfalls) für Kernkraftwerke bei 10^4 Reaktorjahren liegt, nicht widerlegt. Bei dieser Wahrscheinlichkeit würden, geht man einmal von einer möglichen Zahl von weltweit 500 Atomkraftwerken aus, alle 20 Jahre ein GAU eintreten, von dem bis zu einer Millionen Menschen betroffen (d. h. in ihrer durchschnittlichen Lebenserwartung deutlich gemindert) würden. Das scheint mir moralisch unverantwortbar zu sein. Die Wahrscheinlichkeit eines solchen GAUs ist der vergleichbar, die einen Autofahrer betrifft, der im Laufe seines Lebens 1 Million Kilometer mit dem Auto zurücklegt, mit einer Wahrscheinlichkeit von 30 % sich oder einen anderen Menschen zu töten. Wer will das schon moralisch verantworten? Mit sozialverträglichem Verhalten hat das nichts mehr zu tun. Um schweren Schaden vom Gemeinwohl zu wenden, ist hier der Staat gefordert.

---

1 Im ersten der EG-Verträge, dem 1951 geschlossenen Vertrag über die »Europäische Gemeinschaft für Kohle und Stahl«, verpflichten sich alle Unterzeichner, den gemeinsamen Kohle- und Stahlmarkt nicht mit staatlichen Subventionen oder Beihilfen zu stören. Als sich bald danach herausstellte, daß die europäische Kohle auf dem Weltmarkt nicht wettbewerbsfähig war, kam man überein, daß alle Subventionen in diesen Branchen von der EG zu genehmigen seien.

Die Reaktorindustrie versucht den Eindruck zu vermitteln, »Ereignisfälle« seien sowohl von den technischen Vorgaben als auch von dem Ausbildungsstand der für die Reaktorsicherheit Verantwortlichen »nahezu« ausgeschlossen. Wenn es so wäre, hätte dieser Industriezweig nicht so extrem heftig auf meine Vorschläge reagiert, die Haftung im Falle eines GAUs kollektiv der Reaktorindustrie eines Landes aufzuerlegen, verbunden mit einer persönlichen Haftung des für den Zweig »KKW« verantwortlichen Vorstandes und einer Nachschußpflicht der Aktionäre.[1] Vermutlich würde dann niemand mehr Aktien eines Atomstromerzeugers kaufen, und Kapitalerhöhungen wären nicht mehr möglich.

Die Reaktorindustrie argumentiert, daß mit dem Anwachsen des BIP auch der Stromverbrauch steige – und zwar pro Prozent des gesamtwirtschaftlichen Wachstums um etwa 0,75 Prozent. Somit seien nicht nur Erhaltungs-, sondern auch Erweiterungssubventionen nötig. Diese Argumentation, so plausibel sie auf den ersten Blick zu sein scheint, wurde empirisch widerlegt. So sank etwa das reale BIP in Großbritannien 1991 um 2,4 Prozent, der Stromverbrauch aber stieg bei den privaten Haushalten um 5,4 Prozent, bei der Industrie um 2,4 Prozent.

Die Politiker der Schweiz kalkulierten das Reaktorrisiko realistischer: Für den Fall einer Nuklearkatastrophe wurden für die gesamte schweizerische Bevölkerung durch eine Verordnung, die der Bundesrat zum 1. 8. 1992 in Kraft setzte, Kaliumjodidtabletten, welche die Gefahr einer Erkrankung an Schilddrüsenkrebs durch freigesetztes radioaktives Jod mindern sollen, beschafft. In einem Radius von 4 Kilometern um die fünf schweizerischen Kernkraftwerke (Zone 1 mit 50 000 Einwohnern) wurde unmittelbar jeder Haushalt, jede Schule, jeder Betrieb, jede Verwaltung und jedes Krankenhaus mit diesen Tabletten ausgestattet. Im Gebiet von 4 bis 20 Kilometern Entfernung von einem KKW (Zone 2 mit einer Million Einwohnern) werden die Tabletten ebenfalls an all diese Institutionen verteilt, es sei denn, die Kantone können garantieren, daß die Tabletten innerhalb von zwei Stunden nach der Katastrophe beim Verbraucher angelangt sein werden. 62 Prozent der Kosten trugen die schweizerischen KKWs, den Rest die Gebietskörperschaften, da ja auch ausländische Kernreaktoren bersten können.

---

1 R. Lay, Die Macht der Moral, Düsseldorf 1990, 148 ff.

288

4. Energieerzeugung und Umwelt

Dieses Beispiel soll zeigen, daß eine vernünftige Unternehmens- und Branchenpolitik ökonomische und ökologische Interessen miteinander verbinden kann. Die NEES (New England Electric System), die in den Neuenglandstaaten der USA 1,5 Millionen Verbraucher beliefert, investiert mit Hilfe von sechs Agenturen jährlich etwa 9 Millionen US-Dollar, um weniger Kilowattstunden zu verkaufen. Sie übernimmt die Kosten für die von den Agenturen an die Verbraucher kostenlos oder kostengünstig abgegebenen Elektrogeräte. Dieses Vorgehen ist ökonomisch so vernünftig, daß eine Vielzahl verschiedener Bundesstaaten die von Amory Lovins entwickelte Strategie des »least cost planning« anwenden. Lovins ging von der Überlegung aus, daß dank moderner Technik bei Beleuchtung, Kühlung und Elektroantrieben eine durch Einsparung verfügbare kWh im Durchschnitt etwa nur halb soviel kostet wie eine in einem Kraftwerk erzeugte. Die US-amerikanischen Genehmigungsbehörden verlangen nicht selten, ehe sie eine Bauerlaubnis erteilen, vom Stromerzeuger den Nachweis, daß die entsprechende Strommenge nicht durch Einsparungen zur Verfügung gestellt werden kann.

Die Behörden der Neuenglandstaaten sorgen ab 1989 dafür, daß die Effizienzsteigerung über entwickelte Effizienzprogramme für die NEES ökonomisch interessanter wurde als der Verkauf von zusätzlich erzeugtem Strom. Der Preis pro kWh mußte leicht angehoben werden (um 0,005 US-Dollar); da jedoch der Verbrauch sank, zahlten die meisten Kunden deutlich weniger.

Obschon auch in Deutschland die Strategie des »least cost planning« erfolgreich sein könnte, bauen die meisten deutschen Stromerzeuger noch auf Expansion statt auf Verbesserung der Effizienz des verbrauchten Stroms. Noch immer werden viele Milliarden in volkswirtschaftlich sinnlose Erweiterungsinvestitionen gesteckt. Bayernwerkchef Jochen Holzer hält das amerikanische Modell für eine »Perversion der Versorgungsverantwortung«, obschon Gutachter feststellten, daß mit der Förderung des Kaufs energiesparender Geräte die von dem geplanten 750-Megawatt-Kohlekraftwerk eingeforderten Investitionen von 2,2 Milliarden DM leicht vermieden werden könnten.[1]

---

1 Die Ratte muß den Käse riechen, in Der Spiegel 46 (1992), 246–256.

Das Energiewirtschaftsgesetz fordert zwar von den deutschen Stromerzeugern, ihr Produkt »so sicher und preisgünstig wie möglich« zu erzeugen. Da die deutschen Stromerzeuger weitgehende Regionalmonopolisten sind und also offensichtlich die Gefahr eines Marktversagens vorliegt, muß der Staat entweder einen funktionierenden Markt erzwingen oder aber auch in Deutschland das Modell des »lost cost planning« zwangsweise einführen. Weil jedoch die Kosten-Erlös-Relation der Kraftwerkbetreiber de facto keiner staatlichen Kontrolle unterliegt, schufen sich manche Stromerzeuger auf Kosten ihrer Kunden eine als Reserve ausgewiesene Überkapazität von 30 000 Megawatt Leistung (das entspricht der Kapazität von vierzig Kraftwerken). Die mangelnde Preiskontrolle führte zumindest bei den Großen (RWE, Preussen-Elektra, Bayernwerk) nicht nur zu absurden Fehlinvestitionen, sondern auch zum Kauf ganzer Firmenimperien – alles bezahlte der von Monopolisten ausgebeutete Stromkunde.

Einen ersten Ansatz zum Umdenken finden wir bei der Mutter der Preussen-Elektra, der Veba: 1991 gründete sie die Niedersächsische Energieagentur. Mit ihren sieben Mitarbeitern unter Stefan Kohler soll eine gründliche Effizienzplanung beginnen. Die Landesregierung des Landes NRW plant gar, die Strompreisaufsicht nach amerikanischem Vorbild zu reformieren und die Unternehmen den Ansprüchen des »least cost planning« zu unterwerfen. Der Spargewinn soll je zur Hälfte dem Versorger und den Kunden zugute kommen.

5. Das moralische Staatsversagen beim Tabakkonsum

Unstreitig ist das Rauchen von Zigaretten gesundheitsschädlich, ohne dem Raucher einen objektiven Nutzen zu bringen. Nach Schätzungen des Bundesgesundheitsamts (BGA) sterben in der Bundesrepublik alljährlich mehr als 90 000 Personen vorzeitig an den Folgen ihres Tabbakkonsums. Zigarettenraucher erkranken signifikant überdurchschnittlich an Bronchialkarzinomen, an Herzinfarkten, an Venenleiden, an weiteren schädigenden Abhängigkeiten. Zigaretten sind also ein verwerfliches Gut – ein Gut, das, zu Marktpreisen angeboten, so nachgefragt wird, daß dem Gemeinwohl schwerer Schaden zugefügt wird.

Nun sind eine erhebliche Zahl der Bundesbürger regelmäßige Zigarettenraucher. Sie fügen damit als Gruppe dem Gemeinwohl des Staatsvolkes schweren Schaden zu (vorzeitiges Ausscheiden aus dem Berufsleben, Belastung der Sozialversicherungen . . .). Da der Staat jedoch die primäre Aufgabe hat, schweren Schaden vom Gemeinwohl zu wenden, ist er verpflichtet, entweder das Zigarettenrauchen (wie etwa das Rauchen von Cannabis-Produkten) zu verbieten oder durch Steuern so zu verteuern, daß der Konsum deutlich nachläßt. Diese Steuern haben also nicht etwa den Zweck, die Staatskasse zu füllen, sondern, ganz unmittelbar, schweren Schaden vom Gemeinwohl abzuhalten. Der Staat jedoch sieht das Zigarettenrauchen primär als mögliche Steuerquelle. Damit wird er seinem Auftrag aber nicht gerecht und versagt moralisch.

Die Weltgesundheitsorganisation (WHO) weist mit statistisch gut belegtem Material nach, daß auch das Passivrauchen gesundheitsgefährdend ist. Burckhard Junge vom BGA machte darauf aufmerksam, daß nach dem heutigen Stand der Erkenntnis (1992) häufig die Gesundheit der Passivraucher angegriffen werde. Die häufigsten Symptome seien Kopfschmerzen, Atembeschwerden, Husten, Reizungen der Augenbindehaut, Schwindelgefühle, Übelkeit. Kinder rauchender Eltern litten überdurchschnittlich stark an Bronchitis, das Geburtsgewicht von Säuglingen passivrauchender Mütter sei unterdurchschnittlich groß. Zudem steige die Gefahr, an einem Bronchialkarzinom zu erkranken, für Passivraucher um bis zu 50 Prozent, die Häufigkeit von Herzkrankheiten nehmen um 30 Prozent zu. Einige der etwa fünfzig im Tabakrauch enthaltenen krebsauslösenden Stoffe atme der Passivraucher in ähnlicher Konzentration ein wie der Raucher. Nach aktivem Rauchen und Alkoholmißbrauch sei Passivrauchen die dritte der vermeidbaren Todesursachen.

Raucher fügen also auch auf diese Weise dem Gemeinwohl schweren Schaden zu. Also ist der Staat verpflichtet, durch Strafgesetze (da die Methode der Besteuerung des Passivrauchens absurd wäre) den Passivraucher zu schützen. Schon heute macht sich derjenige, der außerhalb von eigenen Raucherzonen Zigaretten raucht, theoretisch der Körperverletzung gemäß Paragraph 223 StGB strafbar. Zudem ist er gemäß Paragraph 823 BGB zum Schadenersatz verpflichtet. Da jedoch in konkreten Fällen die Ursächlichkeit von Rauchen und Schaden schwer zu beweisen ist, ist der Staat aufgerufen,

um schweren Schaden vom Gemeinwohl zu wenden, entweder das
Rauchen in Anwesenheit von Nichtrauchern grundsätzlich zu verbieten oder aber die Umkehr der Beweislast sowohl im Bereich der
Körperverletzung wie des Schadenersatzes anzuordnen.[1]
Aber die Bundesregierung wagt, unter dem Druck der Lobby, nicht
einmal, die Tabakwerbung zu verbieten. Sie trat sogar einer entsprechenden EG-Initiative entgegen. So forderte der »Ärztliche Arbeits-
kreis Rauchen und Gesundheit« am 28. 5. 1992 Kanzler Kohl auf,
der Richtlinie der EG-Kommission zum Verbot der Tabakwerbung
zuzustimmen. Doch schon Mitte des Monats hatte der EG-Minister-
rat die geplanten Restriktionen auf deutsches Fordern hin abgelehnt. Das Bundesgesundheitsministerium wies darauf hin, daß für
den Schutz von Nichtrauchern eine Vielzahl von Institutionen
zuständig sei – es selbst aber nicht. So also macht lobbyistischer
Druck aus Politikern Feiglinge.
Am 25. 6. 1992 ging der Oberste Gerichtshof der USA so weit, in
einem Urteil festzustellen, daß Tabakunternehmen unter bestimmten Umständen auf Schadenersatz verklagt werden können, wenn
sie etwa ihnen zugängliche Informationen über gesundheitliche Risiken des Rauchens zurückhielten oder verzerrt darstellten.
Wenn sich schon die Bundesregierung als unfähig erweist, schweren
Schaden vom Gemeinwohl zu wenden, sollten doch Unternehmen
dieses Moralversagen des Staates kompensieren und Rauchen in
geschlossenen Räumen in der Nähe von Nichtrauchern untersagen.
In vielen Betriebsvereinbarungen werden schon heute Nichtraucher
vor den Rauchern geschützt.

---

1 1988 lebte in der Bundesrepublik jeder sechste nichtrauchende Mann mit einer
 rauchenden Partnerin zusammen, fast ein Drittel der nichtrauchenden Frauen
 lebt mit einem rauchenden Mann zusammen. Mehr als die Hälfte der Kinder
 sind Passivraucher. Am Arbeitsplatz atmeten 29 Prozent der nichtrauchenden
 Männer und 22 Prozent der nichtrauchenden Frauen regelmäßig die Abgase
 ihrer rauchenden Kollegen ein. Für den Fall, daß keine Dritten (etwa Kinder)
 in einer Partnerschaft vom Rauch eines Partners betroffen werden, könnte
 man daran denken, den neuen Straftatbestand der Körperverletzung durch
 Rauchen als Antragsdelikt zu kodifizieren.

5. Teil

Strukturelle Unmoral, aufgezeigt am Beispiel kollektiver Irrtümer und Täuschungen

5

Dieser Teil soll helfen, die Bedeutung kollektiver Täuschungen (das sind vorgetäuschte Sinneswahrnehmungen) und kollektiver Irrtümer (das sind Fehlerklärungen) kennenzulernen. Wir alle befinden uns, da solche zu moralwidrigem Verhalten und Handeln/Entscheiden verführenden Irrtümer und Täuschungen allgegenwärtig sind, eingebunden in dieses Feld struktureller Unmoral, dem wir nur entkommen können, wenn wir diesen Sachverhalt erkennen und anerkennen.

In diesem Teil sollen zwei Täuschungen oder Irrtümer vorgestellt werden, die sicherlich lange europäisches Denken verdunkelten. Nun aber sind sie als Fehlwahrnehmungen entlarvt. Und das hat Konsequenzen.

21. Kapitel

Die unmoralische Weise, mit der eigenen und fremden Xenophobie umzugehen

Mag sein, daß den Fremdenhassern persönliche Unmoral zugerechnet werden kann. Hier aber geht es um ein strukturelles Versagen des Bildungssystems, der Massenmedien und der »gesellschaftlich relevanten Kräfte« (Parteien, Gewerkschaften, Kirchen). Sie verabsäumten es, die Ursachen für den Fremdenhaß aufzuweisen und verständlich zu machen.

1. Über Xenophobie

Wir Menschen haben Angst vor dem Fremden, dem uns Unverständlichen, uns Unerklärlichen. Wie aber entsteht das Unheimliche des Fremden? Wir wissen heute, daß wir unsere Umwelt nicht so erkennen, wie sie ist, sondern daß wir uns von ihr Bilder (sogenannte »Konstrukte«) machen, die oft sehr wenig mit der erkenntnisunabhängigen Realität unserer Umwelt zu tun haben. Bilder von sich selbst, von anderen Menschen, von sozialen Beziehungen, von Welt werden konstruiert unter dem Anspruch eigener Interessen, Erwartungen, Bedürfnisse, Wertvorstellungen. Sie stellen Umwelt also stets individuell verfremdet vor. Wenn wir mit anderen Menschen kommunizieren, versuchen wir unsere Bilder zu bewähren – um sie gegebenenfalls zu ändern. Neurotisch organisierte Menschen versuchen ihre Bilder nicht zu bewähren, sondern zu bestätigen.
Werden Menschen ähnlich sozialisiert, bilden sie in der Regel auch ähnliche Konstrukte aus. Wir sprechen dann von kollektiven Konstrukten. Auch sie können neurotisch verstellt sein. Anzeichen solch neurotisch fixierter Bilder sind etwa:

- Universelle Urteile: »Alle Italiener sind faul!« – »Alle Zigeuner stehlen!« . . .
- Hohe Meinungskonformität innerhalb einer abgegrenzten Grup-

pe: »Alle Katholiken sind dogmatisch!« – »Die SPD versteht nichts von Wirtschaft!« . . .

- Kultur der ökonomischen, politischen, moralischen Stärke. Sie verdeckt im Regelfall Schwächen und Ängste.

Die Sicherung der eigenen Identität fordert im Denken der Moderne stets auch das Ausgrenzen des anderen.[1] Die Qualität des anderen wird von uns geschaffen, indem wir von ihm Bilder konstruieren. Diese Bilder sind nicht selten neurotisch verfremdet. Das gilt in besonderer Weise, wenn wir Menschen begegnen, deren fundamentale Wert- und Grundeinstellungen, deren Interesse und Bedürfnisse, deren Erwartungen und Wünsche von den unseren abweichen. Sie drohen uns an der Realisierung unserer Interessen und Bedürfnisse, unserer Erwartungen und Wünsche zu hindern.

Die Begegnung mit dem Fremden macht uns angst. Wir sprechen dann von »Xenophobie« (= Angst vor dem Fremden). Ein archaisches Programm erzwingt in der Begegnung mit dem Fremden entweder Flucht, Angriff oder ein Sichverstecken. Von dieser Realangst ist eine neurotische zu unterscheiden. In der neurotischen Angst versuchen wir, durch inadäquate (d. h. nicht Angst mindernde) Methoden Angst zu überwinden.

Die neurotische Angst vor dem Fremden führt dazu, daß wir alles, was das Fremde betrifft, überdeutlich und damit realitätsverzerrt wahrnehmen: ihre Anzahl, ihre Gewalttätigkeit, ihre Sexualität . . .

Neurotische Angst beherrscht nicht selten bundesbürgerliches Fühlen, wenn es um die Zahl der im Land befindlichen Asylbewerber geht. Was sagen die Zahlen? In der Bundesrepublik befanden sich nach Angaben des Statistischen Bundesamts am 31. 12. 1991 5 888 267 Ausländer, davon waren 380 000 Asylbewerber (bis Ende August 1992 kamen 273 942 Neuanträge hinzu). Das Verhältnis läßt sich so darstellen (je 100 000 Ausländer ein x):

---

1 Es gibt deutliche Anzeichen dafür, daß das Zeitalter der Moderne zu Ende geht. Die nachmoderne Zeit wird Menschen nicht mehr von der Individualität her verstehen, sondern von der Art ihrer Interaktionen, in denen sie versuchen, ihre Bilder von sich, von anderen, von Welt, von sozialen Beziehungen zu bewähren. Vgl. hierzu R. Lay, Wie man sinnvoll miteinander umgeht, Düsseldorf 1992, und R. Lay, Philosophie für Manager, Düsseldorf 1988.

Ausländer:	xxxxxxxxx.xxxxxxxxx.xxxxxxxxx. xxxxxxxxx.xxxxxxxxx.xxxxxxxxx
Asylbewerber:	xxxxx
Asylberechtigte:	x
Flüchtlinge:	xxxxx
Gastarbeiter: Türken,	xxxxxxxxx.xxxxxxxx
Jugoslawen	xxx
EG-Ausländer:	xxxxxxxxx.xxxxxxxxx.xxxxx
Aussiedler	
(Deutsche nach Art. 116 GG)	xxxx

Neben der Angst vor dem Fremden gründet die Xenophobie in einer
weiteren archaische Angst: Es ist die Angst, das eigene Revier zu verlieren. Der Schutz des eigenen Reviers war Menschen schon wichtig,
als sie noch als Sammler und Jäger umherzogen. Damals war das eigene Revier das einzige, was sie als (kollektives) Eigentum besaßen. Als
später einige von ihnen zur Landwirtschaft wechselten, wurde das
individuelle Eigentum an Grund und Boden die einzige Chance zu
überleben. Der instinktoide Trieb, ein eigenes Revier zu besetzen und
es gegen mögliche Angriffe oder mögliche Beschränkungen der Ver-
fügungsgewalt zu verteidigen, ist auch heute bei nahezu allen Menschen nachzuweisen. Der antikolonialistische Ruf »Algerien den
Algeriern, Kuba den Kubanern, Afrika den Afrikanern« wird heute
bereichert um die Version »Deutschland den Deutschen«.
Die Angst vor dem Fremden und die Angst, eigenes Revier aufgeben
zu müssen, erlauben uns drei Reaktionen:

① Wir können sie als Bestandteil unserer psychischen und psychoso-
zialen Ausstattung begreifen. Dann haben wir die Chance, sie zu
verlernen, wenn sich immer und immer wieder herausstellt, daß
sie unbegründet war.

② Wir können versuchen, sie zu verleugnen. Damit verlieren wir die
Chance, sie zu verlernen. Wir leben mit (neurotisierenden) Ängsten, ohne sie uns und anderen zugeben zu wollen oder zu können.
Wir werden dann versuchen, »Fremdenhaß« bei anderen zu verurteilen – vielleicht gar nach dem Richter rufen. Menschen, die kontrafaktisch behaupten, Deutschland sei kein Einwanderungsland,
gehören zu den Verdrängern.

③ Wir können – neurotisch – versuchen, sie zum Schweigen zu bringen. Dieser Versuch ist bei repressiv erzogenen oder durch die Erfahrung der Unterwertigkeit fundamental verunsicherten Menschen oder bei Menschen, die durch das Fortfallen eines Orientierungsrahmens die Lebensorientierung verloren haben, die Regel. Sie begegnen dem Fremden aggressiv.[1]

Diese Strategie macht uns Sorge. Unmoralisch handeln in erster Linie nicht die, welche das oder den Fremden aggressiv (in Worten oder Taten) verfolgen, sondern die, welche Menschen nicht lehren, sinnvoll mit ihrer Angst (wie unter 1. ausgeführt) umzugehen.
Im September 1991 waren 51 Prozent der Westdeutschen und 57 Prozent der Ostdeutschen der Meinung, es sei nicht in Ordnung, daß in Deutschland so viele Ausländer leben. Diese Ausländerfeindlichkeit verdichtete sich in drei Themen:

○ Ausländer nehmen uns die Arbeitsplätze weg,
○ sie verteuern den Wohnraum, und
○ sie sind überdurchschnittlich kriminell.

Das dritte Bedenken läßt sich belegen: Weit überdurchschnittlich vertreten sind Ausländer, obwohl sie nur 6 Prozent der Wohnbevölkerung in der Bundesrepublik Deutschland ausmachen, bei Taschendiebstählen (69,8 Prozent), Urkundenfälschung (55,6 Prozent), Falschgelddelikten (54,4 Prozent) und schwerem Ladendiebstahl (46,9 Prozent). Insgesamt stellen sie 26,6 Prozent der Tatverdächtigen.
Auch der Asylschwindel ist ein Argument der Ausländerfeinde.[2] Während aber 1985 noch immerhin etwa 29 Prozent der Asylbewerber als politisch Verfolgte im Sinne des Grundgesetzes anerkannt wurden, waren es 1990 nur noch 4,4 Prozent. Bei Nigerianern,

---

1 Das gilt zur Zeit vor allem für manche junge Menschen in den neuen Bundesländern, die zumeist beide Bedingungen erfüllen.

2 So schrieb die Deutsche Wochen-Zeitung unter dem 21. 8. 1992: Es »treten seit geraumer Zeit verstärkt organisierte ›Roma‹-Banden – Zigeuner – in Erscheinung, die vielerorts bereits das Straßenbild prägen und mit unglaublicher krimineller Energie vorgehen ... Die skrupellosen Machenschaften betrügerischer sogenannter Roma und Sinti sind vielfältig und werden überregional ›erfolgreich‹ praktiziert.«

Rumänen, Vietnamesen, Bulgaren oder Indern liegt die Anerkennungsquote deutlich unter 1 Prozent. In der ersten Jahreshälfte 1992 begehrten mehr als 230 000 Ausländer um Asyl in der Bundesrepublik. Die Anerkennungsquote dürfte bei 0,2 Prozent liegen.

Bei all diesen Rationalisierungen der Xenophobie wird vergessen, daß Deutschland spätestens seit der großen Völkerwanderung des vierten Jahrhunderts ein Land ist, dessen Charakter von gewaltigen Wanderbewegungen bis hinein ins 20. Jahrhundert geprägt wurde. Während des Zweiten Weltkrieges wurden zehn Millionen Zwangsarbeiter aus ganz Europa nach Deutschland verschleppt. Zwischen 1945 und 1950 strömten etwa zwölf Millionen Menschen in die vier Besatzungszonen. Es folgten etwa drei Millionen deutschstämmige Aussiedler aus Osteuropa und der UdSSR. Aus der DDR wanderten bis 1989 fünf Millionen Menschen in den Westen. Mehrere Millionen Gastarbeiter wurden in den sechziger und siebziger Jahren angeworben. Sei 1955 wanderten 2,7 Millionen Deutsche in fremde Länder aus. »Es ist rätselhaft, daß eine Bevölkerung, die innerhalb ihrer eigenen Lebenszeit solche Erfahrungen gemacht hat, unter dem Wahn leiden kann, sie hätte es angesichts heutiger Wanderungen mit etwas noch nie Dagewesenem zu tun. Es ist, als wären die Deutschen einer Amnesie anheimgefallen ...«[1]

Die Xenophobie wurde neurotisch-gewalttätig im September 1991 (beginnend unter dem 17. mit dem Verprügeln von Vietnamesen), ein erstes Wetterleuchten: Von den Zuschauern angefeuert und gefeiert, attackierten rechtsradikale Rabauken Asylbewerber und Gastarbeiter im sächsischen Hoyerswerda. Und Hoyerswerda stand für über hundert deutsche Städte und Ortschaften, in denen es zu fremdenfeindlichen Krawallen kam.

Der erste Blitz zuckte, als zeitweise 1 200 meist vierzehn- bis achtzehnjährige Jungen und Mädchen (wer sie als »Rechtsradikale« abtut, macht es sich zu einfach) gegen 1 600 Polizisten, anfangs unter dem Beifall mehrerer tausend Gaffer (das sind die eigentlichen »Rechtsradikalen!«), kämpften.[2] Die Unruhen begannen am

---

1 Hans Magnus Enzensberger, Im Fremden das Eigene hassen?, in Der Spiegel, 46 (1992), 34, 176.

2 Das Frankfurter Institut für Sozialforschung veröffentlichte Anfang September 1992 eine Studie, in der vor allem Hans-Gerd Jaschke die Berichterstattung der Massenmedien in dieser Sache scharf angreift. Sie interessierten sich nahe-

Abend des 22. 8. 1992, als die Jugendlichen das zentrale Asylbewerberheim Mecklenburg-Vorpommerns in Rostock-Lichtenhagen zu überfallen versuchten und es endlich – ohne von der Polizei daran gehindert zu werden – in Brand steckten. Die offiziellen Erklärungen wiesen darauf hin, daß in Lichtenhagen

- offiziell 17 Prozent (tatsächlich aber über 30 Prozent) der Menschen ohne Arbeit gewesen seien,
- das Heim hoffnungslos überbelegt gewesen sei (in ihm wohnten 1 300 Menschen, obschon es offiziell nur über 320 Plätze verfügt. Deshalb kampierten zum Ärger der Nachbarn viele im Freien.

Doch der eigentliche Grund, eine aggressiv-gewalttätig gewordene Xenophobie, wurde nicht genannt.

Noch während in Rostock gekämpft wurde, ging es auch anderswo los: in Eberswalde, in Dresden, in Markkleeberg, in Stendal, in Greifswald, in Hildesheim . . . Jede Nacht fand seitdem der Haß seinen Ort. Besonderes Ziel der Ausschreitungen waren (sind) die asylsuchenden Sinti und Roma, die in Rumänien rassisch diskriminiert werden. Dennoch erhielten von ihnen nur 0,1 Prozent politisches Asyl. Die Mitglieder dieses nonkonformistischen Nomadenvolkes gelten nicht wenigen Deutschen in besonderer und beängstigender Weise als Fremde. Der Antiziganismus der Nazis feiert goldene Urständ.[1]

---

zu ausschließlich für sensationelle Darstellung von Schrecken. Die eigentliche Bedrohung durch rechtsextremistische Gewalttaten gehe aus dem Inneren demokratischer Gesellschaften hervor.

1 Ein paar Beispiele mögen das belegen:
- Der CDU-Generalsekretär von NRW, Herbert Reul, meinte Anfang September 1992, daß alle, welche die Vergiftung des öffentlichen Klimas durch Roma und Sinti nicht wahrhaben wollen, offenbar auf einem anderen Stern lebten.
- Der CDU-Ministerpräsident von Mecklenburg-Vorpommern, Berndt Seite, behauptete: »Wenn Sie Sinti und Roma nach Bonn schicken würden, in bestimmte Viertel, dann wäre das Problem in ein paar Tagen gelöst.«
- Der SPD-Sozialminister von NRW, Hermann Heinemann, meinte, der Aufruhr gegen die Asylbewerber sei »eindeutig durch das Fehlverhalten bestimmter Einwanderungsgruppen verursacht worden . . . es handelt sich dabei um Roma und Sinti aus Rumänien und Jugoslawien.«

Die bodenlose Dummheit der meisten CSU/CDU-Politiker entlarvte sich in der Lehre, die sie aus diesen Vorgängen zogen: Das Grundgesetz müsse geändert werden. Sie waren allen Ernstes der Meinung, ein menschliches Problem organisatorisch lösen zu können. Keine Änderung des Grundgesetzes kann den eigentlichen Mangel, der in Rostock und danach an vielen anderen Orten offenbar wurde, beheben: Es ist der Mangel an politischer Glaubwürdigkeit der Politiker. Die meisten Deutschen fühlen sich – sehr zu Recht – in schlechten Händen. Da ist der Schritt zur vermeintlichen Selbsthilfe oft nicht mehr weit.[1]

In den beiden Wahlkämpfen des Jahres 1992 schlachteten in Schleswig-Holstein und in Baden-Württemberg die Rechtsparteien die Angst vor dem Fremden wahlkampftechnisch und erfolgreich aus. CDU und Republikaner benutzten die Angst vor dem Fremden als Wahlkampfthema. Vor allem die CDU gab, im Schlepptau der CSU segelnd, vor, allein eine Grundgesetzänderung werde den Zustrom von Fremden nachhaltig begrenzen. Dabei wußten alle, daß nur ein Schießbefehl (wie einst in der DDR und heute noch in einigen anderen Ländern praktiziert) den Zustrom Fremder über die »grüne Grenze« in die Bundesrepublik ernsthaft stoppen könnte.

Der Ausländerhaß regiert aber nicht nur in Deutschland. Auch in Frankreich, in der Schweiz, in Großbritannien, in Italien, in Schweden kommt es zu sporadischen Gewalttaten gegen Fremde – nur weil sie Fremde sind.

2. Vorbereitungen

Wir müssen uns darauf einstellen, daß sich in den nächsten zehn Jahren von Süden und Osten her eine riesige Migrationswelle in Richtung Europa in Bewegung setzen wird. Umwelt- und Armutsflüchtlinge aus dem Süden und Osten werden nicht vor unseren Grenzen zu stoppen sein. Was ist zu tun?

---

1 »Wundert man sich da, wenn Ostdeutsche den Respekt vor dem Recht nicht lernen und sich weitere belogen und betrogen vorkommen? Zwischen dem Formelkompromiß und der Gewalt herrscht eine traurige Entsprechung. Beide sind Scheinlösungen des Sprachlosen«; pba, Was Rostock lehrt, in FAZ vom 26. 8. 1992, 23.

Da es die vorzügliche Aufgabe des Staates ist, schweren Schaden vom Gemeinwohl zu wenden, und dieser Gemeinwohlschaden ausschließlich auf das eigene Staatsvolk beschränkt bleibt, dürfte ein Staat nur soviel Menschen aus nur solchen Berufen zuwandern lassen, wie als Arbeitskräfte gebraucht werden. Doch kann man Gemeinwohlschaden heute noch nationalisieren? Muß er in den Fragen der Zuwanderung, ähnlich wie bei Umweltfragen, nicht unter globalem Anspruch gesehen werden? Ist diese Frage zu bejahen, hat das erhebliche Konsequenzen. Die wichtigste wäre, daß ein Schaden des national bezogenen Gemeinwohls immer dann in Kauf zu nehmen wäre, wenn nur so ein größerer Schaden vom globalen (übernationalen) Gemeinwohl abgewendet werden kann. Dann stellt sich die Frage: Wie ist der Schaden am eigenen nationalen Gemeinwohl zu minimieren?

Dazu seien einige Vorschläge gemacht:

- Die Bundesrepublik Deutschland akzeptiert, daß sie (wie etwa die USA, Kanada oder Australien) ein Einwanderungsland ist. Damit erhält sie die Chance, die Zuwanderung in gewissem Umfang gesetzlich zu kontrollieren. So lange, wie es keine derartige legale Einwanderung gibt, werden immer mehr Menschen Asylanträge stellen. Der Mißbrauch des Asylrechts zu Lasten der tatsächlich politisch Verfolgten wird zunehmen.
- Die Bundesrepublik Deutschland löst sich von ihrem ethnischen Volksbegriff (zugunsten des sonst allgemein üblichen Staatsvolksbegriffs). Die sogenannten deutschstämmigen Aussiedler aus der ehemaligen Sowjetunion, aus Rumänien und Polen, die oft nicht einmal in Ansätzen der deutschen Sprache mächtig sind, stehen uns sicher nicht näher als die in Deutschland geborenen Kinder ausländischer Gastarbeiter.
- In der Bundesrepublik Deutschland entwickelt sich zumindest insoweit eine »multikulturelle Gesellschaft«, als sie Menschen verschiedener kultureller Herkunft den Menschen »deutscher Kultur« (wenn es so etwas geben sollte) gleichberechtigt behandelt.[1] Zwar hat jeder Mensch das Recht, seine Kultur der anderen

---

1 Erst im späten 17. Jahrhundert bestimmte Samuel Pufendorf »Kultur« als einen alle menschlichen Lebensäußerungen bestimmenden Sachverhalt. Er entzog ihn der individuellen Sphäre und bezog ihn auf das soziale Leben. Den moder-

vorzuziehen und für höherwertig zu halten. Aber niemand hat das Recht, eine »nichtdeutsche Kultur« auch auf deutschem Boden der eigenen für nicht gleichberechtigt zu halten. Selbst an der Existenz einer »deutschen Identität«, gestiftet durch gemeinsame

---

nen Kulturbegriff entwickelte erst Johann Gottfried Herder im 18. Jahrhundert. Er fügte der Sozialität die Historizität als Sinnelement von Kultur bei. Kultur kann entstehen, sich entfalten und untergehen. Kulturen grenzen sich gegeneinander ab, Kulturträger ist das Volk, sie prägt das individuelle wie kollektive Leben eines Volkes. Sollte eine solche Einheitlichkeit einer Kultur je bestanden haben (vor allem dürfte sie immer nur die Ober- und Mittelschicht eines Volkes betroffen haben), so besteht sie heute nicht mehr. »Die Kultur eines Arbeitermilieus, eines Villenviertels und der Alternativszene haben keinen solch gemeinsamen Nenner mehr.« (Wolfgang Welsch, Transkulturalität, in: Information Philosophie Heft 2, 1992, 6.) Zudem entstehen neue Lebensformen quer durch alle Kulturen (etwa im Verhältnis zur institutionalisierten Ehe).

- Das gemeinsame Verfügen über dieselben Wissenschaften, dieselbe Technik,
- die Übernahme derselben Unterhaltungs- und Freizeitindustrie, derselben Mode, derselben Konsumkultur,
- der Tourismus (und andere Migrationsprozesse) sowie die Massenmedien in Wechselwirkung mit einem transkulturellen nationalen Bewußtsein

sorgen für eine Gleichschaltung von Problemerkenntnis (etwa der Umweltproblematik) und der »Werte« (etwa neomilitanter Nationalismen) über einen »kulturellen Rahmen« hinaus, so daß es schwer ist, das kulturell Eigene gegen das kulturell Fremde abzugrenzen. Begriffe wie »Kulturerosion« oder »Kulturnivellierung« gehen von dem alten Herderischen Kulturbegriff aus. Sie sind veraltet, »kulturrassistisch«, weil es keine Kulturen im Sinne Herders mehr gibt. Kulturen sind nicht mehr nach außen abzugrenzen, sie können nicht durch Einwanderung untergraben werden. Das Programm der »multikulturellen Gesellschaft« ist von hierher zum Scheitern verurteilt. »Heute werden für jede Kultur tendenziell alle anderen Kulturen zu Binnengehalten oder Trabanten.« Das Fremde ist nicht mehr fremd, sondern allenfalls ungewohnt. Die Lebensformen gleichen sich nicht kulturspezifisch, sondern berufsspezifisch einander an. Arbeiter, Intellektuelle, Manager, Fremdenführer, Lehrer ... entwickeln weltweit sehr ähnliche Lebensformen. Sie können international tätig werden. Nationale Eigenheiten wirken eher als Störgröße. Die Kultur wird von einem öffentlichen zu einem privaten Ereignis, wenn sich Menschen privat an die überlieferten Werte und Normen ihrer Nationalität halten. Mit veränderten Lebensformen verändern sich aber auch die Sprachspiele und damit die Begriffe. Das Sprachzeichen »Kultur« bezeichnet heute ein anderes Denkzeichen als noch vor fünfzig Jahren. Ein Denken, das dem alten Kulturbegriff verbunden bleibt, führt nicht etwa zur »Verschmelzung von Kulturen«, sondern zur Abschottung der Kulturen gegeneinander. Konservatives und rechtsradikales Denken bleibt sehr oft in fataler Weise der Tradition und damit den alten Begriffen verhaftet, selbst wenn es sich unter der Formel »Regionalismus plus

302

Erinnerungen, Werthaltungen und moralische Normen, habe ich
Zweifel. Jedenfalls wird eine bloße Teilhabe von Ausländern an
unserer Kultur deren berechtigtem Anliegen, ihre eigene zu
bewahren – und das auch auf deutschem Boden –, nicht gerecht.
Die Schmelztiegeltheorie hat selbst in den USA versagt. Andererseits ist von Ausländern auch zu erwarten,
– daß sie auf die Normen, die das Leben ihres Gastlandes bestimmen
  (der Grundrechte, des Schul- und Ausbildungswesens, der Trennung von bürgerlicher und religiöser Welt), Rücksicht nehmen,
– daß sie sich mühen, die deutsche Sprache zu erlernen,
– daß sie die Bundesrepublik nicht zu einem Kampfplatz rivalisierender Ideologien ihres Heimatlandes machen,
– daß sie die innenpolitischen Probleme ihres Herkunftslandes
  (etwa der Türkei) nicht auf deutschem Boden austragen.

Werden diese Regeln nicht respektiert, kann das Gastrecht erlöschen. Dieses Modell steht zwischen Integration (die Herkunftskultur eines Fremden wird im personalen Bereich akzeptiert) und Insertion (die Herkunftskultur wird auch kollektiv als der eigenen völlig gleichwertig behandelt).
Die Massenmedien machen es ihrem Publikum deutlich, daß
Deutschland – zumindest in Zeiten florierender Konjunktur – auf
die Zuwanderung von Ausländern dringend angewiesen ist. Die
Arbeitslosenquote hätte 1991 ohne die Zuwanderer 0,2 Prozent
über der tatsächlichen gelegen; die durchschnittliche Zuwachsrate
des BSP zwischen 1988 und 1991 hätte statt 3,8 etwa 2,5 Prozent
betragen. Mehrbeschäftigung und zusätzliches Wirtschaftswachstum führten zu weiteren Steuer- und Beitragseinnahmen von 50
Milliarden DM. Allein 1991 wurden die öffentlichen Haushalte
durch die Zuwanderer um mehr als 13 Milliarden DM entlastet.[1]

Universalismus« vorstellt. Die neuen Lebenswelten bauen sich jedoch auf über
Durchdringung und Überlagerung alter kultureller Werte und Normen. Diese
werden in diesem Prozeß dynamisiert. Solche Dynamisierung kann zur Folge
haben, daß neue Werte und Normen entstehen und alte untergehen. Cross-Culture-People (Menschen, deren Eltern aus verschiedenen »Kulturen« kommen)
erzeugen ein neues Ideal, das der Transkulturalität.
1 Studie des Rheinisch-Westfälischen Instituts für Wirtschaftsförderung in
  Essen vom 7. 9. 1992.

3. Die Mär vom großzügigsten Asylrecht in Europa

Deutsche Politiker verweisen mit Vorliebe, wenn die Sprache auf eine Änderung der Asylantenpolitik kommt, auf den Sachverhalt, Deutschland habe das großzügigste Asylrecht zumindest aller europäischen Staaten, wenn nicht gar der Welt. Schauen wir uns einmal an, was an dieser Behauptung stimmt.

Art. 16,2 GG bestimmt: »Politisch Verfolgte genießen Asylrecht.« Wer aber ist ein »politisch Verfolgter«? Die Genfer Konvention (GK = »Abkommen über die Rechtsstellung der Flüchtlinge« vom 28. 7. 1951; seit 1953 in der Bundesrepublik Deutschland in Kraft) gewährt einer Person Schutz bei »begründeter Furcht vor Verfolgung wegen ihrer Rasse, Religion, Nationalität, Zugehörigkeit zu einer bestimmten sozialen Gruppe oder wegen ihrer politischen Überzeugung, (wenn sie) sich außerhalb des Landes befindet, dessen Staatsangehörigkeit sie besitzt«. Damit aber ist die deutsche Rechtsprechung nicht einverstanden. Während alle anderen Länder, die der Genfer Konvention beigetreten sind, dem Verfolgten Schutz bei begründeter Furcht vor Verfolgung gewähren, muß ein Flüchtling in der Bundesrepublik Deutschland, um als Verfolgter im Sinne von Art. 16 GG anerkannt zu werden, beweisen, daß er in seinem Heimatland verfolgt wird. Die Genfer Konvention zielt auf die Motive des Verfolgten, das GG dagegen auf die der Verfolger.

Es ist also unwahr, wenn behauptet wird, die Bundesrepublik habe das liberalste Asylrecht Europas. Zudem wird meist wahrheitswidrig unterstellt, in der Bundesrepublik Deutschland gäbe es keine politisch Verfolgten. Alle »Totalverweigerer«, junge Männer, die aus Gewissensgründen sowohl den Wehrdienst als auch den Zivildienst verweigern und sich lieber zu zwei Jahren Gefängnis (ohne Bewährung) verurteilen lassen, sind zweifelsfrei politisch Verfolgte. Und davon gibt es in der Bundesrepublik eine ziemliche Menge.

Art. 33 der GK bestimmt: »Keine der vertragschließenden Parteien wird einen Flüchtling auf irgendeine Weise über die Grenzen von Gebieten ausweisen oder zurückweisen, in denen sein Leben oder seine Freiheit ... bedroht sein würde.« Die »Erklärung über den Schutz vor Folter und andere grausame, unmenschliche oder erniedrigende Behandlung« (Resolution 3452 der Generalversammlung der UNO vom 9. 12. 1975) bestimmt als Folter »jede Handlung ... durch die einer Person von einem Träger staatlicher Gewalt oder auf

dessen Veranlassung hin vorsätzlich starke körperliche oder geistig-
seelische Schmerzen oder Leiden zugefügt werden, um von ihr oder
einem Dritten eine Aussage oder ein Geständnis zu erzwingen, sie für
eine tatsächlich oder mutmaßlich von ihr begangene Tat zu bestrafen
oder sie oder andere Personen einzuschüchtern«. Und da behauptet
man, in Deutschland gäbe es keine Folter. Nicht nur abgeurteilten Terroristen werden durch besondere Haftbedingungen (»Isolations-
haft«) geistig-seelische Schmerzen zugefügt. Auch werden nicht selten Untersuchungshäftlinge mit Schwerkriminellen in eine Zelle
gesperrt, um ein Geständnis oder eine Aussage zu erzwingen.
Menschen, die in anderen Ländern gefoltert wurden, gewährt bun-
desdeutsches Recht nur einen Schutz vor Abschiebung. In Frankreich etwa erhalten sie politisches Asyl.
Auch Bürgerkriegsflüchtlinge, etwa aus Bosnien-Herzegowina,
erhalten nach deutschem Recht aus humanitären Gründen eine Auf-
enthaltsbewilligung von höchstens sechs Monaten. In nahezu allen
anderen Ländern, die der UNO beigetreten sind, können sie sich auf
die Genfer Konvention berufen und gelten als Flüchtlinge.
Zu behaupten, auch hier zelebriere die Bundesrepublik ihre liberale
Ordnung, ist daher reine Lüge. Sie wird auch nicht glaubwürdiger,
wenn Flüchtlingen aus Bosnien-Herzegowina ein Visum abverlangt
wird, das sie praktisch vor ihrer Einreise nirgendwo erhalten können.
Bei jedem ablehnenden Bescheid steht jedem um Asyl Nachfragen-
den, insofern er sich »durch die öffentliche Gewalt in seinen Rechten verletzt sieht«, nach Art. 19,4 GG »der Rechtsweg« offen. Auch
an diesem Artikel wird herumgebastelt, um das Recht, den Rechtsweg zu beschreiten (um sein Asylrecht zu erstreiten), zu mindern.
Das Schengener Abkommen kennt eine Zuständigkeitsregel. Würde
durch Rücknahmeabkommen sich die Bundesrepublik – nach Änderung des Grundgesetzes – entschließen, alle Flüchtlinge, die über
Land nach Deutschland zu gelangen versuchen, abzuschieben, müßte sie sich in der Tat nur noch mit denen herumplagen, die auf dem
See- oder Luftwege direkt ins Land kommen oder über ein legales
Einreisevisum in die Bundesrepublik Deutschland verfügen. Alle
anderen hätten schon Gebietskontakt mit einem anderen Staat
gehabt, in dessen Zuständigkeit das Asylverfahren fiele. Eine
Grundgesetzänderung wäre also nur erforderlich, um diese rigide
Lösung durchzusetzen.
Die Versuche, das deutsche Asylrecht dahin gehend zu ändern, daß

der UN-Flüchtlingskommissar (oder gar ein deutsches Gremium)
die Länder bestimme, in denen nicht politisch verfolgt würde, um
die aus diesen Ländern Flüchtigen ohne sonderliche Umstände
abschieben zu können, ist ebenfalls BRD-Heuchelei. Der Vorschlag
impliziert fälschlich, der UN-Flüchtlingskommissar würde die Bundesrepublik nicht als Verfolgerland nennen müssen.

Die mißbräuchliche Nutzung des Asylrechts gründet nahezu ausschließlich in der Politik der CSU/CDU. Sie sorgte dafür, daß sich im
August 1992 360 000 unerledigte Fälle beim Bundesamt für die Anerkennung ausländischer Flüchtlinge türmten,[1] statt diese Fälle etwa
durch pensionierte Bundeswehroffiziere erledigen zu lassen. Ihr
ging es offensichtlich nicht in erster Linie darum, die grundgesetzlichen Möglichkeiten zu schaffen, das Schengener Abkommen zu rati-
fizieren. Sie beabsichtigte offensichtlich, in der Bundesrepublik
Zustände herbeizuführen, die eine Änderung des Grundgesetzes
psychologisch notwendig machten.

Dabei wäre es leicht, Gesetze zu erlassen, die eine Grundgesetzänderung vermieden hätten. Selbst so rigide Normen wie die folgenden
widersprechen – zumindest solange das Bundesverfassungsgericht
nichts Gegenteiliges feststellt – nicht dem Grundgesetz:

① Politisch Verfolgte erhalten nur dann Asyl, wenn sie dieses unmittelbar nach Betreten des Territoriums der Bundesrepublik an einigen definierten (etwa sechs bis zehn) legalen Grenzübergangsstel-
len beantragen. Sollte die politische Verfolgung während eines
legalen Aufenthalts in der Bundesrepublik eintreten, müssen sich
die Antragsteller auf Asyl bei einem der definierten Grenzüber-
gangsstellen einfinden.

---

1 Der Ministerpräsident des Landes Hessen, Hans Eichel (SPD), kommentierte,
an die Adresse der Bundesregierung gerichtet, diesen empörenden Sachverhalt: »Ich glaube, das ist bewußte Politik, um in den Gemeinden, die jetzt die
Menschen nicht mehr unterbringen können, die Stimmung hochkochen zu lassen.« Natürlich reagierte der Bundesminister des Innern, Rudolf Seiters
(CDU), der für diese Situation die politische Verantwortung trägt, wie ein
geprügelter Hund. Er sprach von »Heckenschützen«. Die Bundesministerin
für Justiz, Sabine Leutheusser-Schnarrenberger (FDP), war der Ansicht, daß
man das Grundgesetz nicht nur deshalb ändern dürfe, damit man sagen könne,
man habe es geändert. Für diesen außerordentlich vernünftigen Satz wurde sie
von Vorstand und Fraktion der FDP schwer getadelt.

② Bürgerkriegsflüchtlinge erhalten ein Bleiberecht in der Bundesrepublik, wenn sie sich beim zuständigen Ordnungsamt anmelden. Die Freizügigkeit dieser Flüchtlinge kann durch Rechtsverordnung eingeschränkt werden. Es erlischt drei Monate nach dem Ende des Bürgerkriegs. Anfang und Ende eines Bürgerkriegs werden vom Bundestag durch Gesetz festgestellt.

③ Für Armuts- und Umweltflüchtlinge wird ein Einwanderungsgesetz erlassen. Ihnen kann die Einwanderung in die Bundesrepublik gewährt werden, wenn sichergestellt ist, daß diese Einwanderung für die Bundesrepublik von Nutzen ist. Der Einwanderungsantrag muß im Regelfall bei einer deutschen Botschaft im Ausland gestellt werden. Diese befindet, ob ein Einwanderungsvisum erteilt wird oder nicht.

④ Die Aufenthaltskosten für Asylbewerber und Bürgerkriegsflüchtlinge werden zu gleichen Teilen von Bund, dem Bundesland, in dem sich der Bewerber oder Flüchtling aufhält, und der Aufenthaltsgemeinde aufgebracht. Sie werden auf die Länder nach Maßgabe des in ihnen erwirtschafteten BIP verteilt. Sie erhalten Zuwendungen in Höhe von 70 Prozent der Sozialhilfeleistungen für Deutsche.

⑤ Gegen abschlägige Bescheide kann als Rechtsmittel ein Verwaltungsgericht angerufen werden. Dieses entscheidet abschließend über den Entscheid. Zu diesem Zweck werden eigene Verwaltungsgerichte eingerichtet. Im Regelfall soll wenige Tage nach dem Einspruch des Antragstellers über den Einspruch entschieden werden.

⑥ Wer sich unrechtmäßig auf dem Territorium der Bundesrepublik aufhält, macht sich strafbar. Von der Anklageerhebung kann abgesehen werden, wenn der Betreffende sich mit einer unverzüglichen Abschiebung einverstanden erklärt und versichert, sich in Zukunft niemals mehr unrechtmäßig auf dem Territorium der Bundesrepublik aufhalten zu wollen. Beihilfe (etwa von »Schleppern« geleistet) zu einem unrechtmäßigen Grenzübergang ist ebenfalls strafbar. Diese Strafen werden grundsätzlich als Freiheitsstrafen verhängt und nicht zur Bewährung ausgesetzt.

In einer Koalitionsvereinbarung wurde am 6. 12. 1992 zwischen CDU/CSU, FDP und SPD ein Kompromiß zu einer Änderung des Art. 16 GG ausgehandelt: Personen, die aus Ländern in die BRD einreisen,

- die der EG angehören,
- in denen die Anwendung der Genfer Flüchtlingskonvention und der europäischen Menschenrechtskonvention sichergestellt ist (die Sicherstellung wird durch Gesetz festgestellt) oder
- die aus Nichtverfolgerstaaten kommen,

werden nicht mehr als Asylbewerber anerkannt. Ebenfalls wird durch Gesetz festgestellt, in welchen anderen Staaten keine politische Verfolgung, keine erniedrigende Bestrafung oder Behandlung stattfindet (Nichtverfolgerstaaten). Für Asylsuchende, die aus solchen Nichtverfolgerstaaten kommen, wird ein verkürztes Verwaltungsgerichtsverfahren eingeführt, in dessen Verlauf sie die Rechtsvermutung, sie seien nicht politisch verfolgt, widerlegen können. Aufenthaltsbeendende Maßnahmen können in jedem Fall von einem Gericht nur dann ausgesetzt werden, wenn berechtigte Zweifel an der Rechtmäßigkeit dieser Maßnahme festgestellt wird. Die Maßnahme ist immer dann rechtmäßig, wenn der Antragsteller sich eines schweren Verbrechens schuldig gemacht hat oder seine Mitwirkungspflichten im Verfahren verletzt. Damit wird der Prüfungsumfang des Gerichtes erheblich begrenzt.

Würde sich etwa Österreich dieser repressiven Gesetzgebung anschließen, könnte kein in der BRD politisch Verfolgter (etwa ein Vollverweigerer aus Gewissensgründen) erfolgreich in der Alpenrepublik Asyl beantragen. Das bedeutet eine inhumane Aushöhlung des Asylrechts, die nur dann vermieden werden kann, wenn jedem Asylsuchenden (auch denen aus den EG-Ländern oder denen, die im Regelfall die GFK und die EMRK beachten) die Chance geboten würde, die Rechtsvermutung, er sei nicht politisch verfolgt, zu widerlegen.[1]

Doch es gehört schon ein gerüttelt Maß an politischer Unschuld dazu, anzunehmen, dieser Parteienkompromiß würde unverän-

---

1 Das vorgesehene Institut der unwiderlegbaren Rechtsvermutung (praesumptio juris et de jure) mag in manchen Fällen des Zivilrechts angebracht sein, bei einer strafrechtlichen oder einer strafrechtsnahen Maßnahme (»aufenthaltsbeendende Maßnahmen«) dürfte sie auch rechtsstaatlich problematisch sein. Zumindest steht ein Verstoß gegen Art. 1 GG zu vermuten.

dert Gesetz. Die CDU, vor allem aber die CSU werden alles daransetzen, auch die Bewerber aus Verfolgerstaaten ohne weiteres abschieben zu können. Wird sich in Zukunft noch ein Christ von dem C in den Parteinamen täuschen lassen, wenn es um seinen Wahlentscheid geht?

22. Kapitel

Der unmoralische Realismus der Containermetapher

Dieses Kapitel will zeigen, daß die heute herrschende Unmoral in aller Regel nicht in persönlichem Versagen gründet, sondern im »Geist der Zeit«, selbst wenn sich dieser Geist längst als Ungeist entlarvte. Der einzige Vorwurf, den man Menschen machen kann, die solch nachzeitigem Ungeist anhängen, ist der der intellektuellen Bequemlichkeit, die sie hindert, dem aktuellen Stand menschlichen Wissens – zumindest in den existentiell wesentlichen Bereichen – zu folgen.

Wir neigen dazu, die Welt mit den Augen der »europäischen Kultur« zu sehen, zu verstehen, zu interpretieren. Diese »europäische Kultur« folgte seit dem Ende des 17. Jahrhunderts (in der Folge René Descartes' und Isaac Newtons) einer individualistisch orientierten Philosophie. Wir sprechen von der Philosophie der Moderne. Da die Philosophie »nur« Allgemeines Bewußtsein zur Sprache bringt, handelt es sich also um ein am Menschen als Individuum (und nicht etwa als Sozialwesen) orientiertes Weltbild, das sich in ökonomischen, sozialen, kulturellen und politischen Varianten vorstellte. Die Revolution des Allgemeinen Bewußtseins, die sich in den Endsechzigern des 20. Jahrhunderts erstmals artikulierte, führte dazu, daß dieses individualistische Menschen- und Weltbild durch ein interaktionistisches abgelöst würde. Im Zentrum dieses neuen Menschen- und Weltbildes stehen nicht mehr Personen, die auf ihre Individualität verkürzt werden, sondern Interaktionen zwischen Menschen. Dieser Ablösungsprozeß ist heute in vollem Gang. Mein Buch stellt sich im wesentlichen die Aufgabe, die mit diesem Ablösungsprozeß strukturell und damit unvermeidlich verbundenen moralischen Defizite aufzuweisen.

Die vier wesentlichen Dogmen der Moderne waren:

① Die Vernunft ist ein allen Menschen gemeinsames Erkenntnisvermögen. Jeder Mensch, der sich den Spielregeln der Vernunft unterwirft, wird dasselbe für vernünftig und unvernünftig halten. Die

Nachmoderne erkannte, daß die Vernunft ein sehr subjektives Epiphänomen des Interesses (Karl Marx), des Unbewußten (Sigmund Freud) oder der Konstruktbildungen ist.

② Wenn ein Mensch wissen will, wer er denn sei, muß er über sich selbst nachdenken. Die Nachmoderne ist der Ansicht, im Nachdenken begegnet ein Mensch allenfalls dem Bild, das er von sich selbst konstruierte, niemals aber sich selbst. Wer sich selbst näherkommen will, muß die Weisen beobachten und analysieren, mit denen er das Zusammen und Auseinander mit anderen Menschen gestaltet. Die Reaktionen anderer auf sein Verhalten sind dabei außerordentlich hilfreich.

③ Personsein bestimmt sich vor allem von der Individualität her. Individuum und Person sind äquivalente Begriffe. Die Nachmoderne ist der Ansicht, daß die Person sich in gleicher Ursprünglichkeit von Sozialität, Welthaftigkeit, Geschichtlichkeit und Grenzhaftigkeit her bestimmt.

④ Wir Menschen sind in der Lage, bei anderen Menschen über das Instrument der Sprache Informationen zu erzeugen, die den unseren sehr ähnlich sind. Kommunikation besteht in einem Hin und Her transportierter Informationen zwischen verschiedenen Subjekten. Weil diese Subjekte zumindest im kognitiven Bereich strukturell einander sehr ähnlich seien, würden auch die Informationen, die A nach B sendet, von B in sehr ähnlicher Weise (wenn nicht gar identisch) reproduziert. Man kann sich gesprochene oder geschriebene Sätze als Container vorstellen, in die Information von A hineingesteckt wird, um sie bei B abzuladen. Sicherlich war diese Metapher hilfreich, das rätselhafte Phänomen »Kommunikation« zu erklären. Aber die Moderne nahm diese Metapher als Realität. Die Nachmoderne erkannte, daß dieses die folgenreichste Fehlannahme der Moderne war. Wie alle realistisch interpretierten Erklärungen (Theorien, Modelle, Metaphern, Geschichten) ist dieser Metaphernrealismus erkenntnistheoretisch durch nichts zu begründen. Heute wissen wir, was übrigens schon die europäische Antike und das europäische Mittelalter sowie alle anderen Kulturen außer der europäischen Moderne wußten, daß dieser Realismus falsch und – wie alles Falsche – gefährlich ist.

Wir wissen heute sicher, daß Informationen nirgends anders bestehen als in den Großhirnrinden von Menschen und Tieren. Die

Container enthalten nur Signale, die von jedem Großhirn in einer anderen Weise verarbeitet werden.

Die Sätze, die Sie gerade lesen, haben ihre Ursache in einer Informationsmenge, über die der Verfasser verfügt. Sie enthalten Signale, die bei jedem Leser dieser Zeilen eine andere Information erzeugen. Diese Informationen sind in dem Umfang, in welchem von einer ähnlichen soziokulturellen Vergangenheit (vor allem in den verschiedenen Phasen der Sozialisierung) ausgegangen werden kann, einander in gewissem Umfang ähnlich. Deshalb können wir vermutlich über die Informationen des Autors, die diese Zeilen verursachten, und die von diesen Zeilen bei einem Leser verursachten Informationen sinnvoll sprechen. »Sinnvoll«, das soll heißen, während unseres Gespräches und nach unserem Gespräch sind wir der Ansicht, wir wüßten in etwa, was der Verfasser eines Buches und sein Leser gemeint hätten. Je mehr kommunikative Rückbindungen ohne offensichtliche Kommunikationsstörungen uns zur Verfügung stehen, um so begründeter scheint uns unsere Annahme zu sein.

Aber auch hierin können wir uns täuschen: Ich kenne Ehepaare, die jahrzehntelang aufgrund fehlender Kommunikationsstörungen vermuteten, sie »verstünden« einander (verfügten also in und nach kommunikativen Abfolgen über nahezu identische Informationen). Plötzlich jedoch erkannten sie, daß sie einander nie verstanden hatten.

Noch schwieriger wird das Problem, wenn der Produzent von Signalen sich nicht kommunikativ rückbinden kann an den Abnehmer. Jetzt ist mit Sicherheit anzunehmen, daß beide über sehr verschiedene Informationen verfügen, nachdem die Signale, in Sätze wie in Container verpackt, beim Leser ausgeladen wurden.

Das Unwissen um diesen an sich trivialen Sachverhalt führte im Horizont der europäischen Kultur der Moderne zu den größten »Errungenschaften« dieser Kultur. Wir halten sie zumeist für so großartig, daß wir vermuten, ihr Fehlen stelle ein kulturelles, politisches oder ökonomisches Defizit dar. Der intolerante Wille, andere Menschen auch gegen ihren Willen zu beglücken, ist selbst heute noch aufweisbar, obschon die Moderne verendete (ohne es selbst zu bemerken). Sie geistert vor allem noch durch die Köpfe nachzeitig orientierter Politiker.

Welches sind nun diese großen »Errungenschaften« der Moderne, die die »europäische Kultur« allen anderen Kulturen scheinbar überlegen machte?

1. Die Einführung einer Mehrheitsdemokratie,
2. die Entwicklung marktwirtschaftlicher Ordnungen und
3. die Entwicklung einer technikorientierten Naturwissenschaft.

1. Mehrheitsdemokratie

Selbstredend wurden demokratische Entscheidungsprozesse in nahezu allen Kulturen ausgebildet. Nicht selten wurden sie in die politischen Strukturen eines Volkes eingebunden. Es handelte sich dabei jedoch nicht um Mehrheitsdemokratien, in denen die Mehrheit bestimmt, was alle für recht und billig halten müssen, sondern um Einmütigkeitsdemokratien (unsere westlichen Autoren sprechen zumeist abwertend von »Palaverdemokratien«). Solche Demokratien sind nur funktionsfähig, wenn

- die Entscheidungsebenen horizontal wie vertikal streng gegeneinander abgegrenzt sind (so daß die Zahl der an einem Entscheidungsprozeß unmittelbar teilhabenden Personen – schon aus soziodynamischen Gründen – kaum zehn überschreiten dürfte) und
- alle an den Entscheidungsprozessen Beteiligten über ein erhebliches Maß an sozialen Begabungen und Fähigkeiten verfügen. Vor allem müssen sie in der Lage sein, mittels gemeinsamen Erkenntnisfortschrittes Konsens zu erzielen.

Beides hätte die europäische Moderne an sich leisten können. Doch da waren die Athener mit ihrer Mehrheitsdemokratie. Als Erfinder dieser Form, politische Entscheidungen zu treffen, wird zumeist Kleisthenes (508 v. Chr.) genannt. Wirklich praktisch wurde sie jedoch erst, als Ephialtes 462 v. Chr. die politischen Strukturen Athens reformierte. Unter anderem führte er die »attische Demokratie« ein, deren Kern eine mit umfassenden Kompetenzbereichen ausgestattete Volksversammlung (Ekklesia, ohne Regierung und ohne Parteien) war, in der alle männlichen Bürger Attikas, die älter als achtzehn Jahre waren, Stimmrecht besaßen. Er tat das jedoch nicht aus einer höheren Einsicht in die gerechteste Form der politischen Entscheidungsfindung, sondern um seine politischen Ziele leichter zu realisieren. Schon im Folgejahr waren die Athener seiner selbst und seiner Mehrheitsdemokratie überdrüssig. Kimon machte seine Reformen rückgängig, und Ephialtes wurde ermordet. Erst Perikles führte die Mehrheitsdemokratie als Instrument zur Sicherung politischer Macht 440 v. Chr. mit etwas größerem Erfolg wieder in Athen ein. Sie wurde erst durch die Mazedonier weitgehend abgeschafft. Verschiedentlich wurde sie dann in Sparformat wiederbelebt, bis sie endlich ihren Geist aufgab. Das wäre kein Grund zur Freude gewesen, wenn sie nicht, mit dem allgemeinen Wahlrecht als ihrem Minimalkriterium, 1848 in Frankreich wiedererweckt worden wäre.

1225 v. Chr. erkannte schon der Apollonpriester der Trojaner, Laokoon, was von den Geschenken (dem »Trojanischen Pferd«) der Griechen zu halten ist: »Timeo Danaos et dona ferentes« (»Ich fürchte die Danaer, selbst wenn sie Geschenke bringen«). Doch dieser Spruch geriet in Vergessenheit. Und das hatte einige Folgen, von denen keineswegs alle erfreulich sind.

Zunächst einmal setzt die Mehrheitsdemokratie voraus, daß alle über den gleichen Sachverhalt abstimmen, obschon in der Regel keine zureichenden kommunikativen Rückkopplungen möglich sind. Diese Voraussetzung (Realismus der Containermetapher) ist falsch. Es stimmen also alle über verschiedene, mittels Informationen konstruierte mentale Sachverhalte ab. Das Ergebnis repräsentiert also keineswegs die Überzeugung der Mehrheit, sondern allenfalls die der Demagogen, der Meinungsmacher einer Partei.

Diese Demokratieform ist, vorausgesetzt, das Parlament verfügt über erhebliche Gesetzgebungskompetenzen (wie sie etwa nicht in der US-amerikanischen Präsidialdemokratie[1] gegeben sind), dazu prädestiniert, sich selbst über Einrichtungen wie den »Fraktionszwang« lächerlich zu machen. Aufgrund struktureller Zwänge ver-

---

1 Der Präsident der USA hat (nach Art. II, sec. 3 der US-Verfassung) das Recht, dem Kongreß »Maßnahmen zur Beratung zu empfehlen, die er für notwendig und nützlich erachtet«. Aus diesem Recht entwickelte sich die dominante Rolle des Präsidenten im modernen Gesetzgebungsprozeß. Ferner kann er gegen alle Beschlüsse des Kongresses ein (suspensives) Vetorecht einbringen. Er ist dem Kongreß für seine Handlungen und Entscheidungen nicht verantwortlich. Er kann nur durch ein Impeachment-Verfahren abgesetzt werden.

kommt es zu einer Institution von Koalitionsabsprachen, welche unter dem Deckmantel der »Volksherrschaft« durch geeignete Gesetze der Regierung das Regieren erleichtern sollen.

Ein Beispiel für diesen Mißstand ist der Deutsche Bundestag. Seine tatsächliche einzig erhebliche Funktion ist die Wahl (oder Abwahl) des Kanzlers. Die Abgeordneten könnten unschwer durch Wahlmänner ersetzt werden, die den Kanzler zu wählen haben, wenn man schon nicht eine unmittelbare Wahl vorzieht. Entscheidungen von der Art, die heute vom »Fraktionszwang« ausgenommen sind, könnten wenigstens ebensogut durch eine Volksabstimmung getroffen werden.

Ein weiteres Beispiel für dieses Übel ist die UNO. Die Exekutive, der UN-Sicherheitsrat, entmachtete die Legislative (UN-Vollversammlung). Da die USA sich zwar des Sicherheitsrats bemächtigen konnten, niemals aber der Vollversammlung und eines selbstbewußten Generalsekretärs, machten sie nach dem Zusammenbruch der UdSSR den UN-Sicherheitsrat zu einem Organ der eigenen Exekutive. Daß sie bei der UNO mit über einer Milliarde US-Dollar in der Kreide standen, beschämte keinen US-Präsidenten. Einzigen Widerstand fanden sie in der Person des einstigen ägyptischen Außenministers und ehemalig engsten Berater des ägyptischen Präsidenten Anwar el-Sadat, des auf westlichen Hochschulen ausgebildeten Butros Ghali, seit Anfang 1992 Generalsekretär der UNO. Als der UN-Sicherheitsrat über seinen Kopf hinweg eine neue Blauhelm-Mission in Bosnien beschloß, verweigerte er die Ausführung. Er sei kein »ergebener Diener« des Sicherheitsrats wie vielleicht seine Vorgänger (Kurt Waldheim und Pérez de Cuéllar).

Mag sein, daß Butros Ghali, der mit großer Sorge diesen Weg der UNO verfolgt, die Vormacht der USA brechen kann. Und das soll ihm helfen:

- Es soll eine mit schweren Waffen ausgerüstete Eingreiftruppe aufgestellt werden, die unter dem Befehl des UN-Generalsekretärs und nicht unter dem des US-Präsidenten steht. Sie solle von einem UN-Generalstab geleitet und aus den nationalen Verteidigungshaushalten der Mitglieder finanziert werden.

- Die dritte Gewalt der UNO, der Haager Gerichtshof, soll aufgewertet werden: Seine Urteile sind ohne Vorbehalte anzuerkennen.

Sollte dieser Versuch, mit Hilfe der UN-Vollversammlung die USA von ihrer Position eines Weltpolizisten zu vertreiben, gelingen, wäre das ein Sieg der Mehrheitsdemokratie. Daß er gelingt, ist jedoch mehr als zweifelhaft, da den USA, Großbritannien und Frankreich (den wichtigsten mit einem Vetostimmrecht im UN-Sicherheitsrat ausgestatteten Ländern) nicht das geringste daran gelegen ist, sich von der ihrer Meinung nach durchaus überflüssigen UN-Vollversammlung, in der die Drittweltländer eine Mehrheit haben, irgend etwas sagen zu lassen. Von ihrer Mißachtung der UN-Vollversammlung, des Parlaments der UNO, machen sie schon seit Jahren keinerlei Hehl.

Aber welche Form der politischen Entscheidungsfindung sollte an die Stelle der Mehrheitsdemokratie treten? Diese Frage ist deshalb schwer zu beantworten, weil sie als Affront gegen die »freiheitlich-demokratische Ordnung« in der Bundesrepublik verstanden und somit von den Verfassungsschutzbehörden verfolgt würde. Deshalb seien folgende Entwürfe als ideale Abstrakta vorgestellt, aber nicht vertreten.

Sicherlich wäre es ideal, wenn wir zu einer Einmütigkeitsdemokratie zurückfinden könnten. Sie würde dem strukturellen Unrecht der Mehrheitsdemokratie, der Unterdrückung oder doch der Benachteiligung von Minderheiten den Garaus machen. Doch ist das europäische politische Allgemeine Bewußtsein nicht so weit entwickelt. Interaktionelle Tugenden, die es erlauben, grundsätzlich in überschaubaren Gruppen Konsens durch gemeinsamen Erkenntnisfortschritt herzustellen, werden weder beherrscht noch vermißt. Sie zu beherrschen ist jedoch eine unverzichtbare Voraussetzung der Einmütigkeitsdemokratie.

Solange diese nicht realisierbar ist, wäre daran zu prüfen, ob nicht eine »Rätedemokratie« den demokratischen Grundgedanken besser gerecht würde als eine Mehrheitsdemokratie. Eine Rätedemokratie funktioniert im Prinzip so:

- Die untersten politischen Räte sind die auf Bürgerversammlungen gewählten Gemeinde- oder Stadtviertelräte. Die Kandidaten werden von den sie wählenden Gremien (auf der untersten Ebene also von einer Bürgerversammlung) aufgestellt.
- Die Räte sind verpflichtet, nach bestem Können die politischen Vorstellungen ihrer Wähler (etwa vertreten durch eine Bürgerver-

sammlung) im Rat zu vertreten. Sie können jederzeit abberufen werden, wenn sich die Mehrheit ihrer Wähler gegen sie entscheidet.

- Jeder dieser Bürgerräte bestimmt nach dem Rotationsprinzip aus seiner Mitte einen Stadt- oder Gemeinderat. Dieser hat die Interessen seines Bürgerrats zu vertreten und kann jederzeit von diesem abberufen werden.
- Der Stadt- oder Gemeinderat kann nur Sachverhalte entscheiden, die ihm von der Mehrheit der Bürgerräte zur Entscheidung vorgelegt werden.
- Für die höheren Ratsgebilde (Landrat bis hin zum Bundesrat) gelten die gleichen Spielregeln. Der einem höherrangigen Rat Angehörende hat die Vorstellungen seines Herkunftsrats zu vertreten. Er kann von diesem jederzeit abberufen werden. Er wird nach dem Rotationsprinzip bestellt. Der höherrangige Rat kann nur über solche Sachverhalte entscheiden, die ihm von der Mehrheit der unmittelbar vorhergehenden Räte zur Entscheidung vorgelegt werden.
- Der oberste politische Rat eines Staates trägt eigenverantwortlich, d. h. ohne Delegation einer Entscheidungsvollmacht von unten, nur die außenpolitischen Belange des Staates. Seine Mitglieder können jedoch jederzeit von den unmittelbar darunterstehenden Räten abberufen werden, wenn diese nicht mit seinen Aktivitäten einverstanden sind.

Parteien, Fraktionen, Regierungen sind in einem solchen politischen System überflüssig, können also weder eigene Interessen entwickeln noch durchsetzen.

2. Marktwirtschaft

Eine marktwirtschaftliche Ordnung ist durch folgende Merkmale geprägt:

① Wirtschaftsprozesse werden dezentral geplant und gelenkt. Die Märkte werden durch Preismechanismen koordiniert.
② Es ist möglich, Eigentum an fremder Arbeit und an Produktionsmitteln zu erwerben.
③ Es besteht im Rahmen geltender Gesetze Vertragsfreiheit.

Über die moralischen Aspekte, die mit der Möglichkeit verbunden sind, an fremder Arbeit ein eigentumsähnliches Verfügungsrecht auf Zeit zu erwerben, habe ich anderswo ausführlich gehandelt.[1] Hier soll nur das dritte Merkmal einer marktwirtschaftlichen Ordnung auf seine moralische Problematik hin geprüft werden.

Verträge, wie sie in unserer Wirtschaftsordnung abgeschlossen und interpretiert werden, setzen voraus, daß die Containermetapher realistisch interpretiert werden kann: Die vertragschließenden Parteien interpretieren den Vertragsinhalt so zureichend ähnlich, daß an sich – bei zureichend sorgsamer Formulierung – keine Interpretationsprobleme auftauchen können. Der Vertrag ist also ein Container, der mit Informationen gefüllt ist, die A und B weitgehend identisch verstehen.

Daß diese Voraussetzung nicht einmal bei Verträgen, die in Schriftform abgeschlossen wurden, gegeben ist, zeigt sich spätestens dann, wenn ein Vertragspartner mit den den Vertrag betreffenden Handlungen oder Entscheidungen seines Partners nicht einverstanden oder auch nur unzufrieden ist. Es gibt Streit über die zutreffende Interpretation. Wird dieser Streit vor Gericht ausgetragen, stellt sich heraus, daß nicht nur die die Vertragsparteien vertretenden Anwälte, sondern auch der oder die Richter den Vertrag noch einmal anders interpretieren als die klagende oder die verklagte Partei. Zwar ist gemäß Paragraph 157 BGB ein Vertrag »so auszulegen, wie Treu und Glauben mit Rücksicht auf die Verkehrssitte es erfordern«, doch wer legt fest, was »Treu und Glauben« meinen, wenn der Wille der vertragschließenden Parteien zum Augenblick des Vertragsabschlusses in keiner Weise objektivierbar ist. Der Richter ist also grundsätzlich überfordert, wenn er gemäß Paragraph 133 BGB gehalten ist, »bei der Auslegung einer Willenserklärung« den wirklichen Willen der beiden vertragschließenden Parteien bei Vertragsabschluß »zu erforschen und nicht an dem buchstäblichen Sinne des Ausdrucks zu haften«.

Die Weisheit aller Kulturen außer der der europäischen Moderne weiß, daß Verträge vor allem nicht Angelegenheiten der Formulierung, sondern des wechselseitigen Vertrauens sind. In allen anderen Kulturen geht dem »Vertragsabschluß« eine längere Phase der wechselseitigen Kontaktvergewisserung der vertragschließenden Parteien

---

1 R. Lay, Die Macht der Moral, Düsseldorf 1990, 186–190, 203–209.

voraus. Sie hat den Zweck, festzustellen, in welchem Umfang der Partner vertrauenswürdig ist und bis zu welcher Grenze seine Zusagen belastbar sind. Es sollte uns doch nachdenklich stimmen, wenn streitige Auseinandersetzungen über Verträge in den Ländern am häufigsten sind (USA, BRD), in denen der vorhergehenden Kontaktvergewisserung am wenigsten und der juristisch einwandfreien Vertragsformulierung am meisten Aufmerksamkeit geschenkt wird.

»Vertragsfreiheit« setzt aber voraus, daß die vertragschließenden Parteien Verträge auch unter Belastungen ähnlich verstehen. Das aber ist nicht der Fall – und das anzunehmen ist insoweit unmoralisch, als es die menschliche Interpretationsgabe wesentlich und strukturell überfordert. Die marktwirtschaftliche Ordnung impliziert ein erhebliches und in dieser Erheblichkeit moralisch problematisches Streitpotential.

Aber welche Ordnung sollte an ihre Stelle treten? Ist sie vielleicht unter allen schlechten Wirtschaftsordnungen noch die beste?

Sicher ist eine Wirtschaftsordnung ohne Eigentum an fremder Arbeit (und damit ohne Privateigentum) möglich. Schon jetzt ermöglicht das bestehende Recht eine Unternehmensorganisation (etwa in der Rechtsform einer Kapitalgesellschaft oder einer Genossenschaft), in der die im Unternehmen Tätigen gleichrangige und ausschließliche Anteilseigner des Unternehmens sind. Sie bestellen und entlassen – vertreten etwa durch den Betriebsrat – das Management, nehmen Bankkredite auf, emittieren Industrieobligationen, akzeptieren stille Beteiligungen ... Zugegeben sei, daß der Übergang zu einer solchen Unternehmensorganisation nur in Folge eines entwickelten Kapitalismus sinnvoll und möglich zu sein scheint.

Wie aber steht es um die Vertragsfreiheit? Sie wurde hier nicht grundsätzlich abgewiesen, sondern nur in der europäisch-kapitalistischen Gestalt. Diese setzt ihre Hoffnungen eher auf juristische Eindeutigkeiten als auf das wechselseitige und stets zu kultivierende Vertrauen der Vertragspartner zueinander. Es dürfte möglich sein, in einer interaktionell orientierten Gesellschaft wieder Verträge auf der Basis eines hergestellten und immer wieder kultivierten Vertrauens abzuschließen. Die stete Kommunikation über den Vertrag und über die aus ihm heraus zu erbringenden Leistungen erlaubt eine stete Anpassung der Interpretation vertraglicher Vereinbarungen. Die streitige Auseinandersetzung sollte zu einer extremen Ausnahme werden, die nur dann gewählt wird, wenn Vertrauen offensichtlich mißbraucht wurde.

3. Technik/Naturwissenschaft

Im Allgemeinen Bewußtsein der europäischen Moderne haben die Naturwissenschaften die Aufgabe, die in ihrem Sosein[1] als erkenntnisunabhängig gedachte »Natur« zu »erforschen« und – als Ergebnis dieser Forschung – »Naturgesetze« zu formulieren. Das Wort »Naturgesetz« insinuiert, daß die von den Naturwissenschaften behandelten Sachverhalte, auch unabhängig von unserer Erkenntnis, in ihrem Sosein bestimmten, von uns Menschen formulierbaren Gesetzen gehorchen. Diese von Isaac Newton vertretene Annahme ist erkenntnistheoretisch falsch, denn die von den Naturwissenschaften behandelten Sachverhalte sind nichts anderes als vom menschlichen Erkenntnissystem aufgrund von Sinnesaffektionen erzeugte Bilder (besser: Konstrukte). Wir haben also nicht die geringste Ahnung von den Gesetzen, die erkenntnisunabhängige Gegenstände beherrschen – wenn es solche Gesetze überhaupt geben sollte. Naturgesetze sind also nichts als Kreationen menschlicher Erkenntnis. Nur insoweit die Erkenntnisvermögen (vor allem die der Sinne, des Verstandes und der Vernunft) in einem bestimmten soziokulturellen Raum im Sozialisationsverlauf ähnlich strukturiert wurden, ist es möglich, daß bestimmte Aussagen über die erkenntnisunabhängige Realität von Menschen ähnlich verstanden werden. Die Voraussetzungen der klassischen Naturwissenschaften orientieren sich also an der in ihrer realistischen Interpretation inzwischen als Irrtum entlarvten Containermetapher. Sie setzen voraus: Alle Menschen verstehen die Naturgesetze in der gleichen Weise, vorausgesetzt, sie

---

1 Daß es eine in ihrem Dasein erkenntnisunabhängige Realität »gibt«, sei hier unbestritten. Wir wissen jedoch nichts von ihrem Sosein. Welche Sektoren dieser Realität man legitim mit dem Begriff »Natur« bezeichnet, ist außerordentlich strittig. Dieser Streit ist denkbar unfruchtbar. Das, was das »Wesen« der Natur ausmacht, ist uns völlig fremd. Es ist uns auch unerkenntlich, weil es dieses Wesen nicht gibt. Somit hat jede Wissenschaftlergesellschaft das Recht, »Natur« auf ihre Weise zu definieren. Sie ist nur gehalten, ihre Definition den allgemeinen Regeln einer wissenschaftlichen Definition zu unterwerfen: Sie darf nicht zirkulär sein; sie darf keine Sachprobleme lösen; sie muß valide sein, sie sollte in der Nähe der Umgangssprache liegen. »Naturgesetz« bezeichnet also nichts anderes als einen in einer Wissenschaftlergesellschaft allgemein anerkannten Lehrsatz ohne jeden Anspruch, die erkenntnisunabhängige Realität in irgendeiner Weise abzubilden. Vgl. zu dieser Problematik R. Lay, Einführung in die Wissenschaftsphilosophie, Frankfurt 1990.

beherrschen und verstehen – rein sprachlich – die in dem Gesetz vorkommenden Worte. Das aber tun sie nicht.

Dieser Irrtum erwies sich, wie alle aus der realistischen Interpretation der Containermetapher erzeugten Irrtümer, als ungeheuer fruchtbar. Er vertiefte sich zu einer dogmatischen Gewißheit, als es gelang, die Naturgesetze technisch zu verwerten. »Technische Verwertung« meint hier nicht, daß man aus den Naturgesetzen Prognosen über zukünftige Naturbeobachtungen herleiten könnte, sondern daß sie uns Menschen helfen, die Natur zu beherrschen und nicht von ihr beherrscht zu werden. So können wir eine technisch bestimmte »Kulturwelt« im Gegensatz zur »Naturwelt« aufbauen.

- So führte das Naturgesetz, das unter dem Namen »Carnotscher Kreisprozeß« bekannt wurde, zum Bau von dampfgetriebenen Maschinen.
- So führten die »Naturgesetze der Aerodynamik« zum Bau von Flugzeugen.
- So führten die »Naturgesetze der Festkörperphysik« zum Bau von Transistoren und Computerchips.
- So führte das von James D. Watson und F. C. H. Crick gefundene »Naturgesetz von der Doppelhelix« zur Genmanipulation.

Eine derartige Liste ist nahezu beliebig zu verlängern. Dieser Sachverhalt brachte W. I. Lenin zu der in allen Kulturen, außer der der europäischen Moderne, absonderlichen Überzeugung, daß es zwischen unserer Erkenntnis und der objektiven (gemeint ist: erkenntnisunabhängigen) Realität keinen prinzipiellen Unterschied gäbe.[1] Diese Überzeugung des »Allgemeinen Bewußtseins der Moderne«[2] ist die Grundlage des »dialektischen Materialismus«. Es handelt sich um die Überzeugung, daß wir die Welt so erkennen, wie sie ist.

Das soll nun keineswegs heißen, daß die Entwicklung der Naturwissenschaften von Übel sei. Nur das von ihnen erzeugte Bewußtsein entwickelte sich in der Begegnung mit der Desorientierungskrise des 17. Jahrhunderts zum Ungeist der Moderne. Und so gilt die folgende Kritik nicht den Naturwissenschaften, sondern der sie in ihrem Den-

---

1 W. I. Lenin, Werke XIV, Berlin 1975, 96.
2 Über das Allgemeine Bewußtsein der Moderne und seine Problematik informiert Sie das Buch R. Lay, Philosophie für Manager, Düsseldorf 1988.

ken bestimmenden Moderne. Auch der von den Naturwissenschaften ermöglichte technische, medizinische, soziale und kulturelle Fortschritt ist an sich nicht von Übel. Wohl ist ein Fortschritt von Übel, der sich im Geist der Moderne aus der sozialen Verantwortung und damit aus dem Anspruchsbereich der Moral entfernte. Nicht zufällig entwickelte die Moderne keine Moral, die den Fortschritt steuerte, die Aktivität sozialer Systeme begrenzte und die Umwelt schützte. Der Geist der Moderne wurde so zum Geist des Untergangs. Erst die langsam aufkommende Moral einer nachmodernen Zeit gibt uns Hoffnung, daß die strukturelle Unmoral der Moderne einmal abgelöst wird durch moralische Normen, die Menschen wieder zum sozialverträglichen Verhalten und Entscheiden zurückführen.

Wo aber begegnen wir moralischen Problemen, die durch diesen Geist der Moderne erzeugt wurden? Wir begegnen ihnen alltäglich. Und diese Alltäglichkeit kann dazu führen, daß wir sie nicht mehr wahrnehmen. Einige seien hier aufgelistet:

1. Die Naturwissenschaften (immer im Geist der Moderne verstanden) sind, weil sie es in den Illusionen der Moderne unstreitig mit erkenntnisunabhängiger Realität zu tun haben, die einzig ernst zu nehmenden Wissenschaften. Alle anderen verfügen über spekulative und somit willkürliche Elemente. Diese Annahme hatte u. a. zur Folge, daß etwa die Ethik zur Unwissenschaft verkam und andere nicht zu den Naturwissenschaften zählenden Wissenschaften, wie etwa die Volkswirtschaftslehre, in geradezu einfältiger Manier versuchten, es der Mathematisierbarkeit der Naturwissenschaften gleichzutun, um so dem Anspruch von Wissenschaftlichkeit zu entsprechen.

2. Die jetzt nicht mehr ethisch kontrollierbaren Naturwissenschaften übersetzten sich unkritisch in technische »Errungenschaften«. Wenn keine ethischen Normen mehr Menschen hindern, werden sie alles produzieren, was sich produzieren läßt, bis hin zu ABC-Waffen.

3. Der mit den Naturwissenschaften und ihrer technischen Übersetzung verbundene Verbrauch von Natur ist so erheblich, daß er den Menschen ihre Lebensgrundlagen zu entziehen droht.

4. Die mit den Naturwissenschaften verbundene funktionale Rationalität läßt andere Formen des Rationalen kaum mehr zur Spra-

che kommen. Eine personale Rationalität, die sich etwa in aktualisierbarer Interaktionsfähigkeit vorstellt, wurde ins Land der Unerheblichkeiten verbannt. Die Leistungsorientierung wurde kaum mehr durch eine Erlebnisorientierung (etwa in der Kultur der Erfahrung des Naturschönen) ergänzt.

⑤ Immer wenn die Containermetapher realistisch interpretiert wird, kommt es zu einer fundamentalen Intoleranz, die andere Meinungen nicht gelten läßt. Es gibt kaum etwas Intoleranteres als eine mehr oder minder geschlossene Wissenschaftlergesellschaft, die von einem Paradigma (einer Leittheorie) beherrscht wird. Jeder, der das Paradigma angreift, wird als Ignorant abqualifiziert. So wehrte sich etwa der dem Isaac Newton verpflichtete Mechanismus gegen die Quantenmechaniken. Albert Einstein lehnte die Quantenmechaniken noch als Unsinn ab, als sie längst ihre empirische Brauchbarkeit erwiesen hatten. Der Geist der Moderne akzeptiert keine abweichenden Meinungen. Er akzeptiert zumindest keine abweichende Ansicht als der eigenen gleichberechtigt. Dabei ist nicht gefordert, die Fremdmeinung als der eigenen gleichwertig zu akzeptieren, denn jeder Mensch hat das Recht, seine Überzeugungen denen der anderen für überlegen zu halten, solange es ausschließlich um die Organisation des eigenen Lebens und Erkennens geht.

Diese Intoleranz der Moderne beschränkte und beschränkt sich nun keineswegs auf den Geltungsbereich der Naturwissenschaften. Der Geist der Naturwissenschaften erreichte das Allgemeine Bewußtsein. Er erreichte auch die der Moderne verpflichteten Handlungswissenschaften wie Psychologie, Ökonomie, Soziologie, Pädagogik, Politologie. Sie alle erzeugten »Dogmen« (das sind vermeintlich endgültige Wahrheiten). Aber auch jene Wissenschaften, die es sich zur Aufgabe machen, menschliches Leben menschlicher zu machen, wie Philosophie und Theologie, verkamen in der Moderne in einer unmenschlichen Dogmatik, wissend, was gut und böse, was vernünftig und unvernünftig, was sinnvoll und was sinnlos sei.

Schlußwort

Zwei Sachverhalte labilisieren zur Zeit das politische, kulturelle, soziale und ökonomische Geschehen: der Kollaps des Ostens und seiner Ideologie und der Zusammenbruch der Moderne. Im Zusammen beider kommt es zu fundamentalen Desorientierungserscheinungen in der westlichen Welt. Diesen nachzuspüren war Aufgabe des Buches.
Geschrieben wurde es im August 1992. Wenn es auf dem Markt erscheint, mag das eine oder andere überholt erscheinen. Neue Folgen der kollektiven Desorientierung mögen den alten Platz gemacht haben. Aber wesentlich von den alten werden sie sich kaum unterscheiden. So bleibt es dem Leser vorbehalten, die dargestellten Sachverhalte zu aktualisieren. Es mag sein, daß George Bush nicht mehr Präsident der USA und Dr. Helmut Kohl nicht mehr Kanzler der Bundesrepublik ist. An ihre Stelle werden neue Persönlichkeiten treten. Ob es ihnen gelingt, sich in der anders gewordenen Welt neu zu orientieren, neue Formen der Kultur, der Politik, der Ökonomie und des Sozialen zu entwickeln, scheint mehr als fraglich. Sie werden alten, scheinbar bewährten Rezepten nachhängen. Sie werden Krankheiten zu behandeln versuchen, die sie nicht kennen, für die uns bislang keine Therapie zur Verfügung steht. Und wenigstens bis dahin werden wir der in diesem Buch behandelten Macht der Unmoral ausgeliefert sein.

Personen- und Sachregister

Wenn Sie Fragen, Anregungen oder Beschwerden haben, rufen Sie uns bitte an: Wolfgang Drescher, ECON Verlagsgruppe, Telefon 02 11/43 90 60, Fax 02 11/ 4 39 06 68.

Die Deutsche Bibliothek – CIP-Einheitsaufnahme

Lay, Rupert: Die Macht der Unmoral / Rupert Lay. – Düsseldorf; Wien; New York; Moskau: ECON Verl., 1993. ISBN 3-430-15937-7